幸福心理學

從幽谷邁向巔峰之路

余民寧 著

目錄

作者簡介

余民寧

學　　歷：國立政治大學教育學士
　　　　　國立政治大學教育碩士
　　　　　美國伊利諾大學（香檳校區）哲學博士（主修心理計量學）
現　　職：國立政治大學教育學系特聘教授
著　　作：《心理與教育統計學》（臺北：三民，1995）
　　　　　《有意義的學習：概念構圖之研究》（臺北：商鼎，1997）
　　　　　《教育測驗與評量：成就測驗與教學評量》（新北：心理，
　　　　　　1997）
　　　　　《教育測驗與評量：成就測驗與教學評量》（第二版）（新北：
　　　　　　心理，2002）
　　　　　《心理與教育統計學》（增訂二版）（臺北：三民，2005）
　　　　　《潛在變項模式：SIMPLIS 的應用》（臺北：高等教育，2006）
　　　　　《試題反應理論（IRT）及其應用》（新北：心理，2009）
　　　　　《教育測驗與評量：成就測驗與教學評量》（第三版）（新北：
　　　　　　心理，2011）
　　　　　《心理與教育統計學》（增訂三版）（臺北：三民，2012）
　　　　　《縱貫性資料分析：LGM 的應用》（新北：心理，2013）
　　　　　相關學術論文數十篇
個人網頁：http://www3.nccu.edu.tw/nyu/

自序

　　我之所以寫這一本書的起源，乃源自於我被所服務的學校「國立政治大學」聘為「特聘教授」（distinguished professor）的附帶契約：「必須開立一門給大學部學生選修的通識課程」。素來，我認為「通識課程」不是「專業」，不應該列為大學的必修課程之一，而是應該列為終身學習課程裡，甚至在大學畢業後再去接觸，都不會嫌太晚。在大學短短有限的四年學習期間裡，應該集中心力於本科系專業的、核心的與重要的相關課程學習即可，投注夠多的學習時數於自己的專業上，這才足以稱做「上大學」。但很顯然的，我的想法已經不符時代的做法，現在的大學普遍規定大學生在畢業之前，必須選修人文、社會及自然三種領域的通識課程各若干學分。木已成舟，我們就拭目以待吧！

　　好吧！開就開嘛！但是要開什麼通識課程呢？光是去想這個問題、規劃課程綱要及備課所花的時間，就比我寫這一本書的時間還要長。左思右想，還是遲遲無法決定要開什麼課程才好？於是，我就把這個問題帶在心上，有空就思考一下，連睡覺時，也都請求守護天使在睡夢中給我一點「靈光提示」。就在這個時候，我聯想到從96學年度起，即轉向正向心理學的研究，從「幸福感」（well-being）議題研究起——因為我觀察到一些現象：科技愈進步，並沒有使人減少工作，反而工作量變大，壓力變重；錢是愈賺愈多（尤其是所謂的科技新貴），但卻是犧牲健康、與家人相處，甚至交友機會所換來的；就連躋身國內所謂頂尖大學的國立大學（包括政大在內），我仍看不到大學教師因為感受到學術榮耀而啟發出更多潛力、增加更多工作滿足感，或是從工作中感覺更快樂或更幸福。反倒是，大家被迫拼了命在發表「i」級的論文，死了幾名優秀的大學教師是事實，到處是工作壓力大、負荷重、感覺快喘不過氣來的抱怨聲，此起彼落！

　　整體而言，國民感受到的快樂指數或幸福指數是多少，我覺得它攸關「生命存在的品質、意義、與價值」等人生的核心問題之辯論；假如，臺灣

賺得全世界的錢，卻賠上了生命、犧牲了全民的生活品質，或是獲得一項「血汗工廠」的罵名，這樣的虛名成就、虛榮頭銜與榮耀，值得追求嗎？我覺得這議題頗值得研究。

於是，我選擇從探討「幸福感」著手！決定把這幾年來的研究成果、閱讀心得與靈修的體會，結合起來，開授一門「幸福心理學」2學分的通識課程，作為「特聘教授」附帶契約的交代。本課程的目的，係基於21世紀正向心理學中有關「幸福感」的學術研究成果與心得，將創造幸福人生的理念和學生個人生涯發展結合，希望學生在修完本課程後，能夠達成下列目標：(1)瞭解幸福感的研究，習得其相關知識；(2)診斷及評估自己當前的幸福感狀態；(3)體驗與習得擁有幸福的感覺與能力；(4)規劃構想自己未來的幸福人生藍圖。本課程於99學年度第一學期開課，第一次開課，即有1180名學生透過網路選修登記要選這一門課，真的著實讓我受寵若驚。我想，連大學生也意識到追求「幸福」的重要性，這是一件極為可喜的事，至少，這一代學生的未來，不會再像過去祖先一般，在忙、盲、茫之中，度過自覺不幸福的一生。

本書係根據我課堂上的講綱重新撰寫而成，以配合大學一個學期18週的課堂需求。因此，本書共分成20章，原則上，每週一章、一個講題，連貫成為一本有理論系統的專題著作。本書除了可以作為一本大學通識課程的教科書使用之外，我也希望能作為一本自助性的勵志書籍，讓一般社會大眾當作休閒讀物，在家輕鬆閱讀與參考使用。

我十分同意哈佛大學教授塔爾・班夏哈（Tal Ben-Shahar）的一項見解，他認為「幸福感（Happiness，『快樂』，西方人將『快樂』與『幸福』視為同義詞，但我認為這兩者之間，存在著層次上的差異：『快樂』比較是屬於生理、情緒面的主觀感受，而『幸福』比較是屬於心理、社會、靈性面的主觀感受！這兩者合併，即是我所提『主觀幸福感』的理論核心！）應該是衡量人生的唯一標準，是所有目標的最終目標。當正面情緒多於負面情緒時，我們在幸福這一個『至高財富』上就盈餘了！」換句話說，當我們需要蓋棺論定一個人的一生時，若其終身的正向情緒（positive emotion）總和大於（或多於）負向情緒（negative emotion）總和的話，他過的這一生就算是

「幸福」的；反之，若其終身的正向情緒總和小於（或少於）負向情緒總和的話，則他過的這一生便算是「不幸福」的！

人的一生，到底是否過得幸福，真的需要等到蓋棺時才能論定之！不過，從日常的生活經驗與體驗中，多多少少也能推論得知其可能性有多少。如果以一個星期、一個月或一整年為單位來進行估計的話，平均而言，個人處於正向情緒總和及處於負向情緒總和的時刻各有多少，即可粗略推估得知其一生的幸福程度。除非個人能夠覺知自己目前的處境是不幸福的，進而決心選擇幸福，企圖過著幸福的日子，不然終其一生，還是有可能鬱鬱寡歡地度過一生！

從演化的觀點來看，人類的祖先因為及早習得負向情緒（諸如：恐懼、害怕、焦慮、擔心、猜疑等），才得以有機會將如何生存與適應環境的基因傳遞給下一代，並延續至今。因此說，過去一百多年來研究人類行為的一門學問——「心理學」（psychology），都將重點放在強調與研究人類的病態、適應不良、及嫌惡行為的研究、矯正與防制上，也就不足為奇了！19、20世紀的心理學大師及其學說〔例如：佛洛依德（S. Frued）的心理分析學派與史金納（B. F. Skinner）的行為學派等主張〕，就是一個很明顯的例證。然而，這種習得負向情緒才能生存與適應環境的時代，已經成為過去了！身為現代子孫的我們，還有必要保留祖先的這種遺傳基因嗎？是否該予以修正的時刻到了？這正是本書要去探索與研究的地方。而透過對此問題的瞭解與理解，我們將可獲得更多的生存選擇權：我們可以選擇過著幸福的日子一輩子！當然，也可以選擇過著不幸福的日子一輩子！它完全隨你便（It is really up to you.）！

隨著第二個千禧年的到來，世紀的研究典範發生轉移。美國賓州大學心理系教授馬汀・塞利格曼（Martin E. P. Seligman）於擔任美國心理學會（American Psychological Association, APA）理事長任內，隨即宣布21世紀是推動正向心理學（positive psychology）[1]的新紀元。他認為過去20世紀的心理學及教育學，太過於把焦點放在人類的病態行為研究上，因而嚴重忽略

1　參見 Seligman, M. E. P., & Csikszentmihalyi, M. (2000). Positive psychology: An introduction. *American Psychologist*, 55, 5-14.

人類原本即具有的健康、優勢長處、與正向的行為表現和成就上，因此，21世紀該是到了正向心理學逐步發揚光大的時代。我們應該把目光焦點逐漸轉移回來，著重在人類的天賦潛能與優勢長處的研究上，再透過積極正面的引導或介入方案的採行，以重拾心理學的研究本意與對教育的涵義！

我希望透過引經據典，延伸詮釋正向心理學多年來的研究報告與心得，再加上個人的閱讀心得與生活體驗，以提出我對「幸福感」的研究主張——「幸福金字塔模型」理論學說，作為貫串整本書的核心骨幹。凡有闡述不足之處，本書各章還提供一系列延伸閱讀書籍，供讀者自行延伸探索，充分擴張自己對幸福的瞭解與掌握。

本書以學術理論為基礎，加以延伸闡述造成不幸福的來源、如何獲得幸福的方法、及追求永續幸福感為目標，以作為本書的章節架構。敬請讀者平心靜氣，泡杯好茶或咖啡，選個舒服的座椅及角度坐好，徐徐翻開本書，讓我為你／妳導讀、開講，並開始品嚐「幸福」這一道佳餚！

本書能夠順利出版，我要特別感謝心理出版社的林總編輯敬堯先生，以及出版社內所有負責行銷、編輯、排版與校稿的同仁，若沒有他們的細心協助，本書將無法與讀者見面。同時，我也要感謝內人——沈恂如，若沒有她的寶貴意見與精神鼓勵，我就沒有動力讓本書問世。

最後，我也要感謝未來讀者們的批評與指正，你們的寶貴意見與建議，將使本書對「幸福的理論」建構得更完整！謝謝你們大家！

余民寧　謹識
2014.8.23 於政大井塘樓研究室

楔子
——我對幸福感研究的提案

　　失去，才有機會體會擁有的珍貴；跌落幽谷，才有機會看到攀上巔峰的喜悅！

——余民寧

　　人類文明在邁入21世紀之後，由於受到三件研究趨勢興起的影響，世界各國的學者與政府機構，紛紛開始重視起對「成年人幸福問題」的探討（註1）：

1. 二次世界大戰結束後，人本主義興起，開始重視生活品質（quality of lives）的研究。
2. 成功老化的研究議題興起，開始重視正向的成人發展。
3. 對壓力及調適方法的研究和重視，開啟對健康的重新定義、重視與研究。

　　這些研究趨勢在正向心理學如火如荼發展的推波助瀾下，已促使「幸福感」（well-being）的研究，儼然成為21世紀心理學中的顯學！

　　小時候，我常閱讀到童話故事裡的結尾：「王子與公主，從此過著幸福、快樂的日子！」等到長大之後，對人生的實際觀察與體驗，卻覺得不必然是這麼一回事！有的人，真的能夠幸福快樂一輩子，有的人，則否！因此，我一直納悶地思考這件事：「成年人，為什麼會不幸福？不快樂？」由於我一直感恩於自己所擁有的一切，覺得一直受到更高層靈性主宰的眷顧，而滿意於目前生活的一切。因此，如果你問我這件事，我的直覺回答是：「幸福或不幸福，其實是自找的，自己選擇的結果」！

站在學術理論上，柳波默斯基（Sonja Lyubomirsky）教授認為快樂是由三種不同成分比例的因素所決定，包括：50%的快樂設定點、10%的外在環境，與40%的意圖行為（註2）！延伸來說，影響快樂的因素中，扣除掉幾乎佔據一半成分、比較難以改變的遺傳因素外（快樂設定點），剩下的一半，則都是屬於操之在己的可變因素，是由我們的自由選擇、有意識、有意圖的行動舉止所決定的！

　　根據我多年的閱讀與研究心得感想，我認為婚姻幸福（假設你有結婚且夫妻關係密切與感情融洽的話。但對未婚者而言，本項說法並不適用）是占所有幸福感之首；其次是良好的人際關係或有社會支持系統〔例如：有好同事、有關係緊密的親朋好友、親子（與父母及與子女）關係良好、有興趣相投的社團朋友、及關心員工福祉的公司環境（老闆、同事、制度）等〕；再其次為工作滿足感（例如：能學以致用、對社會有貢獻、受到肯定認可、獲得成就滿足，但不一定是獲得大量金錢）；再其次為其他（例如：靈性成長、宗教信仰、正當的休閒與嗜好、樂觀、感恩與同理心、寬恕與慈悲、利他行為等）。但幸福的共同基礎是：身體（生理）沒有疾病（例如：沒有慢性病或重大疾病，但小感冒不算），以及具有心理健康（例如：沒有憂鬱傾向或未得憂鬱症，但生活中常遭遇的短期緊張、焦慮、擔心與壓力的情緒不算）！

　　因此，我歸納出下列至少十種因素，認為它們是構成人生之所以會感覺到不幸福的原因：

　　1. 物質生活極度匱乏。

　　2. 身、心、靈有疾病或不健康。

　　3. 具有負向的完美主義性格。

　　4. 習得無助感與悲觀的信念。

　　5. 自己的長處與美德未獲展現。

　　6. 缺乏調節與適應壓力的知能。

　　7. 沒有學會慈悲、寬恕自己。

　　8. 不知感恩。

　　9. 還未找到人生的志向和志業。

10. 不能做自己，靈性沒有成長。

　　落入上述這些因素的數量愈多，短期會「造成壓力，讓生活不快樂」，長期且嚴重的話會「得憂鬱症，抑鬱一生，覺得此生白來一遭」！成年人，就是在生活中因為「忙、盲、茫」而逐漸落入這些因素，而變得不幸福。

　　同時，我亦提出一些日常基本、簡便促進幸福的策略或方法，供讀者參考。

1. 規律運動（在太陽下運動，遵守333原則）。
2. 均衡飲食（吃有機食物）與充足睡眠（不熬夜，每晚睡足7～8小時）。
3. 時時懷抱感恩的心（對生活周遭的一切人事物表達感恩）。
4. 展現利他助人的行為（擔任義工、捐錢、捐血、捐時間、捐專業，以協助他人）。
5. 工作與休閒（嗜好）的平衡（不偏頗任一方）。
6. 適當的社交活動（有老友或老酒為伴）。
7. 笑口常開（常聽取及瀏覽網路笑話或幽默短文）。
8. 靜坐冥想（每天至少15分鐘以上）。
9. 旅遊（與家人或朋友一起）。
10. 閱讀（閱讀勵志或靈性成長方面的書籍）。

　　做到了上述這十點，我想達到「小確幸」的快樂與幸福，應該是離你不遠了！一個人能否獲得快樂與幸福，多半是與其性別、教育程度、職業別、收入多寡、信仰何種宗教、有無婚姻沒有必然的關係，倒是與其有無找到可以發揮所長的工作或休閒機會、用什麼心態看待事情、對發生在生活周遭之事件的認知與詮釋方式、對日常生活事件的情緒感受與反應方式、對人際間如何相處與應對方式有關。而這些相關因素，正是大多數人的後天學習課題之一，但學校教育多半沒有重視這個部分！

　　關於「幸福」這個名詞，在西方國家的學術研究裡，有許多以正面方式定義的同義詞，例如：擁有快樂（happiness）、喜悅（joy）、滿足（gratification）、健康（health）、生活品質（life quality）、希望（hope）、意義（meaning）、樂觀（optimism）、勝任感（competence）、成就（achieve-ment）、自尊（self-esteem）等，都可以等同於「幸福」來看待。當然，傳統上，尤其是在上一個世紀裡，也有許多以負面方式定義的反義詞，例如：只要不具有憂鬱（depression）、不健康（illness）、疾病（disease）、失能（disability）、絕望（hopelessness）、悲觀（pessimism）、無能（in-competence）等，也可以被看成是「幸福」的！歸納來說，凡是「嫌惡刺激的移除或消滅」與「正向情緒與心理的滿足」，都可以說是消極定義的「幸福」。

因此，不論是正面定義或負面定義，「幸福」所指的狀態，可能兼具兩者；亦即具有正面表列的同義詞，同時不具有負面表列的反義詞！但本書比較會以正面表列的同義詞來描述「幸福」的狀態，偶爾也會以負面表列的反義詞，來指稱「不幸福」的狀態。

根據眾多對「幸福」的研究心得、對「幸福」的不同看法，與對「幸福」的定義方式（註3），我自己對「幸福」的研究看法是「幸福所指的狀態，是可以有不同層次、面向、與時空之分的」。「幸福」的概念，對應到身、心、靈三種不同的健康層次，可以分別稱為「客觀的幸福」（objective well-being）、「主觀的幸福」（subjective well-being）（註4）、和「超越的幸福」（transcendental well-being）；或者，為了方便測量與後續的討論起見，也可以稱為「生理幸福感」（physiological well-being）、「情緒、心理，與社會幸福感」（emotional, psychological, and social well-being）和「靈性幸福感」（spirituality well-being）等三種層次與類別。

簡單的說，「幸福」是有層次等級之分的，它包含所涉及的三個向度：即生命的廣度（涵蓋生活的各個層面）、品質的深度（持續多久的幸福），及時間的縱深（橫跨人的一生）。這樣的幸福層次，對應到正向心理學對人的一生之描述研究，認為即是分別在追求三種不同層次的生活：「愉悅（或享樂）的生活」（pleasant life）、「美好（或投入）的生活」（good or en-gaged life）、及「有意義的生活」（meaningful life）。這樣的幸福研究概念，我以圖1「幸福金字塔模型」來表示其架構（註5）。

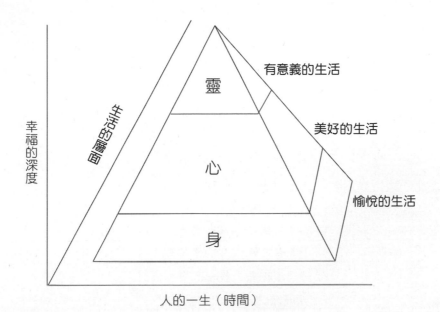

圖1　幸福金字塔模型

　　雖然，諸多學者專家對「幸福」的詮釋與定義方式不同，我對「幸福」的定義，則認為它應該是指「身、心、靈處於平衡與和諧的一種狀態」。一個人能夠擁有多大、多深、多久的幸福，就端看他能夠處於此平衡與和諧的狀態多久而定！幸福是一種選擇，它不是商品，既不需要競爭，也無法強奪，人人都有機會獲得！而真實的幸福，係源自於不斷地提升個人的精神層次與靈性層面的能力，而不是停留在物質世界中追逐與他人競爭之成就！

　　至於，一個人能夠擁有多大、多深、多久的幸福？我曾寫一首小詩，來表達此追求幸福深度的歷程：

幸福的深度

想追求幾秒鐘的幸福嗎？

就去「大笑三聲」吧！

想追求幾分鐘的幸福嗎？

就去「喝杯紅酒」吧！

想追求幾小時的幸福嗎？

就去「贏得一場比賽」吧！

想追求幾天的幸福嗎？

就去「幫助別人」吧！

想追求幾個月的幸福嗎？

就去「找份工作」吧！

想追求幾年的幸福嗎？

就去「結婚」吧！

想追求幾十年的幸福嗎？

就去「從事志業」吧！

想追求一輩子的幸福嗎？

就去「靈修」吧！

　　我亦認為「幸福，不僅是一項學習的課題，也是一項值得追求的人生終極目標」。所以，本書各章所述，即分別從不同層次角度來闡述幸福的涵義，並提出各種達成幸福的方法，與各種可行方案的練習作業，以協助讀者最終能夠習得如何獲得幸福的知識與技能，選擇過一個充滿意義的幸福人生！至於，本書各章未能盡述的幸福部分，將列舉建議書單供讀者延伸閱讀之用，以作為持續追尋永續幸福的指引。

　　我曾瀏覽網路流傳的一篇小品文（已不知該文章出處），並認為生活中只要能夠掌握住這四個大方向（四把鑰匙），則個人離幸福便不遠了！我覺得它頗能符合本書想要宣揚的幸福理念，重新將它改編以作為本章的結尾。

開起幸福的四把鑰匙

第一把鑰匙：具備健康（Health）
　　——驅逐病痛與惡習，確保身、心、靈的健康與安適！
第二把鑰匙：擁有快樂（Happiness）
　　——隨手扔掉煩惱與憂傷，永遠面向陽光，保持樂觀！
第三把鑰匙：保持仁慈（Humanity）
　　——讓慈悲溫柔充滿心房，以感恩的心善待萬事萬物！
第四把鑰匙：處於和諧（Harmony）
　　——拋卻過往的喧囂與衝突，迎向和諧美好的新未來！

延伸閱讀

尤傅莉譯（2012）。**過得還不錯的一年：我的快樂生活提案**。臺北市：早安財經文化。（Gretchen Rubin原著。*The happiness project: Or why I spent a year trying to sing in the morning, clean my closets, fight right, read Aristotle, and generally have more fun.*）

汪翰雯、德噶譯（2008）。**世界上最快樂的人**。臺北市：橡實文化。（Yongey Mingyur Rinpoche原著。*The joy of living: Unlocking the secret & science of happiness.*）

李政賢譯（2011）。**正向心理學**。臺北市：五南。（Steve R. Baumgardner & Marie K. Crothers原著。*Positive Psychology.*）

洪蘭譯（2009）。**真實的快樂（第二版）**。臺北市：遠流。（Martin E. P. Seligman原著。*Authentic happiness: Using the new positive psychology to realize your potential for lasting fulfillment.*）

姚怡平譯（2012）。**和全世界一起幸福：找到幸福的102種方法，全世界的幸福專家都這麼做！**臺北市：橡實文化。（Leo Bormans原著。*The world book of happiness.*）

翁仕杰譯（2011）。**開心：達賴喇嘛的快樂學**。臺北市：天下文化。（達賴喇嘛原著。*Becoming enlightened.*）

雷叔雲譯（2011）。**像佛陀一樣的快樂：愛和智慧的大腦奧秘**。臺北市：心靈工坊。（Rick Hanson & Richard Mendius原著。*Buddha's brain: The practical neuroscience of happiness, love, and wisdom.*）

鄭曉楓、余芊瑢、朱惠瓊譯（2014）。**別跟快樂過不去：給你9堂課，成就拔尖人生**。新北市：生智文化。（Alan Carr原著。*Positive psychology: The science of happiness and human strengths.*）

盧郁心譯（2011）。**佛陀的幸福課：教你療癒傷痛、轉化負面情緒，找到當下存在的幸福感**。臺北市：臉譜。（Thomas Bien原著。*The Buddha's way of happiness: Healing sorrow, transforming negative emotion, and fin-*

ding well-being in the present moment.）

賴聲川、丁乃竺譯（2007）。**快樂學：修練幸福的24堂課**。臺北市：天下
　　文化。（Matthieu Ricard原著。*Plaidoyer pour le Bonheur.*）

謝明宗譯（2014）。**這一生的幸福計畫**。臺北市：久石文化。（Sonja Ly-
　　ubomirsky原著。*The how of happiness.*）

譚家瑜譯（2008）。**更快樂：哈佛最受歡迎的一堂課**。臺北市：天下文化。
　　（Tal Ben-Shahar 原著。*Happier: Learn the secrets to daily joy and lasting
　　fulfillment.*）

蘇茉譯（2006）。**世上最幸福的感覺**‧臺北市：麥田。（金河原著。*The best
　　happy feeling in the world.*）

註解

1. 參見 Moore, K. A., & Keyes, C. L. M. (2003). A brief history of well-being of children. In M. H. Bornstein, L. Davidson, C. L. M. Keyes, & K. A. Moore (Eds.), *Well-being: Positive development across the life course* (pp. 1-12). Mahwah, NJ: Lawrence Erlbaum Associates. 一文。

2. 參見 Lyubomirsky, S. (2007). *The how of happiness: A new approach to getting the life you want*. New York: Penguin. 一書，或其中譯本《這一生的幸福計畫》。

3. 參見我過去針對「幸福、憂鬱、心理資本、解釋風格、與心理健康」議題所發表的一系列相關學術研究報告：

 (1)余民寧、劉育如、李仁豪（2008）。臺灣憂鬱症量表的實用決斷分數編製報告。**教育研究與發展期刊**，4（4），231-257頁。

 (2)余民寧、陳柏霖、許嘉家（2010）。教師憂鬱傾向的影響因素之研究。**輔導與諮商學報**，32（2），73-97頁。

 (3)余民寧、許嘉家、陳柏霖（2010）。中小學教師工作時數與憂鬱的關係：主觀幸福感的觀點。**教育心理學報**，42（2），229-252頁。

 (4)余民寧、陳柏霖（2010）。健康促進與憂鬱之關係。**高雄師大學報**，29，73-99頁。

 (5)余民寧、黃馨瑩、劉育如（2011）。臺灣憂鬱症量表心理計量特質分析報告。**測驗學刊**，58（3），479-500頁。

 (6)余民寧、謝進昌、林士郁、陳柏霖、曾筱婕（2011）。教師主觀幸福感模式建構與驗證之研究。**測驗學刊**，58（1），55-58頁。

 (7)余民寧、鍾珮純、陳柏霖、許嘉家、趙珮晴（2011）。教師健康行為、評價性支持與憂鬱傾向之關係：以主觀幸福感為中介變項。**健康促進與衛生教育學報**，35，1-26頁。

 (8)余民寧、陳柏霖（2012）。從幽谷邁向巔峰之路——教師心理健康的分類與應用。**教育研究月刊**，223，67-80頁。

(9)余民寧、陳柏霖、湯雅芬（2012）。大學生心理資本量表之編製與驗證。**教育研究與發展期刊**，8（4），19-52頁。

(10)余民寧、陳柏霖、許嘉家、鍾珮純、趙珮晴（2012a）。自覺健康狀態、健康責任、情緒幸福感及憂鬱關係之調查。**屏東教育大學教育類學報**，38，199-226頁。

(11)余民寧、陳柏霖、許嘉家、鍾珮純、趙珮晴（2012b）。教師心理健康狀態類型之初探。**學校衛生**，60，31-60頁。

(12)鍾珮純、余民寧、許嘉家、陳柏霖、趙珮晴（2013）。從幽谷邁向巔峰：教師的心理健康狀態類型與促進因子之探索。**教育心理學報**，44（3），629-649頁。

(13)Syu, J. J., Yu, M. N., Chen, P. L., & Chung, P. C. (2013). The effects of marriage on volunteering and mental health: Moderated mediation model.*Quality & Quantity: International Journal of Methodology, 47*(5), 2447-2457. Digital Object Identifier (DOI): 10.1007/s11135-012-9663-x.

(14)李仁豪、余民寧（2014）。臺灣中老年人外向性及神經質人格、社會支持與主觀幸福感關係之模型建構及其結構係數比較。**教育心理學報**，45（4），455-474頁。

(15)余民寧、陳柏霖（2014）。幸福感教學對促進大學生正向心理的影響。**香港中文大學教育學報**，42（1），1-26頁。

(16)吳秉叡、余民寧、辛怡葳（2014）。正向事件解釋風格、提升式希望感與復原力之模式驗證：以學習障礙學生為例。**特殊教育學報**，40，55-82頁。

(17)陳伯霖、洪兆祥、余民寧（2014）。大學生心理資本與憂鬱之關係：以情緒幸福感為中介變項。**教育研究與發展期刊**，10（4），23-45頁。

4. 參見Keyes, C. L. M., & Waterman, M. B. (2003). Dimensions of well-being and mental health in adulthood. In M. H. Bornstein, L. Davidson, C. L. M. Keyes, & K. A. Moore (Eds.), *Well-being: Positive development across the life*

course (pp. 477-497). Mahwah, NJ: Lawrence Erlbaum Associates.一文。

Keyes 與 Waterman（2003）在評閱文獻之後，指稱主觀幸福感（subjective well-being）應該包括三個面向：(1)情緒幸福感（emotional well-being）：對目前生活感到滿意與快樂，且長時間所經驗到的正向情緒遠多於經驗到的負向情緒；(2)心理幸福感（psychological well-being）：個人在心理上的功能表現，能展現出良好的心理機能運用，如：感覺到個人成長、生活有目標、與自我接納等；(3)社會幸福感（social well-being）：個人在社會上的功能表現，能展現出良好的社會機能運用，如：社會統整感、社會接納，與對社會有貢獻等。

5. 我首次將此金字塔模型理論的構念，發表在2014年《香港中文大學教育學報》，42（1），1-26頁裡。

第1章

生活事件的挑戰

> 有時，無知會帶來莫名的困擾與麻煩；一旦理解了，就會帶來問題解決的希望！
>
> ——余民寧

1990年代臺灣綜藝節目「龍兄虎弟」，主持人張菲先生一出場頂著一頭爆炸頭，面帶誇張式的笑容，大聲詢問現場觀眾們：「你幸福嗎？」現場觀眾們都會很配合、異口同聲地回答：「很美滿！」

這是週末綜藝節目的制式開場白，企圖營造一個溫馨、歡樂與充滿幸福氣氛的節目，其目的當然是歡迎大眾打開電視，踴躍收看，以度過一個愉快的週末和假日。

在兩個小時的節目中，觀眾可以暫時拋開煩惱、暫時忘掉一週來生活中所發生的不愉快事件、工作上的壓力與對不確定未來的擔憂，好好充分享受這短暫的歡樂氣氛。有什麼事情要處理的，等看完節目後再說！

很快的，兩個小時轉眼即過去了！為什麼歡樂的時光總是那麼的短暫？節目結束後，觀眾還是得各就各位，回到節目開始前的情緒狀態，繼續面對現實生活的各種挑戰：

——有的人意氣風發，因為她打敗群芳，贏得校園第一美女的封號。

——有的人憂愁滿面，因為他正在焦慮母親體檢時檢查出的腫瘤已開始出現惡化的現象。

——有的人興高采烈，因為他剛完成一篇學期報告，很有信心可以拿到好成績。

——有的人焦慮不安，因為國家考試很競爭，她擔心考不好，無
法錄取。

——有的人喜形於色，因為在剛才的期末考試卷上，她答得很好。

——有的人急急忙忙，因為她正趕往下一個打工的場所。

——有的人安詳自在，因為他胸有成竹，一定可以通過面試的挑
戰。

——有的人慌慌張張，因為他正在趕辦出國文件，而現在已經快
五點了。

——有的人悲傷不已，因為她剛與男朋友分手，心情跌到谷底。

——有的人心滿意足，因為他至少大學畢業了。

生活事件與正負向情緒

　　凡此總總，我們所過的生活型態，總是會帶給我們每天產生正向或負向的情緒感受。誠如上述，得意忘形、興高采烈、喜形於色、心滿意足與安詳自在等，都是正向的情緒感受；而憂愁滿面、愁眉苦臉、急急忙忙、悲傷不已和慌慌張張等，都是負向的情緒感受。當我們感受到正向情緒時，我們自然而然地會顯示出滿足、放鬆、喜悅、快樂、高興、興奮等自然的情緒反應，處處洋溢及充滿著幸福的感覺；而當我們感受到負向情緒時，則會顯露出不安、生氣、緊張、焦慮、悲傷、恐懼、鬱悶等自然的情緒反應，覺得身處悲慘社會，整個世界都在與你作對，痛苦到無法自拔。換句話說，當你感受到正向情緒時，你就是處於幸福、快樂的狀態；當你感受到負向情緒時，你就是處於不幸福、不快樂的狀態！

　　其實，每個人從出生到死亡的一生當中，每天都一定會遭遇到引發正向或負向情緒反應的事件，這些事件統稱為「生活事件」（life events）！在這些生活事件中，有些是重要的、轉捩點的、無法迴避的或必須選邊抉擇的人生重大事件，特稱作「重大生活事件」（major life events）；有些則是細微的、例行的、瑣碎的、自找的、可以掌控的或無法控制的意外事件，特稱作「日常生活瑣事」（daily hassles）。這些生活中的大小事件以及伴隨衍

生出的種種問題和現象，常會帶給每個人一生的挑戰功課，若挑戰成功，便可獲得正向情緒感受的酬賞；若沒有挑戰成功，便會接受負向情緒感受的懲罰。每個人就好比是羅馬競技場上的神鬼戰士一樣，接受人生一連串事件的挑戰和考驗，下場即是：生（接受正向情緒的饗宴）或死（接受負向情緒的折磨）。因此，如何磨練人生的戰鬥技巧，讓自己的一生，都活在正向情緒遠多於負向情緒的日子裡，你就是一位「幸福」（well-being——良好的存在）的人了。

美國哈佛大學的塔爾・班夏哈教授，在他的書《更快樂：哈佛最受歡迎的一堂課》裡，即把人生比喻成與商業一樣，認為人生也有盈利和虧損的時候；在看待自己的生命時，可以把負面情緒當作支出，把正面情緒當作收入，當正面情緒多於負面情緒時，我們在幸福這一「至高財富」上就盈餘了。所以，他主張「幸福感（快樂）才是衡量人生的唯一標準，是所有目標的最終目標！」

我十分認同他的看法：當一個人在被蓋棺論定其一生時，若其一生中，正向情緒的感受與體驗遠多過於負向情緒的感受與體驗時，即可判斷其一生是「獲利了」、「豐盛的」、「富有的好野人（臺語）」及「不虛此行了」；反之，若負向情緒的感受與體驗遠多過於正向情緒的感受與體驗的話，則可判斷其一生是「賠本了」、「匱乏的」、「貧窮的流浪漢」及「虛度一生」。

瞭解一下你的快樂設定點：情緒溫度

在進入下一節「生活中的壓力源」討論之前，請讀者先做表1-1「情緒溫度計」的自我檢測工作，這個測驗是改編自佛帝斯教授（Michael W. Fordyce, 1988）的情緒量表（註1）而來。在一個具有11個刻度的情緒溫度計量尺中，你可以仔細評估自己每天是處於何種情緒狀態下居多。只要你認真的評估作答，在每天晚上睡覺前評估當天自己的情緒狀態，平均而言大概是落在哪一區，將它所對應的情緒刻度分數記錄起來，累積記錄一個月後，將連續30天的分數加總再除以30，即可計算出自己「日常生活的平均情緒狀

表1-1　情緒溫度計測驗

	情緒刻度		情緒狀態的描述
正向情緒	10	----	覺得狂喜、樂翻天
	9	----	神采飛揚，心曠神怡
	8	----	精神抖擻，感覺良好
	7	----	覺得還不錯、愉悅
	6	----	比平時快樂一點
中立情緒	5	----	持平（不特別快樂，也沒有特別不快樂）
負向情緒	4	----	有點不愉快
	3	----	心情有點低落
	2	----	心情不好，提不起勁
	1	----	憂鬱，心情沉悶
	0	----	非常憂鬱，情緒谷底

說明：若把一個人的情緒狀態分成三個段落：正向情緒、中立情緒、和負向情緒，
　　　請評估一下自己，你覺得快樂的時候（正向情緒）百分比有多少？你覺得不
　　　快樂的時候（負向情緒）百分比有多少？你覺得情緒持平的時候（中立情
　　　緒）百分比有多少？三者加起來的百分比，必須剛好等於100%，並且把評
　　　估資料填寫在空格中。（參照本章「練習作業」）

【情緒狀態的自我評估】
　　一天當中，平均來說，
　　我覺得快樂的時間是占_____%
　　我覺得不快樂的時間是占_____%
　　我覺得情緒持平的時間是占_____%，三者加總共 100 %。

態分數」（daily average emotion scores, DAES）。這個分數即是你的「情緒
溫度」，也就是柳波默斯基教授所認為的「快樂設定點」，它所代表的涵義
即為你的「平均情緒狀態或情緒穩定狀態」，它的組成成分，絕大部分是由
基因遺傳所決定的！它就如同每個人的體溫一樣，有一個基本的、穩定的、
生存所需的基本設定值（如同體溫的36～37℃一樣），但它有時候會因為
你感受到正向情緒（如：快樂）而暫時偏高，有時候則會因為你感受到負向
情緒（如：悲傷）而暫時偏低，但無論如何，隨著時間的拉長，長期而言，

這個情緒溫度終究還是會恢復到原始設定的穩定值，亦即是剛剛所測得的「情緒溫度」。如果經過很長一段時間之後，這個情緒溫度仍無法恢復正常值時（尤其是持續性偏低時），那麼，你可能就是生病需要就醫了！

這個情緒溫度的最佳用途，就是你日後採行各種介入方案以企圖提升自己的幸福感時，作為評估該介入效果的參考基準值之用。當某個特殊的生活事件發生後，請你就該事件對自己的影響，再度針對表1-1的測驗作答一次，這次測驗的得分與平時測得的情緒溫度分數之間的差值，即代表該生活事件對你的情緒所造成的影響程度！如果此差值是正數，即表示該事件對幫助你成為一位幸福的人而言，是有正面助益的，你可以選擇多多接觸此事件；若此差值是負數，即表示該事件對幫助你成為一位幸福的人而言，是沒有助益的，你應該選擇避免接觸此事件，或者，你也可以從該事件中學會什麼課題、教誨、啟示、領悟、或體驗，在記取此教訓後，以後即不會再遇到該類事件，萬一再遇到，你也會知道該如何處理才較為妥當。

這個情緒溫度，即是在告訴你自己平時的情緒溫度是幾度。每天早上一起床，老天爺便開始啟動當天的生活事件撲向你而來，開始對你進行這一天的挑戰和考驗。你很有可能的反射動作，不是迎刃還擊，就是慘遭痛打，不一而足，全看你如何去詮釋此一事件對自己產生的意義和影響而定。你的詮釋結果如果是負面的，即很有可能產生或引發負向情緒以作為回應，你會覺得生氣、緊張、沮喪、煩悶、焦慮、悲傷、恐慌、憂鬱、害怕或恐懼等感受；相對的，你的詮釋結果如果是正面的，即會很自然地產生或引發正向情緒，你會覺得平靜、喜悅、滿足、快樂、興奮、興高采烈、洋洋得意或幾近狂喜等感受。

因此，當你覺察到有一件特殊的生活事件發生後，你便再一次評估自己的情緒溫度，看看它是比平時的刻度增加了？還是降低了？這就代表該特殊事件對你的生活所產生正向或負向的情緒影響程度。例如：我曾經於每天早上的起床時刻、十點、下午二點、六點、晚上睡覺前等五個時間點，大約每隔四小時連續記錄自己的情緒變化，為時長達三個月之久，並且把記錄之前一個時間點到記錄當下之間所發生的事件順便做個記錄。長期統計下來，也許你就會發現到，原來人類的生理情緒週期，不只是女性同胞才有，男性同

胞也會有情緒週期。只是它是由什麼事件所引起的？你會因而產生什麼樣的情緒感受？也只有在自己詳加記錄後，才會更加清楚瞭解自己。

把自己的情緒溫度釐清了，並且也瞭解它的起因，我們就比較有辦法來對治它！有時，無知是帶來莫名的困擾與麻煩的主因；一旦理解了，就會帶來問題解決的希望！這就是常做情緒溫度記錄的好處。

接著，我們要進行討論，在人的一生中，每個人都會遭逢的重大生活事件，以及日常生活中的繁瑣事件。瞭解這些事件如何對我們的情緒造成影響，等於是開啟一扇彈性、適當且能妥適調節情緒的大門，不僅能夠幫助你面對負向情緒的挑戰，更能幫助你邁向成為一位「幸福」的人！

生活中的壓力源

近代醫學發現，「壓力」才是造成現代人生病的主要原因之一！但是，人只要活著，一定就會有面臨壓力的問題。即使是終日躺在床上的植物人，也都有面對生死存亡的壓力，更何況是一位普通活生生的人。因此，與其選擇逃避壓力，不如勇敢面對壓力，找出如何克服、反制、調節、或紓解壓力的方法，這才是我們必須要學習的人生戰鬥技巧之一。學習如何抗壓減憂的方法，也是增進幸福之道（註2）！

壓力的產生，往往是來自於我們無法正常回應或妥善處理生活事件的緣故，或者是，生活事件所帶來的挑戰遠高於我們能夠處理它的能力！這不是一件容易學會的課題，學校教育也往往沒有認真教導，父母也無法為其子女代勞，必須由我們自己去面對、學習、負責和承擔。當我們處理不好時，生活事件便會對我們造成壓力，接著引發一連串的負向情緒，甚至導致生病；或最嚴重時，個人也會選擇以自殺方式來永遠逃避此一壓力問題。若我們處理得當，則生活事件會回報我們正向的情緒感受，幫助我們的自信心成長與自我效能感的建立，成為引領我們靈性向上成長茁壯、向前繼續邁進的動力來源。因此，壓力對我們而言，是朋友，還是敵人，全看你是如何看待它、詮釋它、處理它與放下它！

每個人一生當中，都會面臨許多重大生活事件及日常生活瑣事的挑戰，

說明如下。

1. 重大生活事件

現代人的一生中，都會面臨上學、工作、婚姻（含生育）、居住（含遷徙）、疾病、死亡等生、老、病、死問題的重大生活事件，無人能夠避免。這些重大生活事件雖然不會常常發生，但一旦發生，都會在我們的生活中引發莫大的情緒波動，同時帶給我們「如何適應新環境與扮演新角色」的學習課題！如果學習適應得好，這些重大生活事件都只是人生必須經歷與學習的過程而已，未必會對我們造成壓力、構成負面的不良影響；相反的，如果學習適應不良，這些重大生活事件，則會構成是考驗我們人生是否過得幸福的壓力源。

(1)正向的生活事件

一般來說，得獎、考試通過、找到工作、結婚、生子、購屋、購車等事件的發生，都會帶給我們好一陣子的正向情緒感受：成就、得意、高興、狂喜、喜悅、滿足、感恩、安穩、踏實、自由等感覺，這些事件可以算是「正向的生活事件」。

在正向生活事件發生過後，緊接著需要面對的學習課題是：「新角色的挑戰」。例如：

——得獎之後，你會面對來自於自己或他人更高的期望，如果未來的表現未符預期時，就會開始覺得有「壓力」了！

——考試通過（金榜題名）之後，你可能會面對下一次的考試壓力，或是面對新工作的挑戰，需要學習面對嶄新問題的新技巧或新能力，才能再次適應良好、表現良好。萬一做不到，「壓力」也就開始找上門了！

——找到工作之後，你會開始嚐到經濟獨立的甜頭，從此以後，不必再向父母伸手要錢，可以自己喜歡什麼，就隨意購買什麼，只要荷包鼓鼓的、口袋夠深即可。接著，意謂從此以後必須過著朝九晚五的日子，成為人海茫茫中的一名上班族。你能夠適應得了這種日子嗎？如果適應不來，週一症候群、假日症候群接踵而至，上班工作便會開始成為壓力的最大來源，剛找到

工作時的正向、興奮情緒，逐漸跌落谷底深淵，變成負向、憂鬱情緒的開始（註3）！

　　——結婚之後，角色改變了，你已是為人夫，或妳已是為人妻。你是否意識到自己角色的改變？夫妻之間該如何相處、該如何適應對方、該如何規劃、建立共同的家庭等問題，便成為新婚夫婦必須面對的共同課題。如果學習得好、適應得快，則婚姻會是一項構成長久持續的正向情緒來源，美滿婚姻會是「幸福」的一項判斷指標，也是其最重要的指標之一（註4）。但是，如果夫妻在婚姻關係中學習不好、適應不良的話，婚姻則會成為一項夢魘，成為人生的一項重大課題，甚至成為一輩子的壓力來源！此時，適應不良的婚姻，會轉變成為「負向的生活事件」，反而產生負向情緒！

　　——生子之後，原本的夫妻角色又改變了，現在成為新手爸媽的角色。你是否意識到自己的角色又轉變了呢？你能否學習成為負責盡職的父母呢？你能否習得如何在工作與親職角色之間的平衡關係呢？這些新角色與新責任的轉變與增加，都會構成未來必須去面對的壓力源，你是否已經做好準備了呢？適應不良的「親子關係」，也會成為「負向的生活事件」之一，給你帶來負向的情緒經驗！

　　——購屋之後，你會比較有安定感，會產生對這片土地的依附關係（attachment relationship）。「安土重遷」是中國文化的一項優勢，它讓它的子民們，得以安然度過長期的戰亂、民生凋敝、悲傷痛苦、無助與無奈的負向情緒衝擊，而仍能坦然面對人生。當然，你可能需要開始面對償還貸款的經濟壓力，或習慣於被強迫鎖定在某一居住地的約束感；不過，居住的穩定性遠比時常遷徙所帶來的壓力較小，也較容易學習克服的。它不僅是提升靈性幸福感的一項重要因素，也是有益於身心健康的一項關鍵要素（註5）！

　　——購車之後，會比較有自由、奔放的感覺，你會時常去享受那種無拘無束的行動自由快感。當然，也許需要開始面對償還貸款的經濟壓力，或小心交通安全、避免意外發生、甚至避免酒後駕車的問題，不過，這些壓力問題是比較容易學習克服的！

　　由此可見，正向的生活事件通常一開始會帶給我們好一陣子的正向情緒感受：成就、得意、高興、狂喜、喜悅、滿足、感恩、安穩、踏實、自由等

感覺，但它能否對我們的情緒感受產生長遠、持續、良性的影響，則有賴於我們針對此一事件的詮釋與適應情況而定。但問題是：**並非每一個人遇到正向的生活事件時，都可以順利的適應良好！**當適應良好時，正向的生活事件通常可以讓我們的正向情緒持續一段很長的時間，甚至是一輩子之久，它是通往「幸福」的道路之一；但若適應不良，則正向的生活事件即可能轉變成為負向的生活事件，帶給我們人生另一項挑戰和考驗，甚至是另一場人生夢魘或生命課題的開始。

(2)負向的生活事件

一般來說，離婚、親人（尤其是父母或子女）亡故、失業、罹患重大疾病（如癌症、慢性病）、車禍傷殘等事件的發生，都會帶給我們好一陣子的負向情緒感受：不安、失意、後悔、仇恨、懊惱、沮喪、傷痛、無助、失望、絕望、憂鬱等感覺，這些事件可以算是「負向的生活事件」。

在負向生活事件發生過後，緊接著需要面對的問題是：「新情境的挑戰」。例如：

——離婚之後，你從原有配偶的角色恢復成單身的角色，但是必須面對的是：獨自一人承擔所有一切行為後果，包括心理、生理、經濟和社會壓力等問題。很多人不容易從離婚中復原，因為離婚事件往往帶給個人很長一段時間的傷痛與悔恨，還有許多待解決的壓力問題，包括法律、情感、子女的撫育、身心的創傷、人際關懷的壓力等問題，這些問題都會持續產生負向情緒一段時間，甚至有的負向情緒會持續一輩子（註6）。相反的，如果調適得很好，能夠走出離婚的陰影從中復原，便有機會走出不幸婚姻的陰霾，再度步入美滿婚姻的行列，重享幸福的人生！

——親人（尤其是父母或子女）亡故之後，很多人會持續一陣子的哀傷或傷痛，這需要時間才能療癒一切。在親人亡故一陣子之後（可能在幾個月或一兩年之後），若發現自己的情緒仍持續低落，最好要尋求專業的協助，找親朋好友傾吐，主動找事情做，讓自己覺得有依靠或忙碌，以轉移注意力，或者找尋專業人員（諮商心理師或精神科醫生）的協助會更好。傷痛是會痊癒的，時間就是治療傷痛的最佳利器；如果連時間都無法治癒傷痛的

話，最好還是尋求專業的協助！不然，親人亡故最容易引發憂鬱症甚至是心靈封閉的問題，此時如果治癒不了，後續歲月鐵定會活在負向情緒的折磨中；如果治癒得了，後續歲月還是會有機會步向康莊大道、積極進取、神采飛揚的！

——失業之後，你需要面對的問題是：重新振作起來尋找新工作，還是逃避痛苦而一蹶不振。有的人會利用失業期間好好充實自己，以尋求重新振作、東山再起的機會；相反的，有的人則自怨自艾、故步自封，因而喪失再找尋新工作的動力，反而讓自己陷入負向情緒的泥沼中，終身不得自拔。這兩者間的關鍵差異，即在於個人對「失業」事件的詮釋，若是把它詮釋成「暫時的、特定的、或一時的事件」，你是屬於比較樂觀的人，比較有機會東山再起；若是把它詮釋成「永久的、普遍的、或長期的事件」的話，你是屬於比較悲觀的人，想要東山再起便會變得比較困難。

——罹患重大疾病（如癌症、慢性病）之後，需要面對的問題是：疾病帶來什麼樣的課題，是必須去面對和學習的新功課。疾病的產生，其背後都是有原因的，它是在教導你新的領悟、課題、和再一次給你靈性成長的機會。疾病，它是督促我們靈性成長的老師！但是，很多人都未曾細心去體會疾病到底想要教導我們什麼樣的新課題，讓我們有新的領悟、體會、與智慧成長的機會；反而是，大家習慣性的反射動作即是「趕快就醫」，急迫地尋求撲滅疾病的方法。結果是，這次的疾病是被你治癒了，但是，過了一陣子（可能是幾週、幾個月、或幾年）之後，疾病又重新找上門來；於是，你又陷入疾病帶來的負向情緒狀態中，可能需要再花費更多時間和精力才能對付得了它。我個人不禁想問：上回的疾病，真的治癒了嗎？還是治療的最終結果是無效的？是舊疾復發還是新的疾病產生了？對此，我們真的需要好好想一想，才能從疾病中獲得啟發正向情緒的靈性教導，避免又陷入疾病所帶來的負向情緒陷阱中（註7）！

——車禍傷殘之後，你的身體或心理可能會受到扭曲或改變，會有好一陣子覺得不舒服或不適應的期間，而陷入負向情緒狀態裡，這是常見的行為反應。但是，可以趁這次機會反省人生是否已經走到了一個關鍵點，需要重新思考並做出新的選擇的時候了？此時，能適時選擇改變方向的話，說不定

也可以走出一片天；若是，你選擇自怨自艾、怪東怪西、對發生的此事件一直抱持悔恨之心，而不是謀想其他的解決之道，那麼，你無疑地是在自掘墳墓，往負向情緒陷阱裡跳。這還能怪誰！那是自找的！

由此可見，負向的生活事件雖然一開始都會帶給我們好一陣子的負向情緒感受：不安、失意、後悔、仇恨、懊惱、沮喪、傷痛、無助、失望、絕望、憂鬱等感覺，但它能否對我們的情緒感受產生長遠、持續、惡性的影響，則有賴於我們針對此一事件的詮釋與適應情況而定。但有趣的是：並非每一個人遇到負向的生活事件時，都會一直深陷負向情緒的泥沼中！有的人很快即可反敗為勝、東山再起，他們通常都會把負向生活事件詮釋成「暫時的、特定的或一時的事件」，並且能夠想辦法去適應並進行問題解決；而有的人則可能因此而一蹶不振，喪失生存的鬥志，他們通常都是把負向生活事件詮釋成「永久的、普遍的或長期的事件」，因而擺脫不了陷入失望和絕望之中，而成為負向情緒的真正俘虜（註8）。

負向生活事件雖然會引發負向情緒，但未嘗不是一次改變人生的轉捩點或契機所在！如果能夠從中體會出它要教導我們什麼課題、習得且記取什麼教訓、領悟、啟示，並進而獲得成長，則負向生活事件發生之後，未必都是不好的結果，我們可以把它當作是一項生命成長課題的修練，還是有機會改變命運的！

(3)獨立性生活事件

除了上述兩大類的生活事件之外，人的一生當中，還是有機會碰到其他類型的重大負向生活事件。例如，遭逢家人生重病、天災（地震、颱風、水災、火災）、人禍（戰爭、意外事故）、經濟不景氣等非個人所能操控的「獨立性生活事件」。

這些獨立性的生活事件，往往不是個人能力所能掌握或操控的，但一旦發生時，還是會感受到很大的壓力，情緒還是會遭受到很大的負面影響。前面提到的家人生重病、天災、人禍、經濟不景氣等事件，一旦發生，你的情緒是無法避免不受其負面影響的。針對這些人為力量無法改變的事實，我們只能學習謙卑、接受、忍耐、轉念、調整心情、抱持樂觀與希望的想法和做

法、祈禱與感恩,以及盡快培養第二專長以對,然後就是「等待」,以讓自己的情緒好過一點,或減少負向情緒對自己的衝擊!等到黑暗過去,曙光再現時,你便擁有重新站起來的機會!

(4)衍生性生活事件

除了上述獨立性生活事件外,還有一些人們可能會碰到的特殊生活事件。例如,男女朋友分手、成績退步、跟老師相處不好等,這些都是屬於人為可以控制或影響的「衍生性生活事件」。

這些衍生性的生活事件,往往都會引發我們生活中的挫敗經驗,讓我們的情緒陷入負向情緒狀態中,它們也是你我必須面對與學習的人生課題所在。例如,「男女朋友分手」讓你學會如何與異性相處的適當方法、「成績退步」可以讓你反省哪裡還需要加強努力、「跟老師相處不好」更能使你瞭解應該如何與權威溝通等。這些引發生活中挫敗經驗的衍生性生活事件,未必都是不好的,端看你能否從事件中看出學習與成長的方向,而不是一味地逃避、漠視、或忽略!畢竟,它們都是人為力量可以控制或改變的生活事件,而你擁有絕對的主導權!

2.日常生活瑣事

除了重大生活事件會帶給我們生活上的壓力外,在日常生活中,還會有一些小事件不斷惱人地發生,雖然引發的情緒困擾不大,但時間久了,確實會讓人受不了。這些惱人的日常生活小事件,便稱做「日常生活瑣事」。例如:

(1)不預期發生的事件

諸如,在許多公共場所中,明明法令規定不許抽菸,但還是有不顧他人感受,而當場大喇喇抽起菸來,無視於他人存在的人。當不抽菸的人碰到這種人的行為時,往往心情會覺得惱怒、不舒服、討厭、生氣、憤恨、甚至爆跳如雷。一天裡,只要隨機地碰到幾次這種不守規矩的抽菸行為,你一天的情緒可能都給毀了!此時,你會埋怨這種人缺乏公德心、管理員在哪裡,怎

麼這麼不盡責、警察都躲到哪裡去了？惱怒的負向情緒油然而生，自是很正常的現象。

　　還有，不預期的訪客！這些訪客都是偷竊我們時間的竊賊，令人討厭、生氣。但有時候，你卻必須按捺住脾氣，笑臉迎人地向前寒暄幾句，但心裡卻在滴咕得很！像這些小小事件，雖然不是什麼大事情，卻會帶給人們生活中的「心煩」感受——你沒聽說過嗎？人們常掛在嘴上的口頭禪裡，不容易聽到有人說累死的、餓死的，但卻常聽到「煩死了、煩死了」！

(2)慢性影響的環境事件

　　諸如，惹人厭的鄰居！你有個惡鄰居，每到深夜，即起床到陽臺練嗓音、唱歌、或音響開得很大聲。你屢勸多次，但未獲改善，即使報警處理，他只會收斂幾天，幾天後，又故態復萌，你的情緒又再度陷入困擾中！

　　還有，不平坦的道路！像在臺北市街頭常會看到一個現象，明明這一條馬路才剛刨除、鋪平，不久，又有另一批工程人員把它挖開，但卻沒有回填補平，馬路上到處都是不平坦的坑坑洞洞、高低起伏的路面以及補釘過的瘡疤，看了，就讓人有不舒服的感覺、破壞美感，也對用路人的安全構成潛在威脅。像處在這樣的生活小事件中，時間一久，沒有人不會感覺到無助、無奈、煩悶、疲勞、無力與無精打采的！

(3)持續產生擔心的事件

　　諸如，對未來的擔憂、對工作不滿意！你看到新聞報導，目前的就業狀況，說多糟就有多糟！什麼都漲，就只有薪水不漲！於是，即將畢業的你，便開始擔心工作不好找、擔心未來前景不明。或者，雖然對現有的工作不滿意，但卻沒有勇氣轉換跑道，整天只能唉聲嘆氣，但在工作上卻又欲振乏力、缺乏熱情的投入與付出！像這種忐忑、擔心的心情，時間久了，便會使你陷入負向情緒中——疲勞、煩悶、焦慮、憂慮、心慌、職業倦怠，甚至是憂鬱！

(4)引發痛苦情緒反應的事件

諸如，感到寂寞、害怕被拒絕！你害怕一個人獨處，感到寂寞，想與人交往，但又害怕被人拒絕，你的心情陷入矛盾、衝突中。像這種小小的情節、事件多了、久了，便會讓你的生活陷入煩悶、痛苦、掙扎交織的負向情緒裡。為了逃避這種痛苦的情緒反應，人往往很容易做出錯誤的決定，反而讓自己陷入更痛苦的情緒深淵。

以上所述的各種日常生活瑣事，最容易讓人陷入「習得的無助感」（learned helplessness）（註9）！人類就和實驗室裡的白老鼠一樣，對於日常生活中無法改變、愛莫能助、有心無力、必須面對和忍受、且又日復一日出現的生活小事件，自然會學習到失望後的無助感。習得的無助感會讓人養成冷漠、不關心、不用心、灰心、宿命觀、沒信心、被動、消極、無動於衷、缺乏熱誠、徬徨無助等行為，直接或間接危害到個人的生活品質，讓人行屍走肉、例行公事般地度過每一天。長期下來，自然是威脅到每個人的健康與幸福，也是造成得憂鬱症的原因之一！

生活中的負向情緒，每每於重大生活事件或日常生活瑣事發生後，才被引發出來，帶給人們負面的情緒感受和不良的影響；即使是正向的生活事件，如果在事件發生後，個人仍未能覺察到角色與環境已經改變，進而適切地調整自己的因應之道的話，正向生活事件也會構成莫大的壓力來源，而攪亂心靈原本是一池平靜的春水！但是，這些生活事件所帶來對情緒的衝擊，往往也是一體兩面的，正向生活事件會隱含負向情緒的牽動危機，而負向生活事件也會醞釀正向情緒的轉化契機；誠如老子所言：「禍兮福兮之所倚，福兮禍兮之所伏」，禍與福相倚相伏，正表示每次生活事件（無論大小）的發生，都是隱含一種轉變或改變的契機所在，有賴個人靈性的甦醒，看出其背後所夾帶的禮物，然後學會做出一個智慧的選擇（註10）！

雖然說，人們終究是會適應生活事件所帶來的衝擊！在正向心理學裡，有一個「快樂水車」（hedonic treadmill）〔又稱「快樂適應」（hedonic adaptation）〕的理論看法，就是用來說明人類的情緒反應可以快速適應環境

的過程（註11）！也就是說，人們會用最直接的快樂和不快樂去反應生活中的正向或負向事件，但大部分在幾週或幾個月內就會迅速恢復到原始的快樂設定點。生活中所發生的大小事件，無論是中樂透或意外癱瘓、加薪或被監禁、得獎或被罰款，人們都可以快速地適應，讓自己的情緒恢復到原始的快樂設定點，但唯有對配偶的死亡、離婚或失業等事件的適應除外（註12）。

因此，無論生活事件如何發生，學習如何克服不受負向情緒的影響，進而提升自己的正向情緒，才是邁向成為「幸福人」的上上之策！

我將在本書第二篇及第三篇裡，根據正向心理學的實徵研究，詳細談論增進幸福的方法以及保持永續幸福的策略，這也是本書寫作的重點之一。

練習作業

　　本項作業的名稱，就叫做「測量你的情緒溫度」（Measuring your emotion.）！

　　請你開始進行長期記錄自己的情緒溫度，以便明瞭自己的快樂設定點，掌握自己的情緒變化，進而發揮情緒的正面力量。你可以參考表1-1的情緒溫度計測驗，於每天早上的起床時刻（假設為六點）、十點、下午二點、六點、晚上睡覺前（假設為十點）等五個時間點，分別記錄當下的情緒刻度，並且把記錄之前一個時間點到記錄當下之間所發生的事件順便記錄下來，當作是推論記錄當下之情緒的引發原因。你可以將記錄的結果，填寫在表1-2的記錄簿中。

　　這項記錄作業，請至少持續三週（共21天）以上的時間。三週後，你再把這些情緒刻度的數值，按五個記錄點加總起來並求出其平均數，或每天分開來統計，把每天五個時間點的情緒刻度數值各自連接起來，或把每天的平均情緒刻度數值連接起來，即可找出自己的「情緒基準線」（baseline）（含五條各自時間點的情緒基準線和一條平均的情緒基準線），並且分別統計得知：你的情緒處於快樂的時候（即情緒刻度為6分以上者）占多少%，處於不快樂的時候（即情緒刻度為4分以下者）占多少%，而處於持平情緒的時候（即情緒刻度等於5分者）占多少%。記錄之後，你大概就可以據以判斷自己是一位屬於快樂（幸福）的人？不快樂（不幸福）的人？還是中性（不食人間煙火）的人。先瞭解自己平時即屬於何種情緒狀態的人，本書所提出的建議做法，才能有助於你選擇改變，從幽谷逐步邁向巔峰！

表1-2　你的情緒溫度記錄簿

記錄日期	記錄時間	情緒刻度	發生的事件	備註
1/1 （第1天）	6：00			
	10：00			
	14：00			
	18：00			
	22：00			
1/2 （第2天）	6：00			
	10：00			
	14：00			
	18：00			
	22：00			
……	……	……	……	……
……	……	……	……	……
……	……	……	……	……
1/21 （第21天）	6：00			
	10：00			
	14：00			
	18：00			
	22：00			

　　本項作業，如果能夠長期持續記錄的話，情緒溫度的測量會愈準確。記錄的時間愈長（例如：超過一個月、三個月、半年、或一年），愈可以幫助你瞭解自己情緒變化的長期週期為何、幫助你瞭解自己平時即處於何種情緒狀態、幫助你瞭解什麼樣的生活事件會引發你正向或負向的情緒反應、幫助你瞭解情緒反應與生活事件之間的關係、幫助你瞭解你該採取什麼措施來因應自己的情緒反應才會比較妥當。事後，此生活事件帶給你什麼樣的啟示、體驗、領悟或教誨？你從此事件中學習到了什麼？還記得本章一開始的引言嗎？「有時，無知會帶來莫名的困擾與麻煩；一旦理解了，就會帶來問題解決的希望！」

　　這樣的記錄與反思的過程，會促進你的靈性成長，幫助你有智慧地選擇成為一位「幸福」的人！

延伸閱讀

丘羽先、謝明憲譯（2008）。**情緒的驚人力量**。臺北：天下文化。（Esther and Jerry Hicks原著。*The astonishing power of emotions: Let your feelings be your guide.*）

易之新譯（2002）。**疾病的希望：身心整合的療癒力量**。臺北市：心靈工坊。（Thorwald Dethlefsen & Rüdiger Dahlke原著。*The healing power of illness: The meaning of symptoms and how to interpret them.*）

洪蘭譯（2009）。**學習樂觀，樂觀學習：掌握正向思考的訣竅，提升EQ的ABCDE法則**（第二版）。臺北市：遠流。（Martin E. P. Seligman原著。*Learned optimism.*）

洪蘭譯（2010）。**改變：生物醫學與心理治療如何有效協助自我成長**（第二版）。臺北市：遠流。（Martin E. P. Seligman原著。*What you can change and what you can't: The complete guide to successful self-improvement.*）

洪蘭譯（2013）。**情緒大腦的秘密檔案：情意神經科學泰斗從探索情緒形態到實踐正念冥想改變生命的旅程**。臺北市：遠流。（Richard J. Davidson & Sharon Begley原著。*The emotional life of your brain: How its unique patterns affect the way you think, feel, and live—and how you can change them.*）

周文欽、孫敏華、張德聰（2010）。**壓力與生活**。新北市：心理。

施建彬、陸洛譯（1997）。**幸福心理學**。臺北市：巨流。（Michael Argyle原著。*The psychology of happiness.*）

陳正芬譯（2012）。**7件事，從工作奴到樂活族：贏活自主生活的小本創業**。臺北市：商周。（Mark Henricks原著。*Not just a living: The complete guide to creating a business that gives you a life.*）

黃子容（2005）。**幸福保證班**。臺北市：小知堂。

鄭曉楓、余芊瑢、朱惠瓊譯（2014）。**別跟快樂過不去：給你9堂課，成就**

拔尖人生。新北市：生智文化。（Alan Carr原著。*Positive psychology: The science of happiness and human strengths.*）

譚家瑜譯（2008）。**更快樂：哈佛最受歡迎的一堂課**。臺北市：天下文化。（Tal Ben-Shahar原著。*Happier: Learn the secrets to daily joy and lasting fulfillment.*）

蘇侃靖、洪英譯（2012）。**你的情緒體質，決定你生什麼病**。臺北市：人本自然。（Michael A. Jawer & Marc S. Micozzi原著。*Your emotional type: Key to the therapies that will work for you.*）

註解

1. 參見Fordyce, M. W. (1988). A review of research on the happiness measures: A sixty-second index of happiness and mental health. *Social Indicators Research, 20*, 355-381. 一文。

2. 參見本章延伸閱讀《壓力與生活》一書。

3. 參見本章延伸閱讀書目中《7件事，從工作奴到樂活族》一書。

4. 參見本章延伸閱讀書目中《幸福心理學》一書。

5. 參見Molcar, C. C. (2008). *Place attachment and spiritual well-being across the lifespan: The important of place and home to quality of life*. Saarbr?cken, Germany: VDM. 一書。

6. 參見Diener, E., Lucas, R. E., & Scollon, C. N. (2006). Beyond the hedonic treadmill: Revising the adaptation theory of well-being. *American Psychologist, 61*, 305-314. 該文表示，人們雖然可以適應生活中的重大事件（無論正向或負向），但人們對於配偶的死亡、離婚或失業，卻久久難以平復心情，沒有辦法完全適應此類生活事件的打擊。

7. 參見本章延伸閱讀《疾病的希望：身心整合的療癒力量》一書，以及《你的情緒體質，決定你生什麼病》一書。

8. 參見本章延伸閱讀《學習樂觀，樂觀學習：掌握正向思考的訣竅，提升EQ的ABCDE法則》（第二版）一書。

9. 參見Seligman, M. E. P. (1975). *Helplessness: On depression, development, and death*. San Francisco, CA: W. H. Freeman. 與Peterson, C., Maier, S. F., & Seligman, M. E. P. (1995). *Learned helplessness: A theory for the age of personal control*. New York: Oxford University Press. 以及本章延伸閱讀《改變：生物醫學與心理治療如何有效協助自我成長》（第二版）一書。

10. 參見《老子・五十八章》：「禍兮福兮之所倚，福兮禍兮之所伏，孰知其極」；其大概的意思是說「禍害中依偎著幸福，幸福中隱藏著禍害」。以及本章延伸閱讀《情緒的驚人力量》一書。

11. 參見 Brickman, P., & Campbell, D. T. (1971). Hedonic relativism and planning the good society. In M. H. Appley (Ed.), *Adaptation level theory: A symposium* (pp. 287-302). New York: Academic Press. 與 Frederick, S., & Lowenstein, G. (1999). Hedonic adaptation. In S. Frederick, G. Loewenstein, D. Kahneman, E. Diener, & N. Schwarz, (Eds.), *Well-being: The foundations of hedonic psychology* (pp.302-329). New York, NY: Russell Sage Foundation.二文對「快樂水車」的理論說明,以及本章延伸閱讀《別跟快樂過不去:給你9堂課,成就拔尖人生》一書。

12. 參見 Diener, E., Lucas, R., & Scollon, C. N. (2006). Beyond the hedonic treadmill: Revising the adaptation theory of well-being. *American Psychologist, 61*, 305-314. 一文。該文發現人們對配偶的死亡、離婚、或失業等事件的適應,是久久難以平復的。

幸福心理學

第2章

正視情緒的力量

> 我們想要獲得快樂或痛苦的情緒感受，完全受到我們對生活事
> 件的反應方式所牽引！在生活事件發生後，學會如何妥善因應，我
> 們便可以掌握自己的情緒，做自己的主人，而不是成為被情緒擺布
> 的奴隸！
>
> ──余民寧

情緒是一種帶有能量的動力

情緒（emotion）的英文字，是由e（electronic電子的e）＋motion（移
動、運行、動作）兩字結合而成的，延伸之意即為「它是一種帶有能量的動
力」！這種動力就像電流一樣，可以提供電力，幫助我們過著文明、方便的
生活，但也可以用來破壞，毀掉人的一生，甚至整個國家。因此，情緒是一
種帶有能量的動力！「情緒」頗值得我們花點時間去研究它，以便我們學會
駕馭它的方法，讓它為我們所用，而不是讓我們為其所害。

在第一章裡，我說明了日常生活事件對我們情緒的影響非常重大。日常
生活事件不論大小，一旦發生，我們如何對它做「反應」的方式，是決定我
們會被引發出正向情緒或負向情緒的主要因素；也就是說，我們想要獲得快
樂或痛苦的情緒感受，完全受到我們對生活事件的反應方式所牽引！因此，
我們如果能夠瞭解此一關聯性，在生活事件發生後，學會如何妥善因應，我
們便可以掌握自己的情緒，做自己的主人，而不是成為被情緒擺布的奴隸！

反應方式主要有兩種：一為不假思索的「立即性反應」（simultaneous
response）（此為不必經過大腦的認知思考，接近本能的反射性反應），另
一種為「回應性反應」（reflective response）（此為經過大腦的認知思考，

而做出的習得性反應）。

對生活事件產生立即性反應的例子有很多，這些大多數都是屬於生理性的反應！例如，你剛跑完漫長的三千公尺長跑、或者參加一場網球競賽、或者跳一段劇烈的國標舞，正在汗流浹背、氣喘吁吁、感覺肌肉酸痛。接著，你去洗個熱水澡、或泡個溫泉，或洗個蒸氣浴。此一舉動，不必經過大腦思考，你一定會覺得很舒暢、很舒服、很放鬆、很享受，剛才因為乳酸堆積所產生的肌肉酸痛及疲勞感覺頓時全消，心情愉快地覺得「幸福」也莫過於如此而已！以上這些事件，會觸動引發你的立即性反射反應——如：感覺舒服、放鬆、享受等正向情緒感受，這是不需要經過大腦思考、判斷的，純屬於本能性的立即反應！

但是，若發生的事件是屬於認知性心理事件，例如，你覺得這次期末考試有一題不會寫，正擔心成績受影響而無法再領取獎學金；或者正與異性朋友或同性好友鬧翻，心裡一直忿忿不平地想著他／她怎麼可以如此背叛你、欺騙你的感情、惹你生氣，或讓你難堪；或者認為老師偏心某某同學，對大家都比較冷漠，所以評分不公平等等。此時，你對此事件的看法與詮釋方式，就有可能產生負向情緒反應——感覺擔心、焦慮、生氣、惱怒、挫折、沮喪！基本上，這些負向情緒反應和感受，都是後天習得的行為與反應習慣，有些是在社會中習得的、有些是從學校習得的、但絕大部分都是從家庭生活環境裡，從小耳濡目染習得的，只是你未必覺察到、體會到、或辨識出來而已。當這些生活事件重複出現，而每次你都對它採用相同的看法與詮釋方式，也都引發同樣的負向情緒反應及感受，只要經過幾次重複的「刺激—反應」（S-R）間連結關係的建立，你很快就習得此一習得性反應——「只要發生任何認知性心理事件，立即引發負向情緒反應和感受」！

針對這些負向情緒反應和感受，如果你覺得無法承受而想改變的話，你就必須學會如何針對這些生活事件產生「回應性的反應」！這就是第二種對生活事件的反應方式，也是本章所要討論與教導的學習重點之一。畢竟，自由意志（free will）是人類最寶貴的一項資產，我們可以用它來學習改變不滿意的生活，只是很多人都把它隱藏起來，甚至忘了它的存在而已！

正向情緒的引發途徑

「人逢喜事精神爽」！這是正向情緒的最佳寫照。

通常，正向情緒多半係由正向重大生活事件所引發，或由其他屬於利他行為的生活瑣事所引發！一旦被引發，由於受到大腦神經機制與認知思考的交互作用影響緣故，正向情緒多半可以維持好一陣子（幾分鐘、幾小時或幾天）的時間，舉凡你覺得平靜、喜悅、安慰、滿足、快樂、高興、興奮、興高采烈、洋洋得意、或幾近狂喜等情緒感受都是（請參見前一章的說明）。

其實，正向情緒的引發程序，有其下列的生理及神經機制：

熱情洋溢、熱衷有意義的助人活動（利他行為、正向生活事件）

覺察或意識到利他行為愈大，所引發的正向情緒便愈強烈

大腦內的多巴胺、腦內啡開始大量分泌

產生愉悅或快樂的生理感覺

引發高層次的正向情緒反應：同理心、慈悲心、信心、希望、愛等

當一個人正遇到正向重大生活事件（例如：找到工作、結婚、生子、升遷等），或從事對他人有益的利他行為（例如：讓座給老弱婦孺、擔任義工、捐助慈善事業等）時，多半即會引發正向的情緒反應（例如：覺得喜悅或高興）；此時，大腦會開始分泌多巴胺及腦內啡等多種神經傳導化學物質，促使個人自然產生愉悅或快樂的生理感覺；同時，在此行為之後，若伴隨有讚美、嘉許，或覺察到此利他行為很重大也很有意義等社會支持力量時，更會引發強烈的正向情緒反應與感受，自然地，本身感覺到愉悅或快樂

的正向情緒感受，也就愈被確定！

　　屬於正向情緒的範圍，包括：興趣、興奮、堅強、熱衷、驕傲、覺察、激勵、決心、注意、主動等都是；甚至，正向情緒也有反應程度上的強弱之分，如：高強度的興奮（例如：狂喜、興奮、刺激、銷魂、快感、亢奮等）、中等程度的快樂（例如：活潑、奔放、開心、高興、歡喜、熱衷、好玩等）、及低程度的愉悅（例如：舒適、安適、滿意、放鬆、有趣等）等。有時候，正向情緒也可以分成兩種：具有強烈的感官和情緒成分的「原始本能感覺」（例如：狂喜、驚喜、高潮、飄飄欲仙、極度的暢快、舒服等，純粹屬於感官上的滿足與享樂，不需要經過大腦的思考），和比較是屬於認知層次的「習得性心理滿足」（例如：協助兒童過馬路、閱讀一本有趣的書、打橋牌，或攀岩等，會讓你沒有意識地完全浸淫在某樣東西或某件活動上，它不是感官方面的享樂，而且可能完全沒有情緒成分產生，但這項行為卻也會讓你產生快樂、欣慰的正向感覺）。明瞭這些正向情緒的分類，有助於我們分辨、理解、與培養各種不同引發正向情緒的方法。

　　如果人們長期處於這種正向情緒的引發流程裡，他不僅只是時時感覺愉悅、快樂、高興而已，漸漸地，高層次的正向情緒反應（例如：同理心、慈悲心、信心、希望、愛等）也會隨著油然而生！當大多數的現代人都能順利產生慈悲心、同理心、愛心時，人類大腦的進化就真正邁入「靈長類腦」（又稱「靈性腦」）的進化階段；此時，人類的「靈性」（spirituality）便會開始發展，成為引領人們過著永續幸福日子的領航員（註1）！

　　因此說來，如何強化與持續讓人們產生正向情緒，對人類的演化與永續生存而言，是相當重要的一件事。它不僅成為正向心理學家關注的焦點，更是提倡「幸福經濟」國家所日思夜夢的美麗新世界。關於這一點，本書後續章節還會再度詳細討論與說明。

負向情緒的引發途徑

　　「憂鬱的星期一」（Blue Monday）！這是負向情緒的典型代表。

　　這是一句上班族耳熟能詳的話──「週一症候群」的最佳寫照！它充分

說明經過放鬆、悠閒的週末與假日後，要回到工作崗位時，對上班族而言，往往變成是一件令人覺得負擔、憂鬱的事！

根據世界衛生組織（WHO）的一項研究預測，到了2020年時，在所有疾病當中，憂鬱症（depression syndrome）將成為造成全球健康不良的第二大負擔（註2），它也可以說是21世紀的「黑死病」。因此，延伸而論，商討如何對付憂鬱症，即將成為全球動員的一項大作戰，臺灣也難以迴避此問題。

通常，負向情緒多半係由負向重大生活事件所引發，或由其他構成壓力源的生活瑣事所引發！一旦被引發，由於受到大腦神經機制與認知思考的交互作用影響緣故，負向情緒多半也會維持好一陣子（幾分鐘、幾小時、幾天、幾週或幾月）的時間，甚至持續得更久（幾年或甚至是一輩子）。舉凡你覺得不安、緊張、擔心、害怕、焦慮、心煩、生氣、憤怒、悲傷、悔恨、恐懼、無助或憂鬱等情緒感受都是（請參見前一章的說明）。

其實，負向情緒的引發程序，也有其下列的生理及神經機制：

非輸即贏、你死我活的競爭活動（威脅行為、負向重大生活事件）

覺察或意識到的威脅愈大，所引發的負向情緒便愈強烈

可體松、腎上腺素等壓力荷爾蒙開始大量分泌

引發戰鬥（fight）或逃跑（flight）的生理本能反應

演化偏向對持有負向情緒者有利：適者生存
副作用：習得驚嚇（fright）等情緒反應行為

當負向重大生活事件（例如：親人死亡、失業、離婚、車禍傷殘、罹患癌症或腫瘤等）正降臨一個人身上時，或從日常生活瑣事中習得無助感行為

（例如：每天上班都遇到塞車、工作時常有電話干擾、時有擾人清夢的車輛喇叭聲等）時，個人多半就會引發負向的情緒感受（例如：無奈、心煩、生氣、無助或憤怒）；此時，若伴隨有屢次失敗的挫折感、希望破滅後的沮喪感、或覺察到此為高風險的威脅行為時，更會引發強烈的負向情緒反應與感受，自然地，本身感覺到不悅或憤怒的負向情緒感受，也就愈被確認。

　　屬於負向情緒的範圍，包括：分心、不爽、罪惡感、恐懼、敵意、煩躁、羞恥、焦慮、緊張、神經質、害怕、憂鬱等都是；甚至，負向情緒也有反應程度上的強弱之分，例如：恐懼是危險靠近的第一個信號、悲傷是即將損失的信號、憤怒是被侵權的反應等。有時候，負向情緒也可以分成「原始本能的恐懼」（例如：驚嚇、害怕、恐懼等）及「習得性的無助感」（例如：擔心、焦慮、憂鬱、罪惡感等）兩種。明瞭這些負向情緒的分類，也有助於我們分辨、理解、與發掘針對不同負向情緒的療癒方法！

　　如果人們長期處於這種負向情緒的引發流程裡，他不僅只是交感神經系統和內分泌系統時時啟動「戰鬥或逃跑」的生理本能反應而已，還會伴隨著消化系統、內分泌系統、生殖系統、與免疫系統等功能都同步下降、暫停運作，漸漸地，各種重大的生理疾病（例如：心血管疾病、慢性病、腫瘤、與癌症等）便會不斷冒出，同時引發嚴重的負向情緒反應（例如：驚嚇、恐慌症、憂鬱症、或創傷後症候群等）！當現代人愈來愈多人處於這種負向情緒的引發流程裡時，人類大腦的演化便會退化回到「爬蟲類腦」（又稱「獸性腦」）的演化階段，此時，人類的「獸性」（beast character）便會主宰地球，每一天都過著弱肉強食、你爭我奪、適者才能生存的爭鬥日子，人類不僅沒有幸福可言，甚至還有危害全體人類及地球生存的危險存在（註3）！

　　雖然，人類的大腦同步退化的機會不高，但引發嚴重負向情緒反應（例如：憂鬱症）的可能性卻很高。這也難怪世界衛生組織會認為，「憂鬱症」有成為本世紀黑死病的可能性之說！

憂鬱情緒與憂鬱症類型

　　「憂鬱」（depression）一詞，有許多不同的定義。我試圖把它分成兩

種層次來看待：一為一般性的「憂鬱情緒」（normal depression, depressive mood, depressive emotion），另一為「憂鬱症」（depressive disorder, depression syndrome）（註4）。

「憂鬱情緒」是指一種極端的負向情緒的描述詞。幾乎每一個人在一生當中，都可能經驗過此種情緒狀態，只是程度上有所差別而已，而且此種差別會反應在個人的外顯行為及對其生活所造成的影響上。一般的見解認為，它是來自痛苦和失落所造成的現象，是屬於一種心理的傷風感冒，也可以稱作「憂鬱感」（depressive feelings）；保守估計，地球上至少會有四分之一以上的人口在其一生當中會經歷過這種負向情緒的體驗。

但是，「憂鬱症」則是指經過臨床鑑定為生理和心理上產生偏差的一種心理疾病，往往需要專業的精神科醫生才能判定。它又可以分成兩種類型：一為「單極憂鬱症」（unipolar depression），這種患者只是單純的沮喪、憂鬱，但不具有躁症（mania）；另一為「兩極憂鬱症或躁鬱症」（blpolar depression），這種患者會兼具有躁症，會無故的極端快樂、狂妄、不停地說、不停地動、自我膨脹的一塌糊塗、感覺天下無不能的事，通常都需要藥物才能控制住這種症狀。根據各方的研究和統計數據顯示，罹患憂鬱症的潛在人口數量，約占20%的總人口數，並且，女性罹患者約為男性罹患者的兩倍（在美國至少是如此，臺灣也是女性患者多於男性患者）。

根據美國精神醫學學會的《心理疾病診斷統計手冊》（*Diagnostic and Statistical Manual of Mental Disorders of the American Psychiatric Association — Fourth Edition, DSM-IV*）的記載，那些有過至少兩次憂鬱症發作的個案，才符合被稱作「重度憂鬱症」的資格。臨床上的憂鬱症或稱「重度憂鬱症」的特徵為：

1. 它是一種狀態。其生理特徵為：睡眠型態出現較多的明顯干擾、負責製造壓力激素可體松的神經內分泌系統過於活躍、有較多憂鬱症的「內因性」症狀（例如：早醒、早上情緒較差），以及憂鬱狀況通常不會隨著情況的改變而改變。

2. 情緒持續低落或失去興趣，合併出現其他身體及心理徵象。例如：睡眠困難、胃口不佳、注意力不集中、感覺沒有希望及價值感低落。只

有在這許多元素同時出現，至少持續兩個星期以上，並明顯干擾到個人日常活動表現能力時，才會被診斷為憂鬱症。

3. 缺乏活力，滿腦子都是負面的主題想法，是一種慢性的、會復發的心理疾病症狀。

4. 嚴重的憂鬱症患者需要住院，其最終的出路是──自殺身亡。

根據馬汀‧塞利格曼教授在其大作《真實的快樂》及《學習樂觀‧樂觀學習：掌握正向思考的訣竅，提升EQ的ABCDE法則》上的記載，他歸納美國當今罹患憂鬱症的盛行情況如下，數據實在很驚人，其嚴重性可見其一斑：

1. 約有12%的男性和20%的女性，在一生中會罹患重度憂鬱症。

2. 重度憂鬱症的第一次發作年齡，通常在25歲左右，並且有相當高比例的人，在兒童晚期或青春期時，即第一次發病。

3. 任何時候，都有大約5%的人，正在經歷非常嚴重的憂鬱症。

4. 有時候，憂鬱會一直持續下去；其中，有15%～39%的人，憂鬱症狀會持續一年以上，而有22%的人會持續兩年以上。

5. 每一次憂鬱症發作，將會使再次憂鬱症發作的機率提高16%。

6. 美國有上千萬人正在服用抗憂鬱症的處方藥物。

雖然，憂鬱症者嚴重惡化到最後階段時，都會以「自殺」作為解脫之道，或因為引發其他併發症而死亡；但是，影響最重大者，還是屬危害到周遭親朋好友的生命與財產的安全，甚至是造成他們的精神痛苦、傷害和嚴重困擾為最！即使是如此，憂鬱症並不是絕症，它是可以被醫治、被緩和、被痊癒的，甚至是治癒後不會再復發，可以恢復到原本正常人的生活狀態；只要去尋求協助，憂鬱症患者即有被治癒的希望！

臺灣憂鬱情緒量表的研發

我對憂鬱情緒的研究，原本即是無心插柳，柳成蔭！

我從小（就讀幼稚園起）即喜歡閱讀，針對自己好奇或感興趣的議題，更是常透過大量閱讀，來滿足求知慾與好奇心！自2006年起，有感於正向

心理學的發展，有逐漸成為21世紀的顯學趨勢，於是開始改變研究方向到「幸福研究」的議題上。至今，也已經針對「幸福」的相關議題，閱讀了三百多本書籍及數百篇的學術期刊論文，堪稱對「幸福」的相關研究議題，有小小心得之斬獲，足以在此與讀者們分享我的閱讀與研究心得。

我持續的閱讀，當閱讀到有「正向心理學之父」之稱的馬汀·塞利格曼教授在其新作《邁向圓滿：掌握幸福的科學方法&練習計畫》一書裡，正式承認之前的著作《真實的快樂》所主張對「快樂的研究」是不足的、有所偏頗的，認為正向心理學應該是一門研究幸福的心理學，而不是只研究快樂而已！我不曉得他是否因為看到許多批評他的主張的書籍（例如：《失控的正向思考》一書，即針對他的主張，批評得體無完膚）之後，才改變主張的，還是有其他原因，但我很欣然看到他能夠勇於認錯，修改自己的主張，確實是不愧為大師的風範，令人景仰，亦無損於他在我心目中的崇敬地位！他的主張與我的原始見解不謀而合，因此，更加深肯定我當初對正向心理學的認知，認為「幸福學研究（well-being study）才是正向心理學的核心所在」的看法是對的！於是，我也更加有信心提出自己的主張，以拋磚引玉的信念，邀集學界同好一起共襄盛舉，共同為建設臺灣成為一個「幸福家園」而努力！

於是，我開始指導研究生從事憂鬱情緒的相關研究，以為將來研究心理健康的議題鋪路。我當初的研究構想，是試圖想回答：「正常人在長期遭受挫折之後，是否也會像憂鬱症患者一樣產生憂鬱情緒，並且，這負向情緒是可以被測量出來的。我的目的，即是在發展這樣的測量工具，以適用於正常人身上的測量。」因此，一開始即把此研發工具稱做「臺灣憂鬱症量表」（Taiwan Depression Scale, TDS）。後來，經過多次實徵研究之後，我發現這個工具名稱可能會有誤導研究者與讀者視聽之嫌，因此，擬藉本書篇章，在此正式宣布將本量表的中文名稱改為「臺灣憂鬱情緒量表」，以示與專門用來診斷憂鬱症之臨床用途的量表之間有所區隔。

我的研究發現，正常人的憂鬱情緒可以從下列四個層面測量得到。這四個層面，即構成憂鬱情緒的四個組成向度：

一、認知（cognitive）向度（指針對認知方面的看法、想法）

當事人針對自我、世界，及未來等方面的看法，多半抱持及使用負面的、消極的、否定的描述語句；例如：凡事都往壞的方向想。

二、情緒（emotional）向度（指針對情緒方面的感覺）

當事人具有長期的憂傷、焦慮、罪惡感、羞辱感、沒有希望、憤怒、沮喪等感覺；例如：長期感覺心情低落、害怕、擔憂。

三、身體（physical）向度（指針對身體方面的知覺）

當事人的身體出現長期的生理症狀；例如：胃口不好或暴飲暴食、睡眠狀況不佳、身體疲憊。

四、人際（interpersonal）向度（指針對外顯出來的行為表現）

當事人會報告出具有較多因為個人特質或行為，所引起人際互動困難的生活壓力事件；例如：不想與他人往來、生活圈小、不想出門。

「臺灣憂鬱情緒量表」具有理想的心理計量學特質（psychometric properties），亦即是具有理想的信度與效度係數；其中，「認知向度」分量表具有內部一致性信度係數（即α係數）為.829，「情緒向度」分量表具有α係數為.843，「身體向度」分量表具有α係數為.819，「人際向度」分量表具有α係數為.822，而總量表的α係數為.925；「臺灣憂鬱情緒量表」與「流行病學研究中心的憂鬱量表」（Center for Epidemiological Studies Depression, CES-D）之間的效標關聯效度（criterion validity）係數為.919。即使經過多次不同樣本的驗證性使用，本量表仍具有相當穩定的高度信效度係數。由此可見，「臺灣憂鬱情緒量表」是一份兼具理想信效度係數與測量穩定性的工具，可作為用來測量正常人憂鬱情緒傾向的優良測驗工具（註5）！

想針對自己的憂鬱情緒有所瞭解的讀者，可以先試著做做「本章的練習作業」裡的測驗。站在實務應用的角度來看，「臺灣憂鬱情緒量表」（TDS）得分的值域，係介於0分到66分之間；凡0分≦得分≦20分者，即

屬於正常；凡21分≦得分≦36分者，即屬於輕微憂鬱情緒；凡37分≦得分≦52分者，即屬於中度憂鬱情緒；凡53分≦得分≦66分者，即屬於嚴重憂鬱情緒。當讀者在接連遭遇挫折、失敗、失落及重大負向生活事件發生之後，即針對自己的憂鬱情緒進行每天的測量，若發現自己的憂鬱情緒得分，持續一個月以上都處於「嚴重憂鬱情緒」程度的話，我建議你最好立即尋找專業的精神科醫師做進一步的診斷，以確定是否有罹患憂鬱症！畢竟，早發現，早治療，痊癒的機會較高，也較不會讓病情惡化到難以收拾的地步！

　　具有憂鬱情緒，並不等於即是罹患憂鬱症！這一點是我要再度向讀者強調的！在正常人的生活中，難免有時候會遭遇一些不順遂、失敗、挫折、沮喪、失落等逆境的打擊，因而出現負向情緒。這是一種對生活事件的正常反應，並沒有什麼不對的地方！但如果出現如上述工具所測得的憂鬱情緒（不管輕重程度）時，即表示你的負向情緒已經開始有一點偏向極端，開始出現警告訊號了，提醒你要去注意它的存在，好好去解決它！如果這種狀態持續很長一段時間（例如超過一個月）都沒有好轉（緩解、緩和、舒緩）跡象的話，那麼，請接受我的建議：「立即去找精神科醫生掛號門診，才是上上之策！為了你的幸福緣故！」

　　雖然，真正的憂鬱症患者都會出現一些臨床上的症狀（註6），並且持續一段時間以上。這些症狀包括：

1. 情緒極度低落：憂鬱、沮喪或難過幾乎持續一整天。

2. 對日常行為失去活力：對於所有或幾乎所有之前喜愛的活動，現在都失去興趣或享受的樂趣。

3. 失去胃口：並非由於節食的緣故，而讓體重出現明顯的下降或增加、食慾減少或增加。

4. 嚴重的失眠：晚上有睡眠障礙，但白天卻會嗜睡。

5. 思想或動作遲緩：一整天都精神遲緩或情緒激動。

6. 無精打采，沒有活力：幾乎每天都感覺疲累或失去活力。

7. 覺得有罪惡感：感覺無價值感，或具有極度不合宜的罪惡感。

8. 思考能力減弱，心智不能集中：無法專注思考，或被視為優柔寡斷。

9. 有自殺的思想或行為：會反覆想到死亡或有自殺的意念出現（包括具

體自殺計畫的有無），或曾嘗試過自殺。

但是，《心理疾病診斷統計手冊》（*DSM-IV*）在臨床上的診斷認為，凡具有上述症狀的前兩者，且後七項中具有四項以上，且症狀持續兩週以上，導致原先的日常活動運作方式因而改變的話，即可能被診斷為「憂鬱症」！但由於憂鬱症又可分成幾種子類型，所以，是否罹患憂鬱症的診斷，還是需要依賴精神科醫師的臨床問診判斷，才能做出最後的斷定！

近幾年來，我即利用「臺灣憂鬱情緒量表」為工具，針對不同樣本的背景因素進行調查，下列結果是我歸納出幾項與憂鬱情緒有關的初步結論：

1. 在性別上：女性的憂鬱情緒高於男性，大約有將近兩倍之多。
2. 在年齡上：年齡與憂鬱情緒大致呈現負相關的現象，亦即，年長者的憂鬱情緒較年輕者為低。
3. 在教育程度上：不同教育程度者之間的憂鬱情緒，並無明顯差異。
4. 在婚姻上：未婚者的憂鬱情緒高於已婚者，其中，單身者的憂鬱情緒高於已婚者（約有 1.35 倍之多），且分居（或離婚）者的憂鬱情緒高於已婚者（約有 1.72 倍之多）。
5. 在信仰上：無宗教信仰者的憂鬱情緒高於有宗教信仰者，但與信仰哪一種宗教無關。
6. 在其他方面上：曾發生重大負向生活事件、挫折、沮喪、失落、關係破裂、適應不良而引發壓力者（總之，各種能引發長期負向情緒存在的人、事、時、地、物等），都會具有較高的憂鬱情緒。

克服憂鬱情緒的非處方箋

有鑑於上述研究成果及歸納我對閱讀相關研究報告之心得，我擬針對正常人提出幾項具體建議，讓預防重於治療，以防範自己免於遭受憂鬱情緒的侵襲！這些建議都不需要額外花錢，既不吃藥、也不打針，只要花點心思與毅力去做，假以時日，便可以看到成效。這些可以預防並克服憂鬱情緒的非處方箋如下：

1. 多曬太陽。如果真的不方便，至少也要多照照遠紅外線燈！

2. 從事能大量流汗的活動。無論是跑步、爬山、打球、游泳等都好！

3. 充足睡眠。每天平均睡足七至八小時，並且要想辦法克服失眠。我個人對增進睡眠品質的心得體會與建議如下：針對睡覺的房間，最好是布置成像一個「蝙蝠洞」──盡量保持絕對的黑暗、拔掉所有的電源線、移除所有的光線（含壁燈、檯燈、桌燈、腳燈等）、以及移除所有的電磁波和聲響（含：電腦、手機、音響、床頭鬧鐘）等。因為睡眠研究的醫學文獻上有記載，人類的大腦在睡覺時，才會分泌足夠數量的褪黑激素，這激素是促進生長、修護受損細胞、恢復疲勞、減緩細胞老化作用、預防罹患癌症及憂鬱症的重要神經傳導物質之一。而現代的都市人常因為燈火通明、視訊與音訊干擾過多、甚至日夜作息晨昏顛倒，而導致睡眠品質不佳，人體無法於睡眠中進行細胞修護與保健工作，這也是產生各種疾病（尤其是癌症）及導致快速老化的原因之一。

4. 常回憶過去美好的事件、愉快的經驗。在家裡準備一面快樂的回憶牆，把自己最滿意的照片（例如：旅遊照、生日慶生照、得獎照、生活寫實照等）張貼在這一面空白的牆壁上；或者準備一本快樂的回憶相片簿，將自己最滿意的照片張貼在此簿本裡，並且時時翻閱；或者準備一個數位相框，將上述令自己滿意的數位照片放置在內，不斷地播放。特別是，當感覺自己情緒低落時，更需要多多翻閱它、瀏覽它！

5. 笑口不斷。多多收集與閱聽（網路上或紙本書上的）笑話、多閱讀有幽默感的文章，並且放聲開懷地大笑，能夠笑到肚子疼、抽筋、或趴在地上，療癒憂鬱情緒的效果愈好！我在〈楔子〉中「幸福的深度」這首小詩裡，不是有說過嗎？想追求幾秒鐘的幸福嗎？就去「大笑三聲」吧！我想，常常閱聽「笑話」，是最好的預防憂鬱方法！

6. 多使用正面肯定語句。多接收與使用正面肯定的語句，不要口出惡言、說些損人不利己的話、更不可以用否定語句來貶損自己。常見在公開場合裡，有人盡說些自貶的話以博取認同、降低別人的防衛心或減少尷尬的場面，其實，這不是謙虛，也不是說話高手應有的行為。

貶損自己的話說多了，一旦連自己也相信起來時，負面語言的力量，便會貫穿自己，使之成為所貶損的對象，此即所謂「自我應驗預言」（self-fulfilling prophecy）的道理！請你盡量不要這麼說。

7. 建立社交支持團隊。每個人都要有知心的朋友、要有可以傾訴、告白的對象、或是精神寄託對象，他們多半都不會是商場上的工作伙伴，而是與你沒有厲害關係的一群人，可能是基於共同嗜好、興趣、或理念而相聚的伙伴。當你處於憂鬱情緒時，他們會成為你的依靠與最大的精神支柱所在。簡單的說，每個人都需要有老友（得以依賴的伙伴）或老酒（得以寄託精神的所在）的陪伴，他們才是對你永遠不離不棄的最佳社交支持團隊成員！

8. 幫助他人。有時候，不要把自己看得太重大、太重要，處處都只想到自己，都以「自我」為出發點。其實，具有憂鬱情緒的人即是過度「浸淫在自己的認知想法與情緒感受」裡的結果；也就是說，他們過度把焦點放在自己身上的結果。因此，撥個空，把自己奉獻出去，去擔任義工，熱心服務、無條件的幫助別人，會給自己一個緩衝的力量，把自己從自己的「浸淫思緒」中抽離開來。此時，你會覺得自己已經做出一件有意義的事，取得與社會大眾，甚至是與更高層次的聖靈連結，你已經不再是單獨一個人，你不會覺得孤單寂寞，你已經與地球生命意義取得聯繫了！如果你能夠擔任長期義工，那是更好，從幫助他人中所獲得的快樂，會使你免於遭受憂鬱情緒的侵擾！

9. 感恩祈禱。培養感恩的心，能為他人（尤其是陌生人）的福祉念經、祈福、祈禱，幫助他人獲得安康、獲得喜悅與平安，這種祈求祥和的力量，會改變自己環境周圍的磁場，轉換負向情緒成為正向情緒，釋放被負向情緒束縛的侷限，恢復平安喜悅的格局！

10. 慈悲寬恕。針對不愉快的過去、負面的生活事件、失落所造成重大的情緒傷痛，學習去臣服、接受、慈悲、寬恕、原諒別人、也原諒自己，讓自己從這些傷痛事件所造成的負向情緒中釋放出來。而學習慈悲對待自己，寬恕原諒他人，更能從中釋放束縛（被負向情緒抓住自己的束縛），讓自己重獲自由，重新面對嶄新的人生！

11. 施捨奉獻。知福、惜福、進而培福，這是一種高尚情操的行徑。做一位伸手向下的人，總比做一位伸手向上的人有福！能擁有可以施捨、捐贈、或奉獻資源出去的人，總比向人求討資源的人有福！因此，每個人都可以捐贈金錢、時間、勞力、專業知識、捐血、或捐大體給需要的個人、機構或社會，這些都是每個人可以做得到的培福行徑，更是協助與憂鬱情緒脫離關係的妙方良藥。這是自己做得到的事，何樂而不為呢！

12. 靜坐冥想或靈修。靜坐冥想是有意識的睡眠，睡眠是無意識的休息，這兩者都能幫助恢復疲勞，重建健康與活力。除此之外，靜坐冥想能提供你與自己內在接觸的機會，讓你達到內心平靜（inner peace）的祥和境界，讓你探索生命的意義和存在的價值，讓你的靈性幸福感得以提升、靈性獲得啟蒙與成長，讓你達到天人合一的最高修行境界。這被認為是獲致永續幸福的最高層次、最高境界的超越性幸福感！

情緒的能量

我本身是一位專攻心理計量學（psychometrics）的學者，研究方法學、心理與教育測驗、測量與評量、實驗設計、問卷調查與統計分析等計量方法，都是我的本業。我一直信奉20世紀初期行為學派的教條：「凡存在的，一定可以測量；能測量的，一定可以量化；能量化的，一定可以數據來表示其大小」。但存在的東西，卻不一定看得見，例如：情緒是抽象的東西，雖然存在，但我們無法直接看見，只能透過其彰顯在外的行為表現，來測量其大小，並據以推論其存在性。前述的「臺灣憂鬱情緒量表」，就是在這樣的哲學思維之下誕生的工具──一份用來測量正常人憂鬱情緒傾向的測驗工具。

然而，情緒有千百種類，無法一一設計測量工具來測量它們，因此多年來，我一直透過大量閱讀，孜孜不倦地搜尋可行的測量方法與工具，以一應百的要求！終於，皇天不負苦心人，讓我找到令我滿意的測量方法與研究結果，那就是關於「人類意識能量等級」的測量！

大衛・霍金斯（David R. Hawkins）教授運用「肌力測試學」（kinesi-ology）方法，將其畢生心力用於測試所有物質界的意識能量等級，當然也包括情緒在內，並以10為底數的對數（log）值，從1到1,000的尺度中，將各種意識能量等級予以量化，並建立起如表2-1所示的「意識地圖」（con-sciousness map）（註7），以用來說明各種情緒能量的等級。

　　根據他的說法，人類的能量等級在200以下者，是屬於負向的情緒狀態，200以上者，才會開始出現正向情緒。我的看法也是這麼認為，亦即，意識能量等級在200以下者，是毫無幸福可言的；個人若欲獲得幸福，他的

表2-1　意識地圖

意識地圖						
神性觀點	生命觀點	等級	英文名	對數	情緒	過程
大我	如是	開悟	Enlightenment	700-1000	妙不可言	純粹意識
一切存在	完美	安詳	Peace	600	極樂	覺照光明
一體	完整	喜悅	Joy	540	寧靜	變容顯光
慈愛的	仁慈的	愛	Love	500	崇敬	天啟
有智慧的	有意義的	理性	Reason	400	瞭解	抽象
仁慈的	和諧的	接納	Acceptance	350	寬恕	超越
啟發性的	有希望的	意願	Willingness	310	樂觀	意圖
賦能的	滿足的	↑中立	Neutrality	250	信任	釋放
允許的	可行的	↓勇氣	Courage	200	肯定	賦能
冷漠	苛求的	驕傲	Pride	175	輕蔑	自誇
想報復的	敵對的	憤怒	Anger	150	仇恨	侵略
拒絕的	失望的	慾望	Desire	125	渴求	奴役
懲罰的	令人恐懼的	恐懼	Fear	100	焦慮	退縮
輕蔑的	悲劇的	悲傷	Grief	75	懊悔	消沉
譴責的	無望的	冷漠	Apathy	50	絕望	上癮
懷恨的	邪惡的	內疚	Guilt	30	指責	破壞
鄙視的	悲慘的	羞恥	Shame	20	恥辱	消滅

意識能量等級必須維持至少在200以上才行，他才有開啟獲得幸福的能力與機會！

　　他在書中也寫到：「意識能量等級在500以上的治療師，才會有驚人的療癒能量」；換句話說，唯有具備「愛的等級」以上的醫者（包括：醫師、心理師、諮商師、社工師、護士、老師等助人行業的工作者），才能給予患者（情緒憂鬱者、學生或其他受援助者）療癒的本錢。據此，我也常換個角度思考，當我們去診所看病或向別人求助時，如果發現沒有療效或碰壁沒有解決問題的話，會不會是因為我們剛好碰到一位意識能量等級不夠高的協助者，他雖然有心協助，但卻無能為力，或力有未逮！我這樣的推理，也不無可能！反過來說，想從事助人行業的工作者，就必須非常小心自己的情緒狀態，必須時時反省有無處於意識能量偏低的負向情緒狀態中，若有的話，不僅無助於協助患者解決問題，有時候，甚至還會有誤導或惡化問題的可能性存在！所以，「追求幸福、獲得幸福、時時處於幸福狀態」，對於助人行業的工作者而言，則更顯得特別重要了！因此，我也常勉勵想就讀教育學系或輔導諮商學系的大學生及研究生，欲從事助人行業的工作者，除了需要取得國家核發的執照外，還需要取得老天爺核發的執照，才能順利成為一位有效的助人工作者！因為，唯有助人行業的工作者先獲得幸福，提高自己的意識能量等級之後，才有能力去協助解決求助者的問題！

　　由表2-1所示可知，意識能量等級在200以下者，都是一些負向的情緒狀態。一個人如果常常處於這類情緒狀態之下，當然是沒有幸福可言的！他必須想辦法使自己脫離這種情緒狀態，才有機會接觸到正向情緒，享受幸福帶來的好處！本書的目的，即是根據學術研究心得，討論與介紹多種研究成果，以幫助讀者習得如何獲得與增進幸福的知識與方法，進而追求永續的幸福！

練習作業

本項作業的名稱，就叫做「測量你的憂鬱情緒」（Measuring your depression.）！

請你據自己近一個月來的生活經驗，誠實回答表2-2「臺灣憂鬱情緒量表」中的每一道問題。如果你每週從未出現所描述情況，請在右欄裡勾選「從不如此」；如果是每週約一至二天出現所描述情況，請在右欄裡勾選「偶爾如此」；如果是每週約三至四天出現所描述情況，請在右欄裡勾選「經常如此」；如果是每週約有五天以上出現所描述情況，請在右欄裡勾選「總是如此」。

記錄完畢後，請你把所有題目上的得分加總起來，凡勾選「從不如此」者計「0分」、勾選「偶爾如此」者計「1分」、勾選「經常如此」者計「2分」、而勾選「總是如此」者計「3分」。此項憂鬱情緒總分，應該會介於0分到66分之間，根據我的研究心得，凡是在0分≦得分≦20分之間者為「正常情緒反應」，在21分≦得分≦36分者為「輕微憂鬱情緒」，在37分≦得分≦52分者為「中度憂鬱情緒」，在53分≦得分≦66分者為「嚴重憂鬱情緒」。

這項記錄作業，你也可以特別針對近一個月來所發生的重大負向生活事件來記錄，至少每天記錄一次，持續記錄一個月以上。如果持續一個月來，你的得分都處於「嚴重憂鬱情緒」程度者的話，我建議你最好去醫院的精神科掛門診，找專業的精神科醫生進行憂鬱症的鑑定；如果是處於「中度憂鬱情緒」程度者的話，我建議你最好找心理師或諮商師談一談；如果是處於「輕微憂鬱情緒」或「正常情緒反應」程度者的話，我建議你最好把本書詳細看過一遍，並且認真練習每一章所提出的建議作業，相信對提升你的幸福感而言，絕對會有明顯幫助的！

當你發現近一個月來，自己開始有一點輕微憂鬱情緒出現時，我建議你最好馬上練習前述我所提出的12項「克服憂鬱情緒的非處方箋」建議，能

於平常時即及早練習，愈可建立起防患於未然的預防機制，收到克服憂鬱情緒發生的效果！

表2-2　臺灣憂鬱情緒量表

填答說明： 請你針對下列各問題所述，根據近一個月來的生活經驗填答： 每週從未出現所描述情況，請勾選「從不如此」。 每週約1～2天出現所描述情況，請勾選「偶爾如此」。 每週約3～4天出現所描述情況，請勾選「經常如此」。 每週約有5天以上出現所描述情況，請勾選「總是如此」。	0 從 不 如 此	1 偶 爾 如 此	2 經 常 如 此	3 總 是 如 此
1. 有自殺的念頭。	☐	☐	☐	☐
2. 對什麼事都失去興趣。	☐	☐	☐	☐
3. 凡事往壞的方向想。	☐	☐	☐	☐
4. 有罪惡感。	☐	☐	☐	☐
5. 感覺自己很沒用。	☐	☐	☐	☐
6. 無力感。	☐	☐	☐	☐
7. 有壓力。	☐	☐	☐	☐
8. 發脾氣、生氣。	☐	☐	☐	☐
9. 擔心、煩惱。	☐	☐	☐	☐
10. 害怕、恐懼。	☐	☐	☐	☐
11. 想哭。	☐	☐	☐	☐
12. 心情低落。	☐	☐	☐	☐
13. 胃口不好（或暴飲暴食）。	☐	☐	☐	☐
14. 睡眠狀況不佳。	☐	☐	☐	☐
15. 身體疲憊。	☐	☐	☐	☐
16. 無法專心做事。	☐	☐	☐	☐
17. 身體不舒服。	☐	☐	☐	☐
18. 記憶力不好。	☐	☐	☐	☐
19. 不想與他人往來。	☐	☐	☐	☐
20. 少說話（或不太愛說話）。	☐	☐	☐	☐
21. 不想出門。	☐	☐	☐	☐
22. 生活圈小。	☐	☐	☐	☐

延伸閱讀

沈文玉譯（2004）。**情緒：釋放你的憤怒、恐懼與嫉妒**。臺北市：生命潛能。（Ohso原著。*Emotions: Free from anger, fear, & jealousy.*）

何修宜譯（2002）。**憂鬱症**。臺北市：智庫。（Robert Buckman & Anne Charlish原著。*What you really need to know about depression.*）

洪蘭譯（2012）。**邁向圓滿：掌握幸福的科學方法＆練習計畫**。臺北市：遠流。（Martin E. P. Seligman原著。*Flourish: A visionary new understanding of happiness and well-being.*）

高紫文譯（2012）。**失控的正向思考**。臺北市：左岸文化。（Barbara Ehrenreich原著。*Bright-sided: How positive thinking is undermining America.*）

姜忠信、洪福建譯（2000）。**認知治療的實務手冊：以處理憂鬱與焦慮為例**。臺北市：揚智文化。（Ivy-Marie Blackburn & Kate M. Davidson原著。*Cognitive therapy for depression & anxiety: A practioner's guide.*）

唐子俊、唐慧芳、唐慧娟、黃詩殷、戴谷霖、孫肇玢、李怡珊、陳聿潔譯（2007）。**憂鬱症的內觀認知治療**。臺北市：五南。（Zindel V. Segal, J. Mark G. Williams, & John D. Teasdale原著。*Mindfuleness-based cognitive therapy for depression: A new approach for preventing relapse.*）

蔡永琪譯（2013）。**釋放細胞記憶，和疼痛說再見**。臺北市：橡實文化。（Luis Angel Diaz原著。*Memory in the cells.*）

蔡夢璇譯（2012）。**心靈能量：藏在身體裡的大智慧**。臺北市：方智。（David R. Hawkins原著。*Power vs. force: The hidden determinants of human behavior.*）

鄧伯宸譯（2010）。**改變大腦的靈性力量**。臺北市：心靈工坊。（Andrew Newberg & Mark Robert Waldman原著。*How God changes your brain: Breakthrough findings from a leading neuroscientist.*）

劉乃誌等譯（2010）。**是情緒糟，不是你很糟：穿透憂鬱的內觀力量**。臺北

市：心靈工坊。（Mark Williams, John Teasdale, Zindel Segal, & Jon Kabat-Zinn原著。*The mindful way through depression: Freeing yourself from chronic unhappiness.*）

蕭雲菁譯（2010）（野村総一郎著）。**解憂鬱：重回快樂生活的11個關鍵**。臺北市：臺灣東販。

註解

1. 參見 Vaillant, G. E. (2008). *Spiritual evolution: A scientific defense of faith.* New York: Broadway Books. 一書。

2. 參見 Murray, C. L., & Lopez, A. D. (1998). *The global burden of disease: A comprehensive assessment of mortality and disability from disease, injuries and risk factors in 1990 and projected to 2020.* Boston: Harvard University Press. 一書。

3. 參見本章延伸閱讀《改變大腦的靈性力量》一書。

4. 參見本章延伸閱讀《解憂鬱：重回快樂生活的11個關鍵》和《是情緒糟，不是你很糟：穿透憂鬱的內觀力量》二書。

5. 參見「余民寧、劉育如、李仁豪（2008）。臺灣憂鬱症量表的實用決斷分數編製報告。**教育研究與發展期刊**，4（4），231-257頁。」以及「余民寧、黃馨瑩、劉育如（2011）。臺灣憂鬱症量表心理計量特質分析報告。**測驗學刊**，58（3），479-500頁。」等兩篇論文的報告。

6. 參見本書〈楔子〉一章裡的延伸閱讀《真實的快樂》（第二版）一書，及第1章的延伸閱讀《學習樂觀，樂觀學習：掌握正向思考的訣竅，提升EQ的ABCDE法則》（第二版）一書。

7. 參見本章的延伸閱讀《心靈能量：藏在身體裡的大智慧》一書。

理論篇──幸福的理論

人，為什麼會「不快樂」？為什麼會「不幸福」？

快樂與幸福，真的有那麼重要嗎？

人生如果沒有「幸福&快樂」，那麼，人生還會有意義嗎？

什麼樣的人生，才是「幸福&快樂」的人生？

什麼方法，可以維持比較長久的「幸福&快樂」？

最後，「幸福&快樂」可以研究嗎？

本篇的目的，即在說明幸福研究的相關理論，以作為後續幾篇內容解釋與說明幸福的重要性、人生的意義何在、哪些方法可以提升幸福，以及維持永續幸福的管道或策略之理論依據。

為了方便讀者明確感受到不同層次的幸福感，我根據本書〈楔子〉一章所提出的「幸福金字塔模型」，將這些幸福感的測量化約成各種可使用正向心理學的心理測驗工具測量到的實徵數據，以方便後續理論與實務應用時的討論與說明。這些具體的幸福感，共計可以分成三種層次及類別：一為「客觀的幸福」，指的是每一個人都具有相同感受的生理幸福程度，因為每一個人的感受都一樣，所以是客觀的，因此稱之為「客觀的幸福」，並以「生理幸福感」作為其測量指標的代表。二為「主觀的幸福」，指的是每一個人對幸福定義的不同感受程度，因為每一個人所感受的幸福程度可能都不一樣，所以是主觀的，因此稱之為「主觀的幸福」，並以「情緒幸福感」、「心理幸福感」及「社會幸福感」等三種不同的幸福指標之總和，作為其測量的代表。三為「超越的幸福」，指的是每一個人得以超越物質世界所感受到的客觀與主觀幸福之外，而能進一步感受到精神或屬靈層次的幸福程度，因為已經超越主客觀的幸福，所以稱之為「超越的幸福」，並以「靈性幸福感」作為其測量指標的代表。

幸福心理學

　　第一篇裡的各章，即在闡明上述「幸福金字塔模型」的學理架構，並鋪陳出後續兩篇對如何促進與提升幸福感的各種實作方法，作為其實務應用之理論基礎。

第3章

客觀的幸福──生理幸福感

　　每個人必須處於這兩種處境（即生活在貧窮線以下、身體有疾病）以外時，才開始會有機會、有能力去選擇談論幸福、感受幸福，進而享受幸福，並提升體驗幸福的深度！

──余民寧

　　誠如本書〈楔子〉裡所說的，「幸福」可以分成幾個不同層次來說明。本章的目的，即在說明何謂「客觀的幸福」，這是最基本的幸福感程度，通常會反應在物質生活裡每個人的生理感受上，而且每個人的感受都是相同的，因此是客觀的！

　　所謂的「客觀」，係指每個人的感受都一樣、適用於每一個人、放之四海皆準的一種衡量標準；相對的，所謂的「主觀」，係指每個人的感受可能都不一樣、不見得人人適用、無法放之四海皆準的一種衡量標準！因此，本章所述「客觀的幸福」，一定是指每個人的感受都一樣、人人都適用、可以放之四海皆準的一種衡量幸福的標準。根據研究心得，我個人認為當每個人身處下列兩種處境（即生活在貧窮線以下、身體有疾病）時，是沒有「客觀的幸福」可言的，他迫在眉睫的問題，即是盡快擺脫這些處境的束縛；換句話說，每個人必須處於這兩種處境以外時，才開始會有機會、有能力去選擇談論幸福、感受幸福，進而享受幸福，並提升體驗幸福的深度！

　　這兩種處境，分別為：

貧窮線──最低水準的物質生活條件

　　根據人本心理學家亞伯拉罕‧馬斯洛（Abraham H. Maslow）的「需求

層次理論」（need-hierarchy theory）（註1），人類有五個層次的需求，有如金字塔般，由最低層次往上依序遞升滿足，它們分別為：

1. 生理需求（physiological needs）：係指人類與生俱來的基本維生需求，例如對性、食物、水、空氣和住房等的生理需求。一旦匱乏時，就有可能危及個人的生命存在與種族的繁衍。

2. 安全需求（security needs）：係指在生理需求滿足之後，對人身安全、生活穩定，以及免遭痛苦、威脅或疾病等的需求。一旦匱乏時，個人會有不安全的感覺。

3. 歸屬（社會）需求（social needs）：係指對追求友誼、愛情、被他人接納、歸屬感以及隸屬關係的需求。一旦匱乏時，個人會有孤寂的感覺。

4. 尊重（自尊）需求（self-esteem needs）：係指對獨立、達成目標、專業能力、獲得認可、肯定與地位，以及受到他人尊重的需求。一旦匱乏時，個人會有低自信的感覺。

5. 自我實現需求（self-actualization needs）：係指當其他層次需求都滿足之後，就會追求自我成長，發揮自我潛能，自我實踐，以及對創造新事物的需求。一旦匱乏時，個人會覺得人生似有缺憾的感覺。

在這五種需求層次下，生理的需求是層級最低、最原始的生存條件。人們在轉向較高層次的需求之前，一定需要先盡力滿足這類需求，否則是不可能出現較高層次需求的；換句白話說，當一個人正處於飢餓狀態、睡眠被剝奪、極度口渴、甚至呼吸困難時，亦即他的生理需求處於極度匱乏時，他是不會關心生命是否已遭受威脅、有沒有人喜歡他或愛他、正義有無獲得伸張、努力是否已受到認可與肯定，以及能否展現自己的潛能等議題的。此時，驅使他的行為動力，主要還是來自渴望獲得食物、立即的睡眠、乾淨的水及清晰的空氣等，以解決當下的生理基本需求，使生命得以繼續維持下去！因此，維持生命生存所需的基本物質條件（如：食物、水、空氣、睡眠等）的滿足與否，即是決定「幸福」的最原始、最客觀條件，這些條件適用於地球上的每個人身上，不論他是國家領袖、英勇的戰士、偉大的科學家、知名的演藝人員、或默默無聞的平民百姓，不論其出身高貴或卑賤，不論是

否為知識份子或文盲，都一體適用！當這些條件獲得滿足時，哪怕僅是獲得些微的抒解和滿足，個人的幸福感便會大幅度的提升許多！

　　除非身處戰爭、內亂、瘟疫流行、環境嚴重污染的地區或國家外，一般來說，決定幸福的最客觀條件，通常都是很容易滿足的，尤其是在已開發的國家或開發中的國家！因此，我們身在臺灣，何其有幸，至少居住在這島上的所有人民，都已滿足且解決生理的需求問題。但是，即使是在已開發國家或開發中國家的國民，仍然有人連基本的生理需求的滿足，都有困難達到。因此，我引用經濟學家所提出的貧窮門檻（poverty threshold）概念，又稱「貧窮線」或「貧困線」，即為滿足生活所需的最低收入水平，來作為衡量「客觀的幸福」的一項標準。

　　由於要生活在現代的社會裡，處處都需要花錢（尤其是都市中的住宅支出，更是占最大宗）。因此，以滿足最低物質生活水平的金錢花費，來作為衡量「客觀的幸福」的指標之一，是合理的！如果以貧窮線的概念作為標準來看，當前（2014年），臺灣各地區的貧窮線分別為：臺北市14,794元、新北市11,832元、大臺中11,066元、大臺南10,244元、大高雄11,890元，金門縣（金門地區）8798元、連江縣（馬祖地區）8798元，其餘臺灣15縣市則一律為10,869元（註2）。換句話說，平均家戶人口的每月最低生活支出水平在貧窮線以下者，是比較沒有機會接觸到、感受到或享受到「幸福」的；此時，他們的全部精力與心力，可能都因為受到最低物質生活的匱乏所驅使，只會極力專注於想辦法去滿足自己的生理需求、解決棲身之地的需求而已；在還沒有獲得最低生理與安全需求的滿足之前，他們是無法發展出較高層次的需求的，更遑論馬斯洛所談及的高層次需求（例如：社會、自尊、自我實現等需求）！

　　金錢收入和幸福感之間的關係，其實是維持著一個很低的正相關到不顯著的相關之間！也就是說：「貧窮夫妻（三餐都在掙扎邊緣）百世哀」，但是太有錢也未必能增加更多的幸福，反而是中產階級者最幸福——有工作做、有一定收入、但又不會過勞的人，最幸福！《天下雜誌》亦曾報導過，平均家庭月收入在8～25萬元之間的中產階級（無論是單計算個人收入或全家人收入之和）最幸福，過之（如：中樂透）與不及（如：三餐不繼），都

比較不幸福！我想，我完全贊同這個看法！

因此，以貧窮線作為衡量「客觀的幸福」的最低生活標準是合理的。當你的物質生活條件處於貧窮線以下時，幸福對你而言是奢侈的、不切實際的！此時，你生活的最迫切目標，還是會擺放在想辦法盡快擺脫貧窮線的束縛，哪怕只是小小的改善每個月的平均收入（如：加薪一百元），都會讓你的幸福感緩步上升許多的！

脫貧之道──基本方法

欲住在現代化的都市裡，基本的物質生活條件必須在貧窮線以上者，才有「客觀的幸福」可言！因此，消滅貧窮多半會被認為是政府或社會的責任。而政府的做法，不外乎是給予金錢救濟、推行各種社會福利措施、給予特殊待遇（例如：免稅、免學費、送餐、免費就醫）及給予優惠減免（例如：各種票價半價或減免）等，這些都是立即性的被動福利措施，旨在拉升人們的生活水平到貧窮線以上，以享最基本的幸福程度──生理與局部安全需求的滿足！

然而，由於都市裡的社會經濟發展速度超快，常造成物價上揚、通貨膨脹、貨幣貶值，而偏偏薪水又不漲等矛盾現象，使得都市中的生活水平，都普遍存在著「馬太效應」（Matthew effect）（註3）的嚴重惡果──即「窮者愈窮，富者愈富」的現象！政府的福利措施與計畫，永遠趕不上時代的變遷與變化，這些立即性的被動福利措施，永遠無法真正的消滅貧窮！

我認為要積極消滅貧窮的做法，就要有如跑馬拉松長跑般的長期決心和準備，才能竟功；也就是說，消滅貧窮並不是花幾年的時間即可以完成的工作，而是需要至少一代（即30年時間）人的通力合作，才能完成的龐大工程！該項工程，我個人認為除了部分是政府的責任外，貧窮的當事人還是得負起最大與最後的責任，至少要有犧牲這一代人幸福的打算與準備，才有可能讓其下一代子女或子孫，真正達到脫貧脫困的地步！底下的一些建議事項，只是我個人拋磚引玉的粗淺想法而已，應該還有許多創意想法與問題解決策略存在，尚待有志於完成此項任務的志工們、社會領袖、或各級領導人

們，群策群力的接棒努力，才能竟功。

1. 接受教育

推行普及教育、義務教育，是二次世界大戰後，已開發國家普遍施行的政策，而且教育經費的支出都占國家生產毛額一定的比率以上，並以憲法立法方式來保障之。關於這一點，臺灣做得還不錯，至今，國內幾乎已經沒有文盲的民眾了！如今，稱臺灣為「已開發國家之一」，應該是可以當之無愧的！所以，從事人力資本投資──接受教育，永遠是脫貧的最佳方法與策略之一！

對生活水平低於貧窮線以下者而言，必須要有所認知自己目前的處境，要有犧牲自己這一代人幸福的心理準備！不管自己再怎樣的省吃儉用、拼命努力地工作賺錢、或接受政府的補助、救濟、補貼等措施，也都一定要想辦法鼓勵或強迫自己的子女「上學受教育」！接受教育，才是促進社會地位流動的一大利器，貧民才有翻身的機會，才能有機會擺脫遭受貧窮的束縛和擺布！我們常聽到的一句話：「再窮，也不能窮教育」，我想這是一句最真實、最貼切的寫照和基本認知。

2. 教育中，要加強營養衛生保健知識

窮人不僅錢賺得少，連同對營養、衛生、保健方面所持有的知識也少得可憐。當自己都缺乏衛生方面的知識、無法養成良好的衛生習慣時，也就無法擺脫遭受病菌侵襲的風險，更遑論能夠保護與教養下一代子女的衛生安全。當自己都缺乏營養、保健方面的知識時，也就更無法提升自己的免疫力與保養自己的能力，更遑論能夠教養出身強體健的下一代子女。所以，窮人在所接受教育中，需要特別強化營養、衛生、保健方面的知識，才能收到健康的教育功效。

3. 教育中，要加強商業與金融理財知識

此外，窮人的賺錢能力與理財知識，均比一般人不足與欠缺，甚至是錯誤！有時候，政府或社會公益機構的救助或救濟，往往只是在救急而已，並

沒有達到救窮的目的！因此，窮人在所接受的教育中，需要特別加強如何經營小本生意、如何與銀行打交道、如何記帳與管帳、如何進行理財與投資等商業實用知識的學習，同時，習得金融與理財方面的相關知識，也可降低遭受詐騙的機會並防止受騙上當，這樣才能盡速達成脫貧的目的！此時，在窮人所接受的教育中，若僅強調接受一般性的正規教育，學習一些傳統的文雅、科技、與理論性學術知識，反而是未切入重點，傳授這些知識顯然是與現實脫節的。

4. 教育中，要加強法律與數位科技知識

除此之外，窮人的法律知識是不足的，常因為受騙上當、無知觸法、貪心觸法，而鋃鐺入獄或遭受監禁，而致傾家蕩產或落入貧窮地步。同時，窮人在擷取現代生活知識的能力上，也是明顯不足的，其生活知識水平是無法提供他們適應現代化生活的。因此，在窮人所接受的教育中，也需要特別強調法律與數位科技的現代化生活知識，培養其具有何處可以尋求協助、提供問題解決幫助、查詢及檢索生活資訊，與安頓身心所需的知識和技能，才能協助其適應現代化的生活。

沒有身體疾病——消極健康程度的要求

一般人對「健康」的看法，大多認為沒有疾病即是健康，反之，健康即是沒有疾病。其實，這看法是不正確的，是落伍的！

根據我的研究發現，「健康」與「疾病」是兩個獨立的「雙極變項」（bipolar variables）的概念；亦即是，健康與疾病，是指兩個可以同時存在的獨立概念，而不是「單極變項」（unipolar variable）——一體兩面的互斥概念！健康的相反，是指「不健康」，不一定是指疾病；而疾病的相反，則是指「沒有疾病」，不一定就是健康。健康的涵義，其實是有積極和消極定義之分的！一般而言，對健康的定義（尤其是20世紀及以前）都是採消極的方式，即認為「沒有疾病即是健康」；但邁入21世紀之後，即使是世界衛生組織對健康的定義，也都已經改採積極的定義方式，認為「健康不僅是

沒有疾病而已，並且還需要兼具有生理、心理、與社會幸福感的一種完整狀態」（註4）！

詳細的說，「健康」係指生理、心理、情緒、社會，與靈性等各方面的機能都能夠運作良好的狀態，而「不健康」即係指生理、心理、情緒、社會，與靈性等各方面的機能運作不良或停滯的狀態；「疾病」係指身（生理）、心（心理、情緒、社會）、靈（靈性）方面產生障礙、困擾、毛病，或功能失調的狀態，而「沒有疾病」即係指身、心、靈方面都沒有障礙、困擾、毛病、或功能失調的狀態！把這兩個獨立概念（健康及疾病）交叉合併分類，也就是說，每個人都可以被歸屬於「健康又沒有疾病」、「健康又疾病」、「不健康又沒有疾病」或「不健康又疾病」等四種狀態之一。除了「健康又沒有疾病」的類型外，其餘三種類型，都有可能帶給你某種程度的負向情緒，妨害你成為一位「幸福」之人！因此，要達到幸福的理想程度之一，最好便是做到能夠讓自己處於「健康又沒有疾病」的積極狀態，這也是一種稱作「巔峰」、「圓滿」、「心盛」、「繁榮昌盛」（flourishing）的狀態；或者，消極的基本要求之一，至少要達到「沒有身體疾病」的程度也可以；否則，奢談幸福！所以，可以用來衡量「客觀的幸福」指標之一者，即是「沒有身體疾病」，或是，沒有「不健康又疾病」的狀態！

事實上，身體（或生理）上出現各種疾病時，要成為一位「幸福」之人是不容易的，也是較不可能的！

你可以從日常生活中的觀察即可得知，生病會帶給你多少的不便和負向的情緒。例如，感冒，這是一種常見的疾病，雖然不會天天都得感冒，但你還記得當你感冒時的感受嗎？身體酸痛、四肢無力、不斷流鼻水、喉嚨疼痛、咳嗽、發燒、甚至還有其他併發症，這些都是流行性感冒的典型症狀。當你感冒時，會有好情緒嗎？會感覺舒服、滿足、心情愉快嗎？我想，每個人都不會的！因為我們都是過來人，都曾感受過感冒所帶來的負向情緒狀態。

當然，也有人利用生病來博取同情、免除責任、逃避規範、修復關係，甚至，獲得意外的關懷與獎勵——這是生病的好處，是一種心理防衛機制（mental defense mechanism）的運用。但是當你屢屢利用生病當武器時，小

心喔！假戲真做時間久了，你是在消滅自己的心理能量，生病恐怕就會變成真的喔！──亦即，你的心理開始處於不健康的狀態，潛意識裡即在暗示自己的各種機能不要發揮正常作用，如此才能繼續博取同情，長久下來，你的行為表現所隱含的生病實相（ill reality），即可能顯化成真（come to manifest）！

其他，諸如罹患各種慢性疾病（例如：糖尿病、高血壓）、重大疾病（例如：腫瘤或癌症），或發生意外事件（例如：車禍創傷、截肢）等，都不可能帶給你有正向情緒感受的！你可能擔心的要死、害怕的要死、煩惱的要死、甚至陷入灰暗的負面思考裡，即使疾病後來沒有真的要你的命，你的心裡也很容易因此陷入長期的擔心、憂慮、懷疑與恐懼裡，而接著罹患焦慮症、恐慌症或憂鬱症，再度使自己陷入負向的情緒狀態中！所以，身體（生理）的疾病，時間拖延久了，就很容易引發心理疾病的產生，屆時，治療的問題就會變得複雜許多！

由於心理、情緒、社會與靈性等各方面的疾病，容易因為個人的主觀感受不同而不同，因此，我把它們歸類到其他的幸福理論章節裡再來詳談。

當你的身、心、靈三方面處於不健康或疾病的狀態時，自然而然地，你的情緒感受會是負向的；反之，當這三方面都處於健康或沒有疾病的狀態時，你的情緒感受會是比較正向的！因此，我才要說：達到幸福的理想要求之一，便是讓你的身、心、靈三方面，最好都能夠處於「健康又沒有疾病」的狀態，或者，基本的保守要求，至少也要達到「沒有身體疾病（不論是急性病或慢性病）」的消極健康程度；否則，你根本沒有能力、沒有條件，也沒有機會去奢談幸福的！

所以，沒有身體（生理）疾病（不論是急性病或慢性病），也可以用來作為衡量「客觀的幸福」的指標之一！

健康之道──基本方法

物質生活水平低於貧窮線以下的人，很容易落入「既貧又病」的惡性循環中！因為貧窮的緣故，容易因為沒錢就醫而讓病情惡化，而生病又容易造成沒有工作、沒有金錢收入，進而讓他更沒有能力就醫，病情更容易惡化；

或者，因為缺乏營養、保健、衛生知識的緣故，即使一時治癒疾病，也容易讓貧窮的人再次生病，再次把所賺的錢都花費在看病就醫上，而沒有多餘的時間與心力去工作賺錢。因此，當這兩種情況（既貧又病）交織在一起，就容易形成惡性循環！人一但落入這種惡性循環中，就容易成為政府的施政問題之一，如果處理不好，社會也會付出一筆極大的成本！

　　幸好，世界各已開發國家（包括臺灣在內）所推行的全民健康保險制度，即是一種避免窮人沒錢就醫的社會保險制度，站在維護全民具有基本「客觀的幸福」上，確實是一則良策美意！畢竟，當人民免於「既貧又病」的威脅，享有基本「客觀的幸福」之後，他們就會漸次提高需求的層次，有機會逐步往上追求較高層次的幸福，這將對個人、社會與國家都有好處。

　　但健康之道的做法，不是只在消極的防止「沒有身體（生理）疾病（不論是急性病或慢性病）」而已，而是應該主動積極做到「提升全民的幸福感」！根據研究顯示，幸福的人比較健康，不容易生病，即使生病，也比較快速復原！因此，「提升全民的幸福感」被已開發國家紛紛列入施政的目標之一，甚至有學者提出「國家幸福指數」（Gross Happiness Product, GHP）來取代「國民生產毛額指數」（Gross National Product, GNP）或「國內生產毛額指數」（Gross Domestic Product, GDP），以作為衡量一個國家的真正經濟實力指標之一（註5）！

客觀的幸福──生理幸福感

　　接著要來談什麼是「生理幸福感」（physiological well-being）！

　　生理上的感受，人人都相同，所以說，它是「客觀的」！因此，舉凡能夠促進生理上產生愉悅（pleasure）或痛苦（pain）感受的刺激來源，都是決定人們是否擁有「客觀幸福感」的共同因素。首先來談「愉悅」的部分，因為這是生命中「光明的力量」（power of bright side），會讓我們感受到生命的喜悅、成長與和諧；反之，「痛苦」的部分，是生命中「黑暗的力量」（power of dark side），會讓我們感受到生命的黯沉、毀滅與混亂，以及隱含鮮為人知的「靈性成長契機」！因此，擁抱光明，遠離黑暗，便是確

保生理幸福感的基本理念！

　　人類之所以會產生相同愉悅感受的原因，乃因為在我們的大腦結構裡，有一個區塊〔即前額葉（prefrontal cortex）〕是我們人類生理所共同擁有的「快樂中樞—藍核（locus coeruleus）」所在，它受到刺激或激發後，便會分泌多巴胺（dopamine）、腦內啡（endorphin）、正腎上腺素（noradrena-line）、血清素（serotonin）、褪黑激素（melatonin）等多種傳導神經衝動的分子化合物，與穩定情緒、緩和緊張、促進生長與保護生命安全的作用有關，這些分泌物通常會刺激腦中「快樂中樞」引發愉悅的感受，特別是引起「食、色」等基本生理需求的期盼感覺（I want ......）！因此，簡單的說，你只要想辦法刺激該區塊，讓該區塊的神經傳導功能活躍起來，大腦便會分泌大量的多巴胺等神經傳導物質，讓人即刻感受到「愉悅」、「快樂」、「快感」、「爽」、「high!」等任何你可以用來形容的正向情緒、生理愉悅感受、享樂、滿足感，與幸福的感覺！這些形容詞正是「幸福感」的同義詞之一，也就是說，它會引發「生理幸福感」的客觀感受，任何人都不例外！這也難怪神經科學家們會認為，「所有的快樂與痛苦感覺，只不過是大腦中組合成的影像罷了，是大腦中神經傳導作用的結果之一」（註6）！

　　從實驗室裡，針對白老鼠的實驗研究觀察可得知，舉凡能夠引發大腦中該愉悅感受的刺激或行為（即按鍵讓探針通電），白老鼠便會繼續不斷地重複下去，直到死亡為止。白老鼠會不斷為了追求該愉悅的刺激，繼續不斷的按鍵通電，讓微弱的電流不斷刺激該快樂中樞神經，因此，牠會選擇寧可不吃、不喝、不睡覺、不交配、不與同伴交談，也要繼續不斷地按鍵，追求持續性的「享樂」；直到最後，因為身體各器官嚴重衰竭而死亡為止！

　　反觀人類，其實也有些行為舉止，與實驗室裡的白老鼠作為十分相似，持續不斷地追求快樂刺激，直到力竭而止！但由於人類大腦神經機制的設計，畢竟還是與白老鼠不同，人類多了一項「靈性」，具有「反省」、「覺察」的能力，並讓「自由意志」發揮作用的機會，因而從沉溺、成癮與受制約的行為中，終究產生適可而止、甦醒與反彈的覺察行為，免於最後力竭身亡的悲劇發生！但是，人類的「靈性」，如果終其一生沒有被啟發、啟蒙或喚醒的話，就會類似白老鼠一樣，持續不斷地追求能引發「快樂中樞神經活

躍」的刺激行為直到死亡為止！因此，探討到底有哪些刺激或行為會引發人類大腦產生「快樂中樞神經活躍」者，便成為「生理幸福感」所要探討的主題之一。

　　經過我對文獻評閱心得的歸納，下列幾種刺激或行為確實會引發人類大腦中「快樂中樞神經活躍」的情形，促進多巴胺的大量分泌，進而引發幸福的生理感覺。你只要學會掌握與控制，善用這些知識與技巧，就能持續體驗「生理幸福感」的存在感受！不過，我們的大腦也很容易、快速地適應這種「生理幸福感」的感受，刺激久了，感覺就容易變得麻木，不再對刺激懷有任何的新鮮感。這也就是第1章裡提到「快樂水車」的適應理論所談論的道理！因此，學會如何適可而止的享受「生理幸福感」，是一項重要的、明智的、且必須透過學習才會的行為，這也就是推行「正向教育」（positive education）的目的所在。

1.進食活動──享受美食（零食、抽菸、飲酒）

　　享受美食，確實能夠刺激味蕾、味覺的感受，尤其是品嚐色香味俱全的美食，都能讓人感覺舒服一陣子！特別是在肚子餓了一陣子之後，任何食物（即便是小吃或便當）都會變成佳餚、頗具風味的美食！這是由於經過生理匱乏與刺激剝奪之後，強烈對比之下，大腦的神經傳導功能能提高了生理的鮮明感受力的緣故！因此說來，每隔一段時間即採行「斷食」或參加類似的「飢餓三十」活動，確實能夠提高對「享受美食」的生理幸福感受，當然也能增進對食物的尊重與惜福態度的涵養！

　　另外，在進食時，如果能和一群人（家人、親戚、朋友）一起享用，並且保持愉快的心情用餐，邊吃飯、邊聊天，有說有笑，則更能附帶引發正向情緒的感受，讓你覺得這一餐特別美味，事後更覺得回味無窮！特別是遠在他鄉異地工作或讀書的人，若能偶爾吃到一餐家鄉飯（特別是媽媽做的口味），也會讓你回味無窮，生理幸福感暫時提升許多！

　　扣除正餐的美食外，其他的進食活動與習慣，如：吃零食（尤其是巧克力）、抽菸、飲酒（例如：紅酒）等，雖然也能引發「快樂中樞神經活躍」的情形，讓多巴胺快速分泌，但通常都會有副作用產生──例如：引發肥

胖、尼古丁上癮、肺部病變、酒精中毒、肝腎功能受損、免疫系統下降等，可說是一種「包附糖衣的安慰劑」，雖然具有緩和與放鬆緊張、抒解焦躁與不安情緒於一時的作用，偶爾為之，並且帶著愉快的心情去享用它（例如：「飯後一根菸，快樂似神仙」）時，也許還可以接受；但若過量飲食、或者帶著苦悶的心情（例如：「今朝有酒今朝醉」）去依賴使用它時，則不僅容易成癮、引發生理病變、製造肥胖的後遺症外，甚至還會因為飲酒誤事、酒後駕車釀成意外等負向生活事件的發生，害人又害己！因此，學習明辨適可而止，也是一項很重要的人生學習課題！

　　至於其他的有害行為，例如：賭博和吸食毒品（例如：安非他命、古柯鹼、海洛英、大麻等）等，剛開始時，會刺激大腦分泌多巴胺和其他有害的神經傳導物質，讓嗜賭者和吸毒者暫時感覺很興奮、很專注、很有精神、很爽、很high，然後，產生飄飄然、茫茫然、忘記痛苦與挫折的一時快感，之後，就會逐漸上癮。但由於它會比吸菸和飲酒行為產生更具嚴重性的後遺症──成癮、妨礙工作、破壞人際關係、器官受損、引發犯罪行為等後果；所以，任何想真心追求生理幸福感的人，應該都會對它們採取避而遠之的做法。賭和毒的行為，簡直就是拿一生的幸福交換一時的快感，到頭來，不僅換來一場空，並且還會付出悔恨一生、失去尊嚴、自卑、自慚形穢等利息！

2.身體活動──舞蹈、跑步、散步、瑜伽、攀岩、打球、游泳、爬山、健身房運動

　　運動，有助於吸進大量氧氣、促進新陳代謝與血液循環、排除體內廢氣與廢物、強化免疫系統等功能，最能促進大腦分泌大量的多巴胺，讓人處於放鬆、鬆弛、與不緊張的狀態，進而促進身體健康，並帶來幸福的感覺！如果在大量流汗的運動後，又能洗個熱水澡、泡溫泉，或洗蒸氣浴的話，都能立即感受到消除疲勞後的那種痛快、舒服的感覺；對大腦來說，這是嫌惡刺激的移除，會讓人產生「舒服」的感受，因為疲勞已經移除，自然會帶給人「幸福」的感覺！

　　無論是採行何種運動──舞蹈、跑步、散步、瑜伽、攀岩、打球、游

泳、爬山、健身房運動等，只要能規律、用心專注地從事、能知行合一、有目標感、有掌控感、能獲得立即回饋、兼顧技巧與挑戰的平衡、忘記時間的存在等，就容易讓人處於人生「最佳經驗」（optimal experience）的感受裡——「忘我」（flow）的狀態（註7）；這種經驗感受，是一種令人神馳嚮往的愉悅與滿足的經驗，不禁會令人想要再繼續重複這種體驗，這有一點像吸毒後產生「high」的舒爽、愉悅與滿足的感覺，但卻又沒有吸毒的副作用與後遺症！這項經驗對增進客觀的幸福而言，是一個非常重要的決定性因素，值得本書以專章再詳細加以討論！

3.睡眠──睡覺、休息、小憩、打盹

睡眠，是一種無意識的靜坐休息，最能夠協助身體消除疲勞、恢復體力。尤其是在大量的身體活動之後，因為肌肉乳酸的堆積所造成的身體倦怠感，最需要依靠睡眠來消除。在經過一場香甜、深沉的睡眠之後，身體疲勞這種嫌惡刺激源，便可以獲得充分的排除在外，而讓體力、活力、與精神又重新恢復起來，又再度神似一尾活龍，足以應付一天的生活挑戰！

但是，睡眠如果因故被長期剝奪（例如：失眠、壓力造成的睡眠障礙、睡眠品質不佳、熬夜）的話，最容易讓人產生相關疾病和副作用，例如：脾氣暴躁、情緒失控、做事不專心、分心失神、精神恍惚，甚至是造成憂鬱症或憂鬱情緒、免疫系統下降、腫瘤或癌症惡化等症狀！這是因為，人類都是在睡眠中進行修復身體受損的細胞、消除疲勞、恢復身體機能、促進生長、更新細胞與更新神經連結的作用；大腦在熟睡的睡眠狀態中，會自然分泌退黑激素與血清素等神經傳導物質，它們是決定個人睡眠品質、生長高度（身高）、內分泌系統的平衡、免疫力的維持、憂鬱情緒的下降、甚至與阿滋海默症（俗稱的「老年痴呆症」）、帕金森氏症的生成因素有關！因此，獲得一個高品質的睡眠，對維護生理幸福感來說，相當重要，也相當基本，是一個不得不強調的決定性因素（註8）！

4. 做愛──性交、自慰、愛撫

　　做愛，不僅能使大腦大量分析多巴胺、腦內啡等化學物質，更能產生強大的生理滿足感，也是讓生命能夠不斷綿延下去的決定性因素之一。「食、色，性也！」一直是人類學術研究的重點課題之一。「做愛」如果是來自具有兩情相悅的愛的基礎，更是成為繁衍子孫、維繫夫妻感情，與增進愛侶間親密關係的一項利器！任何愛護生命的人類，絕對不會反對「做愛是增進人類生理幸福感」的重要性看法。北歐國家（例如：丹麥）愛護生命的人權鬥士，甚至喊出「做愛總比作戰好（Making love is better than making war.）」的口號，以期能夠永久消弭戰爭，保護人類生命的永續綿延下去！

　　當然，在現代化的都市生活裡，由於生活中的壓力和誘惑特別多，個人若沒有相當的道德素養、倫理的堅持，與法治的觀念做後盾的話，往往很容易使「做愛」的本質產生質變，而淪為與色情、婚外情、一夜情、不倫戀、性變態、性虐待、性暴力等行為事件掛勾，其下場多半都是以破壞幸福感作為收尾！這種變質的做愛行為，不僅不會增進生理幸福感的感受，反而會是一種深具破壞力的刺激行為，如果人們只是貪圖一時的快感刺激，而不仔細考慮、明辨其後果的話，恐怕到了最後，都會造成悔恨一世的懊悔心理與負面情緒下場！任何想從幽谷邁向巔峰的人，都不得不謹慎！由於「做愛」會涉及到兩個人之間的密切合作行為與親密關係，因此，如何建立人際間的親密關係以增進幸福感的議題，值得本書以專章再來詳細進行討論！

5. 工作──全職、兼職、打工、義工

　　工作，不僅只是賺取物質世界生活所需的賺錢行為而已，更是有機會促進自我實現的手段之一。很多父母以為，只要給子女接受好的教育、較高的教育，即可找到一份較高收入的工作，而完全不考慮子女的職業性向與職業興趣之所在。因此，從社會新聞案件中，我們常常看到社會上充滿著一群高所得的不愉快工作者，他們到了最後，不外乎就是：選擇留在原地工作，繼續唉聲嘆氣地抱怨對工作的不滿，等候著遲早會出狀況的身體健康問題發生；不然就是，勇敢地變換工作，冒著收入降低，但卻可以大幅改善對工作

的滿意度，過著快樂、自在的幸福日子！

　　由於現代人的生活，都必須透過工作才能換取物質生活所需，但工作對每個人而言，卻未必都是令人滿意的事！因此，如何審慎挑選工作，讓工作本身即能增進自己的幸福感，這個議題對促進並維持永續的幸福感而言非常重要，也值得本書以專章來詳細加以討論！

6.休閒活動──唱歌、彈琴、棋藝、釣魚、攝影、繪畫、郊遊、旅行

　　休閒活動（recreation activities），是一種有別於工作狀態的活動，是構成整體生活滿意度的一個重要成分！舉凡個人在睡覺、工作、吃飯、照顧自己與家庭之外的時間所從事的每一件活動，都可以被視為「休閒活動」。它是一種愉快的、自我實現的、滿足的、沒有負擔的、並且是自發性的活動。休閒的目標，就是要有趣，以鬆弛或緩和日常生活裡累積的壓力。對多數人而言，休閒是僅次於工作、婚姻及家庭的滿意度來源；但對少數人而言，休閒卻是更重要，尤其對許多單身男性！英文有一句俚語；「All work and no play makes Jack a dull boy.」（只顧工作（念書），沒有玩樂（休閒），會使人變得遲鈍／無趣），就是說明休閒重要性的一句最佳寫照（註9）！

　　工作、休閒活動，與運動一樣，最容易令人產生「忘我」、「心流」、「神馳」與「福樂」經驗的體會與感受！如果能將休閒與工作的時間分配得當，或是將生活（學習）、工作、與休閒三者結合為一，過著「山羊式的生活哲學」，那麼，你鐵定會成為世界上最幸福的人之一！這個議題對維持既有的生理幸福感，進一步提升到主觀幸福感而言，非常重要，亦值得本書以專章來詳細加以討論！

7.靜坐冥想──打坐、靜坐、禪坐、靜心、冥想、禱告

　　靜坐冥想（mindful meditation），是一種有意識的睡眠活動，在東方國家與西方古文明國度裡，原本是出家的修行人每天練習的日常活動之一。但近年來，由於正向心理學潮流的興起，已逐漸成為當前西方國家流行正夯的

產物，也被認為是高社經地位人士的一種「時尚品味」（fashion and good taste）的象徵！

靜坐冥想的功效，在近代的腦神經科學研究裡，有逐漸受到重視的趨勢。許多研究「正念」（mindfulness）議題的學者，因為必須接觸「靜坐冥想」的練習，才使得這項古老的修行技巧得以「舊調重彈」的重生，重獲當代學術研究的重視，進而逐漸發揚光大。這個議題對提振生理幸福感的深度，進一步揚升致靈性幸福感而言，非常有幫助，也值得本書以專章來詳細加以討論（註10）！

其他可以提升生理幸福感的活動

綜觀本章所言，由於每個人都具有相同「快樂中樞」的大腦神經機制構造，凡是能讓大腦分泌大量多巴胺等神經傳導物質的刺激、行為與活動，都是提升生理幸福感的重大影響因素！但是，大腦所能分泌的多巴胺，畢竟會有其極限，超過了該極限，再大量的多巴胺，也未必能讓個人體會到更大的喜悅、快感、或快樂。這是因為大腦的神經傳導機制，很容易適應持續不斷的刺激行為的緣故，一旦適應了該刺激行為，個體的生理感受便處於停滯的狀態，不再感覺有任何的快感；此時，個體就會想要更大的刺激，才能激起與過去同樣程度的快樂感受。所以，個人便容易陷入繼續不斷追求更大刺激的行為活動，以期獲得更大的快感或快樂，這就是「上癮行為」（addiction behaviors）的生理學基礎。

然而，人類的某些行為，雖然與實驗室裡白老鼠的按鍵行為，有某些成分是十分相似的，都是在追求讓「大腦分泌大量多巴胺」的快樂刺激，這些行為可說都是動物的本性、本能衝動，不需經過學校教育的學習與訓練，自然就會的事。但是，人類是屬靈的動物，畢竟還有靈性、自由意志、覺察能力、毅力、做判斷與選擇的理性能力，可讓人類做出與白老鼠不一樣的行為選擇結果，不完全受動物的本性、本能需求的擺布、制約、與束縛！這就是為什麼我們人類必須學習讓靈性成長的緣故！如此，才能駕馭動物的本能獸性，發揮人性，進而享受與追求永續幸福的生活方式。本書的出發點就是在

談論這一點，希望能夠啟發所有讀者，選擇去過著有意義的幸福生活，而不僅只是去追求刺激的快樂生活而已。

除了上述提到的七項因素會與生理幸福感的產生與促進有關之外，還有其他的行為活動（雖然可以歸類在休閒活動裡），也都能夠促進生理幸福感的提升，特別值得獨立出來一提。

1.大笑──幽默、笑話

大笑，會牽動身體許多條神經的運動，會有放鬆肌肉緊繃、緩和緊張情緒、吸進大量氧氣、促進新陳代謝、促進腸胃蠕動、幫助消化、消除疲勞、與促進人際關係的和諧等作用，是短暫、快速增進生理幸福感的良方！對於目前正處於情緒緊繃、或有憂鬱傾向、感覺不快樂、與感覺生活平淡的人，不妨撥點時間去聽聽別人說笑話、閱讀網路上搜尋到的笑話、自己也試著練習說笑話，並且也讓自己真的開懷大笑，笑到肚子痛、笑到岔氣咳嗽、笑到趴在地上、笑到眼淚都流出來！這些舉動都有助於發揮即刻提升生理幸福感的作用（註11）。

2.接觸大自然──公園、花園、森林

大自然，不僅是一個充滿芬多精、負離子、純氧、能量場、與綠色視野的地方，當人們身處其中時，不僅會讓人們感受到大自然的美之外，更容易讓人們得以情緒放鬆、舒緩精神壓力，與解決緊張的神經緊繃狀態，可以說是免費提升個人生理幸福感的最佳天然場所！住在農村、森林、山中、海邊的人們，是生理幸福感最高的人口，因為每天都生活在「美」的世界裡，心情開朗、情緒不緊繃，自然而然地就身體健康起來！而反觀住在都市裡的人，每天被水泥叢林包圍著，昏天暗地終日，既看不見陽光與星光，更看不見自然的美景，久而久之，便失去對生活品質與滿意度的品味能力。如果都市人都能夠定期撥一段空閒時間到戶外的大自然走一走，都有快速提升生理幸福感的作用，給自己的情緒正面充電，以提升對抗惡劣都市環境的適應力與抵抗力（註12）。

3. 其他——待列舉

　　想一想，在你的生活經驗裡，還有哪些行為動作或活動，會讓你感覺到生理幸福感提升的。請你把它們列舉出來，就當作是（本章中）你個人的功課！為自己好！

練習作業

本項作業的名稱，就叫做「**尋找你的快樂活動**」（Seeking your happy activities.）！

首先，請花一些時間思索一下，你在做什麼事（或從事什麼活動）時，最能夠讓你覺得自在、快樂、高興、放鬆或滿意的。請先列舉五種每天或至少每星期以內都可以做，而且可以讓你覺得很自在、快樂、高興、興奮或很滿足的休閒活動或事情。你每天都有花足夠的時間在這些活動上嗎？如果可能的話，請多找出些時間花在這些活動上，並且把從事這些活動的心得與感受記錄在記事本上，以作為自己對快樂的投資！這項記錄作業，請至少持續三週（共21天）以上的時間。

範例：「**尋找快樂活動**」，請列舉五種令你覺得快樂的活動或事件，並記錄每週所花的時間。

自己喜歡的活動或事件	每週所花的時間（以小時為單位）
1. 閱讀書籍、期刊、雜誌	6～12小時
2. 看DVD（科幻片、動作片、冒險片）	4～6小時
3. 寫作	4～8小時
4. 開車、聽喜愛的CD音樂	2～4小時
5. 看卡通片、新聞、新知報導	4～6小時

註：上表所舉例的事項，是本書作者自己常從事的快樂活動，每週都會花足夠的時間去從事它，並且盡可能地分散在每一天裡。

問題：當你多花一些時間去從事上述活動或事件時，你有覺得更滿足或更快樂嗎？你願意對它進行投資嗎（即花較多時間在其上）？你做到了嗎？（請寫下一週來的心得與感想！）

_____

_____

_____

本項作業的目的，旨在幫助你確認什麼才是自己所喜歡從事的事件或活動，並且確保投入一定量的時間去從事它、享受它，以激發自己的快樂中樞分泌大量的多巴胺！有的人只知道工作、忙碌、並尋找刺激來度過每一天，卻不知道自己真正喜歡的是什麼、從事什麼事件或活動會帶給自己真正快樂的感受，以及要如何尋找快樂？因此，本項作業即是在幫助你找到這些活動或事件是什麼，並激勵你多花一些時間在這上面，因為，它們是帶給你自在、快樂、歡樂、喜悅、安慰與滿足的最大來源。如果能夠經常花時間去從事這些活動或事件，你一定會經常處於幸福的狀態，你就是一位「幸福」的人！但是，如果你只是找出自己最喜歡從事的活動或事件來，但卻不肯花時間在上面，這豈不是像投資錯誤了標的物一樣，並不會帶給你多大的豐碩收益——「快樂與滿足」！所謂「積小勝，成大勝」，這是做事成功的道理！如果我們也能夠「積小快樂，成大快樂」，從「小確幸」（註13）開始做起，要不幸福也是很難的！

　　這樣的記錄與練習過程，即會督促你平時即針對「快樂事件」進行小投資，如此一來，時間久了，透過複利的利滾利作用，即可幫助你未來獲得一筆大收益——成為一位「幸福」的人！

延伸閱讀

千江月編著（2007）。知足就是幸福：用心享受眼前的生活。新北市：普天。

余白、李天舒（2004）。**馬太效應**。臺北市：智富。

李淑珺譯（2011）。**喜悅的腦：大腦神經學與冥想的整合運用**。臺北市：心靈工坊。（Daniel J. Siegel原著。*The mindful brain: Reflection and attunement in the cultivation of well-being.*）

林心慧譯（2009）。**欲望少一點，幸福多一點**。臺北市：春光。（Karin Lindinger原著。*Lass Los und...gewinne!*）

吳書榆譯（2013）。**幸福經濟學：幸福是滿足過生活？還是人生有目標？全美最具影響力智庫的關鍵報告**。臺北市：漫遊者文化。（Carol Graham原著。*The pursuit of happiness: An economy of well-being.*）

柳平昌（2006）。**幸福家庭的理財計畫**。臺北市：大都會文化。

陳柏誠譯（大前研一著）（2006）。**Off學：會玩，才會成功**。臺北市：天下文化。

曾育慧譯（2011）。**富足世界不是夢：讓貧窮去逃亡吧！**臺北市：博雅書屋。（Muhammad Yunus原著。*Creating a world without poverty: Social business and the future of capitalism.*）

黃貴帥、陳達誠、高瑞協、歐耶（2008）。**大笑的驚人力量**。臺北市：方智。

黃琪瑩譯（2011）。**Get out！帶孩子去玩耍：150種親近自然&愛地球的好方法**。臺北市：大好書屋。（Judy Molland原著。*Get out！150 Easy ways for kids and grown-ups to get into nature and build a greener future.*）

楊定一（2012）。**真原醫：21世紀最完整的預防醫學**。臺北市：天下文化。

楊定一、楊元寧（2014）。**靜坐的科學、醫學與心靈之旅**。臺北市：天下文化。

註解

1. 參見http://zh.wikipedia.org/zh-tw/亞伯拉罕・馬斯洛（Abraham H. Maslow）。關於馬斯洛的需求層次理論學說，人類有五個層次的需求，由最低層次往上依序遞升，分別為：生理需求、安全需求、歸屬（社會）需求、尊重（自尊）需求，及自我實現需求等，有如金字塔般由下往上依序滿足。

2. 貧窮線的定義，可參見https://zh.wikipedia.org/wiki/貧窮門檻。簡單的說，也就是指最低生活費標準，其估算方式為行政院主計處公布的地區「每人可支配所得中位數」的六成，但不得超過全國可支配所得中位數的七成，也不得低於其餘縣市每人可支配所得中位數六成。若家庭財產未超過當年政府公告的金額，且每人每月收入在最低生活費以下，就屬低收入戶；家庭財產未超過公告，但收入為最低生活費的1.5倍，即為中低收入戶。據此，2010年9月16日「行政院院會」通過「社會救助法」部分條文修正草案，調高貧窮線，並將中低收入戶定義入法，預估將可照顧85.2萬弱勢人口，並於2012年開始實施。各地貧窮線的數據，係根據此修正草案所推估出2012年實施時的標準。貧窮線的判定標準，會隨著國家的經濟發展狀況而調整；例如，臺灣各縣市的貧窮線，2012年時為10,244元，2013年為10,244元，預計2014年時擬調高為10,869元。
同時，亦可參見本章延伸閱讀《富足世界不是夢：讓貧窮去逃亡吧！》一書。

3. 源自新約聖經馬太福音第25章第14-30節，經文說道：「凡有的，還要加給他，叫他有餘；凡沒有的，連他所有的也要奪去。」引伸涵義為「好的愈好，壞的愈壞；多的愈多，少的愈少；強者愈強，弱者愈弱；富者愈富，貧者愈貧」的一種現象。
同時，亦可參見本章延伸閱讀《馬太效應》一書。

4. 參見我對「健康」與「疾病」是兩個獨立的「雙極變項」概念的論辯一文：Yu, M. N., Chung, P. C., Syu, J. J., & Chen, P. L. (2009). Is the mental

health a one- or two-dimensional construct? Perspective from the structural equation modeling. Paper presented at the 2009 Southeast Asia Psychology Conference (SEAP 2009) held on the University Malaysia Sabah, Sabah, Malaysia, July 9-11, 2009.

此外，根據世界衛生組織（WHO，1948）對健康的定義：「健康不僅僅是沒有疾病或體弱而已，更是指身體、心理與社會三方面都完全安適（適應良好、良好存在）的一種狀態（原文：Health is a state of complete physical, mental and social well-being and not merely the absence of disease or infirmity.）」。由此可見，健康是指身體（生理）、精神（心理）及社會（社交）都處於一種完全安適的狀態，而不僅是沒有疾病或虛弱而已！本定義的文獻資料出處為：1946年6月19日至7月22日在紐約召開的國際衛生會議通過、61個國家代表於1946年7月22日簽署（《世界衛生組織正式記錄》第2號第100頁），並於1948年4月7日生效的世界衛生組織《組織法》的序言。自1948年以來，該定義未再修訂過。

5. 參見本章延伸閱讀《幸福經濟學：幸福是滿足過生活？還是人生有目標？全美最具影響力智庫的關鍵報告》一書。以及Diener, E. (2000). Subjective well-being: The science of happiness and a proposal for a national index. *American Psychology, 55*(1), 34-43. 的主張。

6. 參見本章延伸閱讀《喜悅的腦：大腦神經學與冥想的整合運用》一書。同時，亦可參見Discovery頻道所出版的「快樂的力量（Power of pleasure）」DVD（臺北市，協和國際多媒體股份有限公司發行）。

7. 關於「flow」一詞，也有人把它譯成「忘我」、「心流」、「福樂」、及「神馳」等狀態。

8. 參見本章延伸閱讀《真原醫：21世紀最完整的預防醫學》一書。

9. 參見本章延伸閱讀《Off學：會玩，才會成功》一書。

10. 參見本章延伸閱讀《靜坐的科學、醫學與心靈之旅》一書。

11. 參見本章延伸閱讀《大笑的驚人力量》一書。

12. 參見本章延伸閱讀《Get out！帶孩子去玩耍：150種親近自然&愛地球的好方法》一書。

13. 「小確幸」一詞，係來自日本作家村上春樹的隨筆《蘭格漢斯島的午后》（ランゲルハンス島の午后）書中的一篇文章「小確幸」，意指「生活中微小但確切的幸福」。這也就是本章練習作業想表達的概念，從累積日常生活中的小小快樂事件做起，慢慢地，才有機會發展成為「大幸福」。

第4章

主觀的幸福── 情緒、心理、社會幸福感

> 主觀幸福感係指無論在當下、平時，抑或某一特定期間等情況下，個人以其自身在情感狀態、心理及社會機能觀點，來對自己的生活品質進行綜合性的主觀覺知和評鑑而得的一種狀態！
>
> ──余民寧

　　第3章談到，客觀的幸福──生理幸福感，可以說在我們日常生活中，日子過得舒不舒服、快不快樂、幸不幸福的最基礎表徵！一般而言，只要沒有身體疾病，並且生活水平維持在貧窮線以上的話，人人都會具有基本的客觀幸福，感受到生理幸福感！在本章裡，我也會指出一些促進生理幸福感的策略，多半都是與我們日常的食、衣、住、行、育、樂有關的活動，這些活動能滿足我們生理的基本需求，刺激我們的大腦分泌大量的多巴胺與腦內啡等化學傳導物質，促進我們的快樂中樞處於活躍的狀態，進而使生理上感受到大量的舒適、快樂、喜悅、爽、甚至high到極點的感覺！但是，這些活動並不是沒有代價的！

適應，是危害客觀幸福感的最大來源

　　由於我們的大腦，在生物演化上，具有保護裝置的設限機制之故，這些腦內化學傳導物質的分泌量會有其極限，因此，我們很容易「適應」一般物質界中的各項刺激源，很容易對各項刺激感到適應、麻木、沒有新鮮感，以減少這些化學傳導物質的過量分泌，進而維護自身生理的化學平衡與恢復健康安全的狀態。

083

我們為了能夠再度感受到那股快樂的生理感受，身體就會要求進一步獲得更大、更多、更激烈的刺激，才能刺激大腦再度分泌高劑量的化學傳導物質，以再度感受到那股快感！

　　久而久之，我們不僅會適應生活中的各種刺激，甚至對各種刺激不再感受到新鮮感與快樂，而有一股無聊、空虛、落寞、寂寞、後悔甚至悔恨的生理感受與情緒，開始衍生出來；我們會覺得自己像似過著一種類似行屍走肉的生活，絲毫不再感受到生活中充滿一絲絲的喜悅、快樂、滿足或熱情洋溢，而是感覺一片死寂、枯燥乏味、死氣沉沉、沒有生氣的千篇一律的無聊日子，不曉得人活著到底有何意義存在！

　　這種情況最常見於嗑藥、吸毒、或濫用酒精者的身上，也常見於過著糜爛物質生活的有錢人身上！原本，他們是期望透過追求更大的刺激而獲得更多的感官快感或快樂，但事與願違，反而招致更大的失落感、匱乏感、與悔恨感！這些都是過度追求生理快感的受害者，也是「有錢買不到快樂」的最佳寫照，成為幸福議題研究的反面教材與負例！換句話說，「適應，是危害客觀幸福感的最大來源」！但在物質世界的生活裡，身為人類的我們，很難避免「適應」對降低客觀幸福感所造成的影響（註1）！

　　上述所言，即屬於我的「幸福金字塔模型」理論中「身」的部分，指的是過著「愉悅（享樂）的生活」階段的幸福感而言，也是「客觀的幸福」部分，每個人的感受都是一樣的！

　　又誠如前幾章所述，我們對周遭生活事件的反應方式，會有兩種方式：「立即性反應」和「回應性反應」。前者，是指身體的原始本能感覺的反應方式，例如：在跑步完後，能夠立即洗個熱水澡、泡溫泉、或蒸氣浴，你一定會感覺很幸福的，這是獲得生理幸福感的緣故；後者，是指經過大腦認知思維後的反應方式，它比較不是屬於本能感覺的，例如：在面對一場即將起衝突的情境時，能夠冷靜地見機行事，先接納對方的不滿情緒，再適時表達同理心的感受，進而化解一場誤會與紛爭，這鐵定是具有高「EQ」的人，才能做得到的事！由此可見，情緒的反應方式，也會決定我們的日子到底過得快不快樂！

　　不過，立即性的情緒反應方式，多半會帶給我們許多後遺症，引發更多

困擾和麻煩，需要花更多時間與資源去處理；例如：面對一位酒氣沖天、說話毫無禮貌、且口氣不佳的陌生人問路，你可能已被其行為引發起不悅的感覺，若你的回應方式也讓對方誤解為你的態度不佳，此時，雙方即可能產生口角而引發衝突行為，進而滋生更多麻煩事件需要處理！但是，我們卻可以學習改變對周遭事物的反應方式，而不是僅依賴原始本能感覺的立即反應方式；例如：同樣面對前述該位陌生人的問路，此時，你若覺察到自己的不悅情緒，但你能夠透過冷靜、理性、邏輯地思考，進而選擇面帶微笑地回答：「抱歉，我不是本地人，對路況也不熟，你可以去詢問最近的店家，也許他們會知道」。如此，也許就可化解一場潛在的衝突發生！

上述所言，即屬於我的「幸福金字塔模型」理論中「心」的部分，指的是過著「美好的生活」階段的幸福感而言，每個人的感受可能都不會一樣，因此是主觀的！

接下來，本章的重點，即是進一步深入說明屬於「心」這一部分的幸福——主觀的幸福！

幸福的定義不同，所得結果即不同

首先，我挑選幾則國內外有關幸福感研究的最近報導，來說明「心」這一部分的幸福——為什麼是主觀的。

第一則報導：「全球幸福感，臺居四小龍之首」

2012年12月21日《旺報》登出一篇報導：「全球幸福感，臺居四小龍之首」（註2）！斗大的字體印入眼簾，真的嗎！真的嗎？我心中一直吶喊、一直懷疑著！尤其在國內正處於經濟不景氣，油電雙漲，薪水不漲，不少國人感到相當鬱卒之時，這樣的報導來得有一點突兀！不過，讓我們先深入看看，再來進一步探究構成幸福感的成分為何？

這是美國蓋洛普公司（Gallup Co.）在2011年針對全球148個國家／地區，以電話和面談方式，詢問每一國家／地區1000位15歲以上的民眾有關下列五個問題：「是否有充分休息」、「受到尊重對待」、「笑口常開」、

「學到或做了什麼有趣的事」,以及「是否感到快樂」等,所做出來的一項全球幸福感排行榜調查。全世界共計有15萬人參與此項民調。在這項調查中,幸福感最高的國家不是全球極富的卡達(其代表性指標為「人均收入」),也不是人民平均壽命最長的日本(其代表性指標為「壽命」),更不是大學畢業生比例最高的加拿大(其代表性指標為「教育程度」),而是拉丁美洲國家,在前十名中(依序為巴拿馬85%、巴拉圭85%、薩爾瓦多84%、委內瑞拉84%、千里達83%、泰國83%、瓜地馬拉82%、菲律賓82%、厄瓜多81%、哥斯大黎加81%的人報告具有正面情緒),就占了八名;排名第一名的是巴拿馬與巴拉圭並列,臺灣的表現卻是亞洲四小龍之冠,緊接在臺灣(75%)之後的有日本72%、香港69%、南韓63%、新加坡46%的人報告具有正面情緒,顯見富裕的新加坡人的幸福感是墊底的!

　　當然,這樣的幸福感排名調查,可能讓許多專家學者和國家領導人感到意外和跌破眼鏡,但卻也提出一項警訊告訴我們,構成幸福的決定因素是主觀的!傳統的幸福指標大多偏重在經濟,認為壽命、人均收入及教育程度才是構成幸福的幸福經濟學!但本項調查指出一個矛盾現象,卻具有重要的啟示意義,那就是在高度繁榮的國家(如北歐、美加等國)裡,人們可能已經陷入深深的不快裡(即普遍身陷物質慾望的追求但未能獲得完全滿足的泥沼裡),反而是身受貧窮、內戰和幫派犯罪之苦的國家裡(如上述拉丁美洲中的瓜地馬拉),人們卻還可以笑口常開!

第二則報導:「飛利浦指數:2010臺灣民眾健康與幸福報告」

　　我們再來看看另一份報告:「飛利浦指數:2010臺灣民眾健康與幸福報告」(註3)!

　　這份報告是飛利浦健康與優質生活中心(Philips Center for Health and Well-being),委託臺灣易普索市調公司,隨機抽樣臺北、臺中、高雄三大都會地區18至65歲,共1,068位民眾,針對國人當前的健康與幸福感做深入調查,並發表「飛利浦指數:2010臺灣民眾健康與幸福報告」。該調查的內容,包括:「臺灣民眾的健康與幸福感」、「臺灣民眾如何重視自己的健康」、「體重/體脂、飲食狀況、睡眠及壓力」,以及「科技在生活中所扮

演的角色」等面向。

根據綜合各項調查面向的評比結果，該調查摘要出一些重要發現如下：

1. 臺灣民眾整體的飛利浦指數為54%，在受調查的23個國家中排名居中。

2. 臺灣民眾的健康與幸福感評價最低（24%），沙烏地阿拉伯則最高（84%）。

3. 臺灣在收入、自我身體健康狀況及承受壓力的重要度與滿意度上「差距值」最為明顯。

4. 「醫生」仍是臺灣民眾醫療資訊的主要來源，但多數人也相信「傳統保健方式」。

5. 94%臺灣民眾面臨壓力，為全球第二，僅次於印度（95%）；而「金錢」相關面向是其主因。

6. 87%臺灣民眾相信醫療科技能延長壽命。

7. 半數的臺灣民眾認為睡眠不足，為受調查的23國中最高，主因為「晚睡早起」。

為了檢視全球健康與幸福大趨勢，飛利浦公司從2009年底起一年內，亦陸續針對全球23國31,000位受訪者進行調查，並於2010年11月公布第一份全球性研究報告──「飛利浦指數：健康與幸福全球觀點報告」，臺灣的報告也在此被放在一起做評比。例如，根據「飛利浦指數：2010年美國人健康與優質生活報告」顯示，我們可以得知當美國人想要提升健康與幸福感時，他們會與親友共聚（87%）、放鬆自我（84%）、從事戶外活動（79%），以及追尋個人嗜好（69%）；與親友之間的關係被美國人評為是促進健康與幸福最重要的指標，而與親友共聚時間的長短也是重大的決定因素；而在另一方面，工作的種類、與老闆的關係、所得的高低等項目，其重要性排名反而瞠乎其後！

再來看看國內機構所做的兩份報導！

第三則報導：「2012臺灣幸福感大調查」

臺灣競爭力論壇與旺中集團共同進行的「2012臺灣幸福感大調查」（註

4），是國內首次大規模針對民眾幸福感進行的調查。本次調查於2012年4月5日啟動，針對全國22縣市同步進行電訪，並於5月2日全部完成，總計完成16,864份有效樣本，調查資料經加權處理，以符合各縣市及全國母體，在95%的信心水準下，抽樣誤差約為±0.8%，拒訪率為18%。

在本次調查中，主要係在詢問民眾的生活幸福感，從11個面向進行滿意度評價，並依據民眾回答的滿意程度計分，計算出每一項指標的分數，以深入瞭解人民的幸福感。這幸福指數的11面向，包括：家庭關係、家庭經濟收入、工作情況、人際關係、健康狀況、環境品質、治安狀況、宗教信仰、民主價值感、縣市政府施政滿意度、未來發展樂觀度等。

該調查發現，就幸福感來看，全國22個縣市民眾的幸福感各不相同，若以全國來看，全體國人的平均幸福感為67.4分（滿分為100分制）。再就各個指標來看，受訪民眾對家庭關係的滿意度最高，有83.5分；人際關係的滿意度居次，也獲得75.3分；顯示國人現階段對於有關情感與人際互動這些方面，可以說都是高度滿意的。其次，健康狀況的滿意度為68.6分，選舉及投票權等政治權利之滿意度為67.3分，環境品質為64.6分，治安狀況獲得64.3分，這些指標的平均分數在64分到69分間，屬於勉強及格的中度滿意。而最值得注意的是，現階段對於地方政府、工作、未來展望、宗教信仰、及經濟收入這五個面向，民眾的滿意度均為不及格；其中，民眾對地方政府的滿意度為58.5分，對工作狀況的滿意度為56.9分，對未來發展的滿意度為51.7分，而對宗教信仰與經濟收入的滿意度均為排名墊底，均為46.9分。

第四則報導：「2012遠見民調幸福感調查」

最後一則報導，則是由遠見雜誌的民調中心在2012年1月31日至2月3日18:20至22:00所做的調查（註5）！該調查係以隨機跳號抽樣及電腦輔助人員電話訪問，成功完訪1,062位臺灣20歲以上的民眾，在95%信心水準時抽樣誤差為±3%，該調查結果已對受訪者性別、居住縣市、年齡、教育程度等項進行樣本代表性檢定，並已進行加權處理。該項調查有別於過去政府以統計資料來組成指標的作法，反而是直接以民眾的主觀感受為出發點，針對快樂程度（W）、健康狀況（H）、生活滿意（L）、社會連結（S）、經濟

所得（E）等五大面向，共計12個題目，來訪問收集臺灣民眾的自我滿意度評價，以1分至10分為範圍，分數愈高表示愈滿意。為瞭解影響幸福感的相關因素為何，該中心亦在調查中附加值得研究分析之背景變項題目，如增列民眾對社會整體快樂程度之評價、個人運動習慣、利他傾向（擔任義工或捐款）、教育進修（閱讀時數、進修課程、藝文興趣）、公共參與及執政信任、環境滿意度（空氣、水質、衛生、自然環境破壞）等題目，並以高階統計模型來分析數據，以豐富調查結果資訊。

此次調查之12個題目的綜合平均分數為6.42分，此為民眾評價自己的層面，然而請民眾對社會整體的快樂程度打分數時，平均分數卻只有4.89分，表示民眾認為臺灣是偏向不快樂的社會！綜合來說，顯示民眾在對個體和整體進行評價時，其結果係呈現明顯差異的。此次幸福感調查的12個題目之各別得分如下圖所示，各面向調查結果的簡要分析如下。

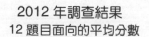

2012 年調查結果
12 題目面向的平均分數

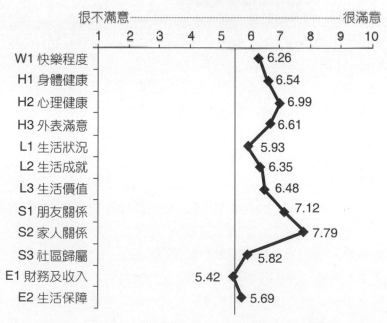

1. 快樂程度：民眾評價目前的快樂程度（W1）分數為6.26。根據調查分析發現，每週多閱讀一小時、月收入增加一萬元，即可提高個人快樂程度的分數！

2. 健康狀況：民眾的心理健康（H2）分數為6.99，高於身體健康（H1），也是此面向評分最高者，其次是對外表滿意度6.61分；最後則是身體健康6.54分。根據研究分析發現，有小孩可提升個人心理健康程度的分數！

3. 生活滿意：民眾在生活價值（L3）和生活成就（L2）的評分，皆高於對生活狀況（L1）的滿意度。調查分析亦顯示，生活狀況（L1）與財務收入（E1）及生活保障（E2）間有顯著相關，易言之，個人物質及經濟條件影響個人對生活狀況的滿意評價！

4. 社會連結：民眾最滿意的部分為家人關係（S2）7.79分，其次是朋友關係（S1）7.12分，而在社區歸屬感（S3）的層面評價最低，為5.82分。政府長期以社區為中心在推動相關社會政策，但本次調查結果顯示仍有持續努力的空間！

5. 經濟所得：民眾對財務及收入（E1）的滿意度評價最低，為5.42分；對未來生活保障（E2）的滿意度為5.69分。調查統計分析亦顯示，足夠的財務所得基礎可以提升個人快樂程度，但個人每月平均所得若超過八萬元以上，所得與快樂程度關聯性即不顯著。綜合言之，政府在推動各項經濟政策時，應思考是否能直接提升民眾財務所得狀況及維持人民足夠的所得水準，且應同時穩定民眾對未來生活保障的期待！

綜合評論

由這四份報導可知，對幸福的定義不同，所得結果即不同！我的評論如下：

1. 蓋洛普的調查，主要是偏重在個人主觀感受上的測量，特別是將「構成正向情緒的主觀感受」當作幸福指標來看待！因此，在這五項正面情緒上的感受反應，臺灣人民對幸福的感受還算中上程度（以全球來評比）。雖然，臺灣目前正處於各種國內及國外競爭環境的艱難處境

中，但至少臺灣沒有發生戰亂、瘟疫、天災、人禍等重大會禍及國家整體存亡與安危的情況，所以，相較於全球各國來說，臺灣人的處境還不算差，人民至少還笑得出來，還算幸福！

2. 飛利浦的調查，主要是偏重在個人身體健康（生理面）及對周遭環境（社會面）的感受測量上，將「身體健康與環境壓力感受」當作是幸福指標來看待！關於這一點，因為臺灣人普遍受工作環境影響的緣故，習慣上，臺灣人晚睡早起、工時長、工作壓力大，因而感覺到自身健康問題受到威脅，特別需要仰賴醫生的健康照護，所以也會相信醫療科技能延長壽命。這與世界各國評比起來，臺灣人感受到的健康與幸福問題，自然居於中低程度，一點也不奇怪！

3. 臺灣競爭力論壇的調查，主要是混合了多項因素，不純然是針對幸福感在做研究，而是將「個人因素與受政府施政（隱藏著對各縣市政府施政滿意度的評鑑）影響的感受」當作是幸福指標來看待！因此，與幸福感有關的家庭關係與人際關係部分，民眾的得分都很高，對健康的滿意度次之；而對其他有關政府施政滿意度的部分，則更是意見紛歧，感受冷暖自知，無一定論。相對來說，這一份報導由於研究目的未能釐清，誤將民眾對政府施政滿意度的看法也當作幸福指標看待，而獲得比較混淆的結果！

4. 遠見雜誌的民調，我個人認為比較接近針對幸福感的學術性調查，主要是將幸福指標定義在快樂程度、健康狀況、生活滿意、社會連結，與經濟所得等五項測量指標上。研究結果顯示，臺灣人有近六成多的民眾是快樂、健康、生活滿意和社會連結關係良好的，但所得收入等經濟問題除外！大致上而言，此項報導反映出前三者發現的綜合結果。與全球比較起來，臺灣人雖然在經濟上面臨相當大的挑戰（失業、物價上漲、經濟成長遲滯）、工作壓力高、工時長而感覺健康受到威脅；然而，臺灣人並無飽受長期的戰亂、天災、人禍等禍害；再加上，臺灣人的家庭關係與人際關係還算和諧、親密，人我距離較短，彼此在情感上可以互相依存與維持，故能感受濃厚的人情味，具有較高的正向情緒感受；雖然，臺灣人對各政府施政滿意度不是很理

想，對環境品質也不是很滿意，對民主政治也充滿期待，但這些都不是構成幸福的核心要素。因此，綜合言之，臺灣還算是一個幸福的國度，人民還算是過著幸福的日子！你只要針對曾有多次出國旅遊經驗的民眾詢問一個問題：「與你出國旅遊（或經商）的其他國家國民比較起來，你覺得住在臺灣是幸福的嗎？如果給你完全的選擇自由，你會想移民離開臺灣嗎？」你所獲得的答案，即是最佳的證據！

由上述評論可見，研究者對「幸福」的研究十分不易。即使抽樣的技術十分雷同、抽樣的人數也相仿、統計分析的方法也差不多，但只要是對幸福的定義不同，所得研究結果就會不同！彼此的結果之間，也很難加以相互比較、評論其價值或對錯的高低吧！

看了上述四則有關幸福調查的報導，我們可以從中得知，構成幸福的要素，還是會回歸到我在本書〈楔子〉一章裡所提出的主張：幸福可以分成三個層次而論——即身、心、靈三個層面；而對應到具體的測量問題上，我分別以「客觀的幸福」——生理幸福感、「主觀的幸福」——主觀幸福感，以及「超越的幸福」——靈性幸福感等三者，分別用來代表身、心、靈三種不同程度的幸福測量指標；而將幸福的研究具體應用到生活上，則可以分開成追求三種不同階段的幸福生活而論述之：即分別追求過著「愉悅（享樂）的生活」、「美好的生活」、及「有意義的生活」三者。本章的重點，即在論述「主觀的幸福」部分，談談構成主觀幸福感的三種測量指標的問題！

情緒幸福感

上個世紀，二次世界大戰結束後，科技日益昌盛，民生日益富足，尤其是在歐美地區。此時，在聯合國的號召下，各國學者們開始針對如何促進建設一個健康富足社會的議題進行研究，主要多集中在快樂或幸福感的研究上，並且幾乎認定幸福感就是指快樂，並常以happiness或well-being兩個同義字稱之！即使在對幸福感研究很有名的學者——愛德華·迪納（Edward Diener）教授（註6），提出主觀幸福感主張時，其主要概念即是針對擁有

富足生活後的反思，認為人們在對物質的滿足後（如每月收入增加），會想要進一步尋求心理上的滿足，強調的是無形的精神生活水平〔或者稱為「生活品質」（quality of life）〕！當時的觀點，即是將主觀幸福感定義為人們對自身生活的滿意程度，其典型的代表性測量工具，如：「總體生活滿意量表」（General Satisfaction with Life Scale），即是用來詢問受試者感覺到快樂、滿足的程度等。因此，快樂或幸福感即為主觀幸福感的組成因素之一；當然，主觀幸福感還有其他的組成因素（例如：生活滿足、人際關係、心理健康等）。

在此同時，除了上述強調認知層面的探討外，還有另一條支線則是重視情緒的評估，其起源主要是從心理健康與心理治療的連結發起，假定一位幸福的人首先必須擁有心理上的健康，而這種健康狀態會反映在其情感的表達上，其內涵則包含有正向情感與負向情感（positive and negative affect）兩主軸，而其代表性測量工具〔例如：「長期情意量表」（The Long-Term Affect Scale）〕，即是用來詢問受試者近期內所體驗到積極（正向）與消極（負向）情感反應的頻率等。而在後續的發展中，迪納教授等人試圖將上述兩者加以整合，認為它們雖然各自具備獨特性，但又存在著大量的連結關係，因此可將其視為一個整體來考慮，此即符應更早期的學者Andrew與Withey（註7）所主張的見解，認為幸福感即是由對生活的滿意程度及所感受到的正、負向情緒強度兩者，所做出的整體評估而成！因此，此學派的主張，也受到國內外許多專家學者的追隨與推崇，陸續延伸應用此定義方式到許多有關幸福的測量與研究的議題上。

為何正向情緒對幸福感的構成而言，會具有那麼重要的地位？若要回答此問題，首先，我要介紹研究正向情緒方面的知名學者——芭芭拉・弗雷德力克森（Barbara L. Fredrickson）教授（註8）。她對正向情緒研究的最主要貢獻，即是提出「擴展建構理論」（broaden-and-build theory）的主張，協助我們瞭解並詮釋為何正向情緒對幸福感會那麼的重要！她認為正向情緒具有擴展個人認知思考與行動傾向的功能——亦即，它會擴張個人覺知視野的廣度、激發探索行為的多樣性、以及促進創造力水平的提升！因而可以協助個人建構出在身體、智能、社會、與心理方面較為持久的支持性資源——亦

即，它會幫助個人建立起一個有意義且長期性的資源庫（例如：知識與社會關係等支持性網絡）；同時，它還能進一步解除負向情緒對心血管疾病所造成長期的不良影響，進而促進個人心理復原力量與巔峰狀態的展現，轉化個人向上提升的正面力量，達到幸福感狀態！而幸福感又能再度引發正向情緒，一直持續循環下去！

　　因此，綜合上述說明，要用來測量主觀幸福感的情緒面指標，我認為應該包括兩方面的證據：一為「覺察生活滿意」（perceived satisfaction with life），亦即探討人們能從想要和需要之間的小小差異，知覺到生活中是否充滿知足、平和、滿意的成就感，可用的典型測量問題如下：「詢問受試者對自己目前生活滿意的程度」；另外一者，則是「覺察公認快樂」（perceived avowed happiness），亦即探討人們是否具有快樂、愉悅的一般感覺和經驗，可用的典型測量問題如下：「詢問受試者覺得自己時時充滿喜悅的程度」。所以，這兩方面的證據因素，即組合而成我所謂的「情緒幸福感」；可用的代表性測量工具，將在「主觀幸福感」一節裡呈現。

心理幸福感

　　在大約同一個時期，正向心理學界也出了另一位知名學者──凱羅・黎夫（Carol D. Ryff）教授（註9）。她對「健康」持不同的研究看法，她認為健康包含的不僅是生理健康而已，更應該納入心理與社會健康的元素在內！她評閱古希臘哲學家亞里斯多德的完善論（eudaimonia）觀點時，瞭解到人類行為中的至善行為，也可促使個人從終身自我發展的行為中獲得幸福感受，也就是說，幸福不僅是獲得快樂而已，應該還包含了透過充分發揮自身潛能所達到的完美體驗！因此，她認為迪納教授所主張的「主觀幸福感」概念，僅將幸福的定義侷限在獲得滿意的生活及正向情緒感受，其實，這些看法並不等同於健康向上的生活概念。因此，她認為個體還要能發揮自身潛能來達到完美的體驗境界才算，於是提出了「心理幸福感」這個新概念，以用來與迪納教授的主觀幸福感做一區別。

　　黎夫教授結合過去有關人格、發展和臨床心理學等心理學界中的九項重

要理論學說〔包括：Allport的「成熟度」（maturity）、Buhler的「基本生活傾向」（basic life tendencies）、Erikson的「個人發展」（personal development）、Frankl的「追求意義的意志」（will to meaning）、Jahoda的「心理健康」（mental health）、Jung的「個體化」（individuation）、Maslow的「自我實現」（self actualization）、Neugarten的「執行歷程的人格」（executive process of personality）、Rogers的「充分發揮功能的人」（fully functioning person）等〕，歸納提出心理幸福感的六大核心因素的概念。這六項核心因素的內涵，可以分別描述如下：(1)獨立自主（autonomy）：即指個體能否內在獨立自主地節制行為，並以某些方式抗拒社會對思考和行動的壓力，完全以個人標準來評鑑自己；(2)環境掌控（environmental mastery）：即指個體能否感覺有能力去掌控一個複雜的環境、挑選或建立個人能適應的環境，包括管理日常事務、控制一系列複雜的活動、有效地利用周遭的機會，以及選擇或創造個人所需之社群的能力；(3)生活目的（purpose in life）：即指個體感覺生活有目標和有方向，並能覺知現在與過去的生活是有意義的，相信生活是有目標的，進而能毫無牽掛地享受當下；(4)自我接納（self-acceptance）：即指個體對自己擁有積極的態度、承認並接受自己有多個面向、對過去的生活有積極正面的感覺；(5)個人成長（personal growth）：即指個體能感覺到潛能持續地發展和新經驗的開展、感覺知識和情感經驗的增進、能不斷地精進現有才能、找出個人發展的機會，並發揮潛能；(6)與他人建立積極關係（positive relations with others）：即指個體能與他人培養且擁有溫暖、滿意和信任關係，能關心他人的福祉且具有強烈的同理心、感情和親密關係，能在人際互動中藉由產生愉悅、提供協助及分享喜歡的活動而增進幸福感。

在「心理幸福感」的測量方面，主要是探討自身之內（intra-personal）所反應出自我心理調適與對生活的宏觀知覺。針對上述六個面向的核心因素，黎夫教授每個因素各設計20題測量問題，共發展出一份具有120題的心理幸福感量表。由於此原始量表題數過多，不符實際用途，因此，國內外有許多學者專家陸續根據自己的研究需求，將此量表加以修訂成各式不同長度的版本。我也是根據自己的研究目的需求，將其修訂成具有18題版本的量

表，其中每個因素各由三題核心問題來組成，以用來詢問受試者是否具有該項因素的行為特質，這份修訂過的心理幸福感測量工具，將在「主觀幸福感」一節裡呈現。

社會幸福感

前述黎夫教授認為，健康包含的不僅是生理健康而已，還應該納入心理與社會健康的元素在內。因此，後繼的學者科瑞·凱司（Corey L. M. Keyes）教授（註10）也認為，人是不可能逃脫這整個社會而獨立的，主觀幸福感的層次應該另行包含對社會的挑戰和任務在內才對，所以，「社會幸福感」的存在是可能的！後來，雷雅（R. Layard）在其所著的書《快樂：來自新科學的課題》（註11）裡也指出：「沒有大眾共同目的，社會不會變得美好，自我實現也更困難。如果你的責任是令自己做到最好，生活將會變得太緊張、太孤單，從而注定失敗的結局。取而代之，需要感到自己為更偉大的存在而活，單是這樣想便能免除壓力！」由此可見，社會幸福感在主觀幸福感的概念中，也應該存在著某種重要的地位。

凱司教授認為心理幸福感是立基於個人的準則來評斷個體本身的機能，而社會幸福感則是以公眾與社會準則來評量自我在生活上的機能。據此，凱司教授提出五個向度的「社會幸福感」測量概念。他認為「社會幸福感」應該包括五個向度的因素，分別為：(1)社會統整（social integration）：即是以個人感覺是否為社區的一份子，並認為自己是屬於社區、能獲得社區的支持、且能分享給社區；(2)社會接納（social acceptance）：即是認為儘管人有時候會有複雜且莫名其妙的行為，但對他人仍具有積極的態度、認可與接納他人；(3)社會貢獻（social contribution）：即是以覺得自己有某些剩餘價值可以貢獻給社會，並認為自己的日常活動對社區是有價值的；(4)社會實現（social actualization）：即是關心且相信社會是積極的，認為社會是有潛力積極成長，且自己和社會的關係會日趨祥和；(5)社會一致性（social coherence）：即是把社會看成是一個有智慧、邏輯的，且可預測的，並會對社會和社區感興趣。

在「社會幸福感」的測量方面，主要是探討個人與周遭社會環境的適應關係與知覺。我是根據自己的研究目的需求，將其簡化修訂成具有15題版本的量表，其中每個因素各由三題核心問題來組成，以用來詢問受試者是否具有該項因素的行為特質，這份修訂過的社會幸福感測量工具，將在「主觀幸福感」一節裡呈現。

主觀幸福感

由前述「幸福的定義不同，所得結果即不同」一節裡的說明可知，研究者對組成幸福感的構成要素持不同的看法和定義時，便會獲致不同的研究結論。因此，對幸福感所持的定義方式，和採用何種因素來組成幸福感的看法，是一個決定性要件，很值得重視和進一步討論。

凱司教授利用古典測驗理論（classical test theory）的方法學，分析出心理健康的組成應該包括情緒、心理與社會幸福感三者，且這三種組成間彼此相關但又可區分出個別因素；因此，提出情緒（即傳統的快樂主義取向）、心理與社會幸福感（即傳統的完善論取向）三者，應可合併作為測量個人心理健康指標的主張。他認為就幸福感而言，強調的應該就是這種正面的多層次健康狀態架構；若改用操作型定義的術語來說，即是：「心理健康是一種正向情感（positive feelings）與正向生活機能（positive functioning in life）症狀的併發症」，他稱之為「主觀幸福感」（註12）！其中的「正向情感」，即是指個人對自我生活中情緒狀態的覺知與評估，其概念則可完全等同於前述Andrew與Withey、及迪納教授所主張主觀幸福感應該包含「對生活的滿意及感受到的正、負向情緒強度等成分」，可用「情緒幸福感」概念來作為測量代表；而其中的「正向生活機能」，即是指個人應該具有的心理與社會生活機能，其概念則可完全等同於前述黎夫教授所稱的「心理幸福感」，以及凱司教授所延伸提出的「社會幸福感」等概念來作為測量代表。

所以，經過上述評閱相關文獻，以及瞭解幸福感測量概念的歷史演變，我非常贊同凱司教授的主張，將上述各項對幸福感成分概念加以綜合，並整理出如表4-1所示的三向度「主觀幸福感」構念。針對此「主觀幸福感」構

念，我認為係指無論在當下、平時，抑或某一特定期間等情況下，個人以其自身在情感狀態、心理及社會機能觀點，來對自己的生活品質進行綜合性的主觀覺知和評鑑而得的一種狀態！若以操作型定義來看待的話，所謂的主觀幸福感，即是指根據表4-1各分量表所測量而得的分數而言，分數愈高即表示各幸福感愈高，反之，分數愈低即表示各幸福感愈低。

表4-1 主觀幸福感的三個測量向度之描述

總量表	定義向度	分量表	測量因素
主觀幸福感	正向情感	情緒幸福感	1. 覺察生活滿意
			2. 覺察公認快樂
	正向生活機能	心理幸福感	1. 獨立自主
			2. 環境掌控
			3. 生命目的
			4. 自我接納
			5. 個人成長
			6. 與他人建立積極關係
		社會幸福感	1. 社會統整
			2. 社會接納
			3. 社會貢獻
			4. 社會實現
			5. 社會一致性

　　針對上述主觀幸福感量表，黎夫教授及凱司教授等人的後續相關實徵研究結果發現，主觀幸福感中的各分量表概念，確實是屬於實徵上存在關聯，但概念分屬不同向度的結構；也就是說，主觀幸福感中的各分量表，不僅可以各自獨立存在，也可以合併加總起來成為一個總分，以代表個人整體的主觀幸福感分數。並且，分數愈高即表示主觀幸福感愈高，反之，分數愈低即表示主觀幸福感愈低。

　　我曾以國內各行業上班族為受試對象，測得的結果顯示，大致支持與維持表4-1的理論建構（註13）；也就是說，主觀幸福感係由情緒幸福感、心

理幸福感、社會幸福感三者組合而成，在此，我稱它為「臺灣主觀幸福感量表」（Taiwan Subjective Well-Being Scale, TSWBS）。在實際應用上，各種幸福感分量表不僅可以單獨分開使用在特定的目標上，也可以合併當成一個總分來使用，以代表個人整體的主觀幸福感分數。這份主觀幸福感量表的測量題目、使用說明、得分涵義等，均顯示在表4-2所示及其附註中。讀者可以自行測試一下「臺灣主觀幸福感量表」，自行計分再加總，看看你的得分是多少，以及瞭解自己歸屬於哪一種程度的主觀幸福感中。

表4-2　臺灣主觀幸福感量表

填答說明： 請你針對下列每一問題所描述的狀況，從右側的選項中， <u>勾選一項</u>最能夠代表你的選項。	極不同意	不同意	中立	同意	非常同意
1.我很容易被他人強烈的意見所影響。（反）	□	□	□	□	□
2.我對自己的看法很有信心，即使它與一般的輿論相反。	□	□	□	□	□
3.我依據自己的見解，而不是別人的價值觀，來評斷我自己。	□	□	□	□	□
4.一般來說，我覺得我能掌控我生活中的一切情況。	□	□	□	□	□
5.日常生活中的瑣事常讓我感到沮喪。（反）	□	□	□	□	□
6.我能妥善處理日常生活中所需要負擔的責任。	□	□	□	□	□
7.我現在活在當下，不想去思考未來。（反）	□	□	□	□	□
8.有些人會覺得生活沒有目標，但我不會。	□	□	□	□	□
9.有時候我會覺得自己好像已經完成人生中所有該做的事。（反）	□	□	□	□	□
10.當回顧我的一生時，我會很欣然接受已經成為事實的部	□	□	□	□	□
11.我喜歡我人格中存在的多個面向。	□	□	□	□	□
12.在很多方面，我會對自己的成就感到失望。（反）	□	□	□	□	□
13.對我來說，與他人維持親密關係是一件令我感到困難又挫折的事。（反）	□	□	□	□	□
14.由於我願意花時間幫助別人，別人會認為我是一位肯付出的人。	□	□	□	□	□
15.我從來沒有體驗過與他人維持溫暖又信任的關係。	□	□	□	□	□
16.我認為擁有新經驗，進而挑戰自己對世界的想法，是一件很重要的事。	□	□	□	□	□

表4-2　臺灣主觀幸福感量表（續）

填答說明： 請你針對下列每一問題所描述的狀況，從右側的選項中， 勾選一項最能夠代表你的選項。	極不同意	不同意	中立	同意	非常同意
17.對我來說，人生是一種不斷學習、改變、與成長的持續性過程。	☐	☐	☐	☐	☐
18.我已經放棄嚐試大幅改變我的生活方式很久了。（反）	☐	☐	☐	☐	☐
19.我覺得我不屬於社區中的一份子。（反）	☐	☐	☐	☐	☐
20.我覺得我與社區中的每個人都很親近。	☐	☐	☐	☐	☐
21.我的社區是一個令人感覺舒適的地方。	☐	☐	☐	☐	☐
22.我覺得一般人對幫助他人是不求回報的。	☐	☐	☐	☐	☐
23.我認為一般人對他人的問題是漠不關心的。（反）	☐	☐	☐	☐	☐
24.我相信一般人是善良的。	☐	☐	☐	☐	☐
25.我有寶貴的東西值得留給這個世上。	☐	☐	☐	☐	☐
26.我的日常行為舉止無法對社區產生任何貢獻。（反）	☐	☐	☐	☐	☐
27.我沒有任何重要的東西可以貢獻給社會。（反）	☐	☐	☐	☐	☐
28.對每個人而言，這個世界已經變得比以前更好。	☐	☐	☐	☐	☐
29.我覺得社會已經停止再進步了。（反）	☐	☐	☐	☐	☐
30.對我來說，社會並沒有改善許多。（反）	☐	☐	☐	☐	☐
31.對我來說，這個世界太複雜了。（反）	☐	☐	☐	☐	☐
32.我對世界上發生的事，都覺得沒有意義。（反）	☐	☐	☐	☐	☐
33.我覺得很容易去預測社會即將發生什麼事。	☐	☐	☐	☐	☐
34.我覺得自己時時充滿喜悅。	☐	☐	☐	☐	☐
35.我感覺到自己神采飛揚。	☐	☐	☐	☐	☐
36.我認為自己是個極快樂的人。	☐	☐	☐	☐	☐
37.我的生活非常沉穩祥和。	☐	☐	☐	☐	☐
38.我很滿意目前自己的生活。	☐	☐	☐	☐	☐
39.我覺得自己的生活很豐盛。	☐	☐	☐	☐	☐

註：1. 第1題～第18題測量「心理幸福感」，α信度為0.777，與「臺灣憂鬱情緒量表」之效標關聯效度為-0.6754。

2. 第19題～第33題測量「社會幸福感」，α信度為0.720，與「臺灣憂鬱情緒量表」之效標關聯效度為-0.5641。

3. 第34題～第39題測量「情緒幸福感」，α信度為0.887，與「臺灣憂鬱情緒量表」之效標關聯效度為-0.6594。

4. 問題後有呈現（反）字眼者，為反向計分題，計分時必須反向；其餘均為正向計分題。

5. 整份量表測量「主觀幸福感」，α信度為0.880。

臺灣主觀幸福感量表的使用建議

1. 正向計分題的計分方式：凡勾選「極不同意」項，計1分；勾選「不同意」項，計2分；勾選「中立」項，計3分；勾選「同意」項，計4分；勾選「非常同意」項，計5分。

2. 反向計分題的計分方式：凡勾選「極不同意」項，計5分；勾選「不同意」項，計4分；勾選「中立」項，計3分；勾選「同意」項，計2分；勾選「非常同意」項，計1分。

3. 各分量表的計分：將第1至第18題的單題得分相加，即為受試者個人的「心理幸福感」量表的得分；將第19至第33題的單題得分相加，即為受試者個人的「社會幸福感」量表的得分；將第34至第39題的單題得分相加，即為受試者個人的「情緒幸福感」量表的得分。

4. 量表的總分：將全部39題的單題得分相加，即為受試者個人的總分。

5. 量表總分的判讀，本量表總分的全距介於39分到195分之間，其中得分歸屬的涵義如下：

   39分≦總分＜83分：歸屬於「低主觀幸福感程度」。

   83分≦總分＜102分：歸屬於「中主觀幸福感程度」。

   102分≦總分≦195分：歸屬於「高主觀幸福感程度」。

   本項資訊將在後續章節裡，繼續被討論及使用到。

練習作業

本項作業的名稱，就叫做「**測量你的主觀幸福感**」（Measuring your subjective well-being.）！

你想知道你有多幸福嗎？請你仔細作答表4-2的「臺灣主觀幸福感量表」。請你仔細研讀每一道題目的問題，再根據日常生活中所感知到的自己狀況，並在適當的選項中，勾選回答每一題的反應。

作答完畢之後，請你根據上述的計分說明，可以分別加總獲得四項分數：

1. 心理幸福感分數：請加總第1到第18題的得分。

2. 社會幸福感分數：請加總第19到第33題的得分。

3. 情緒幸福感分數：請加總第34到第39題的得分。

4. 主觀幸福感分數：請加總第1到第39題的得分。

上述這四項分數（無論是分量表或總量表），分數愈高即表示你的幸福感愈高，反之，分數愈低即表示你的幸福感愈低。

最後，根據總分的劃分，你是歸屬於「**低主觀幸福感程度**」、「**中主觀幸福感程度**」或「**高主觀幸福感程度**」的人呢？請把這項分數及歸屬類別記錄起來，以便後續章節的討論及作業的使用。

延伸閱讀

王利譯（2005）。幸福生活的七個公式：擁抱圓滿、健康人生。新北市：一覽文化。（Bert Ehgartner原著。*Die Lebensformel.*）

沈慶瑜譯（2005）。我遇見幸福、幸福遇見我。臺北市：格林文化。（Katja Reider 原 著。*Herr Jasper sucht das Glück. Frau Kühnlein sucht das Glück.*）

李芳齡譯（2013）。幸福的魔法：更快樂的101個選擇。臺北市：天下文化。（Tal Ben-Shahar原著。*Choose the life you want: 101 ways to create your own road to happiness.*）

胡瑋珊譯（2010）。快樂練習本。臺北市；麥格羅・希爾。（Tal Ben-Shahar 原 著。*Even happier: A gratitude journal for daily joy and lasting fulfillment.*）

席薇雅編（2006）。打造自己的幸福城堡：真正的幸福是在努力中發掘快樂。臺北市：亞洲圖書。

姚說、邵丹、姚雪痕譯（2011）。快樂可以選擇。臺北市：豐閣。（Yvonne Francine Conte原著。*Serious laughter: Live a happier, healthier, more productive life.*）

陳鈴薰（2005）。幸福銀行：讓幸福加倍增值的4個投資方法。新北市：晶冠。

趙英譯（2007）。艾克托的幸福筆記：23種快樂的理由。臺北市：商周。（François Lelord原著。*Le voyage d'Hector ou la recherche du bonheur.*）

齊若蘭譯（2009）。99分：快樂就在不完美的那條路上。臺北市：麥格羅・希爾。（Tal Ben-Shahar原著。*The pursuit of perfect: How to stop chasing perfection and start living a richer, happier life.*）

廣梅芳譯（2005）。古老的故事，幸福的奇蹟。臺北市：張老師文化。（Todd Michael原著。*The twelve conditions of a miracle.*）

註解

1. 參見 Brickman, P., & Campbell, D. T. (1971). Hedonic relativism and planning the good society. In M. H. Appley (Ed.), *Adaptation level theory: A symposium* (pp. 287-302). New York: Academic Press. 與 Frederick, S., & Lowenstein, G. (1999). Hedonic adaptation. In S. Frederick, G. Loewenstein, D. Kahneman, E. Diener, & N. Schwarz, (Eds.), *Well-being: The foundations of hedonic psychology* (pp.302-329). New York, NY: Russell Sage Foundation. 等人提出「快樂水車」的理論，用來描述人類追逐快樂的適應過程。

2. 引自網路新聞（全球幸福感，臺居四小龍之首）（http://tw.news.yahoo.com/%E5%85%A8%E7%90%83%E5%B9%B8%E7%A6%8F%E6%84%9F-%E5%8F%B0%E5%B1%85%E5%9B%9B%E5%B0%8F%E9%BE%8D%E4%B9%8B%E9%A6%96-213000597.html）。

3. 引自網路新聞（「飛利浦指數：2010臺灣民眾健康與幸福」報告）（http://www.newscenter.philips.com/tw_zh/standard/about/news/news2010/20101214.wpd#.UnhhsbYVHFN）。所謂的「飛利浦指數（The Philips Index）」，包含五個面向：工作指數、社區指數、身體健康指數、幸福指數，及朋友與家庭指數，並根據其重要性加權計算它對於個人的重要性，以正確檢視影響健康幸福的因素。

4. 引自網路新聞（2012臺灣幸福感大調查）（http://www.tcf.tw/index.php?option=com_content&view=article&id=3842:happiness-city&catid=78:latest-news&Itemid=585）。

5. 引自網路新聞（2012遠見民調幸福感調查）（http://www.gvsrc.net.tw/dispPageBox/GVSRCCP.aspx?ddsPageID=NEWS&&dbid=3852963046）。

6. Edward Diener 教授素有被雜誌媒體封為「快樂博士」（Dr. Happy）之稱！他一生均奉獻在針對「快樂」（happiness）或「幸福」（well-being）相關領域議題的研究，研究著作等身，甚至有統計指出其著作被引用總次數高達74,000多次以上，堪稱美國心理學界有史以來最具影響力

的作者。讀者可以參考下列他的主要研究著作：

(1)Biswas-Diener, R., Vitterso, J., & Diener, E. (2010). The Danish effect: Beginning to explore high well-being in Denmark. *Social Indicators Research, 97*, 229-246.

(2)DeNeve, J. E., Diener, E., Tay, L., & Xuereb, C. (2013). The objective benefits of subjective well-being. In J. F. Helliwell, R. Layard, & J. Sachs (Eds.), *World happiness report, Volume 2*. (pp. 54-79). New York: UN Sustainable Network Development Solutions Network.

(3)Diener, E. (1984). Subjective well-being. *Psychological Bulletin, 95*, 542-575.

(4)Diener, E. (2000). Subjective well-being: The science of happiness and a proposal for a national index. *American Psychology, 55*(1), 34-43.

(5)Diener, E., & Chan, M. Y. (2011). Happy people live longer: Subjective well-being contributes to health and longevity. *Applied Psychology: Health and Well-Being, 3*(1), 1-43.

(6)Diener, E., & Diener, M. (1995). Cross-cultural correlates of life satisfaction and self-esteem. *Journal of Personality and Social Psychology, 68*, 653-663.

(7)Diener, E., & Biswas-Diener, R. (2008). *Happiness: Unlocking the mysteries of psychological wealth*. Malden, MA: Blackwell.

(8)Diener, E., & Emmons, R. A. (1985). The independence of positive and negative affect. *Journal of Personality and Social Psychology, 47*, 1105-1117.

(9)Diener, E., Emmons, R. A., Larsen, R. J., & Griffin, S. (1985). The satisfaction with life scale. *Journal of Personality Assessment, 49*, 71-75.

(10)Diener, E., Helliwell, J., Lucas, R., & Schimmack, U. (2009). *Well-being and public policy*. United Kingdom: Oxford University Press.

(11)Diener, E., Kahneman, D., & Helliwell, J. (2010). *International differences in well-being*. United Kingdom: Oxford University Press.

(12)Diener, E., Kahneman, D., Tov, W., & Arora, R. (2010). Income's association with judgments of life versus feelings. In E. Diener, J. Helliwell, & D. Kahneman (Eds.), *International diferences in well-being*. New York: Oxford University Press.

(13)Diener, E., Lucas, R., & Scollon, C. N. (2006). Beyond the hedonic treadmill: Revising the adaptation theory of well-being. *American Psychologist, 61*, 305-314.

(14)Diener, E., Sandvik, E., Pavot, W., & Fujuita, F. (1992). Extraversion and subjective well-being in a U.S. national probability sample. *Journal of Research in Personality, 26*, 205-215.

(15)Diener, E., & Seligman, M. E. P. (2004). Beyond money: Toward an economy of well-being. *Psychological Science in the Public Interest, 5*, 1-31.

(16)Diener, E. D., Smith, H. L., & Fujita, F. (1995). Physical attractiveness and subjective well-being. *Journal of Personality & Social Psychology, 69*, 120-129.

(17)Diener, E. D., Suh, E. M., Lucas, R. E., & Smith, H. L. (1999). Subjective well-being: Three decades of progress. *Psychological Bulletin, 125*, 276-302.

(18)Diener, E., Tay, L., & Myers, D. (2011). The religion paradox: If religion makes people happy, why are so many dropping out? *Journal of Personality and Social Psychology, 101*, 1278-1290.

(19)Diener, E., Tay, L., & Oishi, S. (2013). Rising income and the subjective well-being of nations. *Journal of Personality & Social Psychology, 104* (2), 267-276.

(20)Diener, E., Wirtz, D., Tov, W., Kim-Prieto, C., Choi, D., Oishi, S., & Biswas-Diener, R. (2009). New measures of well-being: Flourishing and positive and negative feelings. *Social Indicators Research, 39*, 247-266.

(21)Fulmer, C. A., Gelfand, M. J., Kruglanski, A. W., Kim-Prieto, C., Diener, E., Pierro, A., & Higgins, E. T. (2010). On "Feeling Right" in cultural context: How person-culture match affects self-esteem and subjective well-being. *Psychological Science, 21*, 1563-1569.

(22)Lucas, R. E., Clark, A. E., Georgellis, Y., & Diener, E. (2004). Unemployment alters the set-point for life satisfaction. *Psychological Science, 15*, 8-13.

(23)Oishi, S., Diener, E., & Lucas, R. E. (2007). The optimum level of well-being: Can people be too happy? *Perspectives on Psychological Science, 2*, 346-360.

(24)Oishi, S., Diener, E., Lucas, R. E., & Suh, E. (1999). Cross-cultural variations in predictors of life satisfaction: Perspectives from needs and values. *Personality and Social Psychology Bulletin, 25*, 980-990.

(25)Pavot, W., Diener, E., & Fujita, F. (1990). Extraversion and happiness. *Personality and Individual Differences, 11*, 1299-1306.

(26)Tov, W., & Diener, E. (2007). Culture and subjective well-being. In S. Kitayama & D. Cohen (Eds.), *Handbook of cultural psychology* (pp. 691-713). New York: Guilford.

7. 參見Andrew, F. M., & Withey, S. B. (1976). *Social indicators of well-being*. New York, NY: Plenum. 一書。

8. 關於「擴展建構理論」的詳細主張，讀者可以參考下列有關Barbara Lee Fredrickson的主要研究著作：

(1)Fredrickson, B. L. (1998). What good are positive emotions? *Review of General Psychology, 2*(3), 300-319.

(2)Fredrickson, B. L. (2001). The role of positive emotions in positive psychology: The broaden-and-build theory of positive emotions. *American Psychologist, 56*(3), 218-226.

(3)Fredrickson, B. L. (2003). The value of positive emotions. *American Scientist, 91*, 330-335.

(4)Fredrickson, B. L. (2004). Gratitude, like other positive emotions, broadens and builds. In A. R. Emmons & E. M. McCullough (Eds.), *The psychology of gratitude* (pp. 145-166). New York, NY: Oxford University Press.

(5)Fredrickson, B. L. (2005). Positive emotions. In C. R. Snyder & J. S. Lopez (Eds.), *Handbook of positive psychology* (pp. 120-134). New York, NY: Oxford University Press.

(6)Fredrickson, B. L. (2009a). *Positivity: Groundbreaking research reveals how to embrace the hidden strength of positive emotions, overcome negativity, and thrive*. New York: Crown.

(7)Fredrickson, B. L. (2009b). *Positivity: Top-notch research reveals the 3 to 1 ratio that will change your life*. New York: Three Rivers Press.

(8)Fredrickson, B. L. (2013). *Love 2.0: How our supreme emotion affects everything we feel, think, do, and become*. New York: Hudson Street Press.

(9)Fredrickson, B. L. (2013). Updated thinking on the positivity ratio. *American Psychologist*. Advance online publication. doi: 10.1037/a0033584.

(10)Fredrickson, B. L. (2013). Positive emotions broaden and build. In E. A. Plant & P. G. Devine (Eds.), *Advances on Experimental Social Psychology, 47*, 1-53. Burlington: Academic Press.

(11)Fredrickson, B. L., & Branigan, C. (2005). Positive emotions broaden the scope of attention and thought-action repertoires. *Cognition & Emotion, 19*(3), 313-332.

(12)Fredrickson, B. L., Cohn, M. A., Coffey, K. A., Pek, J., & Finkel, S. M. (2008). Open hearts build lives: Positive emotions, induced through loving-kindness meditation, build consequential personal resources. *Journal of Personality and Social Psychology, 95*, 1045-1062.

(13)Fredrickson, B. L., Grewen, K. M., Coffey, K. A., Algoe, S. B., Firestine, A. M., Arevalo, J. M. G., Ma, J., & Cole, S. W. (2013). A functional genomic perspective on human well-being. *Proceedings of the National Academy of Sciences*. Early edition publication. doi: 10.1073/pnas.1305419110.

(14)Fredrickson, B. L., & Losada, M. (2005). Positive affect and the complex dynamics of human flourishing. *American Psychologist, 60* (7) 678-686.

(15)Fredrickson, B. L., Mancuso, R. A., Branigan, C., & Tugade, M. M. (2000). The undoing effect of positive emotions. *Motivation and Emotion, 24,* 237-258.

(16)Fredrickson, B. L., Tugade, M., Waugh, C., & Larkin, G. (2003). What good are positive emotions in crisis? A prospective study of resilience and emotions following the terrorist September 11th, 2001. *Journal of Personality and Social Psychology, 84*(2), 365-376.

(17)Kok, B. E., Coffey, K. A., Cohn, M. A., Catalino, L. I., Vacharkulksemsuk, T., Algoe, S. B., Brantley, M., & Fredrickson, B. L. (2013). How positive emotions build physical health: Perceived positive social connections account for the upward spiral between positive emotions and vagal tone. *Psychological Science, 24,* 1123-1132.

9. 參見黎夫教授的主要研究著作如下：

(1)Brim, O. G., Ryff, C. D., & Kessler, R. C. (2004). The MIDUS national survey: An overview. In O. G. Brim, C. D. Ryff, & R. C. Kessler (Eds.), *How healthy are we? A national study of well-being at midlife* (pp.1-36). Chicago, IL, US: University of Chicago Press.

(2)Ryff, C. D. (1989). Happiness is everything, or is it? Explorations on the meaning of psychological well-being. *Journal of Personality and Social Psychology, 57,* 1069-1081.

(3)Ryff, C. D. (1995). Psychological well-being in adult life. *Current Direction in Psychological Science, 4,* 99-104.

(4)Ryff, C. D., & Keyes, C. L. M. (1995). The structure of psychological well-being revisited. *Journal of Personality and Social Psychology, 69,* 719-727.

(5)Ryff, C. D., & Singer, B. H. (1998). Human health: New directions for the next millennium. *Psychological Inquiry, 9,* 69-85.

10. 參見Keyes, C. L. M. (1998). Social well-being. *Social Psychology Quarterly, 61,* 121-140. 一文。

11. 參見Layard, R. (2005). *Happiness: Lessons from a new science*. New York: Penguin. 一書中的第234頁。

12. 參見凱司教授對主觀幸福感及心理健康等議題的相關研究著作：

(1)Grzywacz, J. G., & Keyes, C. L. M. (2004). Toward health promotion: The net contributions of physical and social behaviors. *American Journal of Health Behavior, 28,* 99-111.

(2)Harter, J. K., Schmidt, F. L., & Keyes, C. L. M. (2003). Well-being in the workplace and its relationship to business outcomes: A review of the Gallup Studies. In C. L. M. Keyes, & J. Haidt (Eds.), *Flourishing: Positive psychology and the life well-lived* (pp. 205-224). Washington, DC: American Psychological Association.

(3)Keyes, C. L. M. (1998). Social well-being. *Social Psychology Quarterly, 61,* 121-140.

(4)Keyes, C. L. M. (2000). Subjective change and its consequences for emotional well- being. *Motivation and Emotion, 24,* 67-84.

(5)Keyes, C. L. M. (2002a). The mental health continuum: From languishing to flourishing in life. *Journal of Health and Social Behavior, 43*(2), 207-222.

(6)Keyes, C. L. M. (2002b). The exchange of emotional support with age and its relationship with emotional well-being by age. *Journal of Gerontology: Psychological Sciences, 57,* 518-525.

(7)Keyes, C. L. M. (2002c). Creating a public health for the challenges of the 21st century. *Contemporary Psychology, 47,* 442-444.

(8)Keyes, C. L. M. (2003a). Complete mental health: An agenda for the 21st century. In C. L. M. Keyes, & J. Haidt (Eds.), *Flourishing: Positive psychology and the life well-lived* (pp. 293-312). Washington, DC: American Psychological Association.

(9)Keyes, C. L. M. (2003b). Promoting a life worth living: Human development from the vantage points of mental illness and mental health. In R. M.

Lerner, F. Jacobs, & D. Wertlieb (Eds.), *Promoting Positive Child, Adolescent, and Family Development: A Handbook of Program and Policy Innovations, 4*, 257-274. Thousand Oaks, CA: Sage.

(10) Keyes, C. L. M. (2004a). Risk and resilience in human development: An introduction. *Research in Human Development, 1*(4), 223-227.

(11) Keyes, C. L. M. (2004b). The nexus of cardiovascular disease and depression revisited: The complete mental health perspective and the moderating role of age and gender. *Aging and Mental Health, 8*, 267-275.

(12) Keyes, C. L. M. (2005a). Mental illness and/or mental health? Investigating axioms of the complete state model of health. *Journal of Consulting and Clinical Psychology, 73*(3), 539-548.

(13) Keyes, C. L. M. (2005b). Chronic physical conditions and aging: Is mental health a potential protective factor? *Ageing International, 30*(1), 88-114.

(14) Keyes, C. L. M. (2005c). The subjective well-being of America's youth: Toward a comprehensive assessment. *Adolescent and Family Health, 4*, 3-11.

(15) Keyes, C. L. M. (2005d). A mental health continuum. In H. Herrman, S. Saxena, & R. Moodie (Eds.), *Promoting mental health: Concepts, emerging evidence, and practice* (pp. 138-139). Geneva: World Health Organization.

(16) Keyes, C. L. M. (2005e). Gender and well-being in the United States: From subjective well-being to complete mental health. In K. V. Oxington (Ed.), *The Psychology of Stress* (pp.1-16). New York: Nova Science.

(17) Keyes, C. L. M. (2006a). Mental health in adolescence: Is America's youth flourishing? *American Journal of Orthopsychiatry 76*(3), 395-402.

(18) Keyes, C. L. M. (2006b). Subjective well-being in mental health and human development research worldwide: An introduction. *Social Indicators Research, 77*, 1-10.

(19) Keyes, C. L. M. (2006c). The subjective well-being of America's youth:

Toward a comprehensive assessment. *Adolescent & Family Health, 4*(1), 3-11.

(20)Keyes, C. L. M. (2007a). Towards a mentally flourishing society: Mental health promotion, not cure." *Journal of Public Mental Health, 6*(2), 4-7.

(21)Keyes, C. L. M. (2007b). Promoting and protecting mental health as flourishing: A complementary strategy for improving national mental health. *American Psychologist, 62*(2), 95-108.

(22)Keyes, C. L. M. (2010). The next steps in the promotion and protection of positive mental health. *The Canadian Journal of Nursing Research, 42*(3), 17-28.

(23)Keyes, C. L. M. (2011). Authentic purpose: The spiritual infrastructure of life. *Journal of Management Spirituality & Religion, 8*(4), 281-297.

(24)Keyes, C. L. M. (2012a). Chronic physical conditions and aging: Is mental health a potential protective factor? *Ageing International, 30*(1), 88-104.

(25)Keyes, C. L. M. (2012b). Subjective well-being in mental health and human development research worldwide: An introduction. *Social Indicators Research, 77*(1), 1-10.

(26)Keyes, C. L. M., Dhingra, S. S., & Simoes, E. J. (2010). Change in level of positive mental health as a predictor of future risk of mental illness. *American Journal of Public Health, 100*(12), 2366-2371.

(27)Keyes, C. L. M., & Grzywacz, J. G. (2002). Complete health: Prevalence and predictors among U.S. adults in 1995. *American Journal of Health Promotion, 17*, 122-131.

(28)Keyes, C. L. M., & Grzywacz, J. G. (2005). Health as a complete state: The added value in work performance and healthcare costs. *Journal of Environmental and Occupational Medicine, 47*, 523-532.

(29)Keyes, C. L. M., & Haidt, J. (Eds.) (2003). *Flourishing: Positive psychology and the life well-lived*. Washington, DC: American Psychological Association.

(30)Keyes, C. L. M., & Haidt, J. (2003). Human flourishing: The study of "That Which Makes Life Worthwhile." In C. L. M. Keyes, & J. Haidt (Eds.), *Flourishing: Positive psychology and the life well-lived* (pp. 3-12). Washington, DC: American Psychological Association.

(31)Keyes, C. L. M., Hysom, S. J., & Lupo, K. L. (2001). The positive organization: Leadership legitimacy, employee well-being, and the bottom line. *The Psychologist-Manager Journal, 4*, 143-153.

(32)Keyes, C. L. M., & Lopez, S. J. (2002). Toward a science of mental health: Positive directions in diagnosis and interventions. In C. R. Snyder, & S. J. Lopez (Eds.), *Handbook of Positive Psychology* (pp. 45-59). New York: Oxford University Press.

(33)Keyes, C. L. M., & Magyar-Moe, J. L. (2003). The measurement and utility of adult subjective well-being. In S. J. Lopez, & C. R. Snyder (Eds.), *Positive psychological assessment: A handbook of models and measures* (pp.411-425). Washington, DC: American Psychological Association.

(34)Keyes, C. L. M., Myers, J. M., & Kendler, K. S. (2010). The structure of the genetic and environmental influences on mental well-being. *American Journal of Public Health, 100*(12), 2379-2384.

(35)Keyes, C. L. M., & Reitzes, D. C. (2007). The Role of Religious Identity in the Mental Health of Older and Retired Working Adults. *Aging and Mental Health, 11*, 434-443.

(36)Keyes, C. L. M., & Ryff, C. D. (1998). Generativity in adult lives: Social structural contours and quality of life consequences. In D. McAdams, & E. de St. Aubin (Eds.), *Generativity and adult development: Perspectives on caring for and contributing to the next generation* (pp. 227-263). Washington, DC: American Psychological Association.

(37)Keyes, C. L. M., & Ryff, C. D. (1999). Psychological well-being in midlife. In S. L. Willis, & J. D. Reid (Eds.), *Middle aging: Development in the third quarter of life* (pp. 161-180). Orlando, FL: Academic Press.

(38)Keyes, C. L. M., & Ryff, C. D. (2000). Subjective change and mental health: A self-concept theory. *Social Psychology Quarterly, 63*(3), 264-279.

(39)Keyes, C. L. M., & Ryff, C. D. (2003). Somatization and mental health: A comparative study of the idiom of distress hypothesis. *Social Science and Medicine, 57*, 1833-1845.

(40)Keyes, C. L. M., & Shapiro, A. (2004). Social well-being in the United States: A descriptive epidemiology. In O. G. Brim, C. Ryff, & R. Kessler (Eds.), *How healthy are we? A national study of well-being at midlife* (pp. 350-372). Chicago: University of Chicago Press.

(41)Keyes, C. L. M., Shmotkin, D., & Ryff, C. D. (2002). Optimization well-being: The empirical encounter of two traditions. *Journal of Personality and Social Psychology, 82*, 1007-1022.

(42)Keyes, C. L. M., & Simoes, E. J. (2012). To flourish or not: Positive mental health and all-cause mortality. *American Journal of Public Health, 102* (11), 2164-2172.

(43)Keyes, C. L. M., & Waterman, M. B. (2003). Dimensions of well-being and mental health in adulthood. In M. H. Bornstein, L. Davidson, C. L. M. Keyes, & M. A. Kristin (Eds.), *Well-being: Positive development throughout the life course* (pp. 477-497). Hillsdale, NJ: Lawrence Erlbaum Associates.

(44)Keyes, C. L. M., & Westerhof, G. J. (2011). Chronological and subjective age differences in flourishing mental health and major depressive episode. *Aging and Mental Health, 16*(1), 67-74.

(45)Keyes, C. L. M., & Waterman, M. B. (2012). Dimensions of well-being and mental health in adulthood.

(46)Lamers, S. M. A., Westerhof, G. J., Bohlmeijer, E. T., Klooster, P. M., & Keyes, C. L. M. (2010). Evaluating the psychometric properties of the Mental Health Continuum-Short Form (MHC-SF). *Journal of Clinical Psychology, 67*(1), 99-110.

(47) Moore, K. A., & Keyes, C. L. M. (2003). A brief history of the study of well-being in children and adults. In M. Bornstein, L. Davidson, C. L. M. Keyes, & K. Moore (Eds.), *Well-being: Positive development throughout the life course* (pp. 1-11). Hillsdale, NJ: Lawrence Erlbaum Associates.

(48) Provencher, H. L., & Keyes, C. L. M. (2011). Complete mental health recovery: Bridging mental illness with positive mental health. *Journal of Public Mental Health, 10*(1), 57-69.

(49) Ryff, C. D., & Keyes, C. L. M. (1995). The structure of psychological well-being revisited. *Journal of Personality and Social Psychology, 69,* 719-727.

(50) Ryff, C. D., Keyes, C. L. M., & Diane L. Hughes, D. L. (2003). Status inequalities, perceived discrimination, and eudaimonic well-being: Do the challenges of minority life hone purpose and growth? *Journal of Health and Social Behavior, 44,* 275-291.

(51) Ryff, C. D., Keyes, C. L. M., & Hughes, D. L. (2004). Psychological well-being in the MIDMAC National Survey: Profiles of ethnic/racial diversity and life course uniformity. In O. G. Brim, C. Ryff, & R. Kessler (Eds.), *How healthy are we? A national study of well-being at midlife* (pp. 398-422). Chicago: University of Chicago Press.

(52) Robitschek, C., & Keyes, C. L. M. (2009). Keyes's model of mental health with personal growth initiative as a parsimonious predictor. *Journal of Counseling Psychology, 56*(2), 321-329.

(53) Snowden, M., Dhingra, S. S., Keyes, C. L. M., & Anderson, L. A. (2010). Changes in mental well-being in the transition to late life: Findings from MIDUS I and II. *American Journal of Public Health, 100*(12), 2385-2388.

(54) Westerhof, G. J., & Keyes, C. L. M. (2006). After the fall of the Berlin Wall: Perceptions and consequences of stability and change in middle-aged and older east-and west-Germans. *Journal of Gerontology: Social Sciences, 61*(5), 240-247.

(55)Westerhof, G. J., & Keyes, C. L. M. (2010). Mental illness and mental hea-lth: The two continua model across the lifespan. *Journal of Adult Development, 17*(2), 110-119.

13. 參見我對主觀幸福感的相關研究著作：

(1)余民寧、謝進昌、林士郁、陳柏霖、曾筱婕（2011）。教師主觀幸福感模式建構與驗證之研究。**測驗學刊，58**（1），55-58頁。

(2)余民寧、鍾珮純、陳柏霖、許嘉家、趙珮晴（2011）。教師健康行為、評價性支持與憂鬱傾向之關係：以主觀幸福感為中介變項。**健康促進與衛生教育學報，35**，1-26頁。

(3)余民寧、陳柏霖（2012）。從幽谷邁向巔峰之路——教師心理健康的分類與應用。**教育研究月刊，223**，67-80頁。

(4)余民寧、陳柏霖、許嘉家、鍾珮純、趙珮晴（2012a）。自覺健康狀態、健康責任、情緒幸福感及憂鬱關係之調查。**屏東教育大學教育類學報，38**，199-226頁。

(5)余民寧、陳柏霖、許嘉家、鍾珮純、趙珮晴（2012b）。教師心理健康狀態類型之初探。**學校衛生，60**，31-60頁。

(6)鍾珮純、余民寧、許嘉家、陳柏霖、趙珮晴（2013）。從幽谷邁向巔峰：教師的心理健康狀態類型與促進因子之探索。**教育心理學報，44**（3），629-649頁。

(7) Yu, M. N., Hsieh, J. C., Chen, P. L., Chung, P. C., Syu, J. J., & Chao, P. C. (2010). *The proposal of types of mental health status*. Paper presented at the Psychology For A Sustainable Future Conference held by The New Zealand Psychological Society (NZPsS 2010) on the Rydges Hotel, Roto-rua, New Zealand, July 17-20, 2010.

(8)Syu, J. J., Yu, M. N., Chen, P. L., & Chung, P. C. (2013). The effects of marriage on volunteering and mental health: Moderated mediation model. *Quality & Quantity: International Journal of Methodology, 47*(5), 2447-2457.

第5章
完整的心理健康狀態

> 健康不僅僅是沒有疾病或體弱而已，更是指身體、心理與社會三方面都全部適應良好的一種狀態。
>
> ——聯合國世界衛生組織

心理健康研究的派典轉移

整個20世紀的心理學研究，都將重點放在探索與療癒人類的負面行為（如各類心理疾病）上。直到21世紀，正向心理學崛起後，學術研究者和一般民眾的目光，逐漸產生「派典轉移」（paradigm shift）（註1）的現象，開始認為我們不應該太過於把焦點放在病態、適應不良，及嫌惡行為的研究、矯正、與防制上，而嚴重忽略人類原本具有的健康、優勢個性、正面的行為表現和成就；反而應該強調重視能提升自我價值的主觀經驗（如：幸福感、生活滿意度、希望、樂觀、快樂、健康、或忘我等）之研究。對此，學者們對於心理健康概念的看法或理念，亦開始逐漸有所變化，認為心理健康不僅僅只是沒有心理疾病（absence of mental illness）而已，其積極的義涵尚需包含正向的心理與社會機能的正常運作（註2）！

迪納教授是一位相當早提出「主觀幸福感」概念的學者，這也成為早期學術界對心理健康概念探討的理論依據。該理論係針對人類擁有富足生活後的反思，認為人們在物質上獲得滿足之後（如每月的收入增加），會開始想要進一步尋求心理上的滿足，所以強調的是注重無形的精神生活水平（或者稱為「生活品質」的概念）。在當時的觀點裡，即將主觀幸福感定義為人們對自身生活的滿意程度，其典型的代表性測量工具（例如：「總體生活滿意

量表」），即是在詢問受試者感到快樂、滿足的程度等（註3）。

除了上述強調幸福的認知層面——心理滿足與否的因素外，同時還有另一條支線則是重視情緒的評估，其起源乃源自心理健康與心理治療的連結關係。它假定一個幸福的人首先必須擁有心理上的健康，而這種健康狀態會反映在其情感的表達上，其內涵即是包含有正向情感與負向情感兩個主軸，而其代表性測量工具（例如「長期情意量表」，即是在詢問受試者近期內所體驗到積極與消極情感反應的頻率等（註4）。

後來，迪納教授試圖歸納30年來有關幸福感研究的發展趨勢，逐漸將上述兩類觀點的學說加以整合，將其視為一個整體來考慮，認為幸福感是由對生活的滿意程度及所感受到的正、負向情緒的強度，所做整體評估之後所組合而成的（註5）。國內大多數學者的研究，亦多以此理論模型作為研究的工具或理論依據，來進行學術研究（註6）。

大約在此同一時期，另一位心理學者卡羅‧黎夫教授，則根據榮格（C. Jung）、馬斯洛等多位心理學家的理論基礎，提出她的幸福感理論，認為幸福不僅僅只是為了獲得快樂或侷限在正向感受而已，而是要能發揮自身潛能來達到完美的體驗，她稱之為「心理幸福感」（註7）。而接續的研究裡，另一位心理學者科瑞‧凱司教授則認為，幸福感不應只是強調自身之內（intra-personal）的福址而已，而應該擴增到人際之間（inter-personal）福祉問題的探討才對，於是他提出「社會幸福感」的理論見解（註8）。

後來，凱司教授統整上述所有的理論，認為迪納教授對生活的滿意及感受到的正、負向情緒強度等概念，可以「情緒幸福感」來詮釋人類的正向情感；而黎夫教授所強調的心理與社會生活機能重要性的概念，則可以「心理幸福感」來詮釋正向生活機能的重要性；最後，再加上自己所提出的「社會幸福感」，則可以用來擴增涵蓋人際之間的幸福感理念。於是，他把這三種幸福感合併統稱為「主觀幸福感」，以作為他後續研究心理健康議題的理論依據，它也是構成本書第4章所述「主觀的幸福」的核心成分。

在21世紀初期，美國政府進行一項有關中年人的健康問題大調查，調查結果匯編成一本專書。其中，開宗明義章（註9）即認為，健康所包含的概念，不僅僅只是強調生理健康而已，而是更應該納入心理與社會健康的概

念。而就幸福感而言，其所強調的即是這種正面的多層次健康狀態；若改以操作型定義的術語來看，即是符合凱司教授等人所認為的看法：「心理健康是一種正向情感與正向生活機能症狀的併發症」（註10）！其中，對正向情感的測量，可用「情緒幸福感」來評估其強度；而對正向生活機能（含心理與社會機能）的測量，則可用「心理幸福感」和「社會幸福感」來評估其概念。

至此，學術界對心理健康研究的取向，正式產生「派典轉移」——從一開始僅重視「沒有心理疾病」而已，到現在對「正向心理與社會機能的正常運作」的重視！因此，本章的目的，即是根據這種派典轉移後的理論基礎——將「主觀幸福感」定義（即本書第4章所述）為以個人情感狀態、心理及社會機能觀點來對其生活進行主觀覺知和評鑑的一種結果，並作為後續研究探討心理健康類型的測量工具與理論依據。

凱司教授的完整心理健康狀態模式

西方人看重身體的健康，遠甚於東方人的觀點。但隨著正向心理學興起，派典轉移之後，對心理健康問題的重視，也開始不亞於對身體健康問題的重視。典型的概念代表，即是聯合國世界衛生組織對健康所持的定義方式：「健康不僅僅是沒有疾病或體弱而已，更是指身體、心理與社會三方面都全部適應良好的一種狀態（Health is a state of complete physical, mental and social well-being and not merely the absence of disease or infirmity）」！由此推論來看，健康是指身體（生理）、精神（心理）及社會（社交）都處於一種完全幸福的狀態，而不僅是沒有疾病或身體虛弱而已；其中，身體（生理）健康是指身體各器官和系統都能夠正常運作、精神（心理）健康是指人能夠認識到自己的潛力、應付正常的生活壓力、有成效地從事工作，並對其社區做出貢獻，而不僅是沒有精神障礙、而社會（社交）健康則是指能夠與他人和諧共處，並與社會制度和道德觀念相融合之意！自此之後，健康不再被看成只是沒有疾病而已，更是被視為同時擁有心理健康和沒有心理疾病症狀的一種完整狀態（complete state），並且「缺乏心理健康就不算是健康」

（no health without mental health）的概念，正式誕生（註11）！

其實，在很早之前，即有學者試圖將健康的概念分成四種類型，包括：臨床模式（clinical model）、角色表現模式（role-performance model）、適應模式（adaptive model）及幸福模式（eudaimonistic model）。其中，所謂的臨床模式，是指在健康的連續軸上，健康的一端是「醫學定義之疾病症狀未呈現」，不健康的一端則是「有明顯的疾病症狀呈現」；而幸福模式，即是指在健康的連續軸上，健康的一端是「廣泛的對生活充滿安全感」，不健康的一端則是「虛弱、生活品質不佳或不滿意」！上述的分類，即可說明在健康的連續軸上，縱軸可以是幸福模式，橫軸可以是臨床模式，交叉分類之後可以分出四種類型（註12）。

誠如我所說的，「健康」與「疾病」是兩個獨立的「雙極變項」的概念；亦即是，健康與疾病是指兩個可以同時存在的獨立概念，而不是一個「單極變項」──「一體兩面」的互斥概念。健康的相反，是指「不健康」，不一定是疾病；而疾病的相反，則是指「沒有疾病」，不一定就是健康（註13）！健康的涵義，其實是也有積極和消極定義之分的！一般而言，對健康的定義（尤其是20世紀以前）都是採消極的方式，即認為「沒有疾病即是健康」；但邁入21世紀之後，連世界衛生組織對健康的定義，也都已經改採積極的方式，認為「健康不僅是沒有疾病而已，並且還需要兼具有生理、心理與社會幸福感的一種完整狀態」！行文至此，我們對健康的看法能不改變嗎？

因此，凱司教授根據這種看法，提出他對心理健康的新定義與新看法──「完整的心理健康狀態模式」（complete state model of mental health），認為心理健康是指一群症狀的併發症；這些症狀包括：具有高度情緒幸福感，和同時在心理與社會幸福感向度上展現出積極機能的程度；也就是說，同時擁有心理健康和沒有心理疾病的症狀，才是真正擁有「完整心理健康」的人！

但是，我們要如何做，才能測知一個人是否屬於「完整心理健康」的人呢？凱司教授根據自己的定義，提出以「主觀幸福感」作為心理健康症狀（mental health symptoms）的測量向度指標，而以「憂鬱症」作為心理疾病

症狀（mental illness symptoms）的測量向度指標，兩者可構成「完整的心理健康狀態模式」的兩個測量向度或兩大因素結構，而每個測量向度均是一種兩極化的變項，可以再細分成高、低不同的程度。因此，個人是否具有心理健康或心理疾病，即可使用出現（presence）或缺乏（absence）心理疾病和主觀幸福感的症狀，來加以診斷和描述，它是一種完整的狀態（complete state）！

　　其實，關於心理健康的類型，早有學者在《健康促進的模式與價值》一書中（註14），提出分類的看法，他們以「精神幸福感」（mental well-being）與「精神健康欠佳」（mental ill-health）（以憂鬱症為指標）交錯分類成四個類型，包括：「高精神幸福感與高精神健康欠佳」、「高精神幸福感與低精神健康欠佳」、「低精神幸福感與高精神健康欠佳」以及「低精神幸福感與低精神健康欠佳」等。

　　後來，凱司教授提出「完整的心理健康狀態模式」觀點，以美國精神醫學會所出版的憂鬱量表當作「診斷有無心理疾病」之工具，認為個體在診斷的兩週內，出現憂鬱症狀或失去對原本事物有興趣的現象時，並且在九種憂鬱症狀中出現五種以上，即可被判定為「罹患心理疾病」；而以主觀幸福感（由情緒、心理、及社會幸福感所組成，見本書第4章所述）的理論為依據，認為個體至少必須在心理與社會幸福感等11個正向機能症狀（即11個子向度）中，至少展現出6項正向機能的高程度表現症狀，並且在情緒幸福感裡的二分之一的向度中，同樣需要展現出高程度的反應，如此，個體才足以被視為「擁有心理健康者」！因此，根據出現症狀的有無，凱司教授利用主觀幸福感和憂鬱當作兩個測量向度，把「完整的心理健康狀態模式」分成四種類型，即「錯亂型」（floundering type）、「掙扎型」（struggling type）、「幽谷型」（languishing type）和「巔峰型」（flourishing type）等四種類型；其分類概念，如圖5-1所示。其中，「錯亂型」的狀態，即為有憂鬱、無幸福的狀態，又稱作「完全心理疾病狀態」（complete mental illness）；「掙扎型」的狀態，即為有憂鬱、有幸福的狀態，又稱作「不完全心理疾病狀態」（incomplete mental illness）；「幽谷型」的狀態，即為無憂鬱、無幸福的狀態，又稱作「不完全心理健康狀態」（incomplete mental

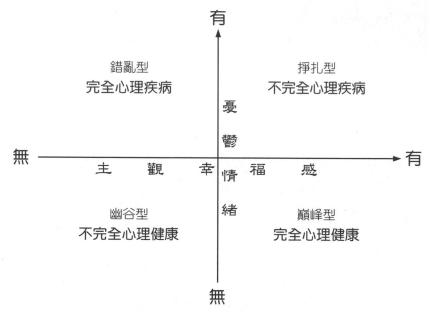

圖5-1　凱司教授「完整的心理健康狀態模式」

health）；「巔峰型」的狀態，即為無憂鬱、有幸福的狀態，又稱作「完全心理健康狀態」（complete mental health）。

　　凱司教授的這種「完整的心理健康狀態模式」觀點，將心理健康概念予以類型化，反而受到後繼學者的重視與青睞，紛紛加入此一相關議題的研究行列，當然也包括我在內。例如，即有學者在《療癒師的指導：正向心理的介入》一書中（註15）提到，根據凱司教授的四型心理健康（即錯亂型、掙扎型、幽谷型、巔峰型）分類，有助於療癒師分別針對不同類型的個案，設計並發展出相關的介入策略與療癒方案，以協助個案達到最佳的基準水平以上的運作功能，進而從幽谷邁向巔峰！

　　之後，凱司教授曾於2007年時，認為其原有的心理健康狀態分類尚有不夠周延之處，因而提出擴充心理健康狀態成為六大類型（即加入「中度心理健康」此一向度）的修正意見，但並未受到注意與接受。學界還是以其原提的「完整的心理健康狀態模式」觀點，作為後續探討超越的幸福感與巔峰人生概念之依據。

我對「完整的心理健康狀態模式」之新提案

根據研究心得，我認為「憂鬱症」並不適用於描述大多數正常人的心理疾病狀況（畢竟得憂鬱症者最多僅占20%的人口而已，我們還是應該把焦點放在80%屬於正常範圍的人口），且「主觀幸福感」也不是一個二分變項（binary variable）的概念——它並不是「全有或全無」（all or none）的狀態，而是具有「程度多寡」（varied degrees）屬性的變項概念。因此，我認為凱司教授的分類，並不能適用於廣大的正常人對象，我必須另謀出路才行！

因此，我根據並延伸凱司教授的定義方式，以「主觀幸福感」作為心理健康症狀的代表，以「憂鬱情緒」作為心理疾病症狀的代表，並依照我的研究心得，採「統計判斷」（即透過客觀測驗結果與基準率等訊息）方式，將「主觀幸福感量表」（呈現在本書第4章）得分的第一個四分位數（即83分所在點）和第三個四分位數（即102分所在點）作為「決斷點」（cut-off score），且將『臺灣憂鬱情緒量表』（呈現在本書第2章）得分根據「評定量尺模式」（rating scale model, RSM）所找出的兩個不同決斷點（即21分以下為低分組和37分以上為高分組），各將量表分成高、中、低三種不同程度的測量。兩種量表交叉分類後，共可擴充現有凱司教授的四類心理健康型態成為九型的狀態；亦即將兩個測量向度，即心理健康向度（以「主觀幸福感」作為測量代表）和心理疾病向度（以「憂鬱情緒」作為測量代表），各依其量表決斷點的設立標準不同，分成高、中、低三種不同程度的測量，兩個向度共可交織而成九種心理健康狀態類型。這樣的分類新提議，首先在紐西蘭舉行的心理學國際學術研討會裡報告（註16），之後，我將此分類概念發表在國內幾本學術期刊，開始宣揚我的學術見解（註17）。

這九種新的心理健康狀態，分別為：「錯亂型—低幸福高憂鬱」、「徬徨型—中幸福高憂鬱」、「掙扎型—高幸福高憂鬱」、「愁善型—低幸福中憂鬱」、「大眾型—中幸福中憂鬱」、「奮戰型—高幸福中憂鬱」、「幽谷型—低幸福低憂鬱」、「滿足型—中幸福低憂鬱」、及「巔峰型—高幸福低

憂鬱」等！也就是說，根據這兩種測量向度（及其分成高、中、低三種水準），可將完整的心理健康狀態區分成九種狀態類型，即「錯亂型」、「徬徨型」、「掙扎型」、「愁善型」、「大眾型」、「奮戰型」、「幽谷型」、「滿足型」及「巔峰型」等，如圖5-2所示。茲分別說明如下：

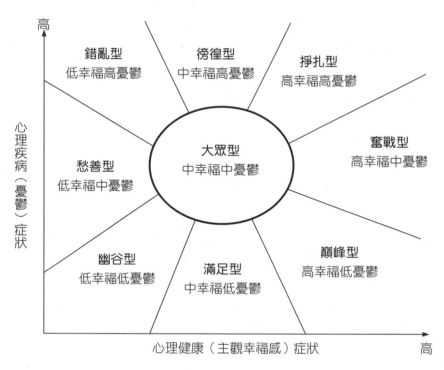

圖5-2　我提出的「完整的心理健康狀態模式」

1.「錯亂型—低幸福高憂鬱」

係指混合了低度的情緒、心理和社會幸福感狀態，以及具有某種被診斷出的心理疾病（例如：高度或嚴重的憂鬱情緒）的一種狀態，屬於「完全心理疾病狀態」；這種類型的人，不僅會顯現出憂鬱的症狀，還會覺得自己的生活過得很不好，並且在心理和社會機能上也會表現不良，這種人即稱作「錯亂型」的人。

2.「徬徨型─中幸福高憂鬱」

係指在生活中，雖然知道自己是誰，欲往何處去，也真正瞭解到自己存在的意義，期望生活很幸福，但有時可能目標與理想有差距，致使生理出現症狀，可能具有不想與他人往來、對什麼事都失去興趣、害怕、恐懼、胃口不好、有罪惡感等症狀，這種人即稱作「徬徨型」（hovering type）的人。

3.「掙扎型─高幸福高憂鬱」

係指會覺得憂鬱，但在心理和社會機能上卻還能表現出中高水平，且對自己的生活尚感覺滿意和快樂，屬於「不完全心理疾病狀態」；就好比是一位具有嚴重酗酒問題，但卻還能在工作上具有高機能的表現（high-functioning individuals），這種人即稱作「掙扎型」的人。

4.「愁善型─低幸福中憂鬱」

係指個人在生活中會感到空虛、停滯，覺得自己不太幸福，有時還會有發脾氣、生氣、不想出門、身體不舒服、生活圈小、記憶力不好等症狀，這種人即稱作「愁善型」（sentimental type）的人。

5.「大眾型─中幸福中憂鬱」

係指此類型的人，有時可能會感覺憂鬱的情緒，但在生活上有時又覺得滿足，且心理和社會運作機能維持中等水平，這種人即稱作「大眾型」（popular type）的人！大眾型的人，偶爾會受到負面情緒或其他因素的干擾，使得有一些中度憂鬱情緒、行為或認知反應的產生，但有時可能受到正面情緒的影響，也會充滿喜悅、滿意目前的生活，覺得自己的生活豐富、幸福。

6.「奮戰型─高幸福中憂鬱」

係指在生活中，體驗大量愉快情緒，滿意自己的生活，自己有明確的生活目標，能與他人建立和諧關係，覺得自己能被社會接納，並有所貢獻，但

可能生活中遇到壓力，有時會伴隨無力感、凡事往壞的方向想、無法專心做事、心情低落、睡眠狀況不佳等症狀，這種人即稱作「奮戰型」（striving type）的人。

7.「幽谷型—低幸福低憂鬱」

係指雖然沒有任何心理疾病纏身，但是卻具有低度情緒、心理、和社會幸福感的狀態，屬於「不完全心理健康狀態」；亦即，生活中會感到空虛、停滯不前，伴隨著對自己的生命覺得失望、空洞，就像空殼一樣的空虛無助的感覺與看法，這種人即稱作「幽谷型」的人。

8.「滿足型—中幸福低憂鬱」

係指在生活中，雖然知道自己是誰，欲往何處去，也真正瞭解到自己存在的意義，期望生活很幸福，以及目前沒有心理疾病等症狀，但有時仍可能會出現些許的擔心、煩惱、身體疲憊、或有壓力負荷的感覺等症狀，這種人即稱作「滿足型」（contented type）的人。

9.「巔峰型—高幸福低憂鬱」

係指具有高度的主觀幸福感，以及目前沒有心理疾病等症狀的一種狀態，亦即具有「完全心理健康狀態」；這種類型的人，會展現出高度的快樂和滿足感，且近一年內也沒有任何心理疾病纏身，並且具有高度的情緒活力和積極的心理與社會運作機能，這種人即稱作「巔峰型」的人。

我個人的研究心得認為，「錯亂型」、「徬徨型」、「掙扎型」三類型的人，因為他們具有高度或嚴重的憂鬱情緒，若此症狀持續一段時間以上（如超過一個月），可能需要仰賴更專業的精神科醫師的判讀協助，以確認是否已經罹患憂鬱症，並列為優先治療的對象；其次，「愁善型」、「大眾型」、「奮戰型」三類型的人，因為他們具有中度的憂鬱情緒，若此症狀也已持續一段時間以上（如超過一個月）的話，最好是找尋臨床心理師或諮商心理師談談，他們可以提供進一步具體的協助；若是「幽谷型」、「滿足

型」二類型的人，因為他們沒有憂鬱情緒或僅是一時的憂鬱情緒而已，不太需要專業的協助，只要閱讀本書的建議事項，並照著各章的練習作業去做，假以時日，一定可以促使個體逐漸從「幽谷」邁向「巔峰」的心理健康之路！

過去，凱司教授的相關研究（註18）也顯示，「巔峰型」這種心理健康狀態的人，其日常活動最少受到健康因素的限制、最少請假曠職、最少怠工、並且具有最健康的心理機能（例如：低度無助感、有明確生活目標、具高度復原力和擁有高度親密行為等）。由此隱含的潛在健康優勢可見，若能持續針對上述心理健康狀態的新分類進行研究，針對各類型心理健康狀態提出不同的預防與治療措施建議，這不僅可以減少國家健保資源的浪費，更可為建立臺灣成為一個幸福家園而努力，這也是撰寫本書的目的所在！

成為一位生命圓滿的人

在正向心理學領域裡，協助個體啟發其天賦潛能與找到優勢個性（strengths of character），一直都是此領域所努力的目標。如果我們能透過積極正面的引導與介入方案的提供，必能協助個體找到其美好生活、幸福感、優勢個性與美德、心靈超越（例如：希望、感恩、幽默）等因子，使其知覺到生命的意義所在，並且對發生在自身周遭的負向生活事件與所引發負向情緒問題，採取更積極的解決方法或找到如何復原之路，才能促使個體從「幽谷」邁向「巔峰」的心理健康之路逐步前進，幫助個人完成自我實現的理想，進而促進國家邁向積極環境或正向組織（學校、社會、國家）（positive organizations）的康莊大道！

在「完整的心理健康狀態模式」裡，最完整的心理健康狀態，非「巔峰型」狀態莫屬，它是一種「低憂鬱、高幸福」的狀態，也可稱之為「完全心理健康狀態」！根據界定，這是一種能展現出高度的快樂和滿足感，且近一年內也沒有任何心理疾病纏身，並且具有高度的情緒活力和積極的心理與社會運作機能的人！我想推展正向心理學或幸福感教育的終極目標，應該是以追求讓每位國民都能成為「巔峰型的人」為目標才是！因此，本書各章的練

習作業，即是針對此目標而設計撰寫的。建議讀者能夠全面地練習，必能促使你逐步邁向「巔峰」之路！

　　然而，要成為一為「巔峰型」的人，除了具備「完全心理健康狀態」的基礎外，你還需要擁有或達成下列五項標準，亦即是正向情緒（**Positive emotion**，即擁有快樂及滿足）、全心投入（**Engagement**，即達到忘我的境界）、正向人際關係（positive **Relationships**，即維持與他人的積極關係）、追求意義（**Meaning**，即達成更大更高的目的）及正向成就（**Achievement**，即挑戰有價值的事）！這五項標準或支柱，即是構成塞利格曼教授所提出幸福理論的五個元素，並簡寫成「PERMA」五個字。當每個人都能達成或擁有這五項元素水平時，即可成為一位「生命圓滿的人」（flourishing person）（註19）！

　　本書第二篇以後的章節，便是在闡明達成這種「巔峰型的人」應有的作為，讓我們拭目以待，繼續閱讀下去！

練習作業

本項作業的名稱，就叫做「**找出你的心理健康類型**」（Finding your mental health type.）！

現在，請你撥空十分鐘，分別接受一下第4章的「臺灣主觀幸福感量表」和第2章「臺灣憂鬱情緒量表」的測驗，並把自己的這兩項測驗得分記錄下來，並根據表5-1所示的計分規準，找出自己所歸屬的心理健康狀態類型。

表5-1 不同心理健康狀態類型之計分

		心理健康（主觀幸福感）症狀		
		低 （得分＜83）	中 （83≦得分＜102）	高 （102≦得分）
心理疾病（憂鬱）症狀	高 （得分≧37）	低幸福高憂鬱 （錯亂型）	中幸福高憂鬱 （徬徨型）	高幸福高憂鬱 （掙扎型）
	中 （21≦得分＜37）	低幸福中憂鬱 （愁善型）	中幸福中憂鬱 （大眾型）	高幸福中憂鬱 （奮戰型）
	低 （得分＜21）	低幸福低憂鬱 （幽谷型）	中幸福低憂鬱 （滿足型）	高幸福低憂鬱 （巔峰型）

你的心理健康狀態是屬於哪一種類型呢？

記住你自己的心理健康狀態類型，並試圖遵照本書各章的練習作業去練習，看看哪一種練習對你邁向成為「巔峰型」的人而言，最有幫助，並且多多去練習它！

延伸閱讀

李偉麟（2009）。幸福力。臺北市：天下遠見。

林慶昭（2005）。12個簡單＋12個豐富＝快樂人生的幸福方程式。新北市：出色。

洪蘭譯（2012）。**邁向圓滿：掌握幸福的科學方法＆練習計畫**。臺北市：遠流。（Martin E. P. Seligman原著。*Flourish: A visionary new understanding of happiness and well-being.*）

邵正宏（2006）。**啟動幸福的9把鑰匙**。新北市：橄欖文化。

郭乃嘉譯（2007）。**幸福：追尋美好生活的八種秘密**。臺北市：麥田。（Richard Schoch原著。*The secrets of happiness: Three thousand years of searching for the good life.*）

郭騰尹（2005）。**幸福無所不在：一本讓人幸福的生活智慧書**。臺北市：文經社。

陳信宏譯（2007）。**幸福的歷史：人類最捉摸不定卻又渴求不已的目標**。臺北市：究竟。（Darrin M. McMahon原著。*Happiness: A history.*）

陳柏臣（2011）。**慢性生活習慣病：每個家庭都必備的全民健康手冊**。臺北市：捷徑文化。

陳敬旻譯（2008）。**快樂，不用理由：做好七件事，快樂一輩子**。臺北市：時報文化。（Marci Shimmoff & Carol Kline原著。*Happy for no reason: 7 steps to being happy from the inside out.*）

黃士鈞（2012）。**做自己，還是做罐頭？勇敢挺自己的第一堂課**。臺北市：方智。

戴至中譯（2006）。**快樂為什麼不幸福？**臺北市：時報文化。（Daniel Gilbert原著。*Stumbling on Happiness.*）

註解

1. 「派典轉移」（paradigm shift）係由美國社會學家湯馬斯・孔恩（Thomas S. Kuhn）在其著作《科學革命的結構》（*The structure of scientific revolution*）中所提出的概念，他認為科學演進的過程不是演化，而是革命，從昨日的新發明中，不會找到今日新發明的線索，它必然來自全新的創意和思考邏輯。此名詞現已延伸意義為：「泛指習慣的改變、觀念的突破、價值觀的移轉；是一種長期形成的思維軌跡及思考模式」。它尚有「典範轉移」、「境相轉移」、「思想範疇轉變」、「概念轉移」、「範例轉換」、「範式轉換」、「思維變遷」、「思維轉換」等不同的中文譯名。

2. 參見Ryff, C. D., & Singer, B. H. (1998). Human health: New directions for the next millennium. *Psychological Inquiry, 9*, 69-85. 一文。

3. 相關概念可參見Diener, E. D. (1984). Subjective well-being. *Psychological Bulletin, 95*, 542-575.與Diener, E. D., Emmons, R. A., Larsen, R. J., & Griffin, S. (1985). The satisfaction with life scale. *Journal of Personality Assessment, 49*, 71-75.等二篇論文。

4. 參見Diener, E. D., Smith, H. L., & Fujita, F. (1995). Physical attractiveness and subjective well-being. *Journal of Personality & Social Psychology, 69*, 120-129. 一文。

5. 參見Diener, E. D., Suh, E. M., Lucas, R. E., & Smith, H. L. (1999). Subjective well-being: Three decades of progress. *Psychological Bulletin, 125*, 276-302. 一文，以及Andrew, F. M., & Withey, S. B. (1976). *Social indicators of well-being*. New York, NY: Plenum.一書。迪納教授一生對幸福感（西方學者均指「Happiness」一詞）的研究創見與貢獻，被此學界的學者們尊稱為「幸福感研究界的絕地大師」（Jedi Master of Happiness），以表彰他像「星際大戰」（Star Wars）影片裡的「尤達大師」（Yoda）一樣，一生培養無數優秀學者從事幸福感的相關研究，並且不順從廣大粉絲們的媚

俗見解（參見 E. Diener & Robert Biswas-Diener (2008). *Happiness: Unlocking the mysteries of psychological wealth*. Malden, MA: Blackwell. 之 p.11 的註解說明）。

6. 參見下列國內相關的研究論文：

(1)吳崇旗、謝智謀、王偉琴（2006）。休閒參與、休閒滿意及主觀幸福感之線性結構關係模式建構與驗證。**休閒運動期刊**，5，153-165。

(2)陸洛（1998）。中國人幸福感之內涵、測量及相關因素探討。**國家科學委員會研究集刊：人文及社會科學**，8（1），115-137。

(3)陳密桃、陳玲婉（2006）。國小學童母親的人格特質與親職壓力、幸福感之相關研究。**高雄師大學報**，20，1-20。

(4)曾文志（2007）。大學生對美好生活的常識概念與主觀幸福感之研究。**教育心理學報**，38（4），417-441。

7. 參見下列有關心理幸福感的研究文獻：

(1)Ryff, C. D. (1989). Happiness is everything, or is it? Explorations on the meaning of psychological well-being. *Journal of Personality and Social Psychology, 57*, 1069-1081.

(2)Ryff, C. D. (1995). Psychological well-being in adult life. *Current Direction in Psychological Science, 4*, 99-104.

(3)Ryff, C. D., & Keyes, C. L. M. (1995). The structure of psychological well-being revisited. *Journal of Personality and Social Psychology, 69*, 719-727.

8. 參見 Keyes, C. L. M. (1998). Social well-being. *Social Psychology Quarterly, 61*, 121-140. 一文。

9. 參見 Brim, O. G., Ryff, C. D., & Kessler, R. C. (2004). The MIDUS national survey: An overview. In O.G. Brim, C. D. Ryff, & R. C. Kessler (Eds.), *How healthy are we? A national study of well-being at midlife* (pp.1-36). Chicago, IL, US: University of Chicago Press. 一文。

10. 參見下列有關主觀幸福感和心理健康概念的研究文獻：

(1)Keyes, C. L. M. (2002). The mental health continuum: From languishing to flourishing in life. *Journal of Health and Social Behavior, 43*(2), 207-222.

(2)Keyes, C. L. M. (2003). Complete mental health: An agenda for the 21st century. In C. L. M. Keyes, & J. Haidt (Eds.), *Flourishing: Positive psychology and the life well-lived* (pp. 293-312). Washington, DC: American Psychological Association.

(3)Keyes, C. L. M. (2005a). Mental illness and/or mental health? Investigating axioms of the complete state model of health. *Journal of Consulting and Clinical Psychology, 73*(3), 539-548.

(4)Keyes, C. L. M. (2005b). Chronic physical conditions and aging: Is mental health a potential protective factor? *Ageing International, 30*(1), 88-104.

(5)Keyes, C. L. M. (2006). Mental health in adolescence: Is America's youth flourishing? *American Journal of Orthopsychiatry, 76*(3), 395-402.

(6)Keyes, C. L. M. (2007). Promoting and protecting mental health as flourishing: A complementary strategy for improving national mental health. *American Psychologist, 62*(2), 95-108.

(7)Keyes, C. L. M., & Haidt, J. (Eds.) (2003). *Flourishing: Positive psychology and the life well-lived.* Washington, DC: American Psychological Association.

(8)Keyes, C. L. M., & Lopez, S. J. (2002). Toward a science of mental health: Positive directions in diagnosis and interventions. In C. R. Snyder, & S. J. Lopez (Eds.), *Handbook of Positive Psychology* (pp. 45-59). New York: Oxford University Press.

(9)Keyes, C. L. M., Shmotkin, D., & Ryff, C. D. (2002). Optimization well-being: The empirical encounter of two tradition. *Journal of Personality and Social Psychology, 82*, 1007-1022.

(10)Keyes, C. L. M., & Waterman, M. B. (2003). Dimensions of well-being and mental health in adulthood. In M. H. Bornstein, L. Davidson, C. L. M. Keyes, Moore, A. Kristin (Eds.), *Well-being: Positive development across the life course* (pp. 477-497). Mahwah, NJ: Lawrence Erlbaum Associates.

第 5 章　完整的心理健康狀態

(11)Robitschek, C., & Keyes, C. L. M. (2009). Keyes's model of mental health with personal growth initiative as a parsimonious predictor. *Journal of Counseling Psychology, 56*(2), 321-329.

11. 參見本章的註解10，以及Breslow, L. (2006). Health is not simply the absence of disease: It is something positive. *American Public Health Association, 96*(1), 17-19.與World Health Organization. (2002). *The world health report 2001. Mental health: New understanding, new hope.* Geneva: World Health Organization. 兩份報告。

12. 參見Smith, J. A. (1981). The idea of health: A philosophical inquiry. *Advances in Nursing Science, 3*, 43-50. 一文。

13. 參見我對「健康」與「疾病」是兩個獨立的「雙極變項」概念的論辯一文：Yu, M. N., Chung, P. C., Syu, J. J., & Chen, P. L. (2009). Is the mental health a one- or two-dimensional construct? Perspective from the structural equation modeling. Paper presented at the 2009 Southeast Asia Psychology Conference (SEAP 2009) held on the University Malaysia Sabah, Sabah, Malaysia, July 9-11, 2009. 一文。

14. 參見Downie, R. S., Fyfe, C., & Tannahill, A. (1990). *Health promotion: Models and values.* Oxford: Oxford University Press. 一書。

15. 參見Magyar-Moe, J. L. (2009). *Therapist's guide to positive psychological interventions.* New York: Academic Press. 一書。

16. 參見Yu, M. N., Hsieh, J. C., Chen, P. L., Chung, P. C., Syu, J. J., & Chao, P. C. (2010). *The proposal of types of mental health status.* Paper presented at the 2010 New Zealand Psychological Society Conference (NZPsS 2010) held on the Rydges Hotel, Rotorua, New Zealand, July 17-20, 2010. 一文。

17. 參見本書〈楔子〉一章的註解3。

18. 參見本章的註解10。

19. 參見本章的延伸閱讀《邁向圓滿：掌握幸福的科學方法&練習計畫》一書。

第6章

超越的幸福——靈性幸福感

　　靈性幸福感是指個人擁有健康且完整的內在資源，瞭解自己及其他萬物的存在價值，能有指引生活目標的中心信念，且能追尋個人在與社會互動下所體會到生命意義的一種狀態！

——余民寧

　　前一章裡談到，「巔峰型」的人是指一種具有「低憂鬱、高幸福」狀態的人，這是一種能展現出高度的快樂和滿足感，且近一年內也沒有任何心理疾病纏身，並且具有高度的情緒活力和積極的心理與社會運作機能的人！這種人也可以稱之為「完全心理健康狀態」的人！

　　同時也提到，具有這種心理健康類型的人，還必須擁有：(1)正向情緒（即擁有快樂及滿足）；(2)全心投入（即達到忘我的境界）；(3)正向人際關係（即維持與他人的積極關係）；(4)追求意義（即達成更大更高的目的）；及(5)正向成就（即挑戰有價值的事）等五項支柱，才是一位「生命圓滿的人」！這至少是正向心理學大師——塞利格曼教授的新主張（註1）！

　　對照到本書〈楔子〉一章，我認為「幸福是有層次等級之分的」！塞利格曼教授所主張的前三者，相當於本書第4章所談及的「主觀的幸福」概念而已；而「巔峰型」的心理健康概念則又是揉合了「憂鬱」與「主觀的幸福」的概念而來，但其中的「憂鬱」，則是屬於生理的層次居多，過去也常被醫護學界以負面表列方式定義成「生理的幸福」的代名詞，因此可被歸類於我所提出的「客觀的幸福」類別裡。

　　所以，若要達到塞利格曼教授所主張的成為一位「生命圓滿的人」的話，勢必，我們必須超越目前所談及的「客觀的幸福」與「主觀的幸福」兩

者，而邁向「超越的幸福」才行；也就是說，我們除了具備「完全心理健康狀態」外，還需要去追求剩下的兩項支柱：「追求意義（即達成更大更高的目的）」及「正向成就（即挑戰有價值的事）」。但我認為後兩者，是可以合而為一的事！

畢竟，20世紀西方人的學術觀點還是比較停留在物質層面的思考，強調「功成名就」等社會認可的成就價值觀，而比較忽略或漠視如東方人強調的精神層面或靈性層面的和諧感知與成就完美！追求美感、寧靜致遠、平衡和諧、淡泊名利，比較是東方人的成就價值觀！人不一定要做出一番大事業（即成為一位被社會大眾認知到的「成功者」）才叫做「成就」，因此，塞利格曼教授的「正向成就」觀點，不一定是達成一位「生命圓滿的人」的必要條件！例如，無論在東西方文化裡，都有許多宗教家、思想家、哲學家、藝術家、修行人，乃至於一般的平民老百姓，只要是其一生都在「追求自我實現」、「追尋某些有價值的事情或理念」、「追求有意義的工作或對人類的貢獻」、「為達成更大更高的服務目的或使命感而努力著」，甚至是「學習與宇宙高我的連結，達成天人合一的開悟狀態」的靈修或修行體驗，也都算是成就一位「生命圓滿的人」了！

我的意思是說，除了追求物質世界所認可的「功成名就」，也可以達到幸福的境界之外（不過，我認為物質世界的幸福感比較具有侷限性、時空性、及無常性，往往比較無法持久、恆常！原因之一，即是我們很快就會「適應」它，而變得沒有多大的感覺！），若還能超越這一點點成就，選擇去做一件事後回想起來覺得很有意義的事（通常來說，可能就是人一生的「志業」吧！），為更大更高遠的目的奉獻一生的作為，更可以換來心靈的「內在平靜」（至少，在人「往生」之前，能獲致心靈的內在平靜，是一件屬於更高層次的幸福感的事！）（註2），這才是獲致「生命圓滿的人」的終極方法。這也就是我所謂的，超越物質世界幸福感的「超越的幸福」！

因此，底下，我即來論述為什麼「超越的幸福」是重要的，它是屬於最高層次的幸福感！

超越什麼？

工業革命後，西方資本主義思想的影響下，世界各國的高等教育（宗教教育除外）紛紛強調「競爭」的重要性與價值性，學校辦學目的就是要培養學生具有競爭力、帶著走的能力、國際移動力……等口號，如雷貫耳地深植人心。「競爭」思維的背後，意味著自覺物質資源稀少、內心感到匱乏、害怕生存受到威脅、與未雨綢繆的恐懼心理等涵義！這些思維透過教育傳給下一代，下一代即成為具有競爭力的人，或至少具有與人競爭的念頭。但是，為什麼要競爭？競爭會帶來什麼好處與壞處？競爭會產生什麼後果？屬於這些高層次、抽象的思維，在人類還未徹底釐清之前，早已將競爭的行為落實在各國的政治綱領中。「資本主義」成為世界各國的經濟主流價值，甚至成為全球統一的意識型態，即為最大明證！

結果，兩百多年來，世界各國相互競爭的結果：人類發生兩次世界大戰、多次經濟與金融危機、大小區域性衝突不斷、經濟貿易戰更是持續開打中，更有其他大小無形的爭戰其中。也就是，競爭變成「搶奪」、「掠奪」、「豪奪」的行為，「贏者通吃」（Winner takes all.）主宰一切價值判斷，不僅國與國之間形成「貧富差距」的現象，就連富國國內也充斥著「馬太效應」現象的存在。「競爭」，儼然把人類分成兩群：一群是擁有龐大資源的「富人」，另一群為沒有任何資源的「窮人」。然而，富人就比窮人快樂嗎？幸福嗎？答案顯然不一定是如此的！

以美國（富裕國家的代表）為例，根據一項調查報告，從1956年到1998年之間，美國的國民平均收入（財富）已經成長三倍以上，但是國民自覺的快樂程度，卻維持不變的情況，仍然停留在1956年度的水平，大約只有30%的人感覺到快樂（註3）。

再以另一個窮國為例：「不丹」。國內的《商業週刊》，在2007年1月22日出版第1,000期的「不丹快樂國」專刊，專題報導這個人均國民所得僅1,400美元（約為臺灣的1/20）的山城國家，其在英國萊斯特大學所公布的「世界快樂地圖」（World map of happiness.）中，國民的快樂程度在全球中

排名第八，遠比國民所得41,800美元的美國高出九名，更比國民所得31500美元的日本高出八十名，當然也比國民所得27,600美元的臺灣（排名第63名）高出數十名之譜。

　　由上述兩例可知，財富也許是影響快樂的重要因素之一，但絕不是主要因素！然而，「競爭」把國家與個人分成「富裕」與「貧窮」兩類之後，富裕的國家與個人，所面對的是「貪婪與虛榮」所帶來的不快樂問題，而貧窮的國家與個人，所面對的則是「恐懼與匱乏」所帶來的不快樂問題。兩百多年來，多起全球性金融危機〔例如：荷蘭鬱金花事件、華爾街事件、雷曼兄弟公司（Leman Brothers Co.）事件〕的發生，還不是都因為「有錢的人想要變得更有錢」，結果是演變成「貪婪帶來豪取」、「虛榮帶來毀滅」——世界經濟崩盤的發生。而多起區域性戰爭（例如：奧土戰爭、德法戰爭、中日戰爭）的爆發，還不是都因為窮人想翻身、貧窮國家對富裕國家的仇恨（當然還夾雜著其他因素），它們因為恐懼與匱乏而衍生出搶奪與復仇的心態，結果演變成「匱乏帶來搶奪」、「恐懼加速仇恨」——兩次世界大戰於是爆發！

　　由此可見，「貪婪與虛榮」及「恐懼與匱乏」，可能都是造成不快樂的破壞因子！如果世界各國無法調整競爭的思維，修正資本主義的意識型態的話，恐怕這種因為「貪婪與恐懼」、「虛榮與匱乏」的心態，仍然會在未來的時代演進中，持續發酵著，再一次全球性金融危機或另一次世界大戰的再發生，也是在預料中的事！直到人類從大規模的毀滅中習得教訓，激發心靈意識的覺醒，人類文明才有永續發展下去的可能！

　　但是，我們是人類，自詡是地球上的高等生物、萬物之靈，我們不必等到災難發生時，才能夠習得教訓。現在，透過教育及傳播人類的集體修為、意識型態的轉變與提升、喚醒每個人內心潛藏的靈性之光等作為，即可超越物質世界強調競爭的意識型態思維，注入讓靈性成長與發光發亮的思想與作為，我們即有獲得永續發展的機會，讓人類文明持續永生下去！

　　因此，我們要學習超越物質界的痛苦或短暫的歡樂（或幸福），選擇邁入精神層面的心靈平靜與靈性成長，學習如何維持與保持身心靈的平衡與和諧，這才是我們在獲得客觀的幸福與主觀的幸福之後，想持續追求永續的幸

福時，所必須學會的行為！所以，我們要學習超越下列物質世界裡所常發生的痛苦與歡樂，從其背後習得啟發性的智慧，並進而激發我們內在的智慧與靈性之光，而真正成就一位「生命圓滿的人」！

我們都需要練習超越下列的事項：

1. 創傷。無論是因為外力造成的傷痛（例如：車禍、氣爆、火災等意外）或仇恨（例如：親人無辜被殺害、被恐嚇威脅、被霸凌騷擾），內力（內在因素）造成的疾病（例如：慢性病、憂鬱症、癌症）與痛苦（例如：被退學、無法適應新生活或新角色、與異性朋友分手），我們都得練習走出此「創傷」（trauma）。創傷的背後，往往具有靈性的教育意義存在，有時，就端看我們能否從中習得頓悟或獲得啟示，以獲取老天爺想贈送給我們的禮物！

2. 慣性。每個人的生活都會有「習性」的養成，尤其是針對負面生活事件及日常生活瑣事的反應方式，我們每個人都會有習得性的無意識反射性反應行為，這就是人的「慣性」，也就是佛教所講的「無明」的所在。對每個人來說，慣性雖然有其一定的好處，但在大多數的情況下，慣性會隨著年齡的發展到達極致，而成為「執著」。執著的意思，即是指你會想黏住各種慾望期盼獲得物質世界中有形與無形的人事物（例如：容貌、身材、名利、權勢、情誼、與財富等），而讓你捨不得割愛、流連忘返、或放下的一種心願、念頭思緒、及具體行為！慣性是牽絆你的靈性，使它無法成長的元兇！因此，學會寬恕與慈悲、學習放下，方能有超越物質世界幸福感的機會，讓靈性繼續成長！

3. 名望。乾隆皇帝曾說：「來往於大江南北的人們，都是為名利而忙」。說得沒錯！獲得「名與利」，似乎是物質世界裡公認的成功典範與標準，舉凡學校所教導舉例的、媒體所吹捧的偶像、及文化中口耳相傳的英雄人物及其典範，其實都是名利的代表作！追求名與利，沒有什麼不好，它可以促使人們獲得短暫的快樂與幸福，導引人們的行為步向正途，甚至是促進國家的經濟繁榮與復甦；但是，若過於熱衷和執著的話，即會陷入「忙、茫、盲」的惡性循環之中，到頭來，

都是一場空，會有「死亡時，什麼都帶不走」的遺憾感。所以，選擇超越名望的做法，找出名與利以外的價值所在，是值得讓人們肯定與努力的地方！

4. 小我。每個人從出生開始，即開始在學習「我」的概念。不管家庭教育或學校教育有無教導，「本我」、「自我」的概念，似乎都會自然地成長與發展。在資本主義思維風潮的傳播與渲染下，凡事以「自我」為出發點、為考量的基準、為行事的準則，自然地，每個人就會衍生出自私、自利、自大、自尊、與虛榮的行為。過度與自我連結的結果，人們是很容易與「大我」、「超我」脫節的，人們不僅會容易罹患憂鬱症，更會感覺到孤單、寂寞、被拋棄、不被尊重、與不被關愛的憐憫感覺。這樣的人在死亡之前，當回溯其一生的功過經歷時，會感覺到懊悔與遺憾一生。所以，學習超越小我，時時與「大我」保持連結與同在，便是在達成這種超越的幸福！

5. 享樂。在正向心理學中，強調物質生活的滿足與享受，是過著「愉悅（或享樂）的生活」的境界，它會帶來短暫的快樂、滿足與幸福。但是，正向心理學者們也都知道，這樣的物質生活享受，人們是很容易適應它的。一旦適應它了，你便會使用無精打采、無聊透頂、枯燥乏味等字眼，來形容你目前的生活方式。這也就是「客觀的幸福」常碰到的現象：人們很容易適應物質生活環境，一旦適應了，你便會開始尋求其他的方法。接著，追求「美好的生活」，可能是提高一點幸福感的具體做法，這也是「主觀的幸福」所要去做的事。但畢竟，「客觀的幸福」與「主觀的幸福」，都還是停留在物質世界的層面，它們所能達成的幸福感層次，還是有其一定的高度和侷限。因此，我們若能進一步去超越它們，進而追求靈性（或精神）層面的滿足，就能夠獲取比較長遠與持久的幸福感。這也就是我們必須學習超越的地方，如果你想獲取永續的幸福的話！

因此，從上述這些亟待被超越的事項裡，我們向精神層面出發，學習獲得靈性的教導與啟發，重視靈性的啟蒙與成長，開發人類的神性與精神面的行為能力，以追求內在心靈的平靜，這才是本章所謂的「超越的幸福」！我

還會在第18章，回頭再來談論此議題。

何謂「靈性」？

人與動物之間的最大不同點，即在於人類具有所謂的「靈性」。但是，「靈性」是什麼？它是一個非常抽象的心理學概念，很難為其下一個十分具體的操作型定義。我試圖歸納幾位國內外學者們的看法，綜合來說，認為靈性是指「一種對生命意義與目的的追尋，表現出愛、熱情、正義與關懷的信念與價值，並能展現來自內心超越的力量，與自己、他人、大自然、宇宙之間締結良好關係，並使個人得以獲得自我實現成就感的一種和諧狀態」（註4）！

當然，國內也有學者專家（註5）歸納國內外相關文獻指出，「靈性」具有下列的特質：

1. 具有個別性，並與個人經驗或遭遇有關！

2. 人人皆有靈性，不是只有宗教信仰者才有靈性的需要（宗教是靈性的重要組成，靈性所涵蓋的範圍遠比宗教為廣）！

3. 是一種與自我的關係，可視為生命的主宰、內在的驅力、資源與整合的力量、自我觀照與反省！

4. 與他人的關係或互動，例如：愛與被愛、寬恕與被寬恕、分享、承諾等！

5. 與神或至高無上力量之間的關係，或者是宗教信仰！

6. 可以是一種心理的正向特質，例如：希望、平靜、勇氣、隨遇而安、超越等！

7. 是一種生活倫理與規範、價值觀、信念！

8. 是一種生命的積極意義，例如：生命的價值、生命的實現或成就、從逆境中超越或成長、追求生命的圓滿等。

簡單的說，靈性是指一種優勢特質，是個人最核心、最深沉的部分，是一種自我與自我、自我與環境、自我與宇宙或至高無上力量之間，所建立起的一種和諧關係！

甚至，國外也有學者專家（註6）主張，靈性可分為「純粹靈性」（pure spirituality）與「應用靈性」（applied spirituality）兩個層面來談。「純粹靈性」是指個人內在寂靜、永恆而無限的自我覺知，是萬物之靈的基礎，但不同於情緒、感情、思想、客觀認知，係來自於心靈的純粹覺醒；而「應用靈性」則是指個人顯現於外的靈性應用行為與結果，透過靈性的發展，個人藉由純粹靈性經驗為基礎，在想法、感覺與行為上，產生積極而正面的轉化，並時時展現出尊重、愛、人性、直覺、洞見、勇氣等道德與靈性表現；換句話說，個人將純粹靈性表現在外顯行為時，自然即能擁有正確的行為，以美的角度來感受並享受各種生活世界的境界，能保持清晰的思維，能有尊重、人性與勇氣的情感表現，並能以正確的直覺來洞見世事，以智慧處理關於人事物的相關狀況！

根據上述，無庸置疑的，正向心理學在展望全人類共通的美德與優勢特質研究時，提出至少24項優勢特質，並可歸納成六項美德，其中，在「心靈超越」這項美德中，即包括如美的欣賞、感恩、希望、幽默、和靈性等優勢特質；而「靈性」此一優勢特質，即為多數美德與優勢特質的上層概念。它是一項非常值得關注和進行研究的優勢特質。近年來，已逐漸受到學術界重視，並開始深入研究的趨勢。

靈性研究或靈性教育為何重要？

我就以近幾年來，發生於國際上的大事件為例來說，全球實施資本主義的國家，已經衍生許多亟待解決的嚴重問題。

例如，2008年，美國因雷曼兄弟公司的破產，間接引發房地產崩盤，以及引爆全球性金融風暴與信貸危機，造成歐盟經濟嚴重受創，像西班牙、義大利、希臘、冰島等國，還差一點瀕臨倒債、破產的危機。這些國家不僅全國高失業率、青年失業尤其嚴重、貨幣貶值、經濟倒退、治安事件頻傳、觀光客遞減等一連串不幸事件的發生，想當然耳，受害最大的還是老百姓！就連置身度外的臺灣，也在全球化的聯繫關係下，亦無法倖免，許多人勞碌一生、省吃儉用的退休老本，瞬間化為烏有，讓原本即將好轉的經濟成長問

題，受到波及，又倒退好幾年。

不僅國際如此，反觀國內，因為家長失業，引發攜家帶眷自殺的高危險家庭問題，新聞時有所聞。因為塑化劑風波、地溝油問題等，引發全民對食品衛生安全的信心危機。此外，政治人物的貪污事件，引發政府官員的清廉操守形象，受到嚴重的質疑。甚至於，學校霸凌事件亦層出不窮，引發校園安全管理的問題等。

這些問題，都暴露出人類貪婪、自私、恐懼、仇恨的本性！貪婪與自私，不僅吞食了各國經濟多年努力的成果，間接造成經濟重創，引發人民的惶恐、不安、焦慮、迷惘、挫折、壓力、苦悶與負面情緒失控的滋生。恐懼與仇恨，還引發國與國之間的緊張、衝突、爭奪與報復行為，造成更多人民家破人亡、流離失所、大量難民潮湧現等問題，受害最深的，還是老百姓！人類的貪婪、自私、恐懼、仇恨的本性，若沒有設法加以防制和對治的話，終將在變本加厲之後，倒有危害地球安全的疑慮！人類可能成為是危害地球的最危險物種！

即使倖免於難，世界各國也在地球暖化的影響下，出現氣候嚴重異常現象，洪水氾濫、火山地震爆發、下雨成災、森林大火、空難、交通事故頻傳等，長久下來，人們不僅累積太多的認知負荷與超高標的負面情緒，造成自我存在的價值感喪失與人生方向的迷失，無法穩步前進，繼而失去追尋與創造生命的意義。這些現象，都是導致人們覺得壓力負荷過重、慢性疲勞、職業倦怠、道德迷失、生命意義迷惘，以致殺人或自殺、得憂鬱症或過勞死的重要因素之一。換句話說，世界各國的人民，其內心都處於不平靜之中！不平靜的心，是無法超越物質世界的幸福感的，想追求永續持久的幸福，也就變得遙不可及了！

此時，呼籲「全人教育」、「全人健康」、「品德教育」、「品格教育」、「生命意義」、「生命教育」、「人性尊嚴」、「靈性教育」等議題，即受到世界各國的教育、心理、社會、宗教、醫護及衛生學界學者專家的青睞，紛紛提倡並積極宣導，這也算是「物極必反」的反思行動吧！也都在在顯示，這些抽象概念與心靈超越的美德內涵之間，確實是息息相關的。所以，「靈性」的相關概念與研究議題，逐漸受到學術界的重視，進而成為

一項重點研究項目之一，也是符應世界時代潮流的發展趨勢的！

因此，本章提出有關「靈性」的相關研究議題，即希望透過文獻學理的探討為基礎，企圖瞭解「超越的幸福」的測量代表──「靈性幸福感」（spiritual well-being）概念，瞭解其組成因素為何，其與「靈性健康」（spirituality health）之間有何關聯，且與達成全面心理健康類型中的「巔峰型」人之間的可能關係，並試圖提出能夠促進靈性幸福感與靈性健康的理論模式，與提供達成「生命圓滿的人」目標的可行操作方案。

何謂靈性幸福感？

「靈性幸福感」一詞，在國內各學術領域的翻譯不同，醫護領域稱為「靈性安適」，有的則譯為「精神福利、精神效益、或靈性平安」（註7）。然而，spirituality一詞，源於拉丁文中的spiritus，本意即為呼吸，引伸有使生命蓬勃、有生氣的意思；而well-being則有幸福感之意，為一種快樂、富足與健康的狀態（註8）！因此，本章將此名詞譯為「靈性幸福感」，以符合原文字面的意義，並與本書所持的其他幸福感觀點較為接近與雷同。

簡單的說，靈性幸福感是指個人擁有健康且完整的內在資源，瞭解自己及其他萬物的存在價值，能有指引生活目標的中心信念，且能追尋個人在與社會互動下所體會到生命意義的一種狀態！當然，想要擁有靈性幸福感，不能只是從宗教的角度來談而已，對於無神論者而言，可藉由工作、人際關係、社會倫理的教化、自我的省察及生活歷練中，得到靈性上的造就鍛鍊。因此說來，宗教信仰之於靈性幸福感，是一種個人內在的資源或支持的力量，但並非必然的選項；換句話說，人人都需要靈性幸福感，卻不一定人人都需要宗教信仰（註9）！

針對「靈性」與「靈性幸福感」的定義與描述，宗教領域方面的學術著作即已累積滿山滿谷的文獻，多到無法盡讀的地步。因此，若我想要針對它來進行研究時，就必須針對它的存在，先進行具體的定義和測量才行。由於，有些靈性幸福感測量工具的產生，都來自醫護領域的研發成果，都具有

特定對象的使用目的（例如：只適合臨床實務工作者、病人或有宗教信仰的人），因此只適合在醫護領域裡使用，但若欲推廣到廣大的群眾、不同職業工作者（例如：學生、老師、醫護人員、宗教信仰者或受虐婦女等）亦能適用的話，則必須針對「靈性幸福感」的定義，進行較為廣泛的定義和測量考量才行。

所以，我僅考量靈性幸福感所指稱的廣泛範圍及其對大眾健康和生活導向的涵義，歸納相關文獻（註10），提出我的定義方式。我認為「靈性幸福感」是一個具有四個測量向度的潛在變項概念，這四個向度的內涵如下：

1. 個人向度（personal domain）：指的是個人生命的意義及目的，在生活中的喜悅，能提供實現自我的內在驅力！

2. 團體向度（communal domain）：指的是能真誠的對待任何對象（例如：自我和其他人），此涉及道德、文化和宗教的層次，包括：愛自己也愛別人、對別人的寬恕，人與人之間的信任、內心的平靜、及對別人的關懷和外在的連結！

3. 環境向度（environmental domain）：指的是對大自然的讚嘆及融合的感覺、天人合一、與環境的和諧性！

4. 超然向度（transcendental domain）：指的是一些與自我有關的事情，但卻超乎一般人類經驗所感受到的水平（即超自然的結合，終極關懷，超越現在或神），這涉及到對信仰的崇拜，以及對宇宙的神祕感受等經驗！

上述這四個向度的內容，即是測量靈性幸福感的主要構面。顯然地，靈性幸福感的定義及測量，即包含對生命中與自己、與團體、與環境、和與神（或更高層次的力量或主宰）四者之間關係的肯定，孕育並讚揚一切。在本章的練習作業中，我即設計一份簡易的短題本「靈性幸福感量表」，以作為測量靈性幸福感的簡便工具之用。

何謂靈性健康？

自從世界衛生組織於1998年起，特別將「靈性」加入「健康」的概念

定義裡，將健康界定成是「身體、心理、社會、靈性完全安適的狀態，不僅止於沒有疾病或虛弱而已」（註11）！這是一種「全人健康」的新觀點，強調身、心、靈三個層面並重。由此可見，靈性方面的健康對現代人的重要性！更一進步來說，靈性健康可說是健康的核心，係指能確認自己生命的意義與目的，可以感受愛、喜悅、平靜與成就感，也可以說是一種靈性安適（spirituality well-ness）的狀態，使個人能豁達地看待自己，並對目前及未來的生活事物感到有意義的一種狀態（註12）！

　　近十年來，國內外陸續開始有研究者嘗試不同的方法來評估靈性健康的概念，並在醫學、心理學、衛生教育、護理、社會、宗教等各領域逐漸受到重視。也由於近年來研究者們的努力，已經逐漸勾勒出靈性健康的意涵。我初步整理國內外相關研究報告（註13），統整多位學者的構念，雖然在向度的命名上各有所不同，但大體上，「靈性健康」的構念內涵不脫如下的涵義：

1. 生命的目的和意義（purpose and meaning in life）：意指個人尋找或發現某些事件或關係的過程，追尋內在可以提供價值感、希望感與生存的動機！

2. 內心的應變力（innerness or inner resources）：意指個人發現整體、本體和充能感的過程。在處理生活不確定事物時，不論身處危機、平靜或沉著時，內心的應變力可以彰顯出其效力！

3. 天地萬物的一體感（unifying interconnectedness）：意指個人與他人有連結與和諧感的感覺，並與環境、宇宙或宇宙中一切生物有同一體的感覺！

4. 超越性（transcendence）：意指個人能達到或超脫被平常經驗限制的一種能力；能克服或戰勝身體或精神狀況的能力、意願或經驗；或是能實現幸福安適與自我療癒的能力！

　　上述四個構念即是靈性健康的重要指標，當個人缺乏此四種感受時，也就是不覺得與自己、與他人、與生命、與更高遠的大我之間有任何的連結關係，這將導致自我疏離感、感覺孤獨、缺乏生活目的與缺乏生命意義的產生，因而帶來失望、害怕、寂寞、煩躁、甚至是恐懼，此即反映出個人的靈

性健康程度較低，慢慢地，身心各方面的生理健康問題也將伴隨著出現！

　　因此，理論上來說，我認為靈性健康與一般健康（如世界衛生組織對身體、心理、社會的健康定義）概念之間，存在著階層隸屬（或上下位概念）關係；換句話說，先有生理（身體）的健康，再有心理的健康，最後，才有靈性的健康！靈性健康是最高層次的健康概念！靈性如果能獲得健康，它即意謂可超越物質世界對健康的障礙，進而瞭解生命的意義，並且能與較高的自我（大我）連結，進而活出生命的價值與品味，成就一位「生命圓滿的人」！自然而然地，他的身體和心理層面的健康，也會隨之沒有問題，身心靈三方面都處於健康與和諧的狀態時，他就是一位真正「幸福」的人！

靈性幸福感與靈性健康的關係

　　由上述的說明可知，關於靈性幸福感與靈性健康的概念中，其實是有許多定義和概念是重疊的，但也有些成分不同。因此，這兩者間的關係，尚有許多需要研究釐清與明確界定之處。

　　例如，依據北美護理學會（North American Nursing Diagnosis Association, NANDA）所提出的護理診斷，它對於提升靈性幸福感潛能的定義，即認為：「靈性健康是指個人經由調和的互相聯絡，發自於內在的力量，以促使個人發展和擴展奧秘的過程」（註14）！另一位學者浩克斯（Hawks）（註15），即認為靈性健康具有兩個特質：一個是向內的靈性幸福感，包括提供個人生命的意義，和自然及美的一體感，對超越自我的深沉關注，以及對生命的完整感受，愛、寧靜、希望及自我實現；另一個則是向外的互動，包括服務或是和他人討論個人的轉化經驗，以及分享和超自然力量連結的經驗！

　　因此，靈性健康不等同於靈性幸福感，靈性健康是潛藏的靈性幸福感狀態，而靈性幸福感則是靈性健康的一種表現形式（註16）！就如同浩克斯的說法，有靈性幸福感的人，不完全屬於具有靈性健康，一位具有靈性幸福感的人，可能還必須具有生命的目的與意義，或是天地萬物的一體感等因素皆具有才行！

探索生命意義的重要性

從前述的說法中可知，「生命意義」（life meaning / meaning of life）應該是靈性健康與靈性幸福感的共同元素了！探索這個元素的性質與內涵，應該可以幫助我們找到連結靈性健康與靈性幸福感的共同方法。

生命意義一詞的概念，最早在哲學領域中出現，如叔本華與尼采等人均曾提及生命意義的概念。但從心理學觀點來看，意義的本質即是連結（connection），意義感即是一種關係（relation）。不同學說對於生命意義的詮釋並不相同，通常是以目的（purpose）或顯著性（significance）來加以討論，這是因為生命意義具有獨特性與主觀性之雙重特性，且每一位個體皆具有獨特的生命意義與使命感待完成的緣故！因此，我在評閱文獻後，認為生命意義指的應該是：「個人參與日常生活中的各種活動，探索自我生命的本質，透過多元的體驗與感受，尋找對生命的意義、價值與目的」（註17）！

至於生命意義的內涵，不同的學者有不同的主張。例如，有學者指出生命意義有兩種涵義：一種是「宇宙的意義」，即是存在於個人之外或超越個人的一些創造，通常是指在宇宙中無法被解釋源由的神奇或心靈層次的事物，意指上帝創造世界的意義；另一種則為「世俗的意義」，也就是個人的意義，不單是一種目標或角色的意義，也是指引個人如何生活的指標（註18）！也有不同的學者指出，生命意義有四項條件：即目標、正當化、效能及自我價值；所以，只有當人們對自己的生活有目標、認可自己的行為是正當，並且肯定自我的價值、相信自己有能力去追求個人獨特的使命及目標時，個人才會感覺到自己的生命是有意義的！而這些考慮因素，正都是影響個人生命意義的重要因素（註19）！至於研究靈性問題的知名學者羅伯・伊夢斯（Robert Emmons）教授，則是歸納理論後提出生命意義的成分看法，認為它可以分為工作／成就、親密／關係、精神及自我超越／傳承等幾個要素來作為探究的對象（註20）。

因此，綜合上述評述的內涵，生命意義即是指探討個體存在於宇宙間如何賦予自我價值的問題！

生命意義與幸福感的關係

　　探索生命的意義，似乎與每一個人的年齡、身分、心理成熟度及人生經驗有關！當一個人在豐衣足食之後，都會想在工作與休閒中找到基本的滿足與快樂。若還想到如何才能維持永續享受這些豐饒物質生活時，便會開始思索人生存在的意義，企圖去探索自己的存在與價值，以及追求生命的意義等問題。過去的實徵研究發現，生命意義與幸福感之間具有正向的關係，生命意義感較高者，其幸福感的狀態也愈佳（註21）！

　　有學者指出，唯有找尋自己的最高目標，活在當下，滿足自己的需求及設定適當目標，才是獲得幸福感的最佳方式之一（註22）！另有研究發現，生命意義得分愈高者，其生命價值觀會顯示更願意關懷別人、有人溺己溺的同情心、更樂觀、更積極、更勇敢面對挑戰、更熱愛工作、更有責任感、抗壓性更強（註23）！學者曾文志教授的研究也發現；國內大學生渴望高快樂與高意義的生活，且對高快樂與高意義的生活有較好的評價（註24）！

　　心理學家包敏斯特（Baumeister）則認為，效能感是生命意義感的來源之一；具備高度的自我效能，如此才有可能去追尋生命的意義，因為他相信自己有能力，所以會顯得很積極，並且在遭遇挫折時也不會輕易放棄；而工作的價值之一，即是在協助個人獲得自我效能感（註25）！由此可見，一旦個人時常感覺疲倦、工作無成就感、失去自我效能感時，他即可能產生「職業倦怠」（job burnout）了。當個人產生職業倦怠感時，隨之而來的即是對自我生活滿意度低落；並且，倦怠感愈強烈時，個人的生活滿意度便愈低（註26）！所以，鼓勵個人追求自己的夢想和希望的做法，都是生命意義的追尋或延伸，它即可能扮演調節職業倦怠對生活滿意度產生負面影響的正向優勢特質之一，頗值得我們的努力學習！

　　此外，生命意義也與負面重大生活事件和復原力之間具有密切的關係。一般來說，挫折、阻礙、失敗、失落、病痛和死亡等負面重大生活事件或逆境，在生活中是無可避免的事，甚至，這些都會帶給人們「創傷」的經驗。但是創傷的背後，往往都具有靈性的教育意義，可以激發個人的復原力

（resiliency）及靈性成長，來克服此逆境。人們如果能從創傷中習得「放下」與「寬恕」的行為，便能夠有機會走出傷痛，讓自己愈發趨於更成熟、更慈悲與更有智慧（我將於本書第18章「靈性成長」再來深入論述此觀點）。所以，復原力是成功適應負面重大生活事件對生活衝擊的重要因素之一，它不僅可以協助個人形成不同的生命意義感受，更能進而轉化、增強克服或適應生命中的種種障礙（註27）！

生命意義的追尋與教育，對於促進身心靈的健康也是很重要的。生命意義的展現，在於對生活的滿足，感受到幸福和正向情緒，並且遠離憂鬱和負向情緒；相同地，擁有健全的身心靈，將有助於個人建立正向的生命意義（註28），這是一體兩面的作用！因此，學校裡的「生命教育」課程，不該只是消極的教導「自殺防制」而已，生命教育的意義應該是指「深化人生觀、內化價值觀、整合行動力」的一種有關「人之所以為人」的意義、理想與實踐的教育。學校可以透過多元社團活動鼓勵學生進行生命意義的探索，找出自己認為的生命價值活動之所在，從中學習整合生活認知與經驗，並且把它落實在生活中，甚至轉化成為一項可以據以賴以維生、終身追尋、並樂此不疲的「志業」。生命意義的重要，正是生命教育教導學生「人之所以為人」的意義所在（註29）！

綜合上述，歸納來說，生命意義與幸福感之間具有正向的關係，當個人愈對生命意義感認同時，其幸福感的狀態也愈會是持續上升的！

步向生命圓滿的人

再回到本章的開頭，讓我們一起重溫一下我是怎麼說達成「生命圓滿的人」這一回事的！

首先，它的先決條件即是擁有「低憂鬱、高幸福」狀態，也就是先成為一位擁有「完全心理健康狀態」的人──即「巔峰型」的人！

「巔峰型」人的特質，即是近一年內沒有重大心理疾病（如：憂鬱情緒）纏身，且具有公認的快樂和生活滿意度──這其實就是塞利格曼教授PERMA模型中的「正向情緒」（即擁有快樂及滿足）的表徵；同時，在心

理與社會機能上，亦能夠充分發揮潛能、具有活力、與社會環境具有互動性——這其實也就是塞利格曼教授PERMA模型中的「全心投入」（即達到忘我的境界）與「正向人際關係」（即維持與他人的積極關係）之代表。若對照到我在〈楔子〉一章裡的學術研究主張，即是相當於擁有「客觀的幸福」和「主觀的幸福」兩者之總和——亦即是身心沒有疾病，且物質生活水平在貧窮線以上，並且能同時擁有情緒幸福感、心理幸福感及社會幸福感三者！

接著，他要選擇去做一件讓自己覺得有生命意義、能與更高遠目標連結、且具有價值的事（有幸的話，即是選擇一項「志業」來做），以獲得心靈的「內在平靜」！這也就是我所謂的：超越物質世界幸福感的「超越的幸福」——並且可以「靈性幸福感」的測量概念來作為代表！這相當於塞利格曼教授的PERMA模型中的「追求意義」（即達成更大更高的目的）與「正向成就」（即挑戰有價值的事）之總和。

換句白話來說，當他的生活（或生命）有目標，也肯定這目標是一種有價值的使命或無私的奉獻，同時也相信自己有能力採用正當的手段或行為去追尋及實踐此目標時，他就會感覺到自己的生命是有意義的，即可以獲得「內在平靜」的心靈（註30）！

所以，欲成就「生命圓滿的人」的境界，方法已經呼之欲出：只要人們追尋獲得「靈性幸福感」的滿足，即是緩步步向「生命圓滿的人」之路！

我深深地祝福你！希望你即是這樣的人！

練習作業

本項作業的名稱，就叫做「**測量你的靈性幸福感**」（Measuring your spiritual well-being.）！

你想知道你的靈性有多幸福嗎？請你仔細回答表6-1的「臺灣靈性幸福感量表」問題。請你仔細研讀每一道問題的敘述，並根據你日常生活中所感

表6-1　臺灣靈性幸福感量表

填答說明： 請你針對下列每一問題的敘述，根據你日常生活中所感知到的自己狀況，從右側的選項中，<u>勾選一項</u>回答即可。請你不要思考太久，作答沒有對錯之分，你需要誠實面對自己。	非常不同意	不同意	同意	非常同意
1.我有盡力扮演好人生中的各種角色。	□	□	□	□
2.我常思索與生命意義有關的課題。	□	□	□	□
3.我覺得我的生活充滿樂趣。	□	□	□	□
4.我喜歡從事讓自己心靈沉澱、成長的活動。	□	□	□	□
5.我已盡力讓自己的生活過得有意義。	□	□	□	□
6.我會用愛來包容各種情境與關係。	□	□	□	□
7.我能夠接納不同意見並與人和諧相處。	□	□	□	□
8.我會原諒他人對我造成的傷害。	□	□	□	□
9.我有值得信賴、無話不談的親友。	□	□	□	□
10.看到別人有成就時，我會為他感到高興。	□	□	□	□
11.我常感受到一草一木都充滿生命力。	□	□	□	□
12.我能藉由祈禱來讓自己獲得心靈的平靜。	□	□	□	□
13.我覺得自己的存在和所有的天地萬物有關。	□	□	□	□
14.大自然的美景讓我感受到生命的神聖與奧妙。	□	□	□	□
15.我常感恩偉大造物者創造每個獨一無二的生命。	□	□	□	□
16.我常藉著信仰的力量來幫助自己心靈的成長。	□	□	□	□
17.我常藉著參與宗教活動來獲得身心靈的平安。	□	□	□	□
18.宗教或信仰會帶給我正面積極的力量。	□	□	□	□
19.我常關心與宗教或信仰有關的各種資訊。	□	□	□	□
20.透過宗教或信仰可以幫助自己度過難關。	□	□	□	□

知到的自己狀況，從右邊適當的選項中，勾選一項選項來回答即可。你不需要深思熟慮後再作答，本量表不是考試，沒有標準答案，它的目的只是在協助你瞭解目前的靈性幸福程度而已。因此，你需要誠實面對自己喔！

作答完畢之後，請你自行計分。如果勾選「非常不同意」的話，則計1分；若勾選「不同意」的話，則計2分；若勾選「同意」的話，則計3分；若勾選「非常同意」的話，則計4分。根據上述的計分說明，你可以分別加總各向度內題數，以獲得各向度的分數，並且加總全部題分而成為總量表分數。

各向度及總量表的內部一致性信度係數值（即α係數值），各如括號內所示。本靈性幸福感量表和歐盟發展的「巔峰幸福感量表」（Flourish Scale）之間的效標關聯效度係數為0.536，和第4章我所發展的短題本「臺灣主觀幸福感量表」間的效標關聯效度係數為0.243，以及和「臺灣憂鬱情緒量表」間的效標關聯效度係數為-0.255，皆達α＝.01的統計顯著水準，顯見本量表具有理想的信、效度等心理計量學特質，是一份理想的測量工具（註31）。

1. 個人向度分數：請加總第1到第5題的得分。（α＝.797）

2. 團體向度分數：請加總第6到第10題的得分。（α＝.787）

3. 環境向度分數：請加總第11到第15題的得分。（α＝.784）

4. 超越向度分數：請加總第16到第20題的得分。（α＝.921）

5. 總量表分數：請加總第1到第20題的得分。（α＝.912）

接著，總量表分數會介於20分到80分之間。大致來粗分，總分介於20分到30分之間者，為「偏低靈性幸福感」；總分介於31分到40分之間者，為「低靈性幸福感」；總分介於41分到59分之間者，為「中靈性幸福感」；總分介於60分到80分之間者，為「高靈性幸福感」。總之，分數愈高即表示你的靈性幸福感愈高；反之，分數愈低即表示你的靈性幸福感愈低。

最後，根據總分的劃分，你是歸屬於「偏低」、「低」、「中」或「高」程度的靈性幸福感的人呢？請把這項分數及歸屬類別記錄起來，方便後續章節的討論及作業的參考使用，甚至可作為各章作業練習效果的基準線。

延伸閱讀

方品芯（2013）。沒有不可能，只有受限的心：超越苦難的生命智慧。臺北市：曼尼文化。

伍玉英譯（2000）。我的生命成長樹：內外和好的練習本。臺北市：張老師。（Molly Young Brown原著。*Growing whole: Self-realization on an endangered planet.*）

呂理瑒譯（2011）。十二感官：如何用健康的感官提升靈性。臺北市：琉璃光。（Albert Soesman原著。*The twelve senses.*）

林若芸譯（2004）。活出最圓滿的自己：抱怨命運的人無法活出自己。新北市：今天。（Joseph F. Newton原著。*Find yourself with beams.*）

吳孟儒譯（2010）。喚醒內在的天賦：享譽全美的直覺訓練師教你圓夢人生。臺北市：方智。（Laura Day原著。*How to rule the world from your couch.*）

俞靜靜譯（2004）。步向內心安寧。臺北市：琉璃光。（Peace Pilgrim原著。*Steps toward inner peace.*）

湯勇權（2014）。讓自己活的更好：活出幸福人生的心靈密碼。臺北市：華夏。

許晉福譯（2014）。心靈創傷的療癒力量：TRP釋放壓力創傷運動法。臺北市：世茂。（David Berceli原著。*The revolutionary trauma release process: Transcend your toughest times.*）

張琇雲譯（2012）。超越生命的幸福之道。臺北市：時報文化。（H. H. Dalai Lama & Alexander Norman原著。*Beyond religion: Ethics for a whole world.*）

達照（2013）。超越生死：佛教的臨終關懷與生死解脫。臺北市：有鹿文化。

廖建容譯（2013）。慈悲‧覺醒‧每一天：開啟內在智慧的行腳之旅。臺北市：天下文化。（His Holiness the Gyalwang Drupka（嘉旺竹巴法王）

原著。*Everyday enlightenment: Walking the path to happiness in the modern world.*）

樂融（2013）。捨得，才有出路：20個找回幸福感的人生整理術。臺北市：墨客文化。

劉宜霖譯（2010）（焦諦卡禪師著）。洞見最真實的自己：覺醒生命的11個階段。臺北市：心鼓手。

賴柏諭（2012）。當代人類困境與整合靈性心理學。臺北市：星島。

註解

1. 參見第5章的延伸閱讀書目中《邁向圓滿：掌握幸福的科學方法&練習計畫》一書。

2. 參見本章的延伸閱讀書目中《步向內心安寧》一書。

3. 參見Myers, E. (2000). The funds, friends, and faith of happy people. *American Psychologist, 55*, 56-67.一文。

4. 參考與綜合下列文獻而來：

   (1)李昱平（2006）。生命教育另一章：淺談靈性健康的概念與應用。**學生輔導**，**101**，124-143。

   (2)Bensley, R. J. (1991). Defining spiritual health: A review of the literature. *Journal of Health Education, 22*(5), 287-290.

   (3)Goddard, N. C. (1995). Spirituality as integrative energy: A philosophical analysis as requisite precursor to holistic nursing practice. *Journal of Advanced Nursing, 22*(4), 808-815.

   (4)Golberg, B. (1998). Connection: An exploration of spirituality in nursing care. *Journal of Advanced Nursing, 27*(4), 836-842.

   (5)Seaward, B. L. (1991). Spiritual well-being: A health education model. *Journal of health education, 22*(3), 166-169.

5. 參見「蕭雅竹（2002）。靈性概念認識與應用。**長庚護理**，13（4），345-251。」一文。

6. 參見Heaton, D. H., Schmidt-Wilk, J., & Travis, F. (2004). Constructs, methods, and measures for researching spirituality in organizations. *Journal of Organizational Change Management, 17*(1), 62-82. 一文。

7. 參見與綜合下列文獻而來：

   (1)李佳純、于博芮、黃秀梨（2006）。靈性安適照護。**安寧療護雜誌**，**11**（1），59-74。

   (2)楊鈞典、顏效禹、陳瑞娥（2010）。靈性安適之概念分析。**護理雜**

誌，57（3）99-104。

8. 關於「spirituality」和「well-being」的涵義，請查閱下列網址：

(1)Webster, M. (2009a). *In Merriam-Webster online dictionary.* Retrieved from http://www.merriam-webster.com/dictionary/spirit.

(2)Webster, M. (2009b). *In Merriam-Webster online dictionary.* Retrieved from http://www.merriam-webster.com/dictionary/well-being.

9. 參見下列文獻：

(1)參見楊鈞典、顏效禹、陳瑞娥（2010）。靈性安適之概念分析。**護理雜誌，57**（3）99-104。

(2)Moberg, D. O. (1979). The development of social indicators of spiritual well-being for quality of life research. *Sociological Analysis, 40*(1), 11-26.

(3)Burnard, P. (1988). The spiritual needs of atheists and agnostics. *The Professional Nurse, 4*(3), 130-132.

10. 參見與綜合歸納下列文獻而來：

(1)杜明勳（2003）。談靈性。**護理雜誌，50**（1），81-84。

(2)楊鈞典、顏效禹、陳瑞娥（2010）。靈性安適之概念分析。**護理雜誌，57**（3）99-104。

(3)Daaleman, T. P., & Frey, B. B. (2004). The spirituality index of well-being: A new instrument for health-related quality-of-life research. *Annals of Family Medicine, 2*(5), 499-503.

(4)Fisher, J. (2010). Development and application of a spiritual well-being questionnaire Called SHALOM. *Religions, 1*(1), 105-121.

(5)Gomeza, R., & Fisher, J. W. (2003). Domains of spiritual well-being and development and validation of the spiritual well-being questionnaire. *Personality and Individual Differences, 35*, 1975-1991.

(6)Imam, S. S., Karim, N. H. A., Jusoh, N. R., & Mamad, N. E. (2009). Malay version of spiritual well-being scale: Is Malay spiritual well-being scale a psychometrically sound instrument. *The Journal of Behavioral Science, 4*(1), 59-69.

(7)Moberg, D. O. (1979). The development of social indicators of spiritual well-being for quality of life research. *Sociological Analysis, 40*(1), 11-26.

(8)National Interfaith Coalition on Aging. (1975). *Spiritual well-being: A definition*. Athens, GA: Author.

11. 參見 World Health Organization: WHO (1998). *Definition of health*. Retrieved from http://www.who.int/aboutwho/en/definition.html.

12. 參見下列關於靈性健康的相關主張：

(1)Banks, R. (1980). Health and spiritual dimensions: Relationships and implications for professional preparation programs. *Journal of School Health, 50*, 195-202.

(2)Ellison, C. W. (1983). Spiritual well-being: Conceptualization and measurement. *Journal of Psychology and Theology, 11*(4), 330-340.

(3)Hungelmann, J., Kenkel-Rossi, E., Klassen, L., & Stollenweark, R. (1996). Focus on spiritual well-being: Harmonious interconnectedness of mind-body-spirit-use of the JAREL Spiritual Well-Being Scale: Assessment of spiritual well-being is essential to the health of individuals. *Geriatric Nursing, 17*(6), 262-266.

13. 參見下列關於靈性健康的相關主張：

(1)李昱平（2006）。生命教育另一章：淺談靈性健康的概念與應用。**學生輔導**，**101**，124-143。

(2)張淑美、陳慧姿（2008）。高雄地區高中教師靈性健康及其相關因素之研究。**生死學研究**，7，89-138。

(3)蕭雅竹、黃松元（2005）。靈性健康量表之建構及信、效度考驗：以護理學生為題。**實證護理**，1（3），218-227。

(4)Howden, J. W. (1992). *Development and psychometric characteristics of the spirituality assessment scale*. Unpublished doctoral dissertation, Texas woman's university, Texas.

(5)Hungelmann, J., Kenkel-Rossi, E., Klassen, L., & Stollenweark, R. (1996). Focus on spiritual well-being: Harmonious interconnectedness of mind-body-spirit-use of the JAREL Spiritual Well-Being Scale: Assessment of spiritual well-being is essential to the health of individuals. *Geriatric Nursing, 17*(6), 262-266.

14. 參見North American Nursing Diagnosis Association. (1999). *NANDA nursing diagnoses: Definitions and classification, 1999-2000.* Philadelphia: North American Nursing Diagnosis Association. 一書。

15. 參見Hawks, S. (1994). Spiritual health: Definition and theory. *Wellness Perspectives, 10*, 3-13. 一文。

16. 參見Ellison, C. W. (1983). Spiritual well-being: Conceptualization and measurement. *Journal of Psychology and Theology, 11*(4), 330-340.一文，以及「區載怡譯（2005）。（W. Mcsherry著）。靈性在護理上的應用。臺中市：滄海。」

17. 參見下列的相關文獻：

    (1)張姝玥、許燕、楊浩鏗（2010）。生命意義的內涵、測量及功能。心理科學進展，18（11），1756-1761。

    (2)Baumeister, R. F., & Vohs, K. D. (2002). The pursuit of meaningfulness in life. In C. R. Snyder & S. J. Lopez (Eds.), *Handbook of positive psychology* (pp. 608-618). Oxford: Oxford University Press.

    (3)Konkoly Thege, B., Stauder, A., & Kopp, M., S. (2010). Relationship between meaning in life and intensity of smoking: Do gender differences exist? *Psychology and Health, 25*(5), 589-599.

    (4)Morgan, J., & Farsides, T. (2009). Measuring meaning in life. *Journal of Happiness Studies, 10*(2), 197-214.

18. 參見Yalom, I. D. (1980). *Existential psychotherapy.* New York, NY: Basic Books. 一書。

19. 參見Baumeister, R. F. (1991). *The meanings of life.* New York, NY: Guilford Press. 一書。

20. 參見Emmons, R. A., (2003). Personal goals, life meaning, and virtue: Wellsprings of a positive life. In C. Keyes & J. Haidt (Eds.), *Flourishing: Positive psy-*

chology and the well-lived life (pp. 105-128). Washington: American Psychological Association. 一文。

21. 參見下列的相關文獻：

(1)黃國城、張淑美（2007）。醫院志工幸福感、死亡態度與生命意義感之相關研究。**吳鳳學報**，15，221-242。

(2)Kashdan, T. B., & Steger, M. F. (2007). Curiosity and pathways to well-being and meaning in life: Traits, states, and everyday behaviors. *Motivation and Emotion, 31*(3), 159-173.

(3)Steger, M. F., & Kashdan, B. (2007). Stability and specificity of meaning in life and life satisfaction over one year. *Journal of Happiness Studies, 8*, 161-179.

22. 參見 Nnurmi, J., & Salmela-Aro, K. (2006). What works make you happy: The role of personal goal in life-span development. In S. E. Csikszentmihayi & M. Csikszentmihayi (Eds.), *A life worth living* (pp.182-199). New York: Oxford University Press. 一文。

23. 參見「黃季敏（2001）。**從重大傷亡災例研究救災人員的生命價值觀**（未出版之碩士論文）。南華大學，嘉義市。」一文。

24. 參見「曾文志（2007）。大學生對美好生活的常識概念與主觀幸福感之研究。**教育心理學報**，38（4），417-441。」一文。

25. 同註17。

26. 參見相關的文獻報導：

(1)Demerouti, E., Bakker, A. B., Nachreiner, F., & Schaufeli, W. B. (2000). A model of burnout and life satisfaction amongst nurses. *Journal of Advanced Nursing, 32*(2), 454-464.

(2)Hayesa, C. T., & Weathington, B. L. (2007). Optimism, stress, life satisfaction, and job burnout in restaurant managers. *The Journal of Psychology, 141*(6), 565-579.

27. 參見相關的文獻報導：

(1)本章的延伸閱讀《心靈創傷的療癒力量：TRP釋放壓力創傷運動法》

一書。

(2)Davydov, D. M., Stewart, R., Ritchie, K., & Chadieu, I. (2010). Resilience and mental health. *Clinical Psychology Review, 30,* 479-495.

(3)Keyes, C. L., & Lopez, S. J. (2002). Toward a science of mental health: Positive directions in diagnosis and interventions. In C. R. Snyder, & S. J. Lopez (Eds.), *Handbook of positive psychology* (pp. 45-62). New York: Oxford University Press.

(4)Osran, H. C., Smee, D. E., Sreenivasan, S., & Weinberger, L. E. (2010). Living outside the wire: Toward a transpersonal resilience approach for OIF/OEF veterans transitioning to civilian life. *Journal of Transpersonal Psychology, 42*(2), 209-235.

(5)Wong, P. T. P. (2011). Positive psychology 2.0: Towards a balanced interactive model of the good life. *Canadian Psychology, 52*(2), 69-81.

28. 參見 Park, N., Park, M., & Peterson, C. (2010). When is the search for meaning related to life satisfaction? *Applied Psychology: Health and Well-being, 2*(1), 1-13. 一文。

29. 參見「孫效智（2000）。生命教育的倫理學基礎。**教育資料集刊，26，**27-57。」以及 Brassai, L., Piko, B. F., & Steger, M. F. (2010). Meaning in life: Is it a protective factor for adolescents' psychological health? *International Society of Behavioral Medicine, 18*(1), 44-51. 一文。

30. 參見本章的延伸閱讀《我的生命成長樹：內外和好的練習本》和《活出最圓滿的自己：抱怨命運的人無法活出自己》二書。

31. 參見我的科技部專題研究案期中報告〔2014年，「巔峰型」教師之研究（1/2）。NSC 102-2410-H-004-191-SS2〕。

幸福心理學

第二篇

實踐篇——
增進幸福的基本方法

　　有無哪些方法可以增進幸福的？即使我們都不做任何特別的事，也都能自然而然地還身處於幸福中呢？這些方法是什麼，這即是本篇所要表達的目的。

　　本篇共分成五章，目的即是要說明增進幸福的基本方法。而最基本的做法，即是從「先認識自己」著手，在你明瞭自己有哪些優勢特長與美德後，同時，也能確認自己真正喜歡又擅長的是什麼之後，你就有機會找到賴以維生的「幸福工作」！幸福工作不僅讓你每天都身處於幸福行列，如果還能從中培養出「生活、工作、休閒」都在從事同一件事，都是在做自己最喜歡又擅長的工作的話，那麼，你人生的大部分時間即都已經身處幸福中了！這就是追求幸福的最根本做法！

　　此外，學習與配偶（或情侶）之間建立起和諧的兩性關係，是增進婚姻（或兩性關係）幸福的一大基本做法！幸福的婚姻，是僅次於工作的滿意，對生活的整體滿足感產生次大的貢獻。因此，只要確定工作滿足與維持和諧的兩性關係，都能帶給你快樂、幸福、與滿足時，你的人生確實就已經走上「幸福的道路」了！

　　最後，若能從生活中也學習到如何抗壓減憂的方法，學會如何因應壓力的挑戰，把壓力轉化成是生活的動力。那麼，你確實是已經具備基本的幸福了！

　　恭喜你！你做到了！

第 7 章

認識自己——瞭解長處與美德

> 當我們每個人都依據自己的長處行事時，大家都可以吸引正向
> 情緒聚集起來，而成為快樂、幸福的贏家！
>
> ——余民寧

　　正向心理學所假設、探究的，即是每個人多多少少都具有某些正向的特質或行為特色，這些特質或特色會促使個人體會到或感受到正向的情緒經驗，例如：驕傲、滿足、愉快、歡樂、充實，或和諧感，讓人一整天都自我感覺良好！這些特質或特色，即稱作「個性優勢或長處」（character strengths）！當我們每個人都依據個人的長處做事、生活時，大家都可以成為快樂、幸福的贏家！但事實上，卻不是如此！

　　我想很多人可能有過與我類似的經驗，那就是：「有一天傍晚，我到某個超商購物，總共花了250元。結帳時，我掏出一張500元紙鈔給收銀員，而收銀員找給我750元，我沒有當場清點，隨即將收銀員找回的零錢與發票塞在皮夾裡。回到家後，我清點今天買了什麼東西以及核對發票一共花了多少錢時，發現皮夾裡多出一張500元紙鈔。仔細想一想，這到底是怎麼一回事？想通了，於是又專程回去超商，找到該名收銀員，還給他500元。」事後，我從收銀員眼中所泛出的感激之情體會到，這一天晚上到睡覺之前，我都自我感覺非常好，正向的情緒感受（例如：滿足、愉快、歡樂、充實與和諧感）一直激昂澎湃，因為我很驕傲地做了一件對的事情，選擇展現出一項「誠實」的行為！

　　一般來說，個性優勢或長處是後天可以培養的，它與先天的才華（talents）或天賦能力（gifts）不同！才華或天賦能力，比較是屬於不學而能的性向、是天生的、不可變的，且較少受意志控制的，大部分時候，是你「有

或沒有」這項才能，而不是僅靠後天的努力培養即可以充分具備的；例如，假如你不具有某項才華（例如：絕佳的音感或強壯充沛的肺活量），就算是拼命練習彈琴或馬拉松賽跑，所能改進的空間，還是非常有限的！但是，對個性優勢或長處的習得來說，則不然；只要給予良好的教導、足夠的練習、且能持之以恆，並且全心全力地投入培養，個性優勢或長處即可變成一種行為習慣，假以時日，即可逐漸根生蒂固，融入成為人格特質的一部分，隨時隨地都可以展現在日常生活中。

才華或天賦能力所面臨的挑戰，是「把它發揮出來，或者保持深藏不露」的問題，而不是「有或沒有」這項才能的問題；舉例來說，「某某人很有文學的天分，但是他卻浪費了自己的才華，選擇去當醫生」，這句話說得通，也很合理，因為它表示某某人選擇不去使用他的才華，他對自己的才華並沒有進行選擇，但卻做出另一種選擇，即放棄發展自己的天賦潛能！但相對的，當人們習得某個個性優勢或長處時，他們確實是真正的擁有它，此時，它所面臨的挑戰會是「什麼時候使用它，以及要不要繼續強化它」的問題。例如，初聽某首歌即知道是C大調，這是需要仰賴幾近自動化表現的音樂才華或天賦能力才能辦到的，但是要不要告訴收銀員，他多找給我500元零錢，卻需要某個個性優勢或長處（即誠實）所支持，且經過意志力（非本性）控制的選擇行為（自己願意做），才能辦得到！特別是，如果我的內心也出現過掙扎想法時（例如：「畢竟，這是一家大超商，即使短收500元，對它們的營收也沒什麼影響！……況且，我如果開車回去還錢，來回還需要浪費30分鐘時間，冒著路邊隨便停車被開罰單的風險！……只不過，這名收銀員就可憐了，他可能會被挨罵，或者會被扣薪水」），更彰顯出這項長處對決定我最後行為表現的影響力！因此說，「我是個很誠實的人，但是我卻浪費我的誠實」，這句話就說不通了，因為，我無法浪費自己擁有的長處，我只有要不要去展現它的意志力和選擇權的問題而已！

因此，要構築一項長處或美德，並且願意把它應用到每天的生活裡，確實是需要意志力（非本性使然）的選擇（自己願意去做）行為配合，才能達到的；而才華或天賦能力則比較不需要，它們無法憑毅力去獲得。然而，我們需要事先發現、學習和擁有這些長處，才能透過後天的教養與意志力的選

擇去展現它們。在未來的生活中，只要有機會出現，就即刻去展現這些行為（即有主動的意願去做一件事後會讓人覺得高興的事——「告知收銀員，他多找給我500元零錢」），我相信要真正擁有這些長處不是難事！

長處與美德的研究

在20世紀裡，把人類的心理疾病等各種病態行為特徵、歸類、療癒、與防治，描述得鉅細靡遺、淋漓盡致的一本書，我看是非《精神疾病診斷統計手冊》（*Diagnostic and Statistical Manual of Mental Disorders, DSM*）（註1）莫屬！然而，關於人類的正向行為特質，卻還沒有一本手冊進行分類標準的建立，也還沒有針對各項正向行為特質，進行一個清楚、明確、與科學性的界定，以建立起一個能夠放諸四海皆準的評量準則。於是，以這本《精神疾病診斷統計手冊》為參考榜樣，由馬汀・塞利格曼教授領導的一項研究，編製出一本用來描述人類正向行為特質的專書：《長處與美德的分類手冊》（*Character Strengths and Virtues: A Handbook and Classification*）（註2），即供作後續正向心理學研究此議題的參考依據。

塞利格曼教授領銜主導一項探究人類的長處與美德研究，邀集眾多正向心理學家一起合作，開始腦力激盪，並從歸納整理橫跨世界三千多年的各種不同文化傳統典籍之中，發現有六種德行可以作為放諸四海皆準的人類「美德」（virtues）。由於這六項美德的概念都太過抽象，心理學家無法直接去測量它們，必須透過達成這些美德的各式方法，才能間接地測量到它們。於是，塞利格曼教授把這些達成這六項美德的各式方法，稱作「個性優勢或長處」，並且認為這些長處是可以直接測量的，同時也是可以學習的！

構成長處和美德的判準

長處是大家都想擁有，但不需要多加解釋的一種人格特質或行為特色！當一個人展現他的長處時，並不會減損他人也展現此長處的機會，有時候，反而會促使他人受到此美德行為的感召而振奮，羨慕而不是嫉妒之情溢於言

表！當一個人做出一件他認為是對的事情時，常會產生並感受到真正的正向情緒，例如：覺得驕傲、滿足、愉快、歡樂、充實感或和諧感充滿心中！當我們每個人都依據自己的長處行事時，大家都可以吸引正向情緒聚集起來，而成為快樂、幸福的贏家！

基本上，正向心理學是假設這些長處都是跨越文化、放諸四海皆準的，對所有人類而言，都可以一體適用。因此，在《長處與美德的分類手冊》一書中，列舉下列十個判準（註3），作為收錄這些長處的評判依據。雖然，這些判準並非是構成優勢長處的必要且充分條件，但卻是相當適切、核心的特徵描述。當每個長處都能符合大多數判準的描述時，這些長處即具有「家族相似」（family resemblance）的共同特徵，足以構成正向心理學所指稱的「美德」！這十個判準的描述如下：

1. 有利於實踐的（fulfilling）：每一項長處都可以對自己和他人「美好生活」的實踐方式做出貢獻，雖然，長處和美德也可以決定個人如何應付困境的方式，但這裡比較強調的是如何在個人生活層面上的實踐。

2. 具道德價值的（morally valued）：長處通常可以產生所想要的結果，但是，即使在沒有獲得外在明顯有利的結果情況下，每一項長處本身，還是會自成一種道德判斷的價值。

3. 不會妨礙他人的（does not diminish others）：當一個人展現他的長處時，並不會減損他人也展現此長處的機會。

4. 沒有恰當相反詞存在的（nonfelicitous opposite）：如果某個長處也存在相反定義的話，它就不可以被當作是一種長處看待。

5. 一種類似特質的（traitlike）：長處在個人行為層面上（例如：思想、感覺和／或行動），都是一種明顯的類似特質，可在不同情境中一時發生，也可以在長久時間裡穩定的存在。

6. 與眾不同的（distinctiveness）：在分類上，長處有別於其他正向特質，也不可以被分解成為這些特質。

7. 可作為典範的（paragons）：長處隱含在認可的文化典範裡，在任何文化中都備受推崇。

8. 非凡才能的（prodigies）：長處也可以是某種天縱英才的非凡能力，或天賦潛力與才華。

9. 缺乏選擇性的（selective absence）：即使選擇性展現出完全缺乏某項長處的個人，也可能存在。

10. 組織和儀軌的（institutions and rituals）：在有規模的組織或文化裡，通常會提供涵養長處或美德的儀軌，以便永續維持該組織或文化的習俗和常規。

由於解釋這些判準的說明相當冗長，且整本《長處與美德的分類手冊》都在談論長處與美德，一般讀者未必有耐心讀完此書。因此，我建議讀者參考塞利格曼教授所提出一個比較簡單扼要的判準條件說明即可（註4）：

1. 每項長處都是一種心理層面的特質，在不同的情境和長久的觀察中，都存在！所以，偶爾出現一次的行為特質，並不能算是一項美德。

2. 這個長處本身即有價值，常會帶來好的後果！但是，為了外在原因而做出的優良行為，並不能算是美德，因為它們只是被迫或是被誘發產生的。

3. 這個長處必須是到處可見的（ubiquitous），在任何文化中都備受推崇！

經過這一系列判準的挑選，符合這些條件要求的長處共計有24項，分別可以達成6項美德，並且詳細地記錄在《長處與美德的分類手冊》一書裡。

6 項美德與 24 項長處

在這一本厚達800頁的《長處與美德的分類手冊》裡，鉅細靡遺地記載著這24項長處和6種美德的說明。對此議題感興趣的讀者，除了可以逐行參閱原書外，也可以參閱塞利格曼教授所寫的專書《真實的快樂》第9章的簡要介紹（註5）。在此，本章僅作條列式地介紹這些美德及長處的分類，並扼要說明其內涵如下。

一、智慧與知識（wisdom and knowledge）

智慧與知識係指認知方面的長處，它會促使知識的學習和使用！可以通往「智慧與知識」這一項美德的道路，計有下列五項長處：

1. 創造力（原創力／發明才能）〔creativity（originality, ingenuity）〕

能以新穎、生產性的思考方式，來具體化一個抽象概念，並且照著做的一種特質；包括：藝術方面的成就，但不侷限於它。

2. 好奇心（興趣／追求新穎性／對經驗開放）〔curiosity（interest, novelty-seeking, openness to experience）〕

能對正在進行中的經驗，發現其令人著迷的人物和主題，並進行探索和發現感興趣議題的一種特質。

3. 開放胸襟（判斷／批判性思考）〔open-mindedness（judgment, critical thinking）〕

能從各方面思考和檢驗事情，而不是一下子即做出結論；能根據證據的呈現而調整自己的看法，能公平權衡各方證據的一種特質。

4. 喜愛學習（love of learning）

不論是自己的或形而上的，都能駕輕就熟各種新技巧、主題、與廣泛知識的一種特質；很顯然地，此特質與好奇心的長處有關，但遠超過它，並且還多出一個系統性傾向的成分在裡頭。

5. 觀點見解（智慧）〔perspective（wisdom）〕

能針對別人提供有智慧性的諮詢意見，能以自己或他人覺得有意義的方式來觀看這個世界的一種特質。

二、勇氣（courage）

　　勇氣係指情緒方面的長處，包括面對內外的反對意見時，仍能運用意志力去完成目標的特質！通往「勇氣」這一項美德的道路，計有下列四項長處：

6. 勇敢（勇氣）〔bravery（valor）〕

　　能面對威脅、挑戰、困難、或痛苦而不退縮，即使面對反對聲浪，也會把對的事大聲說出來，即使不受歡迎，也能根據所信服的理念來行動的一種特質；包括：身體方面的勇敢，但並不侷限於它。

7. 毅力（忍耐／勤勉）〔persistence（perseverance, industriousness）〕

　　能有始有終的做事情，即使面對障礙，也能堅持到底的行動，使命必達，能享受完成任務時的快感的一種特質。

8. 正直（真實／誠實）〔integrity（authenticity, honesty）〕

　　能以真實誠懇的方式和態度過活，並且實話實說，沒有假裝和虛偽，能為自己的情感和行為負責的一種特質。

9. 活力（熱心／熱忱／元氣／精力）〔vitality（zest, enthusiasm, vigor, energy）〕

　　能以興奮、充滿熱情的方式接觸生命，做事不會半途而廢或不認真，會以冒險的態度過每天的生活，感覺活力十足，並且主動積極的一種特質。

三、人道精神（humanity）

　　人道精神係指人際方面的長處，包括照顧和扶持他人！通往「人道精神」這一項美德的道路，計有下列三項長處：

10.愛（love）

能重視自己與他人之間的親密關係，特別是互惠式的分享和關照行為，能夠與人保持親近的一種特質。

11.仁慈（慷慨／教養／關照／憐憫／利他的愛／良善）〔kindness（generosity, nurturance, care, compassion, altruistic love, niceness）〕

能為他人做事、表現善行，願意幫助他人、關照他人的一種特質。

12.社會智能（情緒智能／個人智慧）〔social intelligence（emotional intelligence, personal intelligence）〕

能覺察自己與他人的動機和感覺，知道該如何適當展現，才能順應各種社會情境要求，知道如何讓人順從的一種特質。

四、正義（justice）

正義係指人際方面的長處，包括照顧和扶持他人！通往「正義」這一項美德的道路，計有下列三項長處：

13.公民精神（社會責任／忠誠／團隊精神）〔citizenship（social responsibility, loyalty, teamwork）〕

能成為團體中的一分子，忠於團體，盡個人本分的一種特質。

14.公平（fairness）

能以公平和公正的原則對待所有的人，不讓個人情感上的偏見左右對待他人的方式，平等對待每一個人的一種特質。

15.領導力（leadership）

能領導團體成員如期完成使命，又能與團體成員保持良好關係，能組織

團體活動並導引向目標前進的一種特質。

五、修養（temperance）

修養係指保護個人避免過度行為的長處！通往「修養」這一項美德的道路，計有下列四項長處：

16.寬恕和慈悲（forgiveness and mercy）

能原諒那些做錯事的人，接受他人的缺點，給別人第二次機會，不會想復仇的一種特質。

17.謙遜（謙虛）〔humility（modesty）〕

能讓你的成就來替你說話，不喜歡出風頭，不認為自己有比別人較為了不起的一種特質。

18.謹慎（prudence）

能謹慎小心的為自己做出選擇，不冒過度的風險，不說也不做會後悔的事的一種特質。

19.自律（自我控制）〔self-regulation（self-control）〕

能調節自己所感受和所做的事，成為有紀律原則的人，能控制自己的慾望和情緒的一種特質。

六、超越（transcendence）

超越係指超越自己，與更廣大的宇宙連結，且尋求意義的長處！通往「超越」這一項美德的道路，計有下列五項長處：

20.欣賞美和卓越（敬畏／讚嘆／昇華）〔appreciation of beauty and excellence（awe, wonder, elevation）〕

不論從自然界的、藝術的、數學的、科學的、甚至到每天的經驗裡，能注意、欣賞、和感受所有生活領域中美好卓越的東西，以及優異技能展現的一種特質。

21.感恩（gratitude）

能對所發生的好事情進行覺察與感謝，同時，肯花時間去表達感激之意的一種特質。

22.希望（樂觀／對未來充滿期望／未來導向）〔hope（optimism, future-mindedness, future orientation）〕

能對未來有所憧憬，並願意努力工作去達成它，相信只要努力，好事情便會實現的一種特質。

23.幽默（好玩）〔humor（playfulness）〕

能喜歡玩笑、揶揄，帶給別人歡樂的笑臉，能看到事情的光明面，喜歡（但不一定會說）說笑話的一種特質。

24.靈性（虔誠／信仰／目的）〔spirituality（religiousness, faith, purpose）〕

能對宇宙、人生更高的意義和目的有堅定信仰，知道何處尋求歸屬於它們之一，能相信生命是有意義的，透過信仰塑造行為，以提供心靈慰藉的一種特質。

截至目前為止，上述6項美德與24項長處的歸類，都還只是暫時性的，尚待未來更多的實徵研究數據的支持，才能把它們歸類到更適當的類別領域

裡。畢竟，正向心理學才於21世紀初期萌芽，此刻即要求它交出一份類似《精神疾病診斷統計手冊》──一本針對人類的病態、負向行為的完善歸類手冊的成績單，似乎有一點強人所難！因為，《精神疾病診斷統計手冊》的編製，已歷經半個多世紀的成熟發展（註6），而《長處與美德的分類手冊》才剛於2004年出版起步。我相信只要假以時日，《長處與美德的分類手冊》應該可以比《精神疾病診斷統計手冊》，更快速地完成「針對人類的健康、正向行為」進行完善的歸類工作！我的這項看法，也許是受到我的「希望（樂觀／對未來充滿期望／未來導向）」長處作祟的影響吧！是否正確呢？就讓我們拭目以待吧！

強項長處的測量

然而，你要如何知道你到底擁有哪些「強項長處」（signature strength）呢？所謂的強項長處，就是指那些最明顯、最突出、最核心、最能代表你的特質，別人一眼就看出是你的長處所在！塞利格曼教授提議可以參考下列的評估標準（註7），以快速找出自己所擁有的強項長處來：

1. 擁有這項長處的真實感覺（這是真正的我）！
2. 當展現這個長處時，會感覺很興奮（excitement），尤其是第一次時！
3. 初練習這個長處時，會感覺有快速上升的學習曲線效果！
4. 會繼續不斷的學習新方法來強化此長處！
5. 會渴望（yearning）一有機會即去展現它！
6. 在展現這個長處時，有無法被阻擋（inevitability），非使出來不可的感覺！
7. 發現（discovery）這項長處是自然而然地被自己所擁有！
8. 當使用這個長處時，會覺得自己是精力充沛（invigoration），而不是筋疲力盡！
9. 會想去創造並追求圍繞著這個長處的一些根本計畫！
10. 會具有運用這個長處的內在動機！

從上述的評估標準中可以看出幾個關鍵性字眼，這即是強項長處所具備的特色，那就是：很興奮、渴望、無法被阻擋、發現、與精力充沛等字眼，即可傳達出實踐人生的動機性和情緒性特徵的義涵！因此，在前述24項長處中，每一項長處若至少能符合塞利格曼教授所建議的其中三至七項間的判準，即表示該項長處就是你的強項長處！

或者，你也可以接受《長處與美德的分類手冊》一書中所提供的簡易測量（註8）。表7-1所示的48個問題（每一個長處有兩題測量題目），請你針對自己的實際狀況、感受、真實特質，誠實地回答每一個問題的描述。請依據每一個問題所描述的狀況與你的相像程度，在下列五個選項中勾選一個最適當的選項，不要錯過任何一題，也不要想太久才作答。畢竟，這不是考試，是沒有標準答案的，你只要依據第一次出現在腦海裡的直覺印象來回答即可！

當你仔細、誠實地填答表7-1的問卷題目之後，把每項長處的得分計算出來，再從中找出五項得分最高的長處，這些即是你的「強項長處」，代表你這個人的外顯長處特質的表徵！

接著，在爾後的每天生活裡，請你盡量在不同的場合中，找機會去展現它、運用它、發揮它的特色來；如此一來，愈習慣擁有、愈熟練展現該項長處，你就會愈處於美好生活中，並且逐步走上「過著有意義生活」的道路，成為一位十分快樂、幸福的人了！

強項長處與美好生活之關係

每個人多少都會擁有幾項長處，如果把這些長處用在工作、休閒、兩性關係、人際相處、甚至教養孩子上，並且把它成功地展現出來，就會讓你的生活長期處於正向情緒裡：亦即，對過去增加許多滿足，對現在擁有更多快樂，對未來抱持更大希望！自然而然地，你就是處於美好生活中，過著幸福的日子！

作答方式： ☐5.非常像我
☐4.有一點像我
☐3.普通
☐2.不像我
☐1.非常不像我

表7-1　24項長處的簡易測量

長處	測量題目
1.創造力	1.做同樣一件事時，我會思考是否還有其他可行辦法可用。
	2.我不會想做創新的事。
2.好奇心	1.我對周遭的人、事、物都充滿好奇心。
	2.我對探索新奇事物興趣缺缺。
3.開放胸襟	1.我要有十分把握的證據才會做出決定。
	2.我既做出的決定不會輕易改變。
4.喜愛學習	1.即使沒有外在誘因，我也會主動閱讀一本新書。
	2.我很少把閱讀一本新書當作休閒活動。
5.觀點見解	1.常有人來請教我的建言。
	2.很少人會求教於我。
6.勇敢	1.即使面對強烈的反對，我仍堅定立場。
	2.我無法一直捍衛我的信念。
7.毅力	1.我一直抱著有始有終的做事態度。
	2.我有時候做事無法堅持到底。
8.正直	1.我承諾的事，一定做到。
	2.朋友有時候會說我愛吹牛。
9.活力	1.我做每一件事情都全力以赴。
	2.我做事會拖拖拉拉。
10.愛	1.我很容易拉近與他人之間的關係。
	2.我不習慣接受別人對我的愛。
11.仁慈	1.我會為朋友的事兩肋插刀。
	2.我很少會主動幫助別人。
12.社會智能	1.我擅於與人交際相處。
	2.我聽不出別人話裡的弦外之音。
13.公民精神	1.我認同團體目標，盡一己之本分。
	2.我不會犧牲個人的權益，去維護團體的利益。

表7-1 24項長處的簡易測量（續）

長處	測量題目
14.公平	1.我對人都是一視同仁的態度。
	2.我會對不喜歡的人另眼相看。
15.領導力	1.我會確保團體中的每位成員都有被照顧到。
	2.我不擅長規劃團體活動。
16.寬恕和慈悲	1.我總是原諒別人，再給他一次機會。
	2.我不接受別人對我的道歉。
17.謙遜	1.我慶幸是一個平凡的人。
	2.我喜歡談論我自己。
18.謹慎	1.謹言慎行是我的座右銘之一。
	2.我是一位言行舉止衝動的人。
19.自律	1.我是一位自律性強的人。
	2.我不習慣過規律的生活。
20.欣賞美和卓越	1.我很驚嘆大自然風景的壯麗與奧妙。
	2.直到別人提醒，我才注意到美的事物存在。
21.感恩	1.我會對別人的關心，表達我內心的謝意。
	2.我認為父母對子女的關心是理所當然的。
22.希望	1.我總是會期待明天會更好。
	2.我從不規劃明天的事。
23.幽默	1.當朋友不愉快時，我會想辦法逗他開心。
	2.朋友都說我很嚴肅，不苟言笑。
24.靈性	1.我每天會靜心祈禱或靜坐冥想。
	2.我不相信宇宙中有神的存在。

註：1.上述每項長處的第一題是正向計分題，計分時，凡勾選「非常像我」者計
　　 5分，勾選「有一點像我」者計4分，勾選「普通」者計3分，勾選「不像
　　 我」者計2分，勾選「非常不像我」者計1分。而上述每項長處的第二題
　　 則是反向計分題，計分時，宜將其反向計分，亦即，勾選「非常像我」者
　　 計1分，勾選「有一點像我」者計2分，勾選「普通」者計3分，勾選「不
　　 像我」者計4分，勾選「非常不像我」者計5分。

　　2.把這兩題的得分相加，即代表你在每一項長處上的得分。每項長處的分數
　　 會介於2分至10分之間。找出前五項得分最高的長處，把它們圈起來，這
　　 些即代表你的「強項長處」。

　　塞利格曼教授曾對如何過一個「美好生活」提出一個公式性的看法，那就是：讓「每一天，在不同的場合盡量展現你個人的長處，以得到最多的滿足感、大量的喜悅、與真實的快樂」（註9）！我想塞利格曼教授的建議是正確的，雖然這項建議還需要很多實徵性研究文獻的支持才能獲得佐證，但是，光從理論來推理：當一個人長期處於運用個人長處的情境下，即可讓內心時時獲得滿足、常保愉悅的心情，甚至可用它來面對挫折時的沮喪，讓人迅速恢復元氣，增長韌性，以及看待事情的光明面，並對明天保持希望與樂觀的看法，進而有勇氣去探索及追求生命存在的意義！這些舉動，都會讓人覺得日子過得很美好，生活過得很有意義，人生不留白！

　　相反的，每個人可能因為長期不顯露自己的強項長處，處處避談自己的長處與美德，而覺得此生學非所用、大材小用、或天命未獲展現，從而未能體會美好的生活該如何過，未能體會真正的幸福人生！

　　因此，在接下來的幾章裡，我即將繼續說明，在每一天的生活裡，占據個人最大部分時間的生活項目——「工作」，以及每個人在每天的生活中都會碰到的問題——「與人接觸相處」，如何在面對這兩件事時，都能妥善運用到個人的強項長處；如果能夠做得到的話，那麼，人人都可以天天生活在正向情緒裡——不僅對過去的回憶增加許多滿足，對現在的生活擁有更多快樂，甚至對未來的日子也會抱持更大的希望！自然而然地，你就正在過著幸福、快樂的日子！

練習作業

　　本項作業的名稱，就叫做「**發現你的強項長處**」（Finding your signature strengths.）！

　　現在，請你撥空五分鐘，接受本章表7-1的「24項長處的簡易測量」，從中找出至少五項得分最高的長處（超過五項也可以），這些即是你的「*強項長處*」所在！或許，為了更能精確測量起見，你也可以上網連線到：http://www.authentichappiness.org/，找出原始的240題版本的測驗，大約費時30分鐘即能作答完畢。如果你很認真且專注地作答，應該可以找到更精確的評估結果。

　　找出這些「*強項長處*」之後，接著的做法就是：盡可能地在工作、休閒、兩性關係、人際相處、甚至教養孩子上，把它展現運用出來。如此一來，只要運用的時日夠久，你的生活便會逐漸處於正向情緒中，要不過著幸福、快樂的日子也很難！

延伸閱讀

沈耿立譯（2013）。你是哪種鳥？DISC四型人格分析，讓你發現自己真正的職場優勢！臺北市：商周。（Merrick Rosenberg & Daniel Silvert原著。*Taking flight!: Master the DISC styles to transform your career, your relationships, and your life.*）

沈耿立、李斯毅譯（2012）。安靜，就是力量：內向者如何發揮積極的力量！臺北市：遠流。（Susan Cain原著。*Quiet: The power of introverts in a world that can't stop talking.*）

李靜瑤譯（2007）。象與騎象人。臺北市：網路與書。（Jonathan Haidt原著。*The happiness hypothesis: Finding modern truth in ancient wisdom.*）

姚怡平譯（2012）。和全世界一起幸福：找到幸福的102種方法，全世界的幸福專家都這麼做！臺北市：橡實文化。（Leo Bormans原著。*The world book of happiness.*）

章成（2005）。你就是幸福的源頭：轉化人生的七個秘密。臺北市：天下遠見。

陳蓁美譯（2009）。幸福，需要等待。新北市：木馬文化。（Anna Gavalda原著。*La Consolante.*）

張毓如譯（2010）。人有14種性格，你有哪種天生優勢？：瞭解你的上司、情人、死對頭，與自己的最佳成功角色。臺北市：大寫。（Travis Bradberry原著。*Self-awareness: The hidden driver of success and satisfaction.*）

蔣宜臻譯（2007）。當幸福來敲門。臺北市：平安文化。（Chris Gardner & Quincy Troupe原著。*The pursuit of happiness.*）

劉怡女譯（2007）。熱情人生的冰淇淋哲學。臺北市：大塊。（Margaret Lobenstine原著。*The renaissance soul: Life design for people with too many passions to pick just one.*）

羅雅萱譯（2012）。在每個位子上發光：巧用你的工作天賦。臺北市：天下。（Marcus Buckingham原著。*Standout: The groundbreaking new strengths assessment from the leader of the strengths revolution.*）

註解

1. 精神疾病診斷統計手冊，已經從1952年發行第一版，到2013年5月18日在美國出版第五版。目前，諮商心理學、臨床心理學及精神醫學等心理學界，仍以第四版的手冊作為問診或進行心理治療的主要參考依據。

2. 參見 Peterson, C., & Seligman, M. E. P. (2004). *Characters strengths and virtues: A handbook and classification.* Washington, DC: American Psychological Association.一書。

3. 同註解2，請參見其中的第16-28頁。

4. 參見本書〈楔子〉一章的延伸閱讀《真誠的快樂》第二版一書，引自其中的第205-208頁。

5. 關於24項長處與6項美德的簡短說明，讀者可以參見註解4的第9章《個人的特長》的介紹。但是，塞利格曼教授對此長處和美德的歸類方式，稍稍與《長處與美德的分類手冊》一書中的歸類方式有些不同。本章的歸類說明，主要是參考《長處與美德的分類手冊》一書的做法而來。

6. 同註解1的說明，該手冊從1952年第一版出版，至今（2013年）已歷經五次的修訂、改版及彙編的過程，發展已經達到相當成熟、穩定的地步。

7. 同註解4，請參見其中的第230頁。

8. 同註解2，請參見其中的第629-630頁。原始題目是用來測量成年人在行動中所持的長處價值觀（Values in Action Inventory of Strengths, VIA-IS）。本章所呈現的48題問卷題目，是經過我參考原題意而改編過的題目，不是原始題目的逐字中文直接譯本。此外，原始的VIA量表的題目共有240題，會比表7-1所示的題目更加詳實、精確，但卻不是讀者可於短期間即能作答完畢的簡易工具。對此量表的測試感興趣的讀者，可以上網到塞利格曼教授《真實的快樂》一書中的專屬網站（http://www.authentichappiness.org/），裡面有已翻譯成中文版的試題可提供讀者填寫測試。

9. 同註解4，請參見其中的第230頁。

第 8 章

傾聽天命的召喚── 讓天賦自由，找到幸福的工作

幸福的工作就是：「老闆付你薪水，請你做你最擅長又喜歡的工作」。

──余民寧

「天生我才必有用」，這句話很多人都聽過，也都懂它的意思，但卻很少人真的把它的涵義活出來。如果做得到，那你的一生，就已處在幸福中了！

尋找需要展現長處的工作

在前一章裡，我舉例說明長處比較是屬於後天培養的，諸如正向心理學所歸納出來的24項長處，每一項長處都是歸屬於某一種美德的特質，可以從後天去學習培養出來。例如：正直、勇敢、喜愛學習、謙遜、自律、感恩、樂觀、幽默等，這些都不是與生俱來的特質或能力，但都可以透過後天的刻意培養，只要能夠給予良好的教導、足夠時間的練習且能持之以恆，任何人即能習得某一項長處；而一旦習得此一長處，即能一直持續（一輩子）擁有，不會因為你久久不使用，該項長處即消失無蹤！

至於，要不要展現此一長處，那就得看個人意志力的選擇了：亦即，在覺察某種情境存在下，你運用個人的意志力，選擇去展現它。例如，在第7章舉的例子而言，我曾去超商買了250元的東西，拿給收銀員500元，該收銀員卻找回我750元，此時，「要不要告知收銀員他多找了500元？」這是需要在意志力的支配與監控下，且有意願去執行此事時，才能展現出「誠

183

實」這項長處特質的！換句話說，當我選擇去展現這項特質時，帶給我的回報即是一整晚的心情愉快、滿足與充實感。但下一次，也許當我正急需這500元去繳交逾時停車費或違規停車的罰款時，也許就會選擇不去還回這500元；當然，也就不會擁有快樂一整晚的心情！由此可知，欲建構一項長處或美德，並且把它應用到每天的生活上，其實就是一種意志力的選擇過程，它需要靠後天的意志力（非本性）與選擇意願（自己願意做）的配合才行！

　　但是，才華或天賦能力，則是比較屬於天生的，是指不學而能的基本潛能，通常都與五官（眼、耳、鼻、口、四肢等感官功能）的感官功能有關。若能給與適當的訓練、教育和展現的機會，通常，這種不學而能的天賦能力便能充分獲得啟發、展現，甚至發展到極致完美的境界；其結果，往往會激起不具天賦能力大眾的羨慕、崇拜、敬畏，但不一定會對大眾產生激勵作用，因為大眾知道無法與他競爭，大眾做不到他們的地步。例如，臺灣棒球明星王建民的伸卡球，快速又狠準，屢屢三振對方的打擊手，但沒有投球天賦（或運動天分）的大眾，只會對他生起羨慕、崇拜、與敬畏的心，但卻不一定會激勵大眾也投入打棒球的職業生涯；除非，大眾也多少擁有一些與他一樣的才華或天賦能力才行。其他的例子，像美國的籃球天王麥可·喬丹（Michael Jordan）也一樣，他常常在最後倒數三秒內，展現其神乎其技的灌籃技巧，吸引一大堆的仰慕者、籃球迷的歡呼、羨慕與崇拜的眼神，但卻無法吸引一堆球迷與他一樣的具有成就；畢竟，擁有打籃球天賦的人還是少數。由此可知，假如你具有某種天賦能力或才華，你只能做出決定：自然地展露它（例如：在收銀機當機時，於大賣場的收銀員前，顯現出你無比神速的心算能力），或者隱藏它而不欲人知〔例如：你不願意讓別人知道你是一位靈媒（psychic）〕，它往往不是你憑後天意志力的勤加練習即能輕易習得的！

　　當然，有些長處也會具有先天的成分在內。例如，有些心理早熟的孩子，可能在很小的年齡時，即展露出具有高度的「社會智能」（SQ）或「情緒智商」（EQ）等長處（註1）。而有些才華或天賦能力，也可以透過後天的教育訓練而啟發；例如，臺灣歌手張惠妹的演唱實力，嘹亮高昂的聲音很迷人，她是經過臺視五燈獎歌唱選拔的機會而嶄露頭角的，讓臺灣原住民先

天的好歌喉與音樂天賦潛力受到國人乃至全世界的矚目，並引起重視；她在歌唱界的傑出表現與成就（按2011年富比士調查「在大陸最知名的25位臺灣人」結果指出，張惠妹榮登榜首，其影響力高於許多娛樂圈同業及政商界知名人物），即是先天才華與後天教育訓練組合的最佳典範（註2）。一旦，你習得這些天賦能力或長處，在未來適當的情境之下，你會決定要不要把它展現或顯露出來，全由你的意志力選擇來驅使！

　　通常，當你所從事的工作需要依賴天賦能力或長處為後盾時，你可以選擇讓天賦能力自然流露或長處自然地展現；此時，工作對你而言，是輕而易舉的一件事，很容易就做到「事半功倍」的效果出來，你不僅會游刃有餘、而且又悠遊自在的獲得「勝任愉快」的感覺，甚至，沒有感覺到你在工作，反而比較像是在「遊戲」。此時，「樂在工作」會是最佳的形容詞！當然，你若選擇不展現天賦能力或長處，或者，該項工作不需要用到你的天賦能力或長處；此時，工作對你而言，便不是輕而易舉的一件事，你很容易就有「事倍功半」的不良感受，你不僅會感覺精疲力盡、精神與情緒緊繃，甚至，你會自怨自艾的有「大材小用」、「走錯行了」、「學非所用」等不愉快感受出現。常見的「週一症候群」或「假日症候群」，即是最明顯、最典型的例子！

　　工作，占據人生超過三分之一以上的時間，是影響一個人感覺是否幸福與快樂的重要來源，不僅是正向心理學所關注的研究議題之一，也是決定每個人一生成敗榮枯的學習課題之一！絕對值得每個人審慎挑選，與細細品味研究一番！

　　從前面的論述中可知，如果想從工作裡時常獲得、擁有與維持著正向情緒（諸如：勝任愉快、事半功倍、滿足感與愉悅的心情等）的話，最理想的作法即是：「選擇從事需要使用到你的天賦能力或長處的工作」，或者，「想辦法把工作變成是需要仰賴你的天賦能力或長處得以發揮的性質」！

　　反之，你若不打算從工作中獲得勝任愉快、事半功倍、滿足感與愉悅的心情等正向情緒感受的話，你只要隨便找一份工作做即可！我很懷疑一個人在長期無法從工作中獲得滿足感的情況下，他的潛力是可以充分發揮的？他對組織或團體會做出貢獻？他的人際關係（對自己與對他人）會良好？他的

健康狀況會理想？他的人生會是幸福美滿的？除非，他能從不愉快工作之外的生活中獲得補償，不然，他的情緒負荷可能長期處於負值（即負向情緒多於正向情緒）狀態，人生的色彩會因此而變成黑白的，而不是原本幸福快樂般的彩色——換句話說，在「幸福」這項「至高財富」上，他是虧損的（註3）！

工作類型與滿足感的關係

2008年，由於受到美國雷曼兄弟公司惡性倒閉，引發一場全球性的金融海嘯災難，頓時之間，全球經濟步入景氣衰退時代！各國失業率頻頻升高，高等教育畢業人口的失業率尤其嚴重，更是居高不下；臺灣也間接受到傷害，搶救高等教育畢業生的失業率問題，成為政黨競爭的政策之一。

通常，當經濟不景氣，失業率攀高時，找得到工作，就應該要謝天謝地了，工作是否能夠帶給個人滿意度或成就感並沒有那麼重要，它絕不會是構成「找工作」的第一優先考量因素！但是，一旦經濟恢復景氣，工作機會變多時，個人尋找工作的條件與機會變多了，此時，工作是否能夠帶給個人滿意度或成就感，便會成為「找工作」的考量因素之一。雖然未必是第一優先考慮的因素，但卻會是其中優先考量的因素之一！這種現象，在已開發國家（例如：美國、加拿大、北歐國家、日本、紐西蘭、澳洲等國）中，普遍看得到；目前，臺灣已經步入已開發國家之列，這種現象也是會愈來愈普遍。

在學術研究的定義上，「工作」（work）有三種不同層次的定義方式及內涵（註4），它們通常與不同層次的滿足感之間存在著某種關聯。茲分述如下：

1.職業（job）

第一種類型，即是把工作看成是一份賴以餬口維生的短期工作；其背後的動機目的即是：賺錢，為了養家活口及貼補家用，或為了滿足物質生活所需！你會去工作的目的，主要是為了「薪水」，為了「求生存」，而不是為了其他原因。所以，當老闆不再付給你薪水時，你是不會繼續為他賣命的！

當你把工作定義為「職業」時，若其他工作條件與環境不變，理論上而言，薪水愈高，你的工作滿意度便愈高；反之，薪水愈低，你對工作的不滿意度便會提高，甚至，你會想辦法另謀高就！因此，在這種定義之下，找到一份「比較高薪」的工作，會讓你從工作中獲得較高的滿足感與快樂；但是，只要有人提供更為「比較高薪」的工作，你就有可能會時常更換工作，以追求更高的滿足感與快樂；此時，從一而終的工作「忠誠度」是十分罕見的！例如，領時薪的兼職工作（hourly-paid job）（例如：加油站的工讀生、賣場的兼職收銀員、臨時搬運工、送披薩的服務生、宅配到府的送貨員等）、按件計酬的手工藝工作（例如：手工編織的摺扇、手編的洋傘、手工縫製的布偶等手工藝品）、還有其他臨時性質的臨時工作都是。如果「XX便利商店」開出105元的時薪聘你現在去打工，而當你獲悉「YY加油站」開出150元的時薪在找人時，很可能，你明天即願意離開具有舒適冷氣房的「XX便利商店」，到可能高溫曝曬、汽油味濃厚的「YY加油站」去工作，以便追求到最大金錢報酬的滿足感與快樂。所以，當你把工作當作「職業」看待時，薪水高低與工作滿足感之間是成正比的！

2. 事業（career）

第二種類型，即是把工作看成是一份不僅可以賴以維生，更可以投注個人心力去發展的長久工作；其背後的動機目的即是：升遷與加薪，為了掌握更高的權力與獲得更多的資源（包含薪水、辦公空間、得以動用的資源設備、指揮調動人力與物力的權力等），或為了讓個人努力獲得更大的成就與受到肯定！你會去工作的目的，主要是為了「追求成就，獲得肯定」，簡單的說，是為了追求「名與利」（註5），而不是為了其他原因。所以，如果你為了公司的業績拼死拼活地付出，結果獲得升遷與加薪的人不是你，我想此刻的你，大概開始會有「此處不留人，自有留人處」的想法出現，積極找尋其他能夠讓你的能力得以展現、成就得以獲得賞識的地方，可能即是你下一次的工作所在。

當你把工作定義為「事業」時，若其他工作條件與環境不變，理論上而言，你個人的投資心力愈多（例如：超時努力工作、不斷尋求專業成長、主

動負責業務、工作態度積極進取等），你預期獲得升遷與加薪的機會便愈高，若果真如此，你的工作滿意度便會愈高，愈會對該組織的目標認同，愈會對該組織的使命進行承諾；例如，從會計師事務所的小會計師升遷成為事務所的合夥人、助理教授升等為副教授、經理升遷成副總裁等，其工作滿意度通常都是很高的！相反的，若升遷與加薪的期望落空，你便會開始有挫折感產生，你對工作的抱怨相對就會提高，感受到的不滿足感便會油然而生；例如，當升遷與加薪受挫時，你會開始去別的地方尋找工作滿足感與意義，「此處不留人，自有留人處」的想法平地升起，「滿地姹紫嫣紅，何必單戀一枝花」的自我解嘲心態砰然發酵。所以，當你把工作當作「事業」看待時，升遷與加薪（成就獲得肯定、名利雙收）與工作滿足感之間是成正比的！

3.志業（calling）

第三種類型，即是把工作看成是本身即具有價值與意義而投入熱忱、覺得對它懷有使命感，甚至奉獻生命的工作；其背後的動機目的即是：這項工作本身對個人而言即具有意義與價值存在，它會自動帶給個人滿足感！你會去工作的目的，主要是為了「工作本身的價值與意義、使命感與自我實現的理想」，不是為了其他原因；即使是沒有薪水、沒有加薪、沒有獲得升遷、成就也沒有獲得重視與肯定，你還是會繼續投入這項工作。傳統上，會從事志業工作的人，通常都是那些已經擁有較高社會地位的人士或單位，例如：神父、牧師、法師、法官、教授、醫生、科學家，或文教慈善基金會等；但是，也有可能是一般民眾，如果他願意把工作當成志業來看待的話，也會擁有如此強烈工作滿足感的感受。例如，柯媽媽因為愛子車禍身亡，而把推動「汽機車強制責任險」的立法工作當作終身志業，經八年迄而不捨地努力，終於完成立法工作，十分令人景仰（註6）！

當你把工作定義為「志業」時，若其他工作條件與環境不變，理論上而言，你是不會考慮該工作的酬勞有多少、有沒有獲得加薪或升遷的機會、成就有沒有獲得別人的賞識與肯定、工作是否辛苦、工作地位是否卑賤，你只會在乎何時可以完成你的理想願景、該工作對自己與對他人是否有貢獻、是

否有意義與價值，你一直去從事它，就會愈做愈開心，工作本身即會帶來滿足感的提升！因此，當一個人把他的工作看成是「志業」時，他會覺得自己所做的工作會有貢獻的、會帶來更美好的未來、更有益於多數人的福祉、對後代子孫是有幫助的。例如，根據美國社會學者愛咪·瑞茲奈斯基（Amy Wrzesniewski）的研究發現，當一位醫院的清潔工把自己的工作看做是「志業」時，他會把自己的角色看做是整個醫治病患的重要一環，除要求自己工作要有效率外，還會預期醫生和護士的需求而充分配合，使醫護人員可以多花心力在治療病人身上，而且也會主動增加自己的工作量，讓自己的工作變得更有意義、更有貢獻，並且從中獲得更大的滿足感，與體會更多的愉悅心情；反之，若把清潔工作當作「職業」看待的人，他們僅是在從事一般醫院裡的清潔打掃工作而已，絲毫不受工作的感動（註7）！同樣的，如果一位醫生把自己的行醫當作是一項「職業」看待時，他會熱衷於工作業績的提升，只會對賺錢感到興趣，無視於病人的真正需求與福祉，而盲目於多開刀與多開立處方箋，絲毫沒有工作熱忱的投入，他也就體會不到醫生工作的神聖性、使命性、重要性、貢獻性與價值性的所在；醫生工作對他而言，只不過是一項「職業」而已，這與領取時薪的臨時工一樣，都只是為了那一份「薪水」，沒有什麼特別值得別人敬重的地方！所以，當你把工作當作「志業」看待時，工作本身的價值和意義（含使命感與自我實現的理想）與工作滿足感之間是成正比的！

你該如何挑選工作？

當你是一位大學畢業生，正面臨尋找一份工作。我認為，要找到一份工作並不難，比較難的是：你會把它看做是一項「職業」、「事業」或「志業」呢？這會攸關著你未來可以從工作中獲得多少的正負向情緒感受！

特別是，現代人的「工作」，通常會占據一個人一生（至少在退休前）的三分之一以上的時間。你若能從工作中獲得很高的滿足、很大的快樂、以及潛能發揮的自我實現感覺，那麼，你的人生大部分時間都會處於正向情緒狀態裡，你離「過著幸福的一生」其實是不遠的！

反之，你若無法從工作中獲得很高的滿足、很大的快樂以及潛能發揮的自我實現感覺的話，那麼，你就必須利用一生中其餘的三分之一休閒時間（因為另外三分之一的時間必須睡覺或處於休息狀態），來從事可以提高自己正向情緒的活動；否則，你很有可能一生大部分時間都會長期處於低正向情緒或高負向情緒的狀態下，你的這一生，看來也大概「不會幸福」了！

若從理想的幸福人生發展歷程來看：人生剛起步時，工作可以被暫時當作是一項「職業」，以賺錢為目的；漸漸的，則應該把工作變成是一項長久之計的「事業」，以獲取專業成就與成長為目的；等事業有成之後，再過來，則需要把工作看做是一項「志業」，以尋找人生的意義為目的！當你的一生能這麼做時，你就是一位很幸福的人了！

然而，會讓你一生變得很不幸福的重大決定，往往就是發生在找工作時，並沒有聽從自己的興趣、熱情或理想的引導，而是在別人（例如：父母、師長、社會價值）的期許、環境的困境與壓力（因為找不到適合理想，只好遷就目前的工作）、或為了某種特殊目的（例如：只為找一份穩定的工作、只為了高薪而工作）下去做選擇。後者，若只是一時為之，那還好！最怕的是，你陷在工作裡面，日子久了，既不喜歡該工作，又無法自拔，並且怨天尤人一輩子。那就真的是一項很不幸福的決定了！

但是，你正在尋找的工作，適合你嗎？你對已經找到的工作，喜歡嗎？能夠做得長久嗎？你正在進行的工作，能帶給你滿足感嗎？你打算做這份工作一輩子到退休嗎？你可以從工作中獲得成就感，並把它做到發光發亮的程度嗎？這些疑問，都可以帶你回頭追溯到一個最初的本源，那就是：什麼才是你此生工作的天命所在？

認識多元智能與天賦能力

在國內的教育界及許多社會人士，都曾聽過美國哈佛大學教授豪爾・迦納（Howard Gardner）博士的「多元智能理論」（multiple intelligence theory, MIT）。他認為人類的智能是多元的，至少包括語文、數理邏輯、空間、音樂、肢體運作、人際（與他人的關係）、內省（與自己的關係）、自然探索

等。在這些智能之間，彼此多少有些互相依存的關係，有些是「顯性」特質，有些則是「隱性」特質，但沒有說哪一種是最重要的。每個人在多元智能上的分布，也許並不完全相同，但多少都會具有某一項（或多項）比較突出或優勢的智能，但這並不意謂他在其他智能上即是完全缺乏。多元智能是每個人都有，只是每一項智能的高低分布，人人不同而已！

　　另一位學者羅伯・斯坦伯格教授，則認為智能可以分為三種：(1)分析力：即運用學術能力解題、完成傳統智力測驗的能力；(2)創造力：即因應新奇狀況，想出獨門解決方案的能力；(3)務實力：即因應日常生活的問題與挑戰的能力。

　　《EQ》這本暢銷書作者丹尼爾・高曼（Daniel Goleman），則提出「情緒智能」（emotional intelligence quotient, EQ）與「社會智能」（social intelligence quotient, SQ）的概念，認為人類無論是獨處，或是融入環境與他人相處，都需要這兩種能力才能適應良好，甚至登上成就的高峰。

　　另一本書《另外的百分之九十》（*The other 90%*）作者羅伯・庫柏（Robert Cooper）則更進一步指出，智能並非只侷限在人的腦袋裡，還有「心靈」腦力和「直覺」腦力。他表示，人的直接經驗並非直接進入頭腦，而是先進入腸道與心臟的神經網路。他將前者（腸道神經網路）形容成腸子裡的「第二個腦」，雖然獨立於頭腦之外，但卻與頭腦之間保持密切聯繫；此外，「直覺反應」雖然是人們對事件的第一個反應，我們不見得對此反應有清楚的認知，但它卻會影響所有的行為反應與決策。

　　總之，不管哪一位專家的看法或說法，人類的智能是多元的，這是無庸置疑的！雖然，我們當前用來評估智能的工具「智力測驗」（不管是魏氏智力測驗、瑞文氏智力測驗、還是其他）都不盡完善，且社會大眾普遍有「智能即等於聰明程度」的刻板認知，但這些困境都無損於人類智能的真實狀況。根據近代認知神經科學的研究成果（註8），我認為智能的真實性狀況，應該會是一種具有下列性質的能力：

1. 多樣性（versatile）

　　亦即，智能的範圍非常廣，可能並不僅限於上述專家學者的分類而已，

或許，還存有許多智能是心理學家尚未發現者。基本上，每個人都有多種智能，只是各項智能的強弱不一而已，但一定會有至少一種以上的優勢智能存在！

2. 互動性（interactive）

亦即，當我們在運用智能時，不會僅使用單一智能的功能，而讓其他智能在同一時間裡休息；反而是所有智能都會一起派上用場，彼此交互協調合作，才能順利進行問題解決！

3. 獨特性（unique）

亦即，每個人的智能組合都是獨特的、唯一的，世界上不會有兩個人的智能組合完全一樣，就像我們的指紋一樣。不論是同卵雙胞胎，或是獨立各自生活的任何兩個人，他們的智能組合及運用智能的方式，也都不會完全一樣！

4. 成長性（developmental）

亦即，人類的大腦神經迴路與連結，會隨著使用頻率（次數）及多樣性（新經驗）的增加而複雜化、成長化！也就是說，愈用腦，智能就愈靈光，神經連結就愈強固，新的連結就愈多；反之，愈不用腦，則智能就可能會提早退化！一般常識認為，智能的發展到了成年階段時就已停止，然而，這種看法已被近代的認知神經科學認為是不正確的了。即使是老年人，如果他繼續用腦的話，大腦神經連結還是會愈來愈複雜、新穎、強固，他的智能是不會退化的；換句話說，「教老狗玩新把戲」，是有可能的！反之，不用腦，才是造成智能衰退、心智老化以及一些老化併發症的始作俑者！近代醫學發現，阿茲海默症（即俗稱的「老年痴呆症」或「老人失智症」）也稱作腦退化症，雖然是好發於65歲以上的年長者，即是被認為與大腦的神經連結與認知功能退化有關，也可能與長期不用腦有關——因為老人家比較有可能長期不使用大腦的緣故！

5.進化性（evolutional）

亦即，人類智能的演化，是順著從爬蟲腦（reptilian brain）、哺乳腦（mammalian brain）到靈性腦（spiritual brain）持續進化的結果。也就是說，逃避危險、競爭生存、繁衍下一代是人類爬蟲腦的本能；進而，規劃安全住所、安適生存、掌握環境是人類哺乳腦的進化結果；接著，同理互助、和平共存、進而世界大同則是人類靈性腦的終極進化目的！透過數百萬年的演化，人類智能的進化，目前已經到了可以跟他談論追求個人快樂幸福、群體和平共存、國界消弭與世界大同等靈性成長意義的時代！當個人生命的發展，若還停留在爬蟲腦與哺乳腦階段的話，則現在跟他談論「快樂幸福」的概念，顯然是離題甚遠的！

活出自己的特色最重要

每個人都是獨特的，都具有遺傳演化而來的多元智能，且是成長的、進化的！既然如此，活出自己，成為自己，而不是某某人第二，便成為個人靈性腦進化的此生目標之一；換句話說，個人在此生追求幸福與快樂，進而感同身受，也希望別人過得幸福快樂，則國與國之間就不會有紛爭與惡性競爭，世界和平就有可能及早降臨人間！

因此，幫助學生找出自己擁有哪些天賦能力、哪些智能、哪些長處，便成為當代教育極為迫切需要的目標之一。那些教導有關你爭我奪的競爭性、養成強取豪奪習性、贏者通拿競賽局面的教育方式，實在是不符合人類大腦的進化原則，這也難怪現代教育會製造出那麼多人（信奉此信條的贏家們）處於不快樂、不幸福的狀態中！當你找到自己的天賦能力、智能和長處，並把它們運用在工作中、日常生活中、與人相處中，就會讓自己時時處於正向情緒（即感覺滿足、快樂、喜悅與幸福）裡。當你處於幸福快樂的情境下，你很自然地會讓這種溢滿的正向情緒感受也分享給其他人，讓其他人有機會共享你的感受，你不會嫉妒別人也有幸福快樂；同樣的，你會以同理心去感受他人的不幸，期望他們能夠度過難關，恢復幸福快樂的情境！因為你的同

理心緣故，正向情緒會逐漸蔓延擴展，普及大眾，「獨樂樂，不如眾樂樂」，和平、喜樂與祥和，終將再度洋溢人間！

瞭解自己的天命所在

在明瞭每個人都具有多元智能與天賦能力，以及發揮這些能力的好處之後，我想發問：每個人是否都能發揮所長呢？在工作上是否都能用到自己的長處呢？在生命中都能獲得自我實現，以長期維持並擁有正向情緒嗎？若想要回答這些疑問，我們還需要仰賴一件事的配合：那就是認識自己的「天命」（destiny）為何？

所謂的天命，肯‧羅賓森（Ken Robinson）與盧‧雅若尼卡（Lou Aronica）把它定義為：「喜歡做的事與擅長做的事能夠相互結合的境界」！簡單的說，即是指「天生資質與個人熱情結合之處」！「當你歸屬於天命，你所擁有的，將與自我認同、生命意義、身心健康息息相關，指引你自我啟發、自我定位，並發揮生命應有的價值」，而尋得天命的經驗，即可稱之為「頓悟」（enlightenment）（註9）。

天命的組成，包含兩大成分：「天資」與「熱情」，它有兩個先決條件：「態度」和「機會」。歸屬於天命的順序，大致依序為：我有、我愛、我要、在哪？

1.我有

天資指的是：你有哪些方面的才華或天賦能力是與生俱來的，讓你僅憑直覺或稍加訓練，就能使你敏銳感受或輕易理解某項學習的本質、洞悉其中的道理，以及迅速掌握它的用途！

傳統上的定義，天資多半都與感官（眼、耳、鼻、口、四肢等）或超感官（千里眼、順風耳、第六感、他心通、預知力、遙控力）功能有關，係屬天生遺傳的天賦能力或傾向，亦即是心理學家所稱的「性向」（aptitudes）（例如：多元智能理論中的「音樂智能」、「肢體運作智能」與「空間智能」）；延伸的天資定義，則是指後天環境與教育塑造出來的能力，亦即是

心理學家所稱的「人格特質」（personalities）（例如：多元智能理論中的「內省智能」與「人際智能」）；其餘的天資定義，則還包括混合先天遺傳與後天環境因素所培養出來的能力，亦即是心理學家所稱的「傳統智能」概念（如：多元智能理論中的「語文智能」與「數理邏輯智能」）！

例如：有的人音感十分敏銳，聽過一次的歌曲，即能重哼它的調；音樂家或從事音樂工作者，多半都具有這種（聽覺方面）天資或音樂性向。有的人數理邏輯十分強，從小即展現這方面像運算、推理、分析與抽象化的長才；科學家或從事程式設計者，多半都具有這種天資或數學天分（傳統IQ）。其他，如王建民、麥可‧喬丹擅長體育（肢體運作智能）、九把刀等作家擅長語文表達（傳統IQ）、吳季剛等設計師及藝術家均擅長空間能力、顧維鈞等外交官及公關人士均擅長人際溝通能力（人際智能）、聖嚴法師等宗教家及教師則比較擅長自制、自律能力（內省智能）等，不勝枚舉！

總之，你要先瞭解自己有能力做什麼，才能知道自己要成為怎樣的人！你必須先找到自己的天資，發掘自己的長處，並加以發揮運用，才能展現真正的自我！

2.我愛

光是找到自己的天資還不夠，還必須擁有「熱情」才行，才算是找到天命；也就是說，你必須出自死心塌地的「喜歡」你所選擇的事情（例如：有興趣的活動、休閒娛樂或正式的工作），而不是計較外在報酬（例如：金錢、聲望、好處）有多少，你願意為自己喜歡的事情做出承諾、奉獻心力、投注熱情，為它不眠不休、廢寢忘食，甚至到了顛倒狂喜的程度！

通常，你若真的喜歡做一件事，你會時常體驗到一種稱為「心流」、「福樂」、「神馳」或「忘我」（註10）的心理境界或感受，就是這種感覺讓你神魂顛倒，所以你會一而再、再而三地想再做它一遍、經歷一次，以投入那種境界去感受「忘我」的極度喜悅！因此，如果你發現你正選擇從事的某一件事（無論是休閒活動或工作事項），能夠讓你有如此感動的，那件事鐵定就是你的「熱情」所在！

3.我要

找到前兩項「擅長」（天資）與「喜歡」（熱情）所交界的天命之後，你還未必能夠把天命展現出來，因為還需要兩項條件的支持，其中一項即是：「態度」；也就是說，你如何看待自己與環境的關係——觀察事物的角度、你的性情、以及情緒性的觀點等，都會影響到你能否把天命展現出來的機會！

你要在工作上表現得很好、甚至很傑出，全賴你對工作的期望為何。熱愛工作的人，常常會說自己很幸運，對工作所抱持的態度往往是堅忍、自信、樂觀、企圖心與不屈不撓的精神；反觀自認為沒有成就的人，則會認為自己的運氣不佳，選錯了行業，做一行，怨一行。其實，在每個人的一生中，都會有意外與偶然的事情發生，但幸運絕不只是純粹的僥倖所造成的，它必然是受到你的個性、意志、對自我價值肯定、周遭人群的觀點，以及他們對你的期望等因素的影響！

4.在哪？

除了態度之外，若欲展現天命，你還需要另一項條件的支持——「機會」；也就是說，你需要尋獲機會、創造機會、把握機會，才能把天命完全展現出來！否則，缺乏機會，你永遠不曉得你的天資在哪？也不曉得這份天資可以為你獲得多高的成就。例如，在熱帶或亞熱帶地區的國家（如臺灣），大概很難找到滑雪的高手；同理，在寒帶或極地地區的國家（如加拿大），大概也沒有人知道如何潛水採集珍珠；因為，這些都是缺乏機會的緣故！

能否歸屬於天命，也常常受到你是否剛好遇到（或認識）其他與你懷抱同樣熱情、態度與奉獻精神的人，或是能賞識你的天資與才華的貴人；也就是說，你是否努力充實自己，走出去積極參加某些活動，以尋求展現自己才華的機會，並多方探索自己天賦的可能性，都會決定能否有機會展現你的天命！有時候，我們是透過他人的協助而認清自己的天賦能力所在，同時，也是有意無意之間，給予他人同樣的協助；而這樣的機會，則是完全掌握在自

己的手上！每年，針對大學新鮮人或大學畢業班的同學，我都常勉勵他們一句口頭禪：「機會總是留給已經準備好了的人」！你準備好了嗎？

當你瞭解並找到自己的天命所在——「既擅長又喜歡做的事」，並懷抱強烈的企圖心去從事它，而且堅持到底把它做到極致，你一定可以走出一條屬於自己的道路，一條能夠閃耀出自己特色光芒的道路！但是，礙於自己父母師長的反對與期望、環境條件的不配合、機會的未成熟、或是自己的個性執著使然，人們往往會選擇一條遷就於現實環境，與命運妥協，但卻與自己的天命相違背的道路來走。因此，你從工作中得不到快樂、滿足感甚至成就感，你會感覺到「工作只不過是在拿時間換取金錢」（即把它看成只是一項「職業」）而已，你會抱怨懷才不遇、大材小用、機運不佳、怪罪都是某某人害你的緣故等，牢騷滿腹，溢於言表。難道，你不需要為自己的選擇負起完全的責任嗎？畢竟，你已是一位「成年人」，而身為成年人的第一項學習任務，就是要學會「為自己的決定負起全部的責任」！

幸運的話，你會從幾經挫折、失敗、與嘗試錯誤中，體會與頓悟出你的天命所在，回頭從事天命給你的工作，重拾往日幸福與快樂的日子。但是，若真的很不幸，或真的機運不佳，一直等不到機會遇到提拔你的貴人的話，你可能終其一生都會在哀怨中度過。想必然，你不會覺得「人生本然即是幸福的」！

因此，認識自己具有哪些多元智能？哪些天命所在？哪些長處與美德？把它們找出來，並且在生活的每一小時、每一分鐘、每一秒鐘裡，都盡力運用它、發揮它、展現它，那麼，「幸福的人生」自然會追隨著你而來！至少，會出現在你生命的大部分時間裡！

傾聽天命的召喚——讓天賦自由，找到幸福的工作

事實上，增進幸福的方法，已經昭然若揭。其最基本的方法，即是在占據人生三分之一以上時間的「工作」選擇中，找到自己的天命所在，並且時時刻刻運用、發揮自己的長處與美德，同時把這項工作當作「志業」看待，

投入一輩子的歲月，終身奉行不悖，你就身處「快樂幸福的行列」裡！所以，我說最基本追求幸福的方法之一，就是：「人人要傾聽自己天命的召喚，讓天賦自由，找到幸福的工作！」那麼，什麼是幸福的工作呢？很簡單，我的定義即是：「老闆付你薪水，請你做你最擅長又喜歡的工作」，這就是幸福的工作，一份會帶給你終身幸福的工作！

　　其次，已知自己的天命所在，但由於時機還未成熟，或因為種種緣故，你暫時無法找到一份賴以維生的專業領域工作，當然也就無法把它視為是一項「志業」。此時，你可以暫時把工作與天命分開，把工作當作「職業」看待，純粹是為了賺錢謀生，雖然對它絲毫沒有工作熱情可言，但卻不得不如此做，畢竟，你必須要先養活自己，才有能力去拯救世界；但在工作之餘，你卻可以把自己的天命當作休閒活動或副業來從事，成為一位「專業的業餘人士」！以業餘身分從事自己天命所在的活動，其目的並非為了金錢，而是為了實踐熱情！成為專業的業餘人士，動機只是單純的「喜愛」，在辦公室之外追求自己的熱情，對它所投入的精力與奉獻精神，並不同於從事一般的休閒嗜好。但由於投入程度之深，終能獲得心靈的洗滌，滿足心靈的需求，只要耐心等待機會出現，終有翻盤的一天，找到自己天命所在的幸福工作；至少，也可以彌補現行工作上的缺憾，平衡對工作不滿所造成的情緒壓力！所以，成為一位真正「專業的業餘人士」，就是在工作之外找到並實踐自己天命的人！

　　再其次，如果所從事的工作並非是自己的天命所在，在工作上也沒有多大機會可以發揮自己的長處與美德，那麼，你就必須找到一項「育樂活動或休閒」，而不是一項一般的閒暇活動，來作為提振生理與心理能量的充電活動，或是作為提升正向情緒的補償性平衡活動！一般而言，「閒暇活動」常被看作是「工作」的相反詞，常被視為是不費力氣、消極性質的活動，雖然可以幫助我們恢復局部精力，給我們喘息的機會，但通常無法提高我們的能量。例如，很多人習慣性地在工作了一整天之後，回到家裡，以看電視當作主要的閒暇活動，一整個晚上就在遙控器與選臺中度過，這種被動式的閒暇活動，雖然不費力，但卻很容易讓你陷入負面的情緒裡，尤其是當你對電視中人物的言行舉止產生共振（或共鳴）的時候！而「休閒活動」（recreation）所指的，從英文字面來看，即是指「重新創造」（re-creation）的意思，也就是指積極主動參加的活動，雖然需要勞動心力或體力，但卻能在從事該項活動之後，提升我們的能量或正向情緒，而非消耗能量！一些能夠促進個人體驗心流、福樂、神馳或忘我經驗的活動，都算是「休閒活動」；例如，選擇從事登山健行、攀岩、射擊、畫畫與雕刻、舞蹈（國標舞、踢踏舞）、練習瑜伽、閱讀與寫作、藝術創作、烹飪與烘焙、吹奏樂器、彈鋼琴、拉小提琴、打優人神鼓等活動都算，這些活動可能都需要你投入相當的體力、專注力、腦力或心力，但從事之後，你卻可以感覺到全身充滿活力、動能、與成就意義感，疲勞頓時全消，可以再應付明天的工作與生活壓力！但是，要選擇這些休閒活動，必須遵守一個基本原則：「它必須是你真正喜歡的活動，並且，你也要相對的投入（專注力與心力）才能樂在其中，並從中受益」！但千萬不要懷著某種特殊目的（例如：想認識某些人、拉關係、建立人脈，好做生意等）去從事這些休閒活動，否則，活動一旦變質，你不僅無法樂在其中，反而是在延長工作時間，從事該項活動愈久，你反而覺得愈累，會得不償失的！

　　休閒活動通常可以帶給你體驗心流、福樂、神馳或忘我的境界，並且平衡日常生活中的緊張與壓力，它往往是你感興趣、真正喜歡的活動，而且需要使用到你擅長的能力或長處，同時，你也願意投入熱情去追逐的事項！在工作上，即使你無法長時間與天命歸屬相結合，你也都必須在某個時間點透過某種方式與心中的真正熱情接觸，才能讓生命體會更大的愉悅、滿足與幸福的正向情緒！

　　總之，傾聽你的天命召喚，努力選擇與你天命相符的幸福工作，或者從事可以激發忘我感受的休閒活動，並且在每天的生活裡，都盡力去發揮自己所具有的長處與美德，並且，逐漸的把工作視為一項志業！如此一來，要不快樂與不幸福也很難！

練習作業

本項作業的名稱，就叫做「**發現你的天命所在**」（Finding your destiny.）！

現在，請你撥出30分鐘的空檔，讓心情沉靜一下，並仔細回顧一下第3章及第7章的作業，將你所找到的五項「**快樂活動**」及五項「**強項長處**」所在，拿出來看看。前者代表你的「**我愛**」，後者代表你的「**我有**」。嘗試著將這兩者結合，它往往就是你的「**天命**」所在！

舉例來說：有一位節目主持人，從小即喜歡吃、喝、玩、樂，又具有好奇心、喜愛學習、活力、欣賞美和卓越、幽默等長處美德，結果他找到一份幸福的工作——「**旅遊達人節目主持人**」，結合他擅長的能力及喜愛的活動，而且電視臺老闆還要付他錢請他來執行此項工作。這就是一個「**幸福的工作**」的典型例子！

再以我個人為例：我從小即喜歡閱讀、安靜、思考的環境，念幼稚園時，即已體驗到閱讀可以使我處於「**忘我**」的境界；我測試自己的長處美德時，發現自己擁有好奇心、喜愛學習、觀點見解、謹慎、自律、希望、靈性等長處，結果我找到一份從事學術研究的「**大學教授**」工作，每天都很自律、謹慎、喜悅地在從事探索知識、閱讀與寫作、希望明天會更好的工作。「**大學教授的工作**」對我而言，簡直像是在「**遊戲**」一般，不僅是勝任愉快，而且還游刃有餘，因此，做起事來很容易就事半功倍，顯現出一些績效，這也是一個「**幸福的工作**」很好的典型例子！

因此，請你看著你的「**快樂活動**」及「**強項長處**」，想一想，有沒有可能把它們結合起來，把它變成是一項可以「**賴以謀生**」的工作。注意一下你周遭的訊息，或仔細觀察一下未來的工作發展趨勢，有無哪一項工作正是需要使用到你「**既擅長的長處特質，又喜愛的活動事項**」，那也許就是你的「**天命**」所在。把它鎖定成為你搜尋的工作目標，我鼓勵你勇敢地嘗試看看！也許，這種工作目前還不存在，但難保未來不會是一項熱門的行業！也許，當你準備好時，機會就會隨時現身在你身旁，屆時，希望你能夠抓得住！祝好運！

延伸閱讀

李乙明、李淑貞譯（2008）。**多元智能**。臺北市：五南。（Howard Gardner 原著。*Multiple intelligences: New horizons.*）

李心瑩譯（2000）。**再建多元智慧：21世紀的發展前景與實際應用**。臺北市：遠流。（Howard Gardner原著。*Intelligences reframed: Multiple intelligences for the 21st century.*）

李淑珺譯（2010）。**第七感：自我蛻變的新科學**。臺北市：時報文化。（Daniel J. Siegel原著。*Mindsight: The new science of personal transformation.*）

洪蘭譯（1999）。**活用智慧：超越IQ的心智訓練**。臺北市：遠流。（Robert J. Sternberg原著。*Intelligence applied: Understanding and increasing your intellectual skills.*）

許昆暉譯（中越裕史原著）（2012）。**找到天職，你可以幸福工作：日本首創「天職心理學」諮商師幫你找到這一生真正想做的工作**。臺北市：智富。

張美惠譯（1996）。**EQ**。臺北市：時報文化。（Daniel Goleman原著。*Emotional intelligence.*）

楊語芸譯（2012）。**回歸真我：心理與靈性的整合指南**。臺北市：啟示。（David Richo原著。*How to be an adult: A handbook on psychological and spiritual integration.*）

蔡文英譯（2011）。**發現我的天才**。臺北市：商業週刊。（Marcus Buckingham & Donald O. Clifton原著。*Now, discover your strengths.*）

廖建榮譯（2013）。**發現天賦之旅**。臺北市：天下文化。（Ken Robinson & Lou Aronica原著。*Finding your element: How to discover your talents and passions and transform your life.*）

謝凱蒂譯（2009）。**讓天賦自由**。臺北市：天下文化。（Ken Robinson & Lou Aronica原著。*The element: How finding your passion changes every-*

thing.）

嚴紀宇譯（2007）。SQ：I-You 共融的社會智能。臺北市：時報文化。
（Daniel Goleman 原著。*Social intelligence: The new science of human relationships.*）

註解

1. 參見本章的延伸閱讀《EQ》一書。

2. 參 見 http://zh.wikipedia.org/wiki/%E5%BC%B5%E6%83%A0%E5%A6%B9關於張惠妹的報導。

3. 哈佛大學塔爾‧班夏哈教授認為「幸福感」是衡量人生的唯一標準，是所有目標的最終目標。當正面情緒多於負面情緒時，我們在幸福這一「至高財富」上就盈利了。參見〈楔子〉一章的延伸閱讀《更快樂：哈佛最受歡迎的一堂課》一書。

4. 參見 Wrzesniewski, A., McCauley, C. R., Rozin, P., & Schwartz, B. (1997). Jobs, careers, and callings: People's relations to their work. *Journal of Research in Personality, 31*, 21-33. 一文。

5. 《清代皇帝祕史》記載乾隆下江南時，來到江蘇鎮江金山寺，看到山腳下大江東流，船來船往，人聲鼎沸，熱鬧非凡，便問旁邊一老和尚：「你在這裡住了幾十年，可知每天來來往往有多少船？」老和尚說：「我只看到兩隻船，一隻為名，一隻為利。」此可謂一語道盡世間真相。古語有云：「天下熙熙，皆為利來；天下攘攘，皆為利往。」即是對人生的真實寫照。名利如此迷人，以至於天下之人皆為名奔波，為利忙碌。

6. 「柯媽媽」用八年的時間推動汽機車「強制責任險」。引自YouTube 網路上的專題報導（http://www.youtube.com/watch?v=V2PRXuBSguU）。

7. 同註解4，亦可參見 Wrzesniewski, A., & Dutton, J. (2001). Crafting a job: Revisioning employees as active crafters of their work. *Academy of Management Review, 26*, 179-201. 一文。

8. 參見第1章及本章的延伸閱讀《喜悅的腦：大腦神經學與冥想的整合運用》和《第七感：自我蛻變的新科學》二書。

9. 參見本章的延伸閱讀《讓天賦自由》（其中的第27、52-56頁）以及《發現天賦之旅》二書。

10. 關於「心流」、「福樂」、「神馳」或「忘我」一詞，請參見本書第16
章〈體驗忘我〉的詳細說明。

第9章
和諧的兩性關係──愛情與婚姻

> 和諧的愛情與婚姻關係，是學習來的，不是天生的！天下沒有
> 白吃的午餐，當然也沒有不學而獲的兩性關係！
>
> ──余民寧

這個世界就只有兩種人：男人與女人。不論就生理性別或心理性別而言，男女兩性之間，如果不能和平、和諧相處，那真的是比發生世界大戰還可怕！要世界和平，就需要從兩性和諧共存開始做起，學習如何與異性和平相處做起！

就已婚的人士來說，獲得與維持和諧的婚姻關係，可說是人生獲得至高幸福感的決定性要素之一；而就未婚人士而言，獲得與維持和諧的愛情體驗，也是一件提升幸福感的重要來源之一！為了你的幸福起見，學習如何建立和諧的兩性關係──無論是愛情或婚姻，都是決定你這一輩子是否能夠享受幸福的一項重要人生課題！我們怎能不好好花費心力與時間去研究、學習、與處理呢？

我相信在正向情感的交流層次上，婚姻關係應該會比愛情體驗來得更深、更遠與更廣。沒有以愛情為基礎的婚姻關係，是無法持久的！但是要維持一個滿意、和諧、持久的婚姻關係，卻還需要投入愛情以外的行為要素才行！

愛情與麵包之戰，一直困擾很多人的選擇！當碰到如此的議題時，我們必須學習跳脫「二選一」的兩難困境，尋找更具創意、能夠雙贏、並且兼顧兩者的問題解決策略。畢竟，我們都處在一個「豐盛的時空」之中，我們可以選擇去創造我們自己的「實相」（reality），不一定要落入傳統的窠臼思維中，只能被迫「二選一」（either A or B）！

首先，我就先來談談能夠促進正向情感交流的愛情體驗！這至少是婚姻的基礎，不僅對已婚者適用，連對未婚者而言，也是一項很重要的學習課題！

什麼是愛情？

每個人都有「愛與被愛」的基本需求和能力！這是根據人本心理學家馬斯洛的說法而來。屬於人際之間的基本需求分別有：愛與歸屬感，而愛的需求是其中之一，係指希望能夠表達和接受親密關係的一種慾望！

一般常見的典型（現實的）情況，總是將兩性間的交往關係看作是一種「報酬與代價互換」的關係，此關係是否能夠繼續維持下去，決定權在於雙方是否能夠同等地付出與投入；換句話說，從兩性的相互吸引、交往起，剛開始時是以增進雙方歡樂與愉悅的感覺來增強情感的交流；在過程中，雙方會以交換觀點來衡量雙方交往的投入與獲得報酬之間，是否維持代價互換的對等關係，以決定是否繼續維持交往關係或考慮就此分手，而投入可互換的報酬物，則包括薪水、地位、聲望、情感、榮譽、歸屬等需求的滿足等。

然而，愛情的發展歷程，不僅只是如此現實觀而已，還有其他的可能性、功能性與教育性，任何人都需要學習！

愛情的學術研究理論

比較說來，臺灣的學校教育，對於教導如何與人相處，顯然較遜色於學業成就的教導！不僅在過去沒有實施兩性平等教育的時代（如傳統的男女分校教育）是如此，就連現代已推行兩性平等教育之後，情況也沒有改善多少。只要打開電視收看每天的新聞報導，不時可見情侶為愛殉情與情殺、因不倫之戀而發生的糾葛、爭風吃醋而發生的情殺與鬥毆、離婚官司等事件被報導出來，甚至連家暴、亂倫、父母親攜子女自殺、子女弒父弒母等逆倫事件，也都層出不窮、不絕於耳。顯見情感教育是未來值得重視的一環，而教導學生或子女具有以正向情緒為基礎的愛情與婚姻觀，可能是培養幸福婚姻

的重要基礎！

　　家庭，就像是一個最小型的社會！家庭裡的每位成員均能達成身心靈健康時，則家庭成員一定和睦相處，人際關係一定和諧、融洽，則上述新聞報導的不幸消息，就可以大幅度減少，甚至不再存在。因此，認識本章的主題——和諧的兩性關係，無論是愛情或婚姻，就變得很重要值得你付出心力與時間去學習它！

　　要學習分辨愛情（常見於異性之間）與友情（常見於同性之間居多）的不同，應該是不難的，因為它們本身之間即有差異存在！

　　愛情，是一種「施」與「受」的情感交流與互動關係，需要建立在關懷、依附、和信任三項基礎上！根據美國耶魯大學心理學教授羅伯・斯坦伯格自創「愛情三角形理論」（註1）的說法，他認為愛情關係包含三項重要元素，分別是：親密、激情和承諾。它們可以分述如下：

1. 親密

　　係指情感上的親密狀態。對對方有好感，喜歡和他／她在一起，和對方相處時，會感到愉快、舒服，彼此心靈交會，有相連相屬的感覺。

2. 激情

　　係指看到對方時，會有強烈的感覺，非常渴望和對方在一起，沒見面時心中想的都是他／她，但也說不出來為何如此迷戀他／她，當然，這也包括對性的需求和渴望在內。

3. 承諾

　　係指決定去愛一個人，並且願意和他／她維持長久的親密關係。

　　因此，根據上述三項元素構成比例的差異，斯坦伯格教授把愛情分成下列四種類型：

1. 浪漫式愛情

　　這是一種親密與激情的組合，但不願意或不能付出承諾！例如「不在乎天長地久，只在乎曾經擁有」的愛情即是。我認為在英國情報員007的系列電影裡，男主角詹姆斯・龐德（James Bond）的愛情觀即屬於這一種類型，永遠浪漫、遊戲人間下去，而不會有「有情人終成眷屬」的結果出現。

2. 伴侶式愛情

　　這是一種親密與承諾的組合，但已退去激情的成分！例如：「經過大風大浪，我們是最佳拍檔」的愛情即是。這是中國人最常見的「老夫老妻」式的愛情，雖然沒有太多激情的成分在裡頭，但卻能「白頭偕老」、「永浴愛河」一輩子。

3. 愚蠢式愛情

　　這是一種激情與承諾的組合，卻無親密關係當作基礎！例如：「你／妳給我一夜，我給妳／你一生」的愛情即是。這是現代都市男女追求一夜情的愛情觀寫照，等到激情過後、新鮮感不在時，也就不再付出承諾，愛情也就此結束。

4. 完整式愛情

　　這是一種親密、激情、和承諾的組合與交互作用，本身即意味著「真愛的本質」！就幸福人生而言，這就是本書所擬提倡的愛情觀，是建立一個滿意、和諧、持久婚姻關係的基礎。

　　當然，社會學家約翰・李（John Lee）（註2）也對愛情的分類持不同的看法。例如，他認為愛情可以分成下列幾類：

1. 浪漫式愛情

係指激情浪漫的愛情，以追求外在形體美為基礎！

2. 遊戲式愛情

係指將愛情當作擄獲獵物（對方）的挑戰性遊戲，避免投入真實感情，只追求個人需求的滿足，對所愛的人不肯負責任！

3. 伴侶式愛情

係指由長期友情累積演變成的愛情，溫情多於熱情，信任多於嫉妒，是一種平淡而深厚的愛情！

4. 奉獻式愛情

係指將愛情看做是一種奉獻、付出，甘願為所愛的人犧牲、付出一切，而不求回報！

5. 現實式愛情

係指一般現實社會交換理論下的愛情，係基於現實利益的考量，是一種條件式愛情，為一般典型的現實愛情觀！

6. 神經質式愛情

係指一種強制、排他性的愛情，對愛情敏感而情緒起伏不定，是一種患得患失的情緒化愛情！

總之，即使分類方法不同，愛情所含的三項基本成分，缺一不可，是大家可以共同認可的，它也是構成一個滿意、和諧、持久婚姻關係的基礎！

從愛情發展到婚姻關係的路徑

　　根據他的分類和看法，斯坦伯格教授認為一個成功的愛情發展路徑，應該為：在愛情剛發展的初期，激情的作用很重要，剛開始見面時會有臉紅、心跳、牽手、擁抱、親吻、觸摸、甚至性行為等；在愛情發展的中期時，親密感會持續增強，能溝通內心的感受及提供情緒、物質上的支持等；而到了愛情發展的後期，由於承諾的出現，進而會建立穩定的關係，而有考慮組織家庭的構想和計畫出現。

　　其實，斯坦伯格教授的看法，是一個比較簡約的描述。實際上，從愛情發展到婚姻關係，是會經歷過不同階段的歷程與考驗的，底下的說明（註3）即是。

1. 認識準備期：男女雙方經由各種活動或由他人介紹而認識。
2. 觀察發展期：雙方彼此有好感，想進一步交往。
3. 激情甜蜜期：彼此的關係穩固後，心屬對方，籠罩在濃情密意的氣氛中。
4. 質疑衝突期：當雙方較瞭解彼此後，謹慎考慮彼此的優缺點和適配性。
5. 適應接受期：當彼此願意接受對方優缺點，一起共同學習成長。
6. 許下承諾期：當彼此感情上軌道，彼此承諾，共組家庭。

　　在這個從愛情發展到婚姻關係的路徑中，最容易產生問題、發生摩擦、導致分手、或種下日後婚姻不幸的導火線的地方，在於「激情」開始發作的階段！這也是兩性交往開始面臨情感挑戰、學習互動成長、與培養適應對方的磨合時期，這對想建立一個和諧穩定的愛情觀與婚姻關係的男女雙方而言，相當重要。在這個階段裡，有一些事情可以避免發生的，就盡量避免發生；有一些需要學習的地方，就要認真學習成長；而有一些需要堅持的地方，就需要堅持到底。這畢竟關係著兩人最後是否可以「有情人終成眷屬」、最後是否真的可以「白頭偕老」、「永浴愛河」一輩子的關鍵要素。因此，不得不謹慎，必須小心應對和學習才行。

婚前性行為的不良影響

在雙方認識，開始交往算起，「激情」的作用會開始發酵！許多哲學家或文人都曾經說過：「愛情使人盲目」！而現代的神經科學家研究也發現，談戀愛時大腦所分泌的催產素、多巴胺、腦內啡等化學傳導物質，會中斷戀愛中的人對外界刺激的認知與思維能力，進而使人產生與吃迷幻藥般的感覺一樣，茫茫然、飄飄然、神魂顛倒、理智不清楚、終日茶飯不思，甚至迷戀恍神！這時，所下的任何決定（包括說出：「我愛你」、承諾負起責任、甚至決定結婚等事），都是具有高度風險的，都無法打包票說一定是真的；此時所做出的行為，既衝動、又盲目，完全訴諸本能的慾望與需求，都是最容易事後產生後悔的！最典型的例子，即是發生婚前性行為等超友誼行為、一夜情、或先上車後補票再說！

就以婚前發生性行為為例來說，這是理智退卻、感官衝動下的行為後果，往往產生對男女雙方不良的影響，間接影響往後的婚姻關係。若後來婚姻告吹了，所產生的後遺症和副作用，對女性的影響比對男性的影響來得更大，更令人不得不小心謹慎了！婚前發生性行為會產生的不良影響，包括下列幾者：

1. **在生理方面**：會冒著未婚懷孕、罹患性病的風險。貪圖一時生理需求的抒解，卻帶來事後無窮的擔心與焦慮，連帶的，會陷入生理激情的慾望中，而影響日常作息的正常化。

2. **在心理方面**：事後會產生後悔、自責的心理，或是道德感消失，雙方互動關係改變（尤其是同事之間、朋友之間、與倫理之間）；萬一雙方分手，更容易造成當事人的感情創傷，嚴重的時候，甚至會導致罹患憂鬱症、殉情自殺或報復殺人。

3. **在社會方面**：發生婚前性行為後，萬一未婚生子，由於沒有法律保障的婚姻規約，男女雙方（尤其是初入社會的年輕人或在學期間的青少年）恐將無力撫養，這不僅造成社會問題，也容易遭受他人的非議，而自己也無緣或無法感受到幸福婚姻的家庭生活。

4. 在生涯方面：萬一勉強奉子成婚，雙方為了負起養家的責任，將不僅造成個人學業、就業的中斷，直接影響生涯規劃，間接影響下一代的教養品質，更埋下日後個人成就與愛情、婚姻、家庭關係衝突時，所引發的不滿、抱怨、遷怒與悔恨的不良認知與行為。

因此，在熱戀中的雙方（尤其是尚未具備獨立謀生能力的年輕人），必須稍稍延長交往的時間，讓時間沖淡、冷卻一下「激情」的作用，使雙方都能有機會經歷「質疑衝突期」與「適應接受期」後，在理智取得勝券在握後，才開始讓「承諾」發揮效用。如此一來，雙方才比較有機會共享建立在「完整式愛情觀」基礎上的婚姻關係！除非雙方都已是身心成熟、且具備獨立謀生能力的成年人，此時，發生婚前性行為的問題或許不是那麼具嚴重性，但也必須是在發自「親密」與許下「承諾」之後的事；不然，沒有「親密」與「承諾」的婚前性行為，充其量，也只不過是解決生理需求的「激情行為」而已，離建立一個滿意、穩定與和諧的婚姻關係還差得遠呢！

「性」要教育

因此，個人可以參考檢視前述「愛情的學術研究理論」的說法，來認知雙方的感情關係，考量雙方在愛情三要素中親密、激情和承諾的成分各付出多少。特別是就女性而言，更需要建立「身體自主權」的意識！女人不是男人或男朋友的附屬品，應該學會獨立、保護自己，並且瞭解性行為和愛情是兩回事！更不可以企圖以身體換取愛情，同時也要認知到發生性行為，就意謂有可能懷孕的風險。當對方的要求違反自己的意願時，就要勇敢且大聲的說：「不」！

親密關係的三種形式

關於前面所述的愛情三要素：親密、激情和承諾，你最同意或最接近下列哪一種關於浪漫關係的敘述或說法：

1. 我發現我很容易跟別人親近，我依靠他們或他們依靠我，都不會使我

不舒服。我不常煩惱被人拋棄，或讓別人跟我太親密的感覺。

2. 我跟別人太靠近時，會覺得不舒服、不自在。我發現我很難完全相信別人，或讓自己去依靠別人。當別人與我太親密時，我會覺得緊張。我的情人常希望我能跟他／她更親密一點，但是我做不到。

3. 我發現別人不太情願跟我親密，至少比我希望的疏遠。我常擔心我的情人不是真的愛我，不想跟我在一起。我很想跟別人完全結合在一起，但是這個想法常常把他／她們嚇跑。

其實，上述三種關於愛與被愛的親密關係型態的描述，均源自於我們的童年成長經驗。如果你分別認同上述說明中的一者，則你的親密關係類型即是分別屬於下列三種類型之一：安全型（secure type）、迴避型（avoidant type）及焦慮型（anxious type）。這三種親密關係的建立，都是源自於我們幼兒時期的成長與被教養經驗，尤其是與母親的分離經驗所塑造而成的。

三種依附關係

上述三種類型的親密關係，即稱作「依附關係」（attachment relationship）。這三種依附關係的產生與建立，係來自每個人於孩提時期與母親的相處所建立起來的關係，它不僅會影響到每個人日後與他人相處（尤其是與異性相處）的感情模式，甚至還會影響到所選擇的戀愛對象或婚姻關係。這三種依附關係分別說明如下：

1. 安全型的依附關係

對父母的記憶是溫暖的、有愛心的；長大後，自己對他人的態度是有信心、不懷疑、可靠的；自己與情人之間的關係，係建立在依賴與獨立之間的平衡點上；會承認自己心情不好，並會採用努力化解壓力情境的壓力管理方式來管理自己的情緒問題。

2. 迴避型的依附關係

對父母的記憶是冷漠的、拒絕他人的；長大後，自己對他人的態度是不

可信的、懷疑的、不可靠的;自己與情人之間的關係會保持一段距離,把個人成就看得比親密關係還重要;不會承認、也不會顯示自己心情不好或不高興,並採用不去面對或逃避的壓力管理方式來管理自己的情緒問題。

3. 焦慮型的依附關係

對父母的記憶是很不公平的、緊張的;長大後,自己對他人的態度是無法理解他人及行為,對他人感到困惑;自己與情人之間的關係,係建立在不鼓勵所愛的人自主或獨立;會到處訴說自己心情不好或憤怒,並會採用退縮的壓力管理方式來管理自己的情緒問題。

安全型依附關係者的婚姻關係

根據研究發現,具有安全型依附關係的人,當他/她與情人親密相處時,會覺得很自在,並不會擔心這段關係最後會不會成功;並且,他們對婚姻的感覺也比較滿意(註4)!

因此,根據研究結果來推論,若要有一個穩定的羅曼史,最好是將兩位都具有安全型依附關係的人放在一起!最起碼,雙方至少要有一位是具有安全型依附關係者,則另一方(迴避型或焦慮型)對婚姻的感覺也會比較滿意,至少比雙方都不是安全型依附關係者來得滿意!

所以,具有安全型依附關係者,在以後的愛情生活與婚姻滿意度上,會是一個正向的決定因素!特別是,在下列三個問題層面的比較上,具有安全型依附關係者更能顯現其對婚姻關係的優勢:

1. 照顧別人

安全型的人比較會照顧他/她的配偶,他/她們不但比較親密,並且也比較知道對方的需求。

迴避型的人則是保持距離,並且不知道什麼時候對方需求照顧。

焦慮型的人則是「強迫性」的照顧,不管對方要不要,都一直的給,讓對方感覺透不過氣來。

2. 性

安全型的人會避免發生一夜情或露水鴛鴦型的性行為，他／她們認為沒有感情的性是沒有意義的。

迴避型的人則比較會同意隨便的性行為，他們可以接受沒有感情的性。

焦慮型的女性常會捲入暴露狂、偷窺別人性行為、及性虐待的醜聞中；而焦慮型的男性則會有比較少的性愛次數。

3. 當婚姻觸礁時的問題處理方式

安全型的人會尋求別人的支持，會產生較高的滿意度，對分離又重逢後的衝突也比較少。

迴避型的人並不會（試者把它忘掉）尋求協助，會產生較高的身心症和具有較強列的敵意。

焦慮型的人則集中注意力在自己身上，會產生較高的身心症和具有較強烈的敵意。

因此，綜合上述的說明，我們可以利用正向心理學的研究發現，大力轉向探討安全型依附關係如何用來增進戀人之間的親密關係，與維繫長久穩固的婚姻關係！

人們會選擇結婚的正當理由

在愛情的三要素中，經過親密與激情的作用之後，熱戀中的雙方若有機會經過「質疑衝突期」與「適應接受期」的考驗之後，極有可能會出現「承諾」的行為，雙方有意共組家庭與建立婚姻關係。

人們為什麼會選擇結婚，綜合來說，其理由不外乎下列幾者：

1. 因為愛情。
2. 因為友伴、現實考量和避免孤獨。
3. 因為性的需求，包含生兒育女的渴望。
4. 因為經濟因素、安全的考量。

5. 因為是該做的事，視結婚為戀愛的最終結果。

我想，這些都是正當的因素，都是男女雙方能夠建立比較長久穩定的婚姻關係之正當且合理的動機所在。但是，既然是如此冠冕堂皇的理由，為何又會有離婚、不幸婚姻、怨偶關係的情形發生呢？

關於這個質疑，我們還是訴諸文獻的記載，進一步探索婚姻關係之所以可以持久或不持久的真正原因所在。

婚姻不會持久的徵兆

根據古特曼研究機構（Gottman Institute）的研究發現，當夫妻雙方的互動關係出現下列行為時，即反映出婚姻關係不會持久的徵兆（註5）：

1. 一開始爭吵，就吵得非常凶猛。
2. 批評對方的不是，而不是在抱怨。
3. 輕視、瞧不起對方。
4. 因為一點點小事就立即爭吵，為自己辯護。
5. 不分青紅皂白就先吵。
6. 負面的肢體語言，包括暴力在內。

而真正的肇始原因，應該是來自當初為什麼想要結婚的「不純正動機」上，這些動機可能包括下列幾者：

造成問題婚姻的不純正結婚動機

1. 因為發生婚前性行為，把女方肚子搞大了，而為瞭解決懷孕問題，只好被迫選擇奉子（女）成婚。
2. 因為同情對方或讓對方同情自己，誤讓自己扮演英雄救美（或受害被救）的角色，混淆愛情與同情，以為結婚即是救贖的良方。
3. 因為想反抗或逃避原生家庭環境，擬藉婚姻逃離不愉快的家庭束縛。
4. 因為失戀而想報復前任男（或女）友的負心，以閃電結婚方式證明自己是有人愛的。

5. 因為屈服於社會壓力，同齡的朋友都結婚了，所以自己也應該結婚。

6. 因為追求金錢、權力、或物質享受的因素，而選擇結婚。

7. 因為想解決孤單、無聊、寂寞的問題，而選擇結婚。

8. 因為其他因素（例如：政治、經濟、習俗、文化）而選擇聯姻。

這些不純正的結婚動機，都是埋下婚後夫妻雙方因為一點點小意見不合而爆發口角、齟齬、抱怨、爭執、吵架、甚至嚴重衝突（例如：暴力）的引信。夫妻雙方如果沒有從中學會如何與配偶和平相處與通暢的溝通表達方式，長期讓自己的情緒處於不快樂或負面的結果，就是會導致憂鬱症、精神疾病、家暴、離婚、自殺、攜子自殺、殺妻（夫）等不幸事件的發生，終致毀了一樁原本可以美滿經營的幸福婚姻！

婚姻會持久的徵兆

同樣的，根據古特曼研究機構的研究發現，婚姻會持久的夫婦們，一週至少會多花五個小時在他們的婚姻經營上（註6），例如：

1. 出門：出門時，會找出一件當天兩個人都會去做的事。

2. 回家：下班時，這些夫婦都會有一段輕鬆、愉快或幽默的對話。

3. 表達愛意、觸摸、擁抱、親吻行為：這些行為都已經灑滿了溫柔與寬恕的表達糖粉，且都已成為自動化的習慣。

4. 一週一次的約會：只有兩人去到一個輕鬆的環境，讓愛情自動加溫、升級。

5. 稱讚與欣賞：每天至少會稱讚和表達感謝對方一次。

換言之，良好且持久的愛情與婚姻關係，是刻意培養出來的！這也就是結婚容易，經營困難的道理所在！要維持一段穩定、長久、美滿且幸福的婚姻關係，男女雙方都要列為畢生的重大學習課題，並且要以刻意、認真、用心、包容且持之以恆的態度，從生活中去學習成長，才能有機會享受甜美的果實！

總之，和諧的愛情與婚姻關係，是學習來的，不是天生的！天下沒有白吃的午餐，當然也沒有不學而獲的兩性關係！

使婚姻美滿的條件

行政院主計處根據社會發展趨勢調查的結果（註7），公布且提倡一些能夠促使婚姻美滿的主要條件，依序包括下列幾者：

1. 互相信任、容忍、體諒。
2. 經濟基礎穩固。
3. 價值觀念、興趣相同。
4. 親密的愛情基礎。

此外，個性成熟、無條件支持對方、學習積極正向的溝通技巧、建立家庭共同目標、用心經營生活情趣等，也都是很重要的條件之一。

總之，經營一樁美滿婚姻生活的秘訣，就在於夫妻必須建立「婚前選擇你所愛的人，婚後愛你所選的人」的共識，讓對方做他／她自己，而不是要求對方按你／妳的期望做改變！

如何使一個穩固婚姻更親密

前面說過，在從愛情發展到婚姻關係的路途中，熱戀中的雙方若有機會經過「質疑衝突期」與「適應接受期」的考驗，在理智取得勝券在握之後，比較有機會將兩性關係建立在「完整式愛情觀」的基礎上，共創一段幸福、美滿的婚姻關係！

那麼，什麼是質疑衝突期呢？什麼是適應接受期呢？

這也就是說，當雙方把交往的時間拉長後，雙方有比較長的時間去觀察對方、瞭解對方的優缺點為何、優勢特質是什麼、個性是否成熟穩重、為人是否負責任、價值判斷與興趣是否與自己適配，甚至是具有哪一種依附關係、對人生的規劃和看法為何、對情感的投入與付出是否相對等，當這些因素都納進來考量與分析之後，雙方是否合適繼續交往？是分開的好呢！還是繼續交往的好呢！總之，一定會有質疑和衝突的想法和經驗產生。這個交往階段，即是所謂的「質疑衝突期」！

而歷經「質疑衝突期」的冷卻作用後，雙方因瞭解而分手的決定，總比因誤解而結合的決定，來得好、來得理性、來得有保障！雙方都要能好聚好散，都可以從交往中習得如何與異性相處的寶貴經驗，這對爾後婚姻的選擇與承諾，都會具有正向的教育功能與意義。

雙方若決議繼續交往的話，則必須透過一些技巧的學習，嘗試表達自己的觀點與看法，試著學習接受並接納對方的一切優缺點，並且一起共同成長。這個交往階段，即是所謂的「適應接受期」，並對未來邁入「許下承諾期」做學習、做準備！

在是否許下承諾之前的學習適應很重要，這對未來婚姻關係的建立也有十足的影響力！雙方必須真實的學習體認到，自己能做到無條件的接納、包容對方的一切優缺點，允許對方做他／她自己，但又不勉強自己委曲求全地配合對方做改變，要能真誠地表達真實的感覺與感受，透過正向積極的溝通方式讓自己成長、成熟、與學會做改變！這時，許下承諾，才會帶來一個紮實、穩固的婚姻基礎！

因此，下列有一些學習技巧與觀點的建議值得參考。它們都是有助於穩固薄弱、易碎的婚姻基礎，並朝更親密、更融洽、更和諧的婚姻關係邁進的策略：

1. 如同塞利格曼教授所建議的，在每天的婚姻生活中，都盡量發揮自己的長處。

2. 盡早培養樂觀的人格特質，並將它應用到婚姻上。當兩人都是悲觀的人時，婚姻關係是無法長久的。

3. 練習反應式傾聽（reflective listening），學習當一名好聽眾，盡量多給予對方正向、肯定、支持性的對話與鼓勵，以表達自己的關懷、信任與支持的心。

4. 必須認知到婚姻中的溝通或問題解決方式，沒有誰輸誰贏的問題，只有雙贏或者雙輸的結果。

5. 用心與專注：一定要針對配偶給予足夠的用心，不斷稱讚對方的長處，時時表達對對方的感恩與愛意，即能改善用心與專注的品質。

6. 不可取代性：在自己的心目中，必須把配偶擺放在獨一無二的位置，

具有不可取代性的價值與角色。

夫妻吵架（或爭執）的藝術：七項原則

即使在上述的建議實施之下，萬一有遇到爭執時，也一定要繼續恪遵下列的原則，進行正向的溝通，讓吵架變成促進雙方情感更加精進的機會，而不是構成破壞日後婚姻關係的殺手！這些存在於夫妻之間的建設性吵架原則，有幾項頗值得參考：

1.吵架（或爭執）有時是很難避免的，應該以積極的角度來看待

夫妻兩人，不僅性別不同，個性、觀念、習慣等亦各有差異。戀愛時，彼此還有機會掩飾、包容；結婚後，朝夕相處，互動頻繁，大大小小的衝突（或爭執）是無法避免的。有時候，連自己的牙齒都會有咬到舌頭的時候，更何況是夫妻之間呢！當面對這些衝突（或爭執）時，若是大驚小怪，以為有了爭執就表示兩個人不適合在一起，這是一種錯誤的認知！反之，若以為美滿的婚姻就是兩個人永遠不爭吵，所以在衝突（或爭執）時，只好極度的容忍，百般的委曲求全，以維持一個表面和平狀態，這也絕對是不正常的現象！事實上，夫妻應該以積極的角度來看待吵架（或爭執）！「會吵架」的夫妻（即知道吵架的原則的人），兩人之間的感情會愈來愈好，而且吵架的次數也會愈來愈少！

2.吵架（或爭執）是「角度」問題，而不是「是非」問題

夫妻吵架（或爭執）的主要原因，是因為對事情的看法不同，以為事情一定只有一個答案可以解決。吵架者的基本心態，是強烈認為「這件事一定是我對，我的另一半是錯的。」問題是，當兩個人都堅持自己的想法才是對時，吵架就會層出不窮了。事實上，當家庭糾紛、夫妻爭執等事件發生時，經常都是沒有固定答案的，它們純粹是「角度」的問題，而不是「是非」的問題！「會吵架」的夫妻，在爭執過程中，會努力去體會對方的真正意思，

或是比較雙方之間的差距在哪裡！而「不會吵架」的夫妻，則在爭執的過程中，極力想要駁倒對方來證明自己才是「對的」；結果，反而是造成兩敗俱傷！還記得前述營造讓婚姻關係更親密穩固的策略嗎？「婚姻中的溝通或問題解決方式，沒有誰輸誰贏的問題，只有雙贏或者雙輸的結果」！因此，在爭執的過程中，你辯贏了，但卻傷了和氣與和諧，也算是輸！即使辯輸了，不服氣，心裡不高興，也還是輸！所以，我才說「只有雙贏或雙輸的結果，沒有誰輸誰贏的問題」！

3.吵架（或爭執）應該是「講情」，而不是「講理」

一般吵架的特徵是「爭理」，所以拚命的抓住對方的語病，找出對方邏輯的缺失，集中火力給予致命的一擊，讓對方沒有招架的餘地。問題是，在「爭理」的過程中，往往會造成「傷情」與「傷心」的後果，即使贏了「理」，也往往造成對方對你產生負面感情的感受而已！夫妻之間的爭執，用「交情」來處理，遠比用「分析、邏輯辯論」的吵架方式，還要來得有建設性！

4.千萬不要在第三者面前吵架（或爭執）

吵架者為了證實自己是對的，經常喜歡投訴局外的第三者，希望別人會主持公道，支持你的看法。而為了爭取較多的同情，就必須不斷的提到配偶的不是，或批評配偶的不對之處。這種在第三者面前控訴自己配偶的習慣，對夫妻之間的感情破壞性極大，夫妻雙方應該竭力避免，否則，受害的人最後還是自己！「會吵架」的夫妻，只希望兩人能面對面的處理彼此間的歧見，而不願在父母、朋友、同事甚至是孩子的面前吵架，如此一來，兩人感情復原或修復的可能性，就可以大大提升！

5.千萬不要企圖吵贏

夫妻吵架不管誰贏誰輸，事實上都沒有贏者，雙方都是輸家！萬不得已吵架時，會吵架的人頂多只是「點」到為止，從來不想「贏架」。美國曾經

有做過一個受虐妻子（abused wives）的研究，結果發現那些挨打的太太們都具有一個共同的特徵，那就是她們每次吵架時，都是吵贏先生的；而那些先生們，既然無法在言詞上獲得優勢或成就感，就只好以拳頭來取勝了。由此可見，吵贏了架，不僅沒有實質上的好處，而且可能還會招來毒打！因此，「會吵架」的夫妻，事事會給對方留餘地、留面子，讓對方有臺階可下，而「不會吵架」的夫妻，卻時時想把對方趕盡殺絕、駁倒對方！

6.針對事情真相做描述，而不要加油添醋渲染自己的感受

會發生吵架（或爭執）時，一定是事出有因！「會吵架」的夫妻，在吵架的過程中，會集中在事情真相的描述上，讓對方知道自己的狀況與需要；而「不會吵架」的夫妻，卻喜歡誇大表達自己的受氣，常用偏激的形容詞來激怒對方！例如，某個家庭主婦因為養育四個幼小的子女而無暇整理家務，導致家中髒亂不堪。若丈夫懂得如何「吵架」的話，他不妨敘述問題的真相即可，例如：「太太，妳一定是很忙喔，家中連一個乾淨的碗也沒有！」而太太聽到這句話時，也許會覺得愧疚，而趕快把碗洗乾淨；但「不會吵架」的丈夫若說：「妳這又懶、又邋遢的女人，簡直髒得跟豬一樣⋯⋯」，可想而知，家庭中發生大戰就無法避免了！

7.先認輸的人，才是真正的勇者、智者、贏家

吵架既然是角度不同所引起的爭執，成熟的夫妻雙方，都會極力設法去避免！而避免吵架的最好方法，就是承認對方的意見可能比自己的好！這種反應作為，往往是具有充分自信心與成熟度的人，才有勇氣做得出來，也是值得大家爭相仿效學習的智者、贏家！能對自己的配偶讓步，絕對不是什麼損失，反而是收穫！而配偶得知對方先讓步時，千萬不可得寸進尺地說：「早就說你錯了，到現在才承認！」相反的，應該給予配偶更多的鼓勵與尊敬，那麼，下一次吵架時，配偶就更願意先讓步了！

總之，愛情係建立在親密、激情與承諾的人際互動關係上，是個人的基

本需求之一！良好的愛情關係，可以讓人獲得正向情緒的滿足，組成家庭，繁延下一代。而一個理想的婚姻關係，係建立在一個理性認知、個性成熟、經濟穩固、信賴容忍的愛情基礎上，並且需要長期投注心力，用心經營的親密關係！

相關的研究亦證實，婚姻關係的滿意，是個人整體幸福感的最大來源！為了獲取最大的幸福感，每個人都需要用心學習如何經營一個美滿的婚姻關係，如果你選擇投入「婚姻」的話！

練習作業

本項作業的名稱，就叫做「**培養你的反應式溝通能力**（Practicing your reflective communication.）」！

這是一種能夠與人產生正向溝通的積極性技巧，不論是針對配偶、子女、父母，或是同事、上司、部屬甚至是陌生人，都能一體適用的好方法。學會這一招，你的人際關係表現，基本上而言，都應該不會太差！

基本上，當你與人談話時（無論對方是誰），遵守下列幾項溝通的原則，多加練習幾次，即可習得這種反應式溝通能力。因此，請你抓住每一次與人溝通的機會，就順手練習下列幾項原則，並將練習心得記錄下來，三週後再拿出日記來反思一下，看看這種練習對你的正向情緒改變的影響如何。

1. 專心的傾聽：當一名好聽眾，專心的傾聽，不要插嘴，讓對方把話說完，無論他說話的內容是什麼，你聽起來感覺是否舒服！

2. 表達關注的心：對方說話時，可予以點頭、微笑、目光接觸的回應，以表達自己的關懷、信任、與支持的態度。基於這樣的態度，可讓對方繼續分享下去！

3. 鏡照反應看法：就像一面鏡子一樣，把聽到的意思重述一遍，忠實地反映（mirroring）出對方的話語，不要扭曲對方的意思，更不可以加油添醋或自行臆測。可同時詢問對方：「你的意思是不是這樣、那樣……」、「我這樣理解對嗎？」請對方更正我們的理解，直到對方同意「你所說的意思」！

4. 表達同理感受：以同理心感受到對方的感受，站在對方的立場思考，表達你對他的接納，必且以「設身處地」的理解方式，表達出你的看法或回應：「原來你是這樣想的，難怪你會很生氣！」、「換做是我，我也會很生氣！」、「我理解你為什麼會生氣的原因了」！

延伸閱讀

李安妮（2012）。**讓愛自由：男人女人支持彼此，活出真實自我**。臺北市：方智。

吳幸宜譯（2005）。**男女親密對話: 兩性如何進行成熟的語言溝通**。臺北市：遠流。（Deborah Tannen原著。*You just don't understand.*）

孟祥森譯（1969）。**愛的藝術**。臺北市：志文。（Eric Fromm原著。*The art of loving.*）

洪蘭譯（2000）。**愛與生存：愛與親密關係的治療力量**。臺北市：天下文化。（Dean Ornish原著。*Love and survival: The scientific basis for the healing power of intimacy.*）

柯清心譯（2009）。**男人來自火星，女人來自金星：365日愛的叮嚀**。臺北市：臉譜。（John Gray原著。*Men are from Mars, Women are from Venus book of days: 365 inspirations to enrich your relationships.*）

晏涵文（2004）。**性、兩性關係與性教育**。新北市：心理。

徐西森（2003）。**兩性關係與教育**。新北市：心理。

孫儷文譯（2002）。**愛的奇蹟：男人來自火星，女人來自金星**。臺北市：天下文化。（John Gray原著。*Men are from Mars, women are from Venus.*）

許桂綿譯（2004）。**男女大不同健康對策：如何讓火星男人與金星女人活力煥發**。臺北市：生命潛能。（John Gray原著。*The Mars & Venus diet & exercise solution: Create the brain chemistry of health, happiness, and lasting romance.*）

梁蘊如（2006）。**聰明女人，不急著吃幸福棉花糖：廿一世紀新單身幸福哲學**。臺北市：春光。

畢非譯（2012）。**每一天，都是放手的練習：當我們能愛自己，就能準備好，付出愛與接受愛**。臺北市：遠流。（Melody Beattie原著。*The language of letting go.*）

鄧伯宸譯（2012）。**奇蹟之書：愛、天使與禱告的神奇故事**。臺北市：心靈

工坊。（Bernie S. Siegel原著。*A book of miracles: Inspiring true stories of healing, gratitude, and love.*）

潘傳發、潘素譯（2000）。丘比特之箭：穿越時間的愛情歷程。中國：遼寧教育。（Robert J. Sternberg 原著。*Cupid's arrow: The course of love through time.*）

諶悠文譯（2009）。恩愛過一生：幸福婚姻七守則。臺北市：天下文化。（John M. Gottman & Nan Silver原著。*The seven principles for making marriage work.*）

蘇晴譯（2011）。男女大不同：火星男人與金星女人的戀愛講義。臺北市：生命潛能。（John Gray原著。*Men are from Mars, women are from Venus: The classic guide to understanding the opposite sex.*）

戴雅秀譯（2013）。教養不是作戰：當孩子的情緒導師，學習抗壓、處理負面情緒、找到快樂本質。臺北市：大好書屋。（Susan Stiffelman原著。*Parenting without power struggles: Raising joyful, resilient kids while staying cool, calm, and connected.*）

註解

1. 參見本章的延伸閱讀《丘比特之箭：穿越時間的愛情歷程》一書。

2. 參見 Lee, J. (1973). *The color of love*. Toronto: New Press. 一書。

3. 參見本章的延伸閱讀《兩性關係與教育》一書。

4. 參見本章的延伸閱讀《恩愛過一生：幸福婚姻七守則》一書。

5. 同註4。

6. 同註4。

7. 參見行政院主計處（2002）的社會發展趨勢調查網頁，網址為：http://www.dgbas.gov.tw/ct.asp?xItem=3254&ctNode=328。

幸福心理學

第10章

壓力調適──抗壓減憂之道

　　壓力調適的目的與結果，即是希望能夠做到：對壓力的敏感度降低，對生活的滿意度提高，以增進個人的幸福感！

──余民寧

　　在本書的第2章裡，我說過「情緒是一種帶有能量的動力」，它會引導每個人去體驗正向情緒或負向情緒的存在。關鍵點在於，我們是否能瞭解引發情緒的途徑和方法，以及學會分辨哪些活動或事件會激發哪一類情緒的發生？在此，我先根據情緒分類的兩個分類向度：一為「愉快／評價（或愉快／正向到不愉快／負向的程度）」，另一為「活化／喚起（或高度活化／喚起到低度活化／無喚起的程度）」，將各類情緒標示如圖10-1所示（註1）。這個圖即是不同情緒的環狀分布圖，仔細觀察一下它的分布及分類，將有助於我們瞭解情緒的整體概況。

　　由圖10-1所示可知，正向情緒包括：快樂、興高采烈、得意洋洋、精力充沛，興奮、興趣、高興、快樂，滿足、放鬆、舒適、平靜等；負向情緒則包括：憂鬱、愁悶，疲勞、無聊，生氣、緊張，焦慮、恐懼、悲傷、驚慌等。這些正負向情緒，也會因為不同的活化（或喚起）程度，而有高低強烈之分。例如，熱情、興奮是高度活化或喚起的正向情緒，而放鬆、平靜則是較為低度活化或無喚起的正向情緒；反之，乏味、怠惰是低度活化或無喚起的負向情緒，而憤怒、緊張則是高度活化或喚起的負向情緒。

　　在第1章裡，我也說過，重大生活事件或日常生活瑣事的發生，也會引發我們的情緒變化。基本上來說，正向生活事件往往可以引發我們有一個好心情，例如：生理需求獲得滿足（包含：吃、喝、拉、撒、睡、性的滿足等）、身體運動後獲得休息（包含：參與運動、活動後的疲勞獲得休息與解

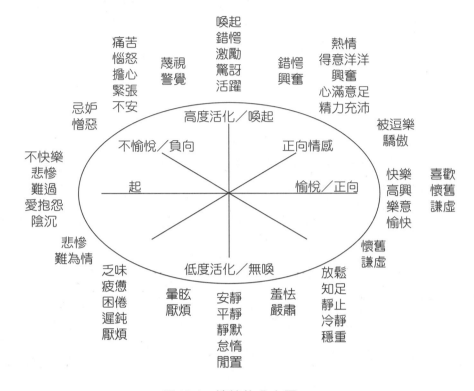

圖10-1　情緒的分布圖

除、洗熱水澡、泡溫泉、三溫暖等）、心智活動正常與獲得滿足（包含：閱讀、聽音樂、看電視、參與文化活動、參與志工活動、對自我能力肯定等）、工作表現受肯定（包含：在執行工作、運用專業技巧等獲得成功、升遷、晉級、加薪、對自己的表現滿意等）、人際關係和諧與獲得支持（包含：與配偶、子女、其他朋友間維持和諧與親密的關係等）、強烈的個人經驗（包含：對美學、宗教的天人合一神秘經驗、忘我、高峰經驗的體驗）等，都會引發我們產生正向情緒的感受——好心情，而引發這些正向情緒感受的特定場合或情境，往往就是上述這些因素的混合結果。例如：表10-1所示，即是引發好心情的正向生活事件（註2）。

表10-1　引發好心情的正向生活事件

正向生活事件	評分
戀愛	78.0
通過考試或取得某種資格	75.5
從重病中康復	72.1
度假	68.9
與丈夫、太太或男女朋友吵架後和好	66.0
結婚或訂婚	65.0
生小孩	64.6
贏得許多錢	64.4
工作升遷或加薪	59.9
與朋友出去玩或訪友	58.0
得到一份工作	56.1

註：本表係依據0~100分的量表刻度，評定會帶給個人幸福、滿意程度的正向生活事件。

相對的，負向生活事件往往就會引發我們有一個壞心情，例如：發生重大負面生活事件（包含：離婚、親人亡故、失業、重大疾病、車禍傷殘等）、日常生活瑣事（包含：不顧他人感受的抽菸者、不預期的訪客、惹人厭的鄰居、對未來的擔憂、對工作不滿意、感到寂寞、害怕被拒絕、生活中的大小瑣事等）、生活中發生挫折或沮喪事件（包含：持續性的做事不順遂或失敗、期望落空、沒有達成工作任務、與他人之間起爭執、習得的無助感）等，都會引發我們產生負向情緒的感受——壞心情，而引發壞心情的這些事件會構成個人的「壓力源」。如果沒有妥善處理的話，個人很容易陷入不快樂，長期來說，更容易形成極致的負面情緒——「憂鬱症」。

什麼是壓力？

壓力係指在強制性環境下，從事某種活動時（不論是自願的或被動的），個人身心所產生的一種複雜而緊張的感受！壓力是一種無形的、主觀的個人感受，係指當個人詮釋自己與環境間互動關係時所產生的一種主觀感受，也

可以說是個人人格特質與環境變化的交互作用下所產生的結果！壓力也可以是一種心理狀態，是個人針對環境所產生的體力、腦力、與心力等反應之總和！簡單的說，壓力的來源是無所不在的，它是現代人都無法逃避的一項負向刺激，多半都會造成個人不愉快、緊張、焦慮、受壓迫的負向情緒感受！

在日常生活中，個人所需要面對及處理的事情相當多，當你能夠積極面對並妥善處理時，你的生活適應會是良好的！你會自我肯定、對自己有信心、對自己產生正向感覺良好，自然而然地，對日常生活會感覺到愉悅、滿意、和滿足，幸福感也會油然而生！

而當你不願意面對，甚至逃避、找藉口搪塞及拖延時，你的生活適應會是不良的！生活中的大小事情便會形成生活上的壓力讓人抓狂，時間久了，壓力便會對個人造成生理上的疾病、產生心理上焦慮和憂鬱，甚至影響工作上的效能表現和生產力，間接帶來不快樂、不滿足和悲慘的負向情緒感受，甚至導致悲觀、沮喪、不幸福以及憂鬱的產生，嚴重時還會導致自殺。

因此，正向而適度的壓力，可以變成生活的動力，激發個人的潛力；然而，負向的壓力就有可能對個人的身心產生傷害！

所以，學習如何處理生活中大小事件的挑戰，學習如何將壓力變成動力，學習如何避免受到負向壓力的傷害，就成為現代人必須具備的生活知識之一！可惜，學校的正規教育對於教導學生如何抗壓、減壓、解憂、防害的知識，多半是沒有教導，或者是教導得不夠多，而只是一昧地企圖透過書包減重、書籍減本、作業減量、考試減次、甚至是學習減半的方式，試圖來降低學生的學習壓力。孰不知這種做法猶如緣木求魚！壓力減低的同時，成就也跟著降低了！其實，人只要活著，就一定會有壓力！這是無法逃避的人生考驗！個人若想在未來的社會中負起更大的責任、成就一番更大的事業，他就必須學習面對更大的壓力，就像結實纍纍的稻穗一樣，必須學習忍受重壓而不被壓垮，必須學習如何抗壓、調節壓力，化壓力為助力，而不是一昧地逃避壓力、設法減少壓力，這才是比較正確的做法！

其實，許多研究報告均一致顯示，壓力與個人的工作表現績效之間，係呈現一種拋物線的曲線關係；亦即，當壓力過高或過低時，個人的工作表現績效均不太好，唯有壓力適中時，個人的工作表現績效才有可能達到最大（註3）！這樣的曲線關係，可由圖10-2看出其間的關聯性。

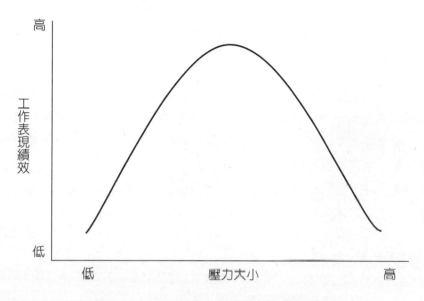

圖10-2　壓力與工作表現績效之間的關係

壓力的不良影響

我們之所以討厭壓力、花時間研究壓力、想辦法克服壓力的原因,是因為長期的壓力通常會導致我們的身心產生疾病、各種病變、精神耗弱而致容易發生意外,甚至危害到生命與財產的安全。在長期的壓力威脅下所導致的疾病,可歸屬於下列常見的幾類:

1. 生理症狀:個人會感覺常頭痛、容易疲勞、經常背痛、血壓上升,神經系統、消化系統、內分泌、皮膚、免疫系統等,都有問題出現。

2. 情緒症狀:個人會感覺沮喪、退縮、焦慮、缺乏耐心、常發脾氣、常指責他人、不安、茫然、失眠、疏離、憂鬱等現象。

3. 心理症狀:個人會感覺無法專注精神、無精打采、經常猶豫不決、記憶力變差、健忘、經常做出錯誤的決定等。

4. 行為問題：個人會感覺工作績效降低、缺乏創造力、逃避責任、工作
　　疏忽、降低對名聲的渴望、工作氣氛不和諧、常請病假，往往導致離
　　職、失業，甚至自殺等。

　　壓力雖然會導致身心產生疾病，但事實上，壓力並沒有想像的那麼可
怕，只要我們學會如何調適，即可達到減壓、抗壓與變壓的目的──把壓力
減低到個人可以承受的範圍，再化壓力為助力，進而達到對壓力免疫的程
度！一般來說，保持規律運動、獲得充分睡眠、採取適當的生機飲食、做好
時間管理、練習正向思考、學習運用人際資源、不斷自我充實、提升自己的
問題解決能力，即能提高自我效能，通常也就可以達到抗壓減憂的目的！以
下即分別說明之。

瞭解壓力的來源

　　首先，讓我們先瞭解壓力從哪裡來？進而，才能提出對策來對治它！
　　形成個人壓力的原因，即叫做「壓力源」。壓力可能是來自日常生活事
件或環境的改變，也可能來自個人的內在因素及內在感受力。一般可分為：

1. 身體導向的壓力源

　　因為外在環境的變遷，對身體直接產生干擾。例如：搬新家、換新工
作、換新學校等。個人需要重新建立新習慣，學習新能力，才能適應新環
境，如果無法適應新環境，身體便會感覺壓力產生。

2. 情緒導向的壓力源

　　時間的壓力──因為時間緊迫，無法完成而不安，例如：工作、學業、
趕車等。
　　期待的壓力──擔心某些事即將來臨，例如：結婚、考試、生育、升
遷、退休、離職、失業等。

失落的壓力──因期待落空而產生的失落感、焦慮、沮喪，例如：期望的事沒有發生、遭遇失敗挫折事件、負向的重大生活事件（例如：親人亡故、嚴重財產損失、重大疾病或殘疾）等。

瑣事的壓力──日常生活瑣事造成心厭狀態、沒耐性、習得無助感，例如：每天都要搭乘擁擠的公車和捷運、對食品安全信心崩潰，不知道該吃什麼才安心、開車族抱怨沒有一條道路是平坦的等等。

以上這些壓力源，都會對個人的情緒穩定性造成嚴重的干擾，無形中，形塑出個人具有不同的情緒體質，而導致罹患不同類型的身體病變。因此，它們是個人身心健康的無形殺手！

3. 情境（問題）導向的壓力源

新角色的產生與更換──例如：新婚夫婦、新手爸媽、新主管上任等，由於新的身分與角色的轉變，容易造成生活適應不良，引發嚴重的壓力感受。

工作或學習的份量與難度增加──例如：工作量不斷增加、工作負荷加大、學習難度加深、學習分量加重等，都會逐漸超過個人能力所能承受的範圍，造成心智或情緒的崩潰。

人際關係緊張──例如：與配偶相處不好、感情與婚姻不和諧、職場人際關係緊張、婆媳不睦、兄弟不合、多重角色衝突、親子關係緊繃等，都會構成不愉快的生活經驗，引發嚴重的壓力感受。

財務緊張──例如：投資失利、生活入不敷出、償還貸款、賠償損失、缺乏財務規劃等，會因財務吃緊緣故而構成生活重擔，造成生活緊繃，活得不愉快。

以上這些屬於情境或問題引發的壓力源，不僅會造成個人生活壓力負荷過重，甚至會造成情緒耗竭或精神耗弱的現象，嚴重影響個人的身心健康！

所以，從以上的說明可以得知，壓力真的是無所不在的！壓力的產生，是個人的人格特質與環境變化兩者交互作用的結果！同樣的壓力，不同的人有不同的適應方式，只要能夠調適得好，壓力並不一定會構成個人的問題；唯有調適不來時，壓力才會造成威脅！因此，瞭解壓力調適的方法，對現代

人（尤其是上班族）而言，絕對是一項必要的學習任務！若能從學生時代起，即開始學會這些壓力調適的方法與技巧，則更能適應未來上班族的生活。

壓力調適的方法──抗壓減憂之道

接下來介紹什麼是壓力調適？

當個人面對壓力時，自然會出現一些反應行為與因應態度，以求降低壓力對自己所造成的不舒服、不愉快的感受！因此，壓力調適即是一種連續性的過程，個人會對生活中的各項困擾與壓力源不斷地進行調適。抗壓是有方法的（註4）！壓力調適的目的與結果，即是希望能夠做到對壓力的敏感度降低，對生活的滿意度提高，以增進個人的幸福感！

壓力調適的方法，就是企圖藉由各種壓力管理方式使自己的壓力達到最理想的水準，以提高對壓力的適應性及耐受性，進而使生活更積極、更愉快！以下所述，即分門別類地介紹幾種壓力管理方法，以期增進個人的問題解決能力、涵養個人的情緒智商、促進溝通表達能力、做好時間管理與運用、提高自我效能，以達壓力調適的目的。

一、學習情緒管理的技巧

學習情緒管理的目的，即是要學會以適當的因應方式，來回應生活周遭環境不斷給我們的各項刺激，以適度表達和處理自己的情緒反應與行為反應，並降低壓力荷爾蒙〔例如：腎上腺素、脫氫異雄固酮（DHEA）、與腎上腺皮脂醇〕對我們身體的傷害！以下所述的方法，可以作為學習參考：

1.覺察自己的情緒

學會覺察自己的情緒，是有效進行情緒管理的第一步！要覺察自己的情緒，必須先能夠做到靜下心來隨時偵測自己的下列狀況：

(1)生理反應：比起平常時，心跳是否加快、呼吸是否變得急促、脈搏是否加速、肌肉有無緊繃、是否感覺口乾舌燥、有無流汗、說話是

否愈來愈大聲、講話速度是否愈來愈快、感覺疲累等。

(2)心理反應：比起平常時的感受，是否感覺緊張、不安、焦躁、煩悶、無法專注、沒有耐性，並對負向事件做出不合理的詮釋與批判，且在心裡面不斷地反芻。

(3)行為反應：比起平常時，是否感覺臉部表情有變化（例如：皺眉、苦惱、嘴角下垂、坐立不安、呲牙裂嘴、眼神閃爍飄移），甚至已經不自覺地用語言或肢體表達出自己的感受或心境，例如：我快給煩死了、我好生氣喔、拍打桌面、摔東西等！

若是你有覺察到如此的狀況，我認為本書第17章所談的「正念冥想」，是一種有效的練習方法，平常時即需要練習，才能學會隨時把心靜下來，去覺察自己的情緒是否有所起伏！

2.適當表達自己的情緒

要如何適當的表達情緒，是一種生活藝術，只能心領神會，很難言傳教誨！個人必須用心去體會、揣摩與練習，試著只要把自己情緒所引發的感覺說出來，而不是把情緒直接反應（或發洩）出來，更不是直截了當的口出惡言、負面批評、或表達出憤怒行為！

3.瞭解與接納自己與他人的情緒

瞭解，可以促進同理心的發展！所以，要學習花時間去瞭解產生情緒的背後原因、來源、與影響，同時也要認知到他人也會與我們一樣具有相同情緒反應的可能性，並以設身處地的觀點去覺察與接納他人的情緒需求，站在他人的立場去體會不同的感受，以充分培養與發揮同理心，並從中尋求雙贏、互惠、妥協的問題解決方案與做法！

4.尋找適合自己的抒解情緒方式

要知道如何自我安慰與抒解，才能擺脫緊張、焦慮、與不安情緒的束縛！因此，尋找適合自己的情緒抒解方式很重要，它沒有共通的特效藥，個人必須親自去尋找適合自己的方式。例如，遇到壓力時：(1)有的人會去跑

馬拉松、長跑、爬山、游泳、打球等，從事大量流汗且能轉移注意力的體能運動；(2)有的人則去唱KTV、聽搖滾樂、玩打擊樂器（打優人神鼓）、看電影等，嘗試以聲響來淹沒內心不斷反芻的思慮；(3)有的人則是以逛街、血拼一場、不斷參觀精品展等，以購買東西來滿足物欲的匱乏，不過，這點還需要你的口袋夠深才行，否則這種紓壓方式會有後遺症產生；(4)有的人則是找人傾訴、訴苦一番、對著空曠的山林大吼大叫一陣子、甚至好好的痛哭一場等，嘗試以較安全、較無副作用的方式來發洩情緒！

上述這些抒發情緒的方式，均可適合不同的個人，也都是一種理想的情緒管理方式！

5. 自己想辦法轉念及改變心情

俗話說：「山不轉，路轉；路不轉，人轉」，這是一種以彈性、理性、圓融、與創意的態度，來面對生活中所遭遇的負面事件（註5）！針對生活中的壓力事件，學習徹底轉換我們對它產生的負面、不合邏輯、不符理性的想法，並試著從不同角度思考問題，培養樂觀正面的態度來詮釋所發生的每一事件，以培養自己具有理性、彈性、不偏執的處世信念和價值觀！

我認為多練習本書第15章「樂觀希望」所談的認知改變練習方法，會是一種有效轉念及改變心情的抒解情緒壓力的方式！

6. 自我勉勵

臺語有句話說：「自己褒揚自己，才不會覺得臭腥」！只要自己能夠妥善處理一次情緒事件，即給自己一個大方、正面、肯定語句的讚美，自己才能逐漸學會克制自己的衝動行為，維持高度的情緒熱忱，並養成延宕滿足的成熟行為！情緒管理並不是一件容易學會的事，但卻是因應壓力的最基礎課程，每個人都應該將它列入第一優先學習的對象！

7. 培養感恩

感恩不僅可以提高正向情緒，更是一種有效的抗壓方式！人生遭遇順境時，自然產生感恩的心，這是很正常的事；但遭逢逆境時，若還能保持感恩

的心，學習體會出逆境背後所要教導你學習的人生課題、要你學習彌補欠缺的能力與作為、要你增長力爭上游的決心與毅力、以及要你學會謙卑與正直的道理，這些都是引領你向上、避免墮落、免於受困於壓力而無法自拔的高尚情操！因此，生活中無論遇到好事或壞事，都要學習表達感恩的心與習慣，不僅能增進自己的正向情緒，提高幸福感，更可以抵抗遭逢逆境時，情緒陷落谷底與無助感的打擊。

我認為學習本書第13章「感恩祈禱」所談論的議題與練習作業，都有助於培養自己擁有感恩的心與習慣，進而習得有效且基本的抗壓方法！

二、學習溝通表達的技巧

凡是人際間的糾紛、誤解、困擾、關係不睦等，十之八九的原因，都肇因於溝通表達不良所引起的！因此，學習良好的溝通表達技巧很重要，它往往能夠化干戈為玉帛，成人合作之美！以下所述的方法，可以作為學習參考之用。

1.先傾聽他人的意見

遇到意見不同、理念不符、觀點各異的他人時，先學會傾聽他人的意見，讓他人先表達自己的意見與看法，別搶著先表達自己的主見，便能澄清溝通不良的問題所在！

2.控制自己的情緒

當遇見他人批評自己的意見時，不論是否合理，先在自己心中默數1到10，學習按耐住自己的情緒反應，不要馬上「對號入座」。這種做法，往往比較不會使自己陷入人際緊張的情緒中！

3.培養同理心

學習站在他人的立場，去體會他人的感受與觀點，以培養出同理心！

4.瞭解並接納他人的情緒

學習瞭解與接納他人的情緒，而不是同意他人的情緒，允許對方有權力產生情緒，而自己可以瞭解他！

5.表達自己的真實感受，而不是情緒

事後，再以同理心的態度，婉轉說明事件原委，表達自己的真實感受，而不是做出情緒反應行為！

6.真誠以對

學習把人當目的對待，而不是當手段處理！人際之間的溝通，以真誠為要，若沒了真誠，就只剩下手段與玩弄手腕，絕不可能建立良好的人際溝通，造就良好的人際關係，就容易會有隨之而起的壓力產生！

三、學習心理管理的技巧

生活中的大多數壓力，多半來自我們自己的矛盾心理：「既期待，又怕受傷害」！當我們面對即將發生的事情（例如：結婚、考試、生育、升遷、退休、離職、失業等）時，心中不僅會出現「期待」的心理，同時也會出現「害怕失敗、失落、挫折」的心理，這種矛盾的心理作用會引發壓力源！因此，學習心理管理的技巧，便能妥善處理這類矛盾心理所產生的壓力問題！以下所述的方法，可以作為學習參考：

1.先瞭解壓力來源是來自心理期待

首先，即是要先瞭解這類壓力的來源，是來自心理的「期待」，如此才能學習控制壓力的源頭！

2.凡事按部就班，一次解決一件事

接下來，即根據事情的重要性與時效性，調配事情處理的優先順序，重

要的、有時效性的事情先做，做完一件，再接著做下一件。千萬不要同時進行許多件事情，這反而容易增加心理壓力！

3. 養成今日事今日畢的習慣，防範拖延成性

為了有效處理事情，事情一定要有輕重緩急的排序，重要且緊急的事情優先處理，並且要養成在日落之前就一定要處理完畢的習慣，避免延宕到明日再處理，以防止養成拖延的習慣；否則，「拖延」會變成是你的壓力新來源！

4. 在壓力下保持沉靜，站穩住腳步

當自己覺察到壓力時，先深呼吸幾次，緩和情緒，並告訴自己要穩住腳步，愈急的事，愈需要細心緩辦，才不至於手忙腳亂、亂了分寸，反而製造出更多的壓力！

5. 學習務實的心態，負責且果決地執行

最後，要學習不追求完美的心態、做事不逃避責任的態度、以及培養果斷的決斷力！遇到龐大且雜亂的事情，要先學會分（歸）類，再就每一類分成許多細項，分別一一擊破處理。遇事不可拖延、不可逃避、不可猶豫不決。只要謀定好備案計畫，即可放手果斷地執行，並對執行結果勇於負責到底，不輕言放棄與退縮！

四、學習放鬆的技巧

緊張，是我們面對壓力時的心理與情緒反應，表現在外的現象，即是呈現肌肉緊繃的狀態！因此，學習放鬆的技巧，是面對壓力時的一項重要應對策略，不僅可以緩解緊繃的情緒和肌肉，更可以讓實際表現更為出色！以下所述的方法，可以作為學習參考：

1.肌肉的放鬆

舉凡從事身體的肢體運動，例如：跑步、打球、游泳、溜冰、攀岩、跳舞等，都是有效的肌肉放鬆方式。此外，做瑜伽、練氣功、打太極拳等，都是很好的呼吸訓練，也是一種鬆弛肌肉的不錯方法！

2.情緒的放鬆

諸如畫畫、聽音樂、攝影、觀賞表演、感受美的事物與壯麗的大自然景觀等，也都是放鬆情緒的好方法！

3.心理的放鬆

許多涉及心智功能的活動，諸如：閱讀勵志書籍、參加心靈成長讀書會、學習靜坐冥想、參加靈修團體活動等，都可以達到心理放鬆的目的。我認為學習本書第17章「正念冥想」與第18章「靈性成長」所談論的議題與方法，都有助於增進放鬆自己的身、心、靈（註6）！

五、學習時間管理的技巧

生活中有許多壓力的產生，都與我們不會妥善運用時間的習性有所關聯！每個人同樣都是一天擁有24小時，但有的人可以做事井然有序、從容不迫，有的人卻是雜亂無章、被壓力壓得喘不過氣來，這些問題都與能否有效進行時間管理有關！因此，學習有效的時間管理技巧，對調適壓力而言，是一項非常有用的利器（註7）！以下所述的方法，可以作為學習參考：

1.設定法則

根據事情的重要性和緊急性，每天排定執行每件事情的優先順序！排定執行工作的優先順序的最大好處，即是確保最優先的工作首先被完成，它通常都是最能產出效益的事；再其次，是執行第二優先，產出第二效益的事；依此類推，直到全部代辦事項被執行完畢為止。

2. 焦點法則

「重要且緊急」的事優先執行，再做「重要但不緊急」的事，次做「不重要但緊急」的事，最後再做「不重要且不緊急」的事。

3. 執行法則

一次只專注處理一件事，完成一件事後，再開始另一件事。

4. 分配法則

保留每天的黃金時間（即在每天當中，頭腦最清晰、體力最好、注意力最集中、做事效率最高的時段），處理當天「最重要且最緊急」的事情（即排列第一優先順位的事情）；而保留每天的糞土時間（即在每天當中，頭腦開始混沌、身體感覺疲倦、注意力渙散、做事效率低落的時段），處理當天「較不重要且較不緊急」的事情（即排列最後順位的事情）。

5. 活用法則

每天贏在起跑點的關鍵要素，即在於能夠充分利用每天的零碎時間！例如，上廁所、搭公車、搭捷運、看病等候問診、及其他突然空出來的時段，都可以利用來作為背記外文單字、片語、句型、數學公式、化學符號及方程式、地理與歷史事件、國文（詩、詞、賦、古文、成語）背誦、看書籍雜誌期刊、瀏覽網路資訊或新聞、閱讀電子書及期刊文章、打電話聯絡感情或協調安排事情等，有益於學習能力增長、知識成長與順利完成工作的活動。

6. 用心法則

不要過於心急、貪心，切記運用80/20法則，把時間集中處理最重要的20%，就可以輕鬆達成80%效益的事情上。

7.效率法則

保留許多相似、相近或不緊急的代辦事情,利用出差、洽公或回家途中時,順路一併處理,或利用零碎時間處理。

8.支援法則

廣泛蒐集各種生活資料與資訊,充分應用各種資源、數位產品與支援工具,以有效解決當日的代辦事項。

9.瞭解法則

瞭解自己的生理時鐘,找出每天的黃金時間與糞土時間各是為何,以便分配時間,做最有效的運用。

10.防盜法則

找出盜取自己時間的竊賊,仔細檢討每天時間的花費,並採取防範措施,避免將時間花費在被瑣事、無關的突發事件及喜歡串門子朋友的干擾上。

六、學習運用社會資源系統的技巧

當壓力來源遠超出我們的負荷時,別忘了要向外求救!向外求救,不是一件丟臉的事,也無關自尊是否受損,而是關乎個人是否有能力去調適壓力!因此,我們可以依據不同的壓力來源,學習尋求不同的社會支持與支援網絡!下列所述的方法,可以作為學習參考:

1.向父母、兄弟姊妹、親戚、朋友尋求協助

尋求社會支持網絡,最基礎的來源,即是自己的家人、親戚、和朋友。當有需要時,至少要開口向他們表達需要協助,至少是救急。

2. 養寵物來調整心情

　　若是年輕的單身者、獨居老人或喪偶者，一個人獨處時，難免會感覺孤單寂寞，老是想找別人聊天或陪伴，可能又會增添別人的麻煩與負擔。這時，我的建議是「最好養一隻寵物作伴」，無論是養貓、狗、金魚、烏龜、或任何有生命的東西當寵物，都會讓人習得責任感。為了有責任照顧牠，你會很堅強、勇敢、有希望、堅忍地活下去，如此一來，即可化解寂寞所帶來的壓力。

3. 向社福單位或機構求助

　　若家庭的支持網絡不敷使用時，可針對不同的壓力來源，向外界的社福單位或機構尋求專案的協助；例如：張老師、生命線、家扶中心、晚晴協會、兒福聯盟、反詐騙專線、還有很多文教基金會、慈善基金會等機構，都可以提供心理支持、諮詢協助與社會救濟的服務。

4. 參加支援團體或組織的活動

　　若有些壓力來源不是個人可以輕易解決或處理時，往往需要決心尋求更專業組織的協助；例如：減重、戒菸、戒酒、戒賭、戒毒協會等團體組織，往往可以提供有此需求的個人一種社會支持力量，以達成克服「戒斷症候群」的壓力。

5. 尋求專家的諮商與專業協助

　　若上述免費或低成本的社會資源系統不便採用時，也可以花錢尋求更專業的專家協助；例如：風水師、命理師、靈媒、心理諮商師、精神科醫師等，都可算是執業的專家，可以提供協助。不過，由於尋求這類專家協助時，往往需要花錢（或花大錢），且執業人員的素質與道德涵養良莠不齊，個人在尋求時，更應該審慎評估，不要沉迷與盡信，多諮詢幾位專家的意見，才是良策。

七、學習提高問題解決能力的技巧

在每個人的日常生活中，都會遭遇各式各樣的問題。問題即是指那些讓自己困擾、為難、進退兩難，卻又不知道該如何處理是好的事件！如果這些問題獲得解決了，個人便會覺得輕鬆愉快，絲毫沒有壓力存在；若是解決不了，則這些問題會導致挫折，逐漸累積成壓力源，間接影響身心健康與工作績效表現。因此，學習提高問題解決能力的技巧，不僅可以增進調適壓力的能力，更可以培養自信心，提高自己適應環境的能力與工作表現！下列所述的方法，可以作為學習參考：

1. 目標分級法

首先，確認問題解決需要達成哪些條件，將這些條件當作子目標，並逐步解決子目標，最後再完成整個問題的目標。

2. 逆向工程法

亦即，自己在已知問題目標的情況下，先動手從目標終點著手起，再逐一反推到起始點，並逐一解決分段的目標。

3. 腦力激盪法

亦即，先盡量想出各種可能解決問題的方法，將它們一一臚列出來，然後再比較篩選出其中較好、較符合、較適用的可行方法。

4. 削去排除法

亦即，透過逐一削去排除最不可能達到要求的方案，再逐步縮小解決問題的正確答案範圍。

5. 嘗試錯誤法

亦即，當可以解決問題的方法有很多時，便可以實際嘗試看看每一種，再從中尋求能解決問題的最佳方法。

全方位的壓力調適方法

　　上述關於壓力調適的方法，旨在運用適當的方法進行自我管理，以有效降低或減輕負面壓力對我們的傷害，進而提升自我效能，維持身心靈的平衡，以過著幸福快樂的人生！然而，壓力並非全然對我們不好，適度的壓力還是有益於行動力與創造力的提升，進而激發個人的潛能，獲致最大的成就。因此平常時，個人即需要花時間訓練自己成為一位全方位壓力調適的「彈性人」，培養具有彈性與韌性的正向人生觀與態度，才不會成為遭受壓力的迫害者，在強風勁雨中，仍能屹立不搖！下列所述的建議，也許可以作為練習參考：

1.培養樂觀幽默的生活態度

　　嚴肅看待工作與責任，樂觀幽默以對生活的大小事！這是培養豁達人生的開始。平時，即需要花時間培養幽默感的態度，學會樂觀詮釋發生在周遭的一切好事與壞事；面對挫折時，不僅要坦然以對，更要學會看出挫折背後所要教導我們知曉的靈性課題；並且，懷抱任何一絲絲的希望，堅強勇敢地活下去！

2.看待事情的光明面，建立積極的價值觀

　　凡事均有正反兩面，將半杯水解釋為「半空」，是悲觀的看法，而將半杯水解釋為「半滿」，則是樂觀的看法。半杯水仍然是半杯水，但是樂觀與悲觀卻會截然不同地影響個人對人、事、時、地、物的判斷與抉擇，間接影響後續所選擇結果與所面臨的挑戰。因此，學習看待發生在身邊的每件事情的光明面，即使是遇到壞事，也有它光明的一面。把它養成習慣後，便能建立起積極的價值觀，凡事均往正向的一面去看待和處理，即可吸引正向結果與豐盛的靠近！

3.學習表達與展現自己的潛能

在現代的社會裡,很難再像過去的時代一樣,需要他人三顧茅廬,你才肯出山協助、擔任要職。也許我們仍然需要固守謙虛、誠實的美德,但適時、主動表達與展現自己的長處與潛能,卻也是一件很重要的事。在職場中,有些壓力源係來自別人不瞭解你有多少能耐、你有多少潛力、你有多可靠等誤解。因此,學習適時表達與展現長才,也是長期化解壓力的有效策略之一。

4.學習新經驗,擴展壓力因應方式

我們人類大腦具有一個創意功能——可塑性,很容易幫助個人適應各種環境。壓力之所以產生,乃是由於個人大腦功能產生固著、偏執、慣性、缺乏彈性所致。而學習在例行生活中尋找變化、嘗試學習新知識與獲取新技能、嘗試新的做事方法、換個角度觀看舊事物、與學習建立新的習慣,都可以活化已經僵化運作的大腦功能,除了可以增進自信心,增強自我肯定外,更可以提高自我效能,擴展應付壓力的彈性處事能力,化解已被壓力所僵化的固定反應方式!

5.培養對人事物表達多元的興趣與關心

人隨著年齡愈大,愈會對生活周遭的人事物,覺得習以為常、理所當然、沒什麼新鮮感,因此,對生命的熱忱會逐漸冷卻、萎縮、冷漠、不關心而致不開心,甚至降低因應壓力的能力!所以,個人需要不斷學習對生活周遭的人事物表達多元的興趣與關心,才能燃起對生命的熱忱火花!首務之要,即是要積極參與各種興趣團體、社團或組織的活動(不論是靜態性或動態性、知識性或技能性、專業性或業餘性、義務性或責任性、趣味性或嚴肅性的活動都可以),重新接觸新的人事物,才能重新連結上社會支持網絡,建立起全方位的抗壓能力!

6.以開放的心胸勇於接受新挑戰

　　封閉的心胸，乃因為習慣於舊有的安全反應模式而不思改變，隨著科技不斷地創新與更替，很容易即讓人覺得跟不上時代，心態上自形慚穢地退出社會與競爭市場，而無法選擇再面對高壓力的職場生活。其實，個人只要勇於嘗試、試著跨出第一步、接受新挑戰、不要太計較得失、同時學習新事物，即可逐漸習得以開放的心胸來承受新壓力的挑戰，以適應創新的生活方式！

防範身體壓力形成與累積的方法

　　事實上，平時只要做到盡量不讓壓力有累積的機會，自然而然地，就不會讓壓力擴大到無法承受的地步！因此，只要稍稍改變一下日常生活習慣，確保讓身體有隨時休憩、排毒、飲食清淡、運動、睡眠良好、培養主動休閒技巧，即可做到不讓壓力累積成為身體疲勞的毒素、不讓體質變酸、並且有活化大腦的機會，增進抗壓能力！以下的一些生活小叮嚀或養生常識，也許可以提供學習的參考，讓壓力不至於累積太多、太久，而成為燙手山芋的難解課題（註8）！

1.釐清公私時間的分際

　　釐清上班時間與私人時間的分際，對增進工作效率和幸福感而言很重要！上班時能夠全心全力投入工作，不把家庭裡的情緒帶到工作上，但是下班後則是歸屬自己的、家庭的、私人的時間，不要把工作帶回家。能釐清這兩種時間的分野，將能大大提升工作效率，同時又能兼顧家庭照顧。與歐美國家相比，臺灣的上班族特別勤奮，工時超長，但卻沒有展現出較高的工作效率及產出較多的GDP（國內生產毛額）（註9），這是因為大家都被工作壓力壓得喘不過氣來，以至於無法有效提高生產力的緣故！臺灣的企業主，如果能夠反思這一點，從自己做起，不鼓勵員工加班或超時工作，希望員工都能兼顧工作與家庭的負荷，將可大大降低壓力，提高工作效率與幸福感！

幸福感提升了，生產力自然會跟著提升！試試看！

2. 小憩片刻

越來越多醫學報告證實，中午的午休時間，若能夠抽空小睡20～30分鐘，或是找機會打盹一下或瞇一下眼睛，均有助於提升工作效率、降低錯誤、以及減少人際衝突。這是一種短而有效的充電方法，並可防止身體疲勞與壓力的累積！

3. 勤練放鬆技巧

雖然，放鬆是一項壓力調適的基本技巧，但再多強調一次，還是有用的！太多人都深受頭痛、腰酸背痛、失眠、焦慮、憂鬱等症狀所苦。心理諮商師指出，這些都是身心長期無法有效放鬆的後遺症！因此，許多人或許會問：「放鬆？有那麼困難嗎？」確實是很困難！在日常生活中或工作裡，許多人都會不自覺的聳肩、蹺腳、走路很快、動作很急、呼吸很急、坐太久、或站太久等，這些不自覺的動作都會引發肌肉緊張，長期下來，就會導致上述所說的後遺症！所以，要時時提醒自己，別忘了做幾次深呼吸，輕鬆才能使腦袋更清楚。有智慧的人會在緊張的工作中，發現值得輕鬆面對的趣味；也會在放鬆的生活時刻中，領悟到嚴肅的生命意義！

4. 高品質的睡眠

人類的生長、生病的復原、受損細胞的修護與更新、血液的新陳代謝、免疫力的平衡、及許多維護健康的腦神經傳導物質的分泌等，都是在睡眠中進行的！當睡眠受到干擾時，即會中斷上述這些生化作用的正常運轉，使細胞的生長因得不到更新機會而逐漸老化，產生病變，甚致死亡。當然，也會造成身體抵抗壓力的機能跟著下降，甚至導致全面崩潰的局面！因此，長期獲得高品質的睡眠，不僅對身體健康、防止老化很重要，甚至也能增進身體的抗壓能力，防止壓力的形成與累積！

要獲得一個高品質的睡眠，就要盡量做到：白天有機會曬曬太陽、有適度運動流汗的機會、睡前四小時不要喝含有咖啡因的飲料、睡前兩小時不要

做大腦思考的活動（例如：規劃明天的行程、看恐怖或冒險電影、打電腦或玩電動、計算或用腦的猜謎活動）或讓情緒太過激動（例如：吵架、生氣、哭泣）、臥室要布置成像個蝙蝠洞、不要熬夜（即不要超過11點以後睡覺），如果還能做到睡前練習靜坐冥想、喝杯牛奶、聽聽笑話或音樂讓心情放鬆愉快，慢慢地養成此生活習慣，即能大幅度改善睡眠品質不良的困擾問題！

5. 忙裡偷閒，長假不如短休

上班族與其引頸期盼一年一度的年假出國旅遊，不如妥善安排每天上班時的短休！你可以在桌上放個計時器或從網路上下載提醒軟體，每隔30分鐘或一小時，即讓自己從位置上起身，不管是喝口水、伸展筋骨、深呼吸、上洗手間，都能讓你疲勞的肌肉或緊繃的腦袋暫時得到適時的休息。

6. 培養主動性休閒

主動性的休閒活動有助於緩和壓力的累積，但被動性的休閒反而會讓自己更累，無助於減壓的效果！休閒時，很多人可能選擇最省力氣的方式，例如：躺在沙發椅上，手持遙控器，不斷地轉臺，觀看各種電視節目；其實，這種休閒效果很差，與轉移注意力的效果一樣，只有短暫的效果而已，時間久了，反而會增進自己的憂鬱情緒，絕對不是一種理想的充電方式。最理想的休閒方式，還是以選擇需要大腦與認知能力主動涉入的活動為宜！例如：抽空報名學習一種新的外語（例如：阿拉伯語、拉丁語、原住民語）、花時間練習一種新運動技能（例如：潛水、攀岩）或試試一種新樂器的演奏（例如：烏克麗麗、薩克斯風）等都是，這些活動都需要你主動投入大腦與認知能力，它們會是一種比較理想的休閒方式。這樣做，也有幾個好處，除了給自己一個不加班的正當理由外，還可以認識新朋友，學習新技能，靈活自己的大腦與創意，增進許多與工作和生活相關的樂趣和經驗。這些休閒方式，會是一種比較具有附加價值的抗壓方法！未來，你也許會發現，花同樣的時間、金錢、與心力在學習一項新的休閒技能上，會比花同樣代價去做被動式休閒（例如：看電視、逛街、血拼一番），更能幫助你達到抗壓減憂的效果！

7. 晚餐別太晚吃，更不可吃宵夜

晚上八點再吃晚餐，就算是吃「宵夜」了！你是不是也常忙到八點才吃飯呢！根據統計，國內70%的人具有酸性體質。而酸性體質有一個很大的特徵，即是吃愈好，得慢性疾病的機率就愈高。因為體質變酸，酵素作用會受到阻礙，內分泌失調，荷爾蒙也會受阻礙。酸性體質的人，若只是一味地吃大魚大肉等所謂有營養的食物，事實上是雪上加霜，這只會讓身體越來越糟，讓身體愈容易疲累而已！

經常交際應酬的人，不僅容易罹患糖尿病、高血壓等富貴病，也容易因為都是在晚上八點以後才進食（不論是晚餐或宵夜），這算是吃宵夜的結果，會讓你隔天疲倦，爬不起床，肝也會受損；這是因為睡覺時，人體各器官活動力低，處於休息狀態，因此食物在腸子裡會變酸、發酵、產生毒素而傷害身體！

得癌症的人，碰巧都是體質呈酸性的人！酸性體質與得癌症之間，是否具有因果關係？雖然值得生物、醫學界研究人員的繼續研究，但明顯的事已擺在眼前，那就是要找出問題的根源去改變你的體質，這才是根本解決之道（註10）！

8. 盡量避免熬夜，熬夜也會使體質變酸

根據中醫的原理，凌晨一點以後還沒睡覺的人，人體的代謝作用會啟動內分泌的燃燒作用，而內分泌燃燒會產生許多毒素，使體質變酸，增加疲勞的程度。而且，隨著年齡增加，常熬夜的人，更容易使身體變差，免疫力下降，抵抗力減低，增加罹患各種慢性病的機率。研究也顯示，經常熬夜的人，得慢性疾病的機率，確實比抽菸或喝酒的人都來得高。所以，為了擁有一個健康的身體，以應付工作壓力的負荷，最好每天在11點以前即上床睡覺，且不要熬夜；若非要熬夜不可時，盡量以一星期一次為限！熬夜時，盡量不要吃肉類食物，盡量吃碳水化合物，吃清淡一點，這樣隔天才不至於很累，並可把傷害減至最低。我曾聽過醫護、衛保與營養師等人員間流行的一句話：「雞鴨魚肉爛肚腸，蔬菜水果最健康」，為了自己的健康，這句話真

的值得參考！

9.盡量吃食物，少吃食品

　　都市裡的上班族，最明顯的生活特徵即是運動量少、坐辦公室時間長、經常外食、吃的時候很急促緊張、常吃精緻的食品，而非吃粗糙的食物；這種人的腸子老化速度特別快，肝功能也比較差，火氣大，常便秘。這是因為所吃的精緻食物裡缺乏纖維素的緣故，容易導致腸子功能變差，甚至萎縮，所吃的食物變成了毒素，使體質變酸，不僅身體容易疲勞，慢性病也開始跟著來。因此，基本的抗壓之道就在於日常生活裡要吃出健康、吃出自信來，而基本的原則即是：「盡量吃食物，少吃食品」！

10.長年喝溫開水

　　有一位治癌專家說：「避免癌症的最佳方法，就是一年到頭都喝溫開水。」我們的身體必須消耗極大的能量，才能將喝下的冰品飲料增暖至正常體溫（大約攝氏36.5度左右），如此一來，身體消耗掉許多能量，免疫力自然會下降！如果年復一年如此，可想而知，人到中年以後，百病纏身的機率勢必增大。我記得家母說過，她讀小學時，在臺灣南部，每天放學回家就吃一碗紅豆冰，當時覺得很舒服，但是人到了中年以後，每天半夜裡即因胃痛而無法入睡，嚴重干擾到睡眠，就醫也找不出任何原因。後來接受醫生建議，只好每天半夜起床喝一杯溫牛奶，如此喝了將近十年的時間，才將此「胃寒」的毛病治好。所以，為了健康、為了減少給自己增加壓力起見，最好是長年不要吃冰、喝冰水或喝任何低於體溫太多度的飲料；若真的非喝不可的話，建議你，至少將飲料退冰半小時後再喝，或改喝常溫下的白開水！

新富餘生活

　　也許，最根本的抗壓減憂的方法，就是反思我們當今的生活型態與處境，並依據自由意志，從中選擇一條最符合我們真正所需的生活方式——減少壓力，並且無須憂慮的生活！

我們當前的困境，就是「瘋狂的消費，但卻不快樂」，我們真的不知道生活的目的是為了什麼！該是到了反省時刻，好好思考該如何擺脫「盲目賺錢、拼命消費」的惡性迴圈，慎選我們該如何過著一種嶄新的幸福生活方式（註11）。在經濟與生態都陷入困境之際，我們別無選擇，只能找出一種可以同時解決問題，又能兼顧環境生態的方式繼續前進，再藉由時間、創意、社群和消費的意識調整與轉變，以創新一個富而有餘的幸福生活方式！

因此，我認為人類未來20年的生活新路徑，也許該參考選擇過著「新富餘」──嶄新且富而有餘的幸福生活方式（註12）！有四個處方，也許可供你未來選擇去過著好日子：

1. 時間重分配，工作不是唯一

時間不夠用，是我們現代人的共同經驗，但只要改變工作模式，將可使能源消耗量減少20%，同時提升工作效率，減輕壓力，做更多自己喜歡的事，以獲取平衡、和諧、與寧靜的生活。

2. 自給自足，創造新財富

當個都市農夫、DIY居家修繕、家庭裁縫、自釀啤酒、醃漬食品，不僅可以販售手作良品，也能以物易物，為自給自足的經濟模式，創造出更多附加價值。

3. 改變消費習慣，降低生態衝擊

不要讓時尚與廣告牽著鼻子走，要大幅縮減可任意支配的所得，並且依據低碳法則購買所需商品，放慢消費的腳步，尋找替代品，享受不役於物的真實快感。

4. 投資社群關係，讓幸福洋溢

透過人們花時間和心力強化社會連結，共同使用或交換勞力、金錢或物品，破除人際孤立，重新儲備社會資本，適時為彼此提供扶持與援助！

當我們能夠奉行新富餘的方針，堅持到底，徹底落實，便能使我們居住的地球及生存其上的所有生物，恢復原有恩賜的豐盛與永續美麗！不過，此種意識型態的境界很高，需要一大群人的靈性都能覺醒，且都有願意選擇如此行動的共識，才有可能達成！目前，它至少引領一個方針，讓大家知曉有一個幸福生活的方式可以去實踐。

克服憂鬱的非處方箋

如同我在本書第2章所言，正常人如果能夠於平常即花時間去從事下列建議的事項，即能做到預防重於治療之效，提升自己對抗壓力侵襲時的免疫力，防範未來遭受憂鬱情緒的襲擊！這些建議都不需要額外花錢，既不吃藥、也不打針，只要花點時間、心思與毅力去做，假以時日，便可以看到成效。這些可以預防並克服憂鬱情緒的非處方箋如下，詳細描述可參見第2章所述！

1. 多曬太陽（至少要曬遠紅外線燈）。
2. 從事能大量流汗的運動（跑步、爬山）。
3. 充足睡眠（想辦法克服失眠）。
4. 常回憶過去美好的事件、愉快的經驗。
5. 笑口不斷（常聽說笑話、閱讀幽默文章）。
6. 多使用正面肯定語句（接收與使用肯定語）。
7. 建立社交支持團隊（要有老友或老酒）。
8. 幫助他人（當長期義工最好）。
9. 感恩祈禱（學習感恩，為他人念咒、祈福、祈禱）。
10. 慈悲寬恕（學會釋放過去的束縛，讓自己自由）。
11. 施捨奉獻（金錢、時間、勞力、專業知識）。
12. 靜坐冥想或靈修（追尋生命的意義和使命）。

總之，壓力是人生中無法避免的事！與其逃避它，不如勇敢面對它、解決它，化壓力為助力，如此，才能提高我們的幸福感！

　　情緒管理、溝通表達、心理管理、時間管理、放鬆技巧、運用社會資源、問題解決能力訓練等，都是有效、可行、簡便的壓力調適方法。而改變生活習慣，選擇新富餘的生活方式，更是根本化解壓力的調適方法。

　　人有選擇的自由與意志，可以「**路不轉，人轉**」的轉念方法，來改變自己的認知與行為。自然而然地，就很容易調適自己去面對壓力，化壓力成為生活中的行動力和創造力。

練習作業

本項作業的名稱，就叫做「**找到你的減壓策略**」（Finding your stress-reduction strategies.）！

現在，請你撥出幾分鐘的空檔讓心情沉靜一下，並仔細回顧一下本章的內容及第1章的作業。找出最近讓你覺得不安、心煩、困擾、擔心、焦慮、憂慮、甚至憂鬱的事件來，這些事件都是屬於哪一類型的「壓力源」呢？是身體導向、情緒導向、還是情境（問題）導向的壓力源？請先確定它的來源。

接著，瀏覽本章所建議的幾種壓力調適方法：學習情緒管理的技巧、學習溝通表達的技巧、學習心理管理的技巧、學習放鬆的技巧、學習時間管理的技巧、學習運用社會資源系統的技巧、學習提高問題解決能力的技巧、全方位的壓力調適方法或防範身體壓力形成與累積的方法等。看看你的壓力源適合使用哪一種方法來進行調節？先嘗試看看，如不適合，再更換另一種方法，直到你的壓力降低為止。

為長久之計，平時若能練習放鬆的技巧，並且培養敏銳的感受力，去認真感受壓力的來源及形成，並尋求適當的方法對治它。如此一來，即可找出一套適合自己的抗壓減憂策略，從此不再害怕壓力的來源及形成，而是想辦法把壓力轉變成為促進問題解決的動力所在，以作為提升幸福感的一種反彈力量！

延伸閱讀

李瑞娥（2009）。生命教育：探索人生歷程的學習。臺北市：麗文文化。

李豐（2002）。我賺了30年：李豐醫師的生命故事。臺北市：玉山社。

徐幫學、紀康寶（2011）。還在減重！？你該減的是壓力。臺北市：凱信。

周文欽、孫敏華、張德聰（2010）。壓力與生活。新北市：心理。

許瑞云（2009）。哈佛醫生養生法。臺北市：平安文化。

許瑞云（2012）。哈佛醫生養生法2。臺北市：平安文化。

陳琇玲譯（2010）。新富餘：人類未來20年的生活新路徑。臺北市：商周。
（Juliet B. Schor原著。*PLENITUDE: The new economics of true wealth.*）

張美惠、陳潔吾譯（1994）。與時間有約。臺北市：時報文化。（Stephen
R. Covey原著。*First thing first: To live, to love, to learn, to leave a
legacy.*）

張國儀譯（2006）。先別急著吃棉花糖。臺北市：方智。（Joachim de Pos-
ada & Ellen Singer原著。*Don't eat the marshmallow——yet!: The secret to
sweet success in work and life.*）

傅佩榮（2005）。抗壓有方法。臺北市：健行。

雷叔雲譯（2012）。減壓，從一粒葡萄乾開始：正念減壓療法練習手冊。臺
北市：心靈工坊。（Bob Stahl & Elisha Goldstein原著。*A mindfulness-
based stress reduction workbook.*）

劉盈君譯（2012）。壓力下竟能表現更好！為什麼有些人一路向上，有些人
卻原地打轉？臺北市：天下文化。（Justin Menkes原著。*Better under
pressure: How great leaders bring out the best in themselves and others.*）

劉凱平譯（2013）。多少才夠？重新定義你對財富的看法（第二版）。臺北
市：天下文化。（Arun Abey & Andrew Ford原著。*How much is enough?
Money, time, happiness-A practical guide to making the right choice.*）

鄭石岩（1999）。換個想法更好：把握變動調適，開拓成功人生。臺北市：
遠流。

鄧伯宸譯（2011）。你何時要吃棉花糖？時間心理學與七型人格。臺北市：心靈工坊。（Philip Zimbardo & John Boyd原著。*The time paradox: The new psychology of time that will change your life.*）

註解

1. 參見 Averill, J. (1997). The emotions: An integrative approach. In R. Hogan, J. Johnson, & S. Briggs (Eds.), *Handbook of personality psychology* (p. 518). New York: Academic Press. 及 Larsen, R., & Deiner, E. (1992). Promises and problems with the circumplex model of emotion. In M. Clark (Ed.), *Emotion: Review of personality and social psychology* (Vol. *13*, pp. 25-59). Newbury Park, CA: Sage. 二文。

   本圖引自本書第1章的延伸閱讀《別跟快樂過不去：給你9堂課，成就拔尖人生》一書的第20頁。

2. 參見本書第1章的延伸閱讀書目中《幸福心理學》一書的第155頁。

3. 參見本章的延伸閱讀《壓力與生活》一書。

4. 參見本章的延伸閱讀《抗壓有方法》一書。

5. 參見本章的延伸閱讀《換個想法更好：把握變動調適，開拓成功人生》一書。

6. 參見本章的延伸閱讀《減壓，從一粒葡萄乾開始：正念減壓療法練習手冊》一書。

7. 參見本章的延伸閱讀《與時間有約》及《你何時要吃棉花糖？時間心理學與七型人格》二書。

8. 參見本章的延伸閱讀《哈佛醫生養生法》及《哈佛醫生養生法2》二書。

9. 參見華視新聞網報導「瑞典政府試減工時提高效率！專家：亞洲國家大多沒這觀念」（http://news.cts.com.tw/cnyes/money/201404/201404151406492.html）.

10. 參見本章的延伸閱讀《我賺了30年：李豐醫師的生命故事》一書。

11. 參見本章的延伸閱讀《多少才夠？重新定義你對財富的看法》（第二版）一書。

12. 參見本章的延伸閱讀《新富餘：人類未來20年的生活新路徑》一書。

第 11 章
平衡工作與休閒

人們如果能夠結合「生活、工作、休閒」三者，都是在做自己
最喜歡、最有意願且最擅長做的事（時時刻刻都會動用到自己的優
勢長處與美德，即最能產生忘我狀態），那麼，他／她即是世界上
最快樂、最幸福的人了！

—余民寧

我記得就讀小學時，學校的「生活與倫理」課本裡，教導我們要從小養
成善用時間，提出「三、三、三」的生活原則，亦即每天工作八小時、休閒
八小時、睡眠八小時！每個人的時間都一樣的，每天都只有24小時，能否
妥善運用時間，會關係著你未來的成就、健康、與幸福的程度（註1）！

長大後，慢慢發現，這個原則僅是參考用，不必要確實遵守。每天的工
作時間可以隨我的喜歡而任意加長、或者讓休閒時間可以任意拉大、而縮小
睡眠的時間。年輕時，確實覺得自己這種彈性運用時間的方法與策略是對
的，尤其是在寫碩士論文的階段，每天僅睡三、四小時，持續三個月；到了
寫博士論文階段，更是變本加厲，每36小時才睡覺八小時，持續七個月，
但是，論文一寫完，卻每天睡覺16小時以上，連續睡了兩週才清醒過來，
恢復正常作息。也許，年輕即是本錢，可以如此的方式彈性運用時間。但隨
著年紀增長之後，我發現這種做法其實並沒有比較節省時間，反而是會付出
犧牲健康的代價！過度缺乏睡眠的結果，老天爺一定會讓你生病，讓你好好
休息，把積欠祂的時間一一還清。到頭來一算，可能並沒有節省到什麼時
間，有時，甚至會讓你白忙一場！幸好，我的人生僅有這兩次特殊經歷而
已，如果次數增多、缺乏睡眠的時間拉長的話，恐怕諸位讀者便看不到這本
書了！

我稱「睡眠」是我們能夠每天為了生活（活著），所必須付給老天爺的**活命成本**！長期平均來說，成年人每天的睡眠需求時數，就是大約7±1小時左右，你不可能欠老天爺太多的，如果欠多了，且你又要賴不還，老天爺是會以「生病」方式來懲罰你的；如果你又不覺悟，老天爺甚至於會剝奪你的生命，覺得你言而無信，蹧蹋老天爺賜給你的寶貴生命資源和存活的機會，不如把它收回更好！許多企業界的大老闆，英年早逝，他們都是過勞、過度犧牲睡眠、高度工作狂，所造成的結果。

　　所以，精確算來，扣除掉睡眠時間後，剩下來的時間，才是你每天可以任意支配的自由時間。你可以用它來「工作」，也可以用它來「休閒」，任你的選擇！只要你能明智地選擇，它便回報你幸福、快樂的一生；若是你的選擇不當或甚至是錯誤，它便可能回報你沮喪、後悔的一生！因此，如何明智地做出正確選擇，便是本章所要探討的課題。

工作好？還是休閒好？

　　當經濟景氣循環週期處於「景氣持平」或「景氣上升」階段時，或許你不太容易分辨出到底是工作好？還是休閒好？到底是何者較能帶給你幸福與快樂？而何者較不能？

　　如果你覺得選擇工作較好！這是因為工作能讓你發揮所長，獲得成就與被人肯定，賺取物質生活所需的金錢，與他人建立聯繫（保持關係），與世界接觸，進而提高生活的富足感與充實感，甚至獲得自我實現的機會，體會人生的意義，因而會帶給你更多的滿足感與幸福感！但工作一陣子之後，日復一日，你覺得累了，你會開始羨慕起那些正在休閒的人！

　　如果你覺得選擇休閒較好！這是因為休閒能帶給你放鬆、沒有壓力、沒有精神負擔的生活，讓你覺得人生就是應該要如此輕鬆、快樂的活著，才算是真正的享受人生。所以，你對生活的滿意度也會大大提升，認為唯有透過休閒活動，才能增添生活許多樂趣、滿足感與幸福感！但是，當休閒久了之後，終究你也會適應這種生活方式，開始覺得這種生活方式毫無意義、無趣、了無新意、真的無聊死了，你開始懷念起那些有工作做的日子！

人類就是如此矛盾、可憐的動物，「吃碗內、望碗外」，總是羨慕別人有，而自己沒有的！正是因為如此，在經濟景氣良好時，你很難分辨出到底是何者較好？其實，處於這個經濟循環階段裡的人們，學會如何維持工作與休閒之間的平衡，對提高生活滿意度與促進快樂與幸福而言，具有相當重要的決定性，且是一項非常重要的功課。

但是，當經濟景氣循環週期處於「景氣下降」，甚至「景氣蕭條」階段時，不用我多說，你很快便能分辨出「工作比休閒好」！因為，在此艱困的時期，工作的保障即是意謂一家人得以獲得溫飽。有工作的人，絕對比失業的人（意謂一家人無法獲得溫飽），會擁有較多的滿足感與幸福感！因此，你便很快地分辨出「工作比休閒好」！

然而，一定要等到景氣衰退時，才感覺到「工作比休閒好」嗎？平時（即景氣持平與景氣上升時），難道就不行嗎？其實，關鍵不在於「是否有找到對的工作」，而是在於「如何找到一份你可以把它轉化成『對』的工作」！當你能夠經常在工作中施展個人的優勢長處時，你會逐漸發現，工作對你的意義，已經從剛開始只是一份僅供餬口用的「職業」，轉變成一個工作本身即能帶來快樂、滿足甚至達到忘我程度的「志業」了！

因此，為了提升個人幸福感起見，人人需要工作，至少會比休閒來得好！

整體幸福感的來源

根據調查發現，婚姻幸福是整體幸福的最大來源，而工作不滿意則是不幸福感的最大來源（註2）！就已婚者而言，尤其是女性，婚姻幸福是占整體幸福感的最大宗；而不論有無結婚者，無法從工作中獲得滿足感或成就感者，確實是構成不幸福感的主要來源！

關於如何建立和諧的兩性關係問題，已在本書第9章裡討論過，讀者可以逕行閱讀！本章的重點，則是放在工作的滿足議題上！

獲得工作滿足感為什麼很重要？

　　1980年代，英國即曾做過一篇研究報導：「如果財務狀況許可（例如，繼承一大筆遺產、中樂透大獎、或理財得宜，年紀輕輕即已累積財富到達財務自由的階段等），你是否仍願意繼續工作的比例」？調查結果顯示，表示「不願意再工作」者的比例，男性是15%、女性為18%；而表示「願意工作，並從事原來工作」（男性31%、女性34%）、「願意工作，但想換工作」（男性35%、女性29%）和「暫時休息，但未來會找一份工作」（男性10%、女性12%）者，卻合占受調查樣本數的76%（男性）和75%（女性）（註3）。由此可見，人們在財務狀況許可後，之所以還會繼續選擇「工作」的理由，絕非是因為「經濟」的因素，而是還有其他理由存在的緣故！這些理由到底為何，正是學術研究要加以探究的重點所在！

　　其中一項理由，即是「工作能帶給我們滿足感及成就感」！這理由甚至會引發人們體驗到「忘我」（詳見本書第16章的主題）狀態，這個狀態很令人感覺舒服、滿足、流連忘返，進而一再吸引我們想去重複這項行為，以獲得更大的快樂和滿足，體會更多的幸福感之所在！

　　人們在工作上所獲得的滿足感與成就感，會反應在許多層面上，包括：

1. **工作本身即具內在價值**：例如，對工作認同、工作具重要性、技術變化性、工作自主性、工作提供的回饋等，都是吸引你重視與嚮往之處。

2. **酬勞**：例如，工作所得與付出之間公平相稱，甚至所得遠超過付出，會十分吸引你留任。

3. **同事關係**：例如，被同事喜愛與接受，辦公室氣氛非常愉快，相處十分融洽，令你十分珍惜。

4. **上司**：例如，上司是一位值得仿效的經師與人師，對你一生的工作態度的建立，影響十分深遠。

5. **升遷機會**：例如，工作成果受到肯定與表揚，獲得加薪晉級（意謂獲得更多的酬勞、更高的地位、擁有更多的資源和權力），成就感更是

維繫工作滿意度的重要來源。

6. 其他因素（隱藏因子）：例如，彈性工作時間（可以不必朝九晚五，上下班時間自選）、由工作中所得到的地位和認同（工作頭銜很受人尊敬）、超越性的目標（義工、神聖的義務工作）、經驗分享（利人又利己）、及強迫活動（具其他的附帶價值）等，這些也都是吸引你繼續留在工作崗位的主因之一。

這些讓你獲得滿足感與成就感的工作，會直接與間接影響到你的生活各個層面，包括：

1. **對生活的滿意**：對生活更加滿意，因為工作與生活會互為因果影響。

2. **生理及心理健康**：工作的滿足感是導致生理及心理健康的一項來源。

3. **離職率**：工作滿意者的離職率較低。尤其在經濟蕭條、失業率高的時代，離職的原因通常是因為對工作不滿意所造成的；而在景氣好轉、失業率低的時代，離職的原因通常只是想換工作，與工作是否滿意無關。

4. **曠職率**：工作滿意者的曠職率較低，反之，則較高。

5. **工作表現**：工作滿意與工作生產力之間具有正相關，亦即，愈滿意者，其工作表現愈佳。

哪些工作及哪些人較容易產生工作滿意

研究發現，需要高技術、高社經地位（即高教育、高收入、高職業聲望）的工作，比較容易帶來較高的工作滿意度；例如：大學教授、科學家、神職人員、其他專業人士，像是醫師、律師、會計師等。而工作滿意度較低的人，通常都是從事一些重複、單調、不需要技術的工作！

研究更發現，有91%的數學家如果有機會讓他們再選擇職業的話，他們願意再選擇數學作為他們的職業；而只有16%的非技術性鋼鐵工人，願意從事相同的工作。這可能的解釋之一，即是因為某些工作的收入較多之故！然而，研究亦發現，收入較高的企業經理人對工作的滿意度，卻低於收入稍差的大學教授、科學家、或是神職人員。顯然，令人滿意的工作，除了金錢因

素外，還有一些可令人獲得內在滿足的因素存在，像是自主性、榮耀、特殊技術、或認同等！「美國生活品質研究」發現，對薪水滿意度最高的職業是企業經理人及專業人士，而最低的是農夫與服務業的員工；而從工作中可以感到最舒適的卻是農夫，最少的反而是技術或半技術工人（註4）。由此可見，令人感到滿意的工作或讓人獲得滿足感的工作，除了金錢因素外，確實都具有吸引人的其他條件和因素存在！

若從個別差異角度來看待工作的話，一般來說，不論工作內容為何，當個人能與工作配合時，滿意度通常比較高；而且，當個人的需求與工作所提供的回饋相一致時，個人會更容易獲得滿意度！其次，具有高成就動機者，會較喜歡有挑戰性的工作！由此可見，工作表現也會與滿意度之間具有高相關！因此，具有高度社交需求的人，如果能在一個親密感高且相互合作的團體中工作時，則他／她的幸福感就會提高。

工作的不同定義

我在本書第8章裡說過，從學術定義來看，工作有三種不同層次和定義方式：

1. 職業：這是為了薪水而做的工作，它只是為了達到目的（例如：養家活口）的一種經濟手段。假如沒有薪水，你就不會做了！

2. 事業：這是為了成就、成功的滿足而做的工作，你會對它有更深的個人投資，並且期望透過升遷、晉級、加薪來表達你的成就程度。假如升遷停止，加薪無望，你便會開始去別的地方尋找滿足感和意義了！

3. 志業：這是為了工作本身的價值與意義而做的工作，你會對它投入熱忱，認為對它有貢獻、有意義、有使命感，工作本身即帶來滿足，而與薪水或升遷無關。即使升遷不再、薪水停止時，你仍然會繼續工作下去！

我同時也鼓勵年輕的讀者，要「傾聽自己天命的召喚，讓天賦自由，找到幸福的工作」！而幸福的工作，通常都會落在你「既喜歡又擅長的工作」範圍上，而它多半都會動用到你的優勢長處！因此，花時間去認識自己的優

勢長處為何，探索什麼是自己既喜歡又擅長的工作，接下來，就是想辦法把工作當作是一項「志業」來從事，你就會身處「快樂幸福的行列」裡！

讓人更能獲得工作滿足感──把職業變成志業的秘訣

傳統上，志業好像都是年紀稍長、已有社會地位，或具有清高職務頭銜的人士（例如：神父、法師、大法官、醫生、科學家等）在做的工作。但是，年輕的你，不必等到年紀一大把時，才能從事志業，你可以盡早把所從事的職業，轉變成志業，及早過著幸福之列的生活！

首先，我先教你如何區別夢想工作和理想工作的差別，關鍵僅在於：你怎麼看待和追求自己的工作而定！

1. 夢想工作：「事少、錢多、離家近」的工作！這是人人想要的夢想工作，但卻不是每個人都有機會可以獲得，而且該工作不一定會帶給你快樂和滿足，因為它可能無法讓你的天賦和優勢長處充分發揮！

2. 理想工作：能投入自己的熱情，發揮自己的優勢長處，能對別人產生貢獻的工作！這樣的工作，雖不一定會帶給你更多的物質報酬，但卻一定會帶給你高度的工作滿意度，讓你體驗忘我狀態──一種能在工作時感到完全的自在，進而提高快樂與幸福感受的最佳經驗！所以，工作是體驗忘我狀態的最佳場所。而理想工作更是如此，因為它具有許多促使你的忘我狀態出現的條件。

因此，以下幾個建議，可以讓你從所選擇的職業中，慢慢轉變成志業，提高你的工作滿足感，進而獲得最大的幸福感！

1.認識自己的優勢長處

生活即是一種選擇！眼前，我們可以自由選擇的有：購物、工作、終身伴侶、要不要過著幸福與快樂的日子等。其中，若是選擇幸福工作的話，則一定會動用到你的優勢長處所在！而能在工作中常常體驗忘我狀態的人，這項工作多半會具有「工作的挑戰性與自己的能力（技術、天賦）旗鼓相當」的特色，也多半會是一個理想工作！為了找到理想工作，很值得你花時間去

認識自己的優勢長處為何、探索各種既喜歡又擅長的工作有哪些、以及從事該工作的挑戰性高或低、自己所具有的技術能力層次為何、是否足以能與工作的挑戰性相抗衡？把這些問題一一釐清，並逐一條列出來，看看有多少是配對的，再從中挑選一種或多種可能的理想工作。本書第7章及第8章的練習作業，即有助於你認識自己的優勢長處。

2. 盡情在工作中發揮自己的優勢長處

不管你從事哪一種工作，都需要盡力在工作場合裡，想辦法展現你的優勢長處！當你展現優勢長處時，不僅讓你更投入工作，也更容易展現出績效，同時，也讓他人感覺你做事很敬業，對你表示出尊重與敬佩之意。而贏得他人對你的讚賞、肯定與支持時，反過來，也會激勵你有更傑出的表現。這是「魚幫水，水幫魚」的道理。

3. 重新安排設計工作

天生我才必有用，人人都會具有幾項以上的優勢長處！當你無法在目前的工作上展現你的優勢長處時，可以主動向上司或老闆表達，請調到其他部門或單位的意願，或者指派你負責可以展現出優勢長處的職務或工作。如此一來，當你有機會展現出優勢長處，自然而然地，就可以把原本是單調、枯燥、乏味、無法發揮優勢長處的工作，開始變得非常有趣（豐富化）、有生氣、充滿活力的樣子；同時，這種重新安排設計工作的方法，也會降低自己對工作的不滿意，而導致工作績效不佳、離職、曠職、生病、發生意外等風險。而當你打從心底都願意去做這件工作時，它就會帶來很大的滿足感，很快即能從工作中體會到忘我的境界！它將促使你為工作本身的意義而做，而不是為它所帶來的物質報酬而做！

4. 變換工作環境

如果上述的做法，仍無法讓你從工作中獲得滿足感與幸福感，且經過努力嘗試一段時間後，仍無改善的跡象的話，那也許真的到了需要改變工作環

境的時候了！此時，你便需要勇於變換工作環境！千萬不要因為面子問題、親朋好友的期望問題、或其他考量問題，而不敢踏出改變的那一步！改變，才會有機會！勇於改變，才能帶來創新的契機！

5.選聘優勢長處與工作需求相配合的員工

假如你是老闆，那麼，請你聘請優勢長處與工作需求相配合的員工；假如你是部門主管或經理，那麼，請給你的員工空間，使他們可以在你的目標範圍內轉型，亦即，搭配員工的優勢長處，進行工作重新分派或輪調，使之能與工作需求相配合！當你朝這個角度去聘請員工，分派職務給員工，必然能使員工從工作中獲得滿足感與成就感，工作成為獲得忘我經驗的最佳來源，工作績效必定會自然流露、展現出來。當然，幸福感的提升也就不在話下了！而當員工都成為幸福的員工時，你的企業必定是個幸福的企業，「靈性資本論」（spirituality capitalism）就可以應用到你的公司上，它必定能成為一間永續經營、長存發展的百年社會企業（註5）！

因此，到底你是在從事職業？還是志業？似乎只存在著一線之隔而已，端看你怎麼看待（定義）和追求自己的工作而定！

有無哪一種職業較不容易快樂？

有的，塞利格曼教授在其著作（註6）中即舉例說：在美國執業的律師，即屬於這一群工作不快樂的典型行業！其實，不止律師這一行，如果工作屬性（類似律師）即具有導致不快樂傾向的話，都是屬於這類不快樂的行業。

職（執）業有兩種目的：一為內在的良善目標，另一為自由市場以營利盈餘為目標。例如：業餘運動選手以競技為目標、教書是以教化為目標、醫療是以痊癒為目標、友誼是以親密為目標；當把這些目標推向自由市場時，這些內在的良善目標就向下沉淪了！一旦內在的良善目標變成具有高競爭性的非贏即輸局面時，負面情緒（例如：焦慮、憤怒、悲傷、憂鬱）就會油然而生，不快樂也就成為家常便飯的事了。當美國的法律也從公平正義逐漸走

向唯利是圖的行業時，律師這一行業，也就成為不快樂的典型代表了！

　　根據調查顯示，美國有52%的開業律師對生活不滿意，顯然這個不滿意是與金錢無關的！因為，律師已經成為美國最高薪的行業（小律師即有年薪20萬美元），但卻比一般人更容易罹患憂鬱症（高出一般人3.6倍）、同時也是酗酒和吸毒的高危險群者、離婚率（尤其女性）也比其他行業高。他們是薪水最高，但是最不快樂，也最不健康的一群人；而且，律師本身也是知道的，因此，他們很多人都在盤算提早退休或根本改行。塞利格曼教授分析他們工作不快樂的原因有三個：(1)悲觀；(2)有責無權；(3)工作屬性已經變成非贏即輸的賭博。

1. 悲觀：一般而言，悲觀的人通常是失敗者，但律師這一行業除外，悲觀的人會是比較好的律師！對律師而言，悲觀是一個優點，他們往往把問題解釋成永久性的、普遍性的，因此，就會很謹慎小心地處理它。這份職業所需的人格特質（小心謹慎），恰好會使你成為一位不快樂的人，具有嚴重的職業病！

2. 有責無權：律師工作上允許的選擇性很低，情境壓力卻很大，這種要求高且又低決策權的工作，最容易導致罹患心臟病和憂鬱症。典型的工作型態，例如：護士、秘書、和小律師，都是此一族群的工作人口！

3. 美國的法律訴訟已經變成非贏即輸的賭博：從法律上來說，訴訟案件的一邊是贏的話，即等於另一邊是輸。它的競爭格局是白熱化的、非常高壓力的、非輸即贏的！因此，律師被訓練成具有野心、進取心、判斷力、分析力、聰明、冷酷的人格特質。這種訓練，自然而然就容易導致產生憂鬱、焦慮、和憤怒，而且是常常如此！

　　其實，不止美國律師這個職業有此特徵而已，其他具有上述幾項工作屬性的行業，也都是屬於比較不快樂的職業！

如何跳脫工作的不愉快，帶來滿足與希望？

　　既然，你已知道某些職業的工作特質，就是不容易帶來快樂。但是，你

還是選擇繼續從事它或忍受它的話，此即表示你一定有其他考量的因素存在，例如：薪水高、頭銜響亮、社會地位崇高、職稱受尊敬、工作有意義、使命感使然或者是不得不，因為沒有其他更好的選擇緣故！

若是如此，本書第15章所述，促進「樂觀希望」的方法，以及前述「把職業變成志業的秘訣」方法，也許可以派得上用場，能夠幫助你跳脫工作的不愉快，帶來滿足與希望！這些建議如下：

1. 運用ABCDE反駁法：（建議你先讀一讀第15章所述的認知療法）至少要學會彈性樂觀（flexible optimism），在私人生活中多運用樂觀，但在工作上仍保持悲觀態度！

2. 提高決策權：讓員工（包括你在內）有學習、參與討論、和做決策的機會！

3. 運用個人的優勢長處：透過工作重新分派或調整，給予個人的優勢長處有個發揮的機會，並增進工作的變化性！

4. 培養正向情緒：盡量將問題處境，從非輸即贏的局面，轉換成雙贏的局面！

5. 轉念：轉換個想法，重新詮釋工作的價值和意義，將職業變成志業、增加忘我經驗、建立忠誠度、提高工作生產力！

6. 擔任志工：從事志工服務或工作，通常都可以增進「忘我經驗」的體驗，是一項值得推廣與鼓勵的休閒活動，它可以為你不愉快工作中，帶來一股清新的暖流，讓你重溫喜悅與滿足，進而培養感恩的心與情操，進而改變你對工作的認知和態度！

有工作總比沒工作（失業）者幸福得多！

即使是從事可能會帶來不快樂的工作，總比沒工作（失業）者來得好！來得幸福得多！因為，失業真的會讓人感覺不幸福，且久久難以恢復平靜！而失業的人與有工作者，會在某些方面產生差異：

1.對工作所持的信念與態度不同

失業者本身認為他們的失業，主要是因為政府、大財團或其他社會因素（例如國際化）所造成的；但有工作的人，則認為失業的發生，必然是由於個人因素所造成的，例如：懶惰、懶散、怠惰、拖延、不負責等。

2.安排與打發時間的方式不同

如何妥善利用失業期間的時間，是一個影響幸福感的重要因素！樂觀的人，會趕快去找新工作，或利用此段難得的空閒時間，多多充實自己的知識與技能，以謀求東山再起的機會；而悲觀的人，則是比較會自怨自艾，對失業感到沮喪、絕望，但卻不會安排、打發失業的時間，任憑反敗為勝的機會喪失。

3.社交關係的喪失

失業，即意謂社交網絡的喪失、婚姻關係變差、親子問題變多、社會認同和地位的喪失等，都會使人的負面情緒盪到谷底。

4.工作潛藏的好處發生變化

失業，會讓時間的運用變得很有彈性、社會接觸的機會增多、生活目標廣闊、社會地位的認同及感受等都會產生變化。變好？還是變壞？端看個人如何善用這些變化的機會，它們才是提高失業者生活滿意度的決定性因素。

根據一項英國的研究顯示，在失業的樣本中，有19%的人認為變得很悲慘及不幸福，17%的人覺得自己坐立難安、脾氣變差，13%的人容易感到煩亂與躁動。而根據一項美國的研究報導，一般人中有30%的人認為自己是非常幸福的，但失業人口中只有10～12%的人如此認為，失業者也比有工作者更容易發怒（註7）。

換言之，失業容易造成人們生活滿意度的下降，間接對生活各方面造成負面的影響，且久久難以平復（註8）。例如：

1. 經濟收入減少。這意謂生活水準將會下降！

2. 對居住品質與生活滿意度下降！

3. 自尊受損。覺得自己是失敗者！

4. 冷漠。對人、事、物覺得厭煩或冷漠，降低生理與心理的警覺性，導致許多功能的退化！

5. 影響生理及心理健康。比較容易得焦慮症、憂鬱症，產生「習得性的無助感」，造成各種人際關係（婚姻關係、親子關係、同儕關係）疏離與產生問題！

6. 造成自殺。失業與自殺之間，存在著高度相關。一項美國的研究即發現，在五年之內，失業率每提升1%，就會發生4.1%的人自殺、3.3%的人第一次到精神科就診、4%的人入獄、5.7%的人謀殺、1.9%的人飲酒過度致死、及1.9%的整體死亡率！

總之，失業具有總總的不良影響，且讓人感覺不快樂、不幸福！因此，每當遇到工作不愉快、不順利時，想想那些失業的人，你會覺得自己還算幸運、快樂、幸福得多！比上雖不足，但比下有餘！

休閒的重要性

閒暇活動（leisure activities）或簡稱「休閒」（recreation），是構成整體生活滿意度的一個重要成分！

最簡單的定義，休閒即是指一種在閒暇時間所進行的活動，凡個人在睡覺、工作、吃飯或照顧自己與家庭之外的時間所做的每一件事，都可以被視為是「休閒」！

休閒的另一種定義：凡是人們希望從事、自願為尋求樂趣、娛樂、自我修養，或是那些人們自己決定目標，但不是為了得到物質報酬所進行的活動，也可以被稱之為「休閒」！在閒暇時間會尋找消遣活動，被認為是一種人類的天性，也就是說，人類的天性即有找樂子的傾向！

與之相比，工作，通常是目標導向或是工具取向的；被認為是具任務性、講求效率、強調約束，並且需要服從他人的！而休閒，則是表達性取向

的，為其本身的目的而進行，且具有內在回饋的性質；被認為是愉快的、自我實現或滿足的、沒有負擔的，並且是自發性的活動！

根據調查發現，美國人在工作時所體驗到的忘我經驗，遠比在休閒時多（註9）！在一項調查824名青少年的研究裡發現：參與主動式的休閒（例如：電腦遊戲和嗜好）時，可產生39%的忘我經驗，而產生冷漠的負面情緒只有17%；但是，參與被動式的休閒（例如：看電視和聽音樂）時，只產生14%的忘我經驗，卻會產生37%的冷漠情緒。美國人在看電視時的情緒，平均而言，是抑鬱的！所以，選擇主動式的休閒，對增進忘我經驗、帶來幸福感而言，就變得非常重要了！

休閒活動的特質與功能

我個人認為，相對於西方教育，東方人（含中國、香港、臺灣、日本、韓國、及整個東南亞地區）的教育方式，是比較缺乏重視休閒教育的！由於六十幾年前，亞太地區是二次世界大戰的戰區，人民飽受戰爭殘酷的洗禮，認為「求生存比求尊嚴」來得重要。因此，教育重視的都是如何復興經濟、振興國家、提高科技水平的思維！直到21世紀來臨，亞太地區已經走向經濟繁榮、國泰民安之際，才開始有重視「休閒教育」的呼籲提出（註10）。

其實，休閒教育是有別於學校教育的體育課、家政課、童軍課及社團活動的內容，而是與養成一種生活型態的素養有關！因為，休閒具有下列的特質：

1. 餘暇時間的：必須是休閒時間才能有休閒活動，工作不是消磨餘暇時間，不能算是休閒。
2. 自願的：不受外力強制，是根據自己的興趣自由選擇的。
3. 有樂趣的：能賦予心靈上的歡樂及滿足感受。
4. 建設性的：是有益身心，又能使身心充滿能量的活動。
5. 生存以外的：為生存以外的一切活動，才算是休閒。吃飯、睡覺不算，但露營、野餐算是休閒，因為它也含有社交和遊戲的成分。

雖然，學校教育的相關課程也都有教導休閒的相關知識與活動，但往往

因為需要進行教學評量才算完成一門課程的學習，而使休閒教育無法落實成為每位學生的一種生活型態，也無法將休閒活動培養成一種提升幸福感的素養，這樣十分可惜！其實，休閒活動如果能成為一種生活型態，它將具有提升幸福感的諸多功能！這也是人們為什麼會從事休閒活動的動機所在：

1. 淨化：藉由投入能量與努力，提高專注力，體會忘我的經驗，達到釋放負面情緒的淨化作用。例如：藉由攀岩、下棋、繪畫、園藝、跳舞、業餘考古、背包客旅遊、極限運動等活動，即可達到此目的。

2. 放鬆：給自己一個鬆弛的機會，藉由改變緊張、疲勞、令人精神緊繃的情境，而讓人恢復精力、體力、與專注力。例如：練習靜坐冥想、攀岩、瑜伽等，都有此效果。

3. 補償：幫助個人彌補生活中的不足或缺憾。例如：和親朋好友一起從事共同嗜好的休閒活動，即可修復與家人或朋友間的親密關係。

4. 認同：持續生活中原有的活動，以達成生活中的重要目標。例如：資訊教師享受閱讀電腦雜誌的樂趣、藝人在公益活動中表演唱歌，都是在類化與深化自己的專業智能，擴大及增強自我形象與獲得認同，以達到自我實現的目的。

5. 滿足：人人都具有社會性的需求，這需求行為會出現在個人與他人交往互動的各種形式中。例如：交朋友、分享經驗、與人互動、尋求協助等，均可滿足個人的社交動機。社交是整體休閒滿意度的最佳預測因子！

基本上，休閒活動都具有滿足個人的社會需求、情緒需求、心理需求、及生理需求等功能！

休閒活動的類型

休閒的類型種類繁多，大致可以分成下列幾大類：

1. 體育性：如慢跑、快走、散步、登山、游泳、網球、桌球、騎自行車、攀岩、瑜伽等，屬於四肢運動類的活動都算。

2. 知識性：如閱讀書籍雜誌、寫作、實驗、研究等，屬於認知性活動皆

是。

3. **娛樂性**：如喝茶、聊天、下棋、攝影、釣魚、旅遊、唱歌、看電影（DVD）、欣賞歌劇表演等，屬於純娛樂性質的活動都算。

4. **藝術性**：如聽音樂、手工藝、繪畫、舞蹈、插花、烹飪、園藝等，屬於人文藝術性質的活動皆是。

5. **服務性**：如參加公益活動、生態保育工作、社區服務、廟會、教堂等志工活動，屬於公益服務性質的活動都算。

我個人認為，每個人都應該從生活中（或從學校的學習中），各習獲幾類不同性質的休閒活動，以備在各種條件情境下，皆有適當的休閒活動可以從事，以免讓日常生活陷入無趣、缺乏變化、及成為習慣化！例如，晴天時，有晴天時可以從事的休閒活動，如：體育性休閒的登山、騎自行車等；雨天時，有雨天時可以從事的休閒活動，如：知識性休閒的閱讀書籍雜誌、看電影（DVD）等；有的是獨自一人即可從事的休閒活動，如：知識性與藝術性休閒的寫作、繪畫、雕刻等；有的是眾人一起從事才會比較歡樂的休閒活動，如：娛樂性和服務性休閒的喝茶、聊天、旅遊、唱歌、志工等。這些不同類型的休閒活動，可以互相搭配，以讓每天的生活除了工作和睡覺的時間以外，更能充滿歡笑、能量、滿足與幸福洋溢的氣氛，增添生活的樂趣與提高幸福的感受！

休閒與幸福感之間的關係

整體而言，人們對休閒的滿意度，僅稍低於工作滿意度，但遠低於婚姻滿意度！

對多數人而言，休閒次於工作、婚姻及家庭的滿意度來源；但對少數人而言，休閒卻更重要，尤其是對單身男性而言，休閒是比工作獲得更大滿意度的來源（約占28%）（註11）。

大致上而言，從事具有社交關係性質的休閒活動（例如：參加親子活動、投入婚姻關係（指維持夫妻關係的任何活動）、與朋友在一起聊天、看電影、唱歌等、參加宗教活動等），會比獨自一人進行的休閒活動（例如：

閱讀、運動、看電視等），所獲得的滿意度來得高！但是，對不同形式休閒活動的滿意程度與從事該活動所花的時間量之間，兩者並沒有直接的必然相關；例如，我們最常從事的休閒活動是：看電視、散步、看書及聽音樂，但從中所獲得的樂趣，卻比不上旅行、爬山或溜冰等活動！雖然，從事前者的休閒活動，比較不費力氣、較便宜、不需要特殊技術與裝備，並且也不需要物理環境及天候的配合；但從事後者的休閒活動，雖然較花費體力，並且也充滿危險，但卻比較容易體驗到忘我的狀態，給個人帶來更高的滿足感與幸福感。此即前者的滿意度，會比後者的滿意度較低的原因所在！

根據美國密西根大學的一項研究顯示，休閒滿意是普遍幸福感的一項預測指標！但是，將休閒定義為「嗜好」時，卻不是一個良好的預測因子，而將休閒定義為「工作之外的生活」時，休閒便成為整體幸福感的最佳預測因子（註12）！這樣的休閒活動，可能包含(1)立即性的目標，例如：尋求刺激、找樂子，或者是包含(2)長期目標，例如：在某個技術或運動上的競爭、增加知識或學識、寫書或遊覽世界等。當然，休閒也會影響婚姻關係，以及其他層面的社交生活，這些都是幸福感的重要來源之一！而參加共同休閒活動的參與者之間，其所達成的社會互動及社交維繫的強度，也是造成休閒滿意的一個主要因素！

常見的休閒活動與幸福感之間的關係

人們日常所從事的休閒活動，不僅會反映出個人的社會階層，也會反映出個人的教養程度與生活品味！例如，專業及中產階級人士，比較偏好從事運動、閱讀、郊遊及文化活動等；藍領階級者，則偏好從事賓果、擲飛鏢、賭博、撞球等遊戲；看電視是大部分人喜歡的休閒活動，但是，藍領階級每週約看20小時，還是比中產階級每週約看15小時來得多；非技術工人在所有休閒活動中，最喜歡看電視；而中產階級人士，從事較多的休閒活動種類，多數為有閒（例如：擔任義工）與有錢（例如：度假）階級人士所喜好者。

以下所述的內容，是人們最喜歡、最常從事的休閒活動，但也都與幸福

感之間具有不同程度的關聯性：

1.看電視

花長時間觀看電視者，一般而言是兒童與老人家，因此有「電視兒童」與「電視老人」之稱！而過去美國的研究資料顯示，看電視容易對情緒狀態造成負面影響，尤其是在選舉期間或政黨辯論的意識型態之爭時。

看電視確實可以令人放鬆、高興、歡樂與充滿知識的，並覺得自己是善於交際的，因為可和他人談論電視節目的內容。但是，比起其他活動（例如：閱讀、工作）或是其他休閒（例如：喝茶、聊天），看電視是會令人昏昏欲睡、虛弱、消極的、與被動的活動。

美國人比其他國家的人看電視的時間更久，平均而言，每天電視開機的時間約為七小時。研究顯示，看電視的情緒狀態，長期而論，是較偏向憂鬱的！

2.聽廣播或音樂

邊聽收音機（廣播、音樂）、音樂CD或MP3，邊做其他事（開車、洗碗、洗衣服、烹飪、園藝等），也是一般社會大眾常從事的休閒活動之一。平均而論，聽音樂的情緒狀態是隨聽的當下心情而起伏的，聽音樂具有某種程度的療癒效果；低沉、緩慢、抒情節奏的音樂，具有穩定情緒的功效，而高亢、重低音、快節奏的音樂，則具有刺激活力的作用！

3.閱讀

會把閱讀當作一種休閒活動者，其職業大多是屬於專業人士居多（例如：大學教授、研究人員、中小學教師、記者、作家等）。至於是閱讀什麼類的書、閱讀多久、是看書或看雜誌、閱讀的習慣（紙本的或電子的書籍）等，則會隨著個人的教育程度、成長環境與數位化素養程度的不同而不同。平均來說，每個人不會花太多時間看書。經調查，約有三分之一的人表示，經由閱讀所得到的滿意程度是看電視的兩倍，大約與朋友共度時光的滿意度

相近。

4.運動

散步、慢跑、游泳、打球（網球、籃球、足球）是人們經常從事的休閒活動之一；年輕人又是主要的運動人口。運動是達成身體健康、放鬆情緒、轉移注意力，以及增進幸福感的最佳利器之一！

5.家庭中的休閒

其實，休閒和家庭生活實際上是無法分割的。常見的主要休閒活動包括：家庭聚餐、看電視及影片、聽音樂、閱讀、園藝、卡拉OK、益智遊戲（打麻將、玩橋牌、玩Wii、MBox、Play Station等電動）、家庭旅遊等，都是促進一家人和樂、建立親密關係的重要因素之一。差別僅在於女性的休閒多半與家庭有關，而男性則是比較喜歡從事園藝和動手自己做工作（例如：木工）！

一般來說，具有社交性質的休閒活動最能夠增進幸福感的提升，但往往需要時間與金錢當後盾！例如：

1.社團、課程與志願工作

這類休閒除了沒有報酬外，更像是在工作。人們會從事此類休閒活動的原因是，這些活動本身即令人感到滿足！這是一種沒有外在回饋，只有內在酬賞，包含社交酬賞的工作，諸如：運動社團、音樂、戲劇、夜間進修班、上教堂（作禮拜、法會、望彌撒）等，這些休閒活動都涉及到個人需要花時間與一群人在一起、作互動、溝通、交流或是互相扶持等，因此，可與他人分享自己的情緒感受，建立連結關係，所以最能增進快樂及滿足感！

2.度假

這是一種外宿幾天的假期，多半遠離住家和工作場所，且會與家人、親朋好友一起同行，所以可以增進互動式的情感交流，建立起共同的快樂回

憶。至於度假的地點，包括：度假村、飯店、各旅遊景點、國內外均可。但是，度假比較是屬於有閒又有錢的人所能享受的休閒方式，並非普羅大眾可以經常從事的休閒活動。但若能偶爾為之，確實能提振一群人的幸福感指數。

有沒有最佳的休閒？

人們對休閒的反應，到底是認為它是工作的一部分呢？還是認為它與工作完全無關的一件事呢？

通常，非技術性工人的休閒是最愛看電視；而勞力密集的工作者，最愛具有「激烈性補償作用」的休閒，例如：喝酒、打鬥、嗑藥等；而廣告及牙醫師等專業人士，較喜愛從事運動來放鬆自己；而對於低教育程度的體力工而言，休閒似乎只是為了補償工作中的壓力、無聊或是工作所帶來令人不滿意的地方！

因此，休閒似乎也可與工作一樣，分成三種方式。雖然，在原始社會裡，工作與休閒原本是不太分清楚的：

1. 休閒是工作的補償。例如：靠腦力或勞力為生的技術或非技術工人，多半把休閒當作是一種工作之餘的補償！

2. 工作與休閒是摻雜在一起。例如：農夫、企業經理、大學教授、作家、設計師、藝術家等，這些人士的工作與休閒多半是分不太開的，且不分晴雨與晝夜，似乎天天都在工作，但也似乎天天都在休閒！

3. 休閒是獨立於工作之外。例如：從事高壓力、時間長、但酬勞豐、無趣或例行性的工作者。對他們而言，工作就是工作，休閒的最大功能就是純「娛樂」而已，別無其他含意！

所以，我不禁想問：「有沒有可以兼顧自己的興趣，又可以工作賺錢的休閒活動呢」？答案是：「有的」！其條件即是，挑選那些需要使用到自己的優勢長處的休閒活動，再把休閒活動和優勢長處（若工作時也用到此優勢長處的話更好）結合起來，讓自己能時常處於忘我狀態裡，時時刻刻都能提高自己的生活滿意度！這樣的最佳休閒方式，需要你花時間、用心、認真去

尋找，就如同第8章所述，像在尋找「天命」一樣。

學習過山羊式的生活

請你仔細觀察一下「山羊的生活型態」，你會發現山羊無論在生活（學習）、工作、休閒上，都是在做同一件事：吃草。吃草是牠最快樂的活動！因此，人們如果能夠結合「生活、工作、休閒」三者，都是在做自己最喜歡、最有意願、且最擅長做的事（時時刻刻都會動用到自己的優勢長處與美德，即最能產生忘我狀態），那麼，他／她即是世界上最快樂、最幸福的人了！

所以，各位讀者，未來各式各樣的休閒產業（如下所列），都是你可以將休閒活動和自己的優勢長處結合起來的利基所在，它也許可以帶給你一份幸福的工作，且兼具最佳的休閒方式，讓你每天都過著山羊式的生活，快樂、幸福、又美滿！

1. 主題樂園：例如迪士尼樂園、環球影城等。
2. 休閒購物中心：例如微風廣場、夢世界、藝大世界、各大賣場等。
3. 休閒度假村：例如劍湖山世界、西湖度假村、六福村、小人國等。
4. 休閒農場：例如東勢林場、初鹿牧場、兆豐農場、武陵農場等。
5. 飲食文化產業：例如85度C咖啡、各地觀光夜市等。
6. 休閒運動健康產業：例如臺北市的中正、木柵等各行政區的運動中心等。
7. 藝術文化產業：例如朱銘美術館、三義木雕街、鶯歌陶瓷等。
8. 生態旅遊：例如墾丁國家公園、太魯閣國家公園、雪霸國家公園等。
9. 其他：例如個性旅遊、冒險體驗活動（例如高空彈跳、大怒神、自由落體等）、心靈成長團體（課程）等「文化創新產業」等。

工作會增進個人的幸福感，失業會讓人失去幸福！
因此，在工作場域中，盡情發揮個人的優勢長處，會提高工作中體驗到忘我的經驗，自然而然地，即會增進工作的滿意度及幸福感！而欲減少失業

對個人幸福感的負面影響,最佳的調適方式可能是(危機即是轉機):盡力找出工作之餘自己最想做的事,並運用時間去做它,同時保持自己的專業能力與技術,並盡量維持既有的社會關係!

休閒是生活滿意的重要來源之一!休閒會成為生活滿意度來源的原因,即是因為它能提供幾種作用,包含:淨化、放鬆、補償、認同、滿足等!

休閒可能是一種對工作的反應,或是與工作相混雜的結果。如果能過著「山羊式」的生活,更是快樂、滿足與幸福的寫照!

練習作業

　　本項作業的名稱，就叫做「平衡你的工作與休閒」（Balancing your work and recreation.）！這項作業可能需要你花費一段時間的練習才能完成，但絕對值得你投資！

　　現在，請你撥出幾分鐘的時間，讓心情沉靜一下，再次回顧一下第8章的作業。當你試著把自己的「快樂活動」及「強項長處」結合起來時，看看你周遭，有無哪一些工作正是需要使用到你「既擅長的長處特質，又喜愛的活動事項」，也就是你的「天命」所在！把它們確定以及找出來！

　　接著，參考本章的內容，看看你有無喜歡從事哪一些休閒活動？也把它們確定、找出來！要能成為休閒活動的條件，必定是那些你真的喜歡、常投注心力與時間去從事、能增長你的心智、腦力、體力與活力，且與工作型態完全不同的活動（雖然從長遠目標來看，休閒與工作是可以結合為一，但短期間而言，你還是暫時將其分開來看）！

　　再其次，每天（或每隔幾天）至少撥出一段時間（從幾十分鐘到幾個小時不等），好好享受從事休閒活動所帶來的快樂、愉悅或忘我經驗，以平衡工作所產生的疲倦感！週休二日的意義，即是要你利用至少每週兩天的時間從事休閒活動，給自己的心智、腦力、體力、與活力充電，以恢復工作的疲憊，並為明天作準備的意思！

　　漸漸地，你可以花時間找出可將休閒活動變成「兼差」性質的工作，或是將自己培養成休閒的「業餘專業人士」！從兼差性質的工作著手，慢慢地將休閒活動的重心，逐漸轉變成可以賴以維生的正式工作。如果正式工作與休閒活動之間，很難互相轉型的話，那至少可將自己培養成從事休閒的「業餘專業人士」！讓休閒成為平衡工作壓力的一種抗壓減憂方法！

　　最後，將生活、工作、休閒三者結合起來，過著山羊式的生活型態。如此一來，你將成為世界上最快樂、最幸福的人了！

延伸閱讀

王怡棻譯（2009）。心靈資本學：創造企業終極財富。臺北市：天下文化。
（Danah Zohar & Ian Marshall原著。*Spiritual capital: Wealth we can live by.*）

陳柏誠譯（大前研一著）（2006）。Off學：會玩，才會成功。臺北市：天下文化。

許昆暉譯（中越裕史原著）（2012）。找到天職，你可以幸福工作：日本首創「天職心理學」諮商師幫你找到這一生真正想做的工作。臺北市：智富。

鄧伯宸譯（2011）。你何時要吃棉花糖？時間心理學與七型人格。臺北市：心靈工坊。（Philip Zimbardo & John Boyd原著。*The time paradox: The new psychology of time that will change your life.*）

顏湘如譯（2005）。慢活。臺北市：大塊文化。（Carl Honore原著。*In praise of slow.*）

戴至中譯（2006）。快樂為什麼不幸福？臺北市：時報文化。（Daniel Gilbert原著。*Stumbling on happiness.*）

蘇茉譯（2006）。世上最幸福的感覺。臺北市：麥田。（金河原著。*The best happy feeling in the world.*）

註解

1. 參見本章的延伸閱讀《你何時要吃棉花糖？時間心理學與七型人格》一書。

2. 參見第1章的延伸閱讀《幸福心理學》一書。

3. 同註2。

4. 同註2。

5. 參見本章的延伸閱讀《心靈資本學：創造企業終極財富》一書。

6. 參見〈楔子〉一章的延伸閱讀《真實的快樂》（第二版）一書。

7. 同註2。

8. 參見Diener, E., Lucas, R., & Scollon, C. N. (2006). Beyond the hedonic treadmill: Revising the adaptation theory of well-being. *American Psychologist, 61*, 305-314. 一文，以及〈楔子〉一章的延伸閱讀《別跟快樂過不去：給你9堂課，成就拔尖人生》一書。

9. 同註6。

10. 參見本章的延伸閱讀《Off學：會玩，才會成功》一書。

11. 同註2。

12. 同註6。

幸福心理學

第三篇

實踐篇──永續幸福的追尋

　　既然，追求基本幸福的方法知道了，有無還有哪些方法，可以確保所追求的幸福能維持較為長久一點的？這些方法是什麼？這即是本篇所要探詢的目的。

　　要讓幸福保持長久一點的時間，最基本的方法即是：「天天行善」！做任何一件善行而都不求回報，老天爺自然會回報給你持續一段時間或一整天的正向情緒。如果你天天利他行善，那麼，你就天天處於正向情緒中！

　　其次，對發生在周遭的好事，學習心懷感恩；對發生在周遭的壞事，學習寬恕慈悲以待。這些處事的態度，會大幅提振你的幸福程度。此外，學習對所發生事情（不論好壞或順逆）的詮釋態度做改變，把好事解釋成是受永久的、普遍的且內在的因素所決定的，而把壞事解釋成是受暫時的、特定的、且外在的因素所造成的，這是養成樂觀希望者人格特質的方法，而樂觀希望者通常是比較幸福長久的！

　　尋找某些感興趣的休閒活動，並且積極探索，從中體驗到忘我的境界。如果能夠找到忘我的活動，試圖把它發展成為一項可賴以維生的工作，那項工作鐵定是一項「幸福工作」。能夠天天從事幸福工作，自然而然地，幸福感即可較為長久的持續下去。

　　如果每天還能夠撥空練習正念冥想，不僅能夠抗壓減憂，更能擴張正向情緒到巔峰狀態，促成自己靈性成長與發展，自然達到快樂永在，幸福長存的地步。同時，針對日常生活中常遭遇相同或類似的挫折事件，可以反思其背後所要教導給你的靈性成長議題為何，盡早去習得該靈性議題，不僅你的靈性可以獲得大幅成長，爾後，該項令你挫折的事件便不會再發生，你即可進一步邁向圓滿的人生！

　　具備上述各項永續幸福的追求行徑與習慣的養成，若能從年輕時，即已

開始追求和做準備，我相信要達到成功老化的幸福境界，是可期待的！

　　本篇共分成八章的章節內容，其重點即在透過上述獲得「永續幸福」的追尋，以及各項作業的實作練習，期盼能夠讓你早日習獲永續幸福的智能與習性，擁有至高的心靈財富，成為一位真正的「好野人」！

　　祝福你！

第 12 章

利他善行

　　「助人為快樂之本」！

　　　　　　　　　　　——「青年十二守則」之一

　　這句口號是抗戰時期的「青年十二守則」之一。從小，學校老師就有教過，考試也會考，因此，大約出生在民國70年（西元1981年）以前的國民，對這句話都不陌生！後來，隨著臺灣的政治解嚴，這項青年守則廢除，學校不再做政治宣傳口號的教學，但老師還是會透過各種教育活動，宣導「助人為樂」的觀念，只是，有多少學生深受這句話的啟發，因而改變一生為人處事原則的？則不得而知。

　　不用多說，當我們主動幫助別人時，我們不僅會覺得很有成就感（自我效能感會提高），別人也會很感激（感恩之情常溢於言表），更重要的是，我們會覺得人生過得很有意義、很有價值、對社會有貢獻！因此，「為善最樂」一點也不假！

　　但是，隨著年齡的增加，我們逐漸從生活中習得「競爭的心態」，體認到資源是有限的，因此，必須去努力爭取、去競爭、去贏過別人，才能有所得、有所收穫，不可隨便施捨、更不可浪費！所以，當遇到需要你去幫助的人向你伸出求援的雙手時，你就會衡量：「我若幫助他，這對我有什麼好處嗎」？尤其是當自己手頭的資源不多時，你更會斟酌要不要去幫助別人？久而久之，便可能養成吝嗇的習慣，不習慣去幫助別人！

　　當然，不習慣助人，也沒有錯，法律也沒有明文規定「每個人都必須幫助別人」。你仍然可以一天過一天，直到天年。但是反過來說，既然我們都知道「助人為樂」的道理，當前的學校教育也有在教導，我們不妨也可以試著改變一下做法，試試看這項助人之舉長期而言會帶給我們什麼樣的效果？

是與神交易？還是真心行善？

　　許多宗教團體或組織，有的真為勸人為善以教化天下，有的則是為了推展宗教或慈善事務，常常把「為善、助人」這項活動，來與「陰德、福報」綁在一起做宣傳，像是「有拜，有保庇」、「添香油錢、幫某某神像裝金身、點光明燈，會有什麼什麼好處，得到什麼好報」、「什一奉獻，夢想實現」、「善有善報」、「積善之家，必有餘慶」、「擔任志工，可以有多少福報、多少積德」等等，這些想法與宣傳，經過幾千年文化的傳遞，成為頗深植人心的一種信念！因此，很多人是懷著這種心態與想法去行善、助人，以為就可以給自己帶來好運、福報、積陰德、庇蔭子孫。結果一來，教會、廟宇、慈善基金會等組織團體，利用人們的這種心理，很容易即募得許多金錢與資源，順利推展宗教或慈善事務。

　　總之，這種信念與做法，既沒有妨礙他人，也沒有要求以犧牲個人權益福祉作為交換條件，所以，社會輿論對此也就沒有負面評論或探索的興趣存在。倒是，我很懷疑這種有目的的善行，到底是在與神明（上帝、宇宙的主宰、造物主、或任何你可以指稱的神祇）做交易呢？還是真的在行善、助人呢？這種善行，真的會帶來心理由衷的感到快樂、喜悅、與滿足等正向情緒呢？還是，只是滿足一時的虛榮心、安慰的心理、恐懼的釋放、對未來收益的期許而已？我真的很懷疑！

　　我的疑點很單純，這種結合行善與福報的口號，雖然很容易引起共鳴，但同時卻也很容易引起行善者的心理對善行結果有所期待（例如：好心有好報）。如果行善後的結果沒有善報出現，或者，一直沒有獲得善報回應，甚至，反而出現惡報的結果時，人們的心理是很容易產生埋怨、不平、抗議老天爺不公、忌妒甚至仇恨心的；如此一來，「助人與行善」原本是一件好事，結果卻引來負向的情緒感受，這樣的「善行」是否也可以稱做善行，就有待商榷了！

　　我認為鼓勵大眾「助人與行善」時，卻同時也激發出眾人懷有期望「獲得某種好處」當回報的想法，這種觀念還是停留在「以物易物」的階段，算

是另一種形式的交易行為，不是真的在助人與行善！當人們懷有這種信念與做法時，這跟我花錢到7-11便利超商購買東西的交易行為有何不同呢？我付出金錢，7-11給我要的東西作為交換或服務，這不稱做交易？不然該稱做什麼？既然是交易，在貨銀兩訖之後，通常我們的內心是不會出現任何特殊情緒感受的（除非你要的東西已經找了很久，剛好某家7-11便利超商有提供販售此商品，也許你會表達些許的感激之情吧）！至少，在一般性的交易下，也不會引發我們的負向情緒的（除非對方給我們劣質商品，或者，對方的服務品質很差、惡意欺瞞顧客）！

當然，具有交易性質的行善，也可以帶給我們一些短暫的愉悅感受，例如：獲得目的性的滿足（「達到減稅目的」）、外在的虛名（「我是一位大善人」）、與心理的安慰（「神明會照顧我」）等！這些滿足小我（虛榮心）的感受，是一時的，無法維持長久的，無法帶給人們打從心裡由衷的感到快樂、喜悅與滿足等正向情緒的！一旦屢次行善後都沒有獲得預期的回報，無法獲得持續性正向情緒的增強與支持時，人們便會逐漸失去助人與行善的動機，終究還是會回到原點：「不習慣於幫助別人」！這就是為什麼雖然經過幾千年的行善口號宣傳結果，真的會把「行善」當作是日常三餐的行為去做的人少之又少的緣故。因為，大多數人還是懷著「交易性行善」的外塑性動機與目的在行善，而在沒有獲得預期結果的持續支持與增強之下，助人與行善的行為便日漸式微，這也是可以預期的！

因此，我可以歸納出一項結論，當你出於「好心有好報」的心理去行善或幫助別人時，這種善行是在與神明做交易，你無法打從心裡由衷的感到快樂、喜悅與滿足，只能獲得一時的喜悅感受與成就滿足而已，但無法持久！世界許多民主國家（包括臺灣在內），都看到這種心理作用的價值，紛紛制訂「捐獻（捐錢給慈善機構）可以抵稅，或是，公益行善也可以抵稅」的法律規定（註1），以鼓勵有錢人多多行善；因為他們可以拿捐款來抵稅，一舉兩得（既獲得美名，又獲得抵稅）！這種利他善行的政策性法令規範的效益，也獲得許多學術研究的支持與肯定。所以，公益行善雖是一種交易性行善，行善者可以獲得一時的喜悅感受與成就滿足感，而無法獲得打從心裡由衷的感到真實快樂、喜悅、與滿足等正向情緒，但卻可以達成許多政府財政

運用的好處，自是獲得多數有錢人的肯定與贊同。這種造成雙贏（個人與政府）的措施，自然會繼續進行下去！

那麼，在利他或行善的同時，要如何使自己能夠打從心裡獲得由衷的感到快樂、喜悅、與滿足等正向情緒，而不是在作交易呢？那就是，行善者必須懷抱著：「無私奉獻的初發心」！真心的幫助別人，而不求任何回報，才能帶來心裡由衷的感到快樂、喜悅、與滿足等正向情緒！

如果能夠以「無私奉獻的初發心」去幫助別人或行善，不求任何回報，這種善行自然會帶給人們持續一段頗長時間的正向情緒感受（例如：滿足、愉快、歡樂、充實與和諧感），就如我在本書第7章做過的善行（告知收銀員他多找給我500元，並把多找給我的錢，還給他）所體會到的感受一樣：一整晚的愉快心情，自我感覺非常良好，正向情緒感受一直激昂澎湃！如果我能每天做、天天做善行的話，那我就長期處於快樂、滿足的正向情緒狀態中，要不幸福也是很難的！

其實，「為善最樂」的「樂」，就已經是一種回報！這種不求回報的回報，通常是比較長期的、持久的，甚至會讓人終身難忘的！這種「最樂善行」與「交易善行」之間的最大差別，僅在於「行善背後的初發心」而已，心有要求回報的善行是「交易善行」，心無要求回報的善行是「最樂善行」！因此，本章所要談論與鼓吹的「樂」，即是這種能夠提振人們長期正向情緒作用的善行——「不求回報的善行」！

行善與業力

自從佛教傳入中國以後，混合中國本有的儒家文化與道教文化，再融合各地的民間信仰，於是，形塑出臺灣（包含中國大陸）人的宿命觀與業力觀。這種宿命觀認為，人的一生命運與造化，是受到下列五項因素的交互影響（註2）：

一、命

　　係指一個人出生即已注定好的命，是一個定數，**無法改變**！命，即是決定你是誰，生出時就已經注定好了！例如：有的人出身豪門，即使才能平庸，也可以錦衣玉食，一生享受榮華富貴；而有的人出身貧寒，即使天縱英才，也必須努力奮鬥一生，才能確保晚年衣食無虞！因此，你是何許人也，也許是很重要！但是，你卻無法決定自己的命！因為，你沒有選擇權決定出生在何處，這就是「命」！

二、運

　　係指一個人一生可能遭遇的機運，是一個變數，**可以改變**！運，即是指你在生命中所遇見的事、所碰見的人，對你的影響是好還是壞？是利還是弊？碰上好的，做事自然樣樣順利，這就叫做走好運！碰上壞的，做事自然處處碰壁，這就叫做走霉運！例如：有的人狗屎運亨通，麻雀也可以變鳳凰；而有的人則倒楣運連連，陰溝裡也會翻船！但是，運是可以改變的！影響一個人一生機運的好壞，受到許多種因素的影響；這些因素，有些是自己可以掌控的，有些則是掌控在外在因素裡，但你有機會學習去改變或影響它們的變化！

三、風水

　　係指可以影響一個人一生造化的陰宅（供已逝先人居住的地方）與陽宅（供還在陽間生存的活人居住的地方）等外在物理環境，是一個變數，**可以改變**！風水，即是指陰陽宅地，會影響一個家庭及個人的事業、學習、及身心健康狀態！如果陰陽宅地不穩或不安，心情自然會多受干擾，工作或學習也不能集中精神，自然事事遇到阻滯、停滯不前，甚至有遭致無妄之災的可能；相反的，如果陰陽宅地安穩，自然精神奕奕，如人逢喜事精神爽，自然人見人愛，好事續來！例如：有錢、有勢的達官貴人會希望把祖先葬在龍穴或某個寶穴，以求子孫興旺、事業鴻圖大展、子孫能有出將入相之庇佑；而

有的人則可能因為誤住凶宅（曾發生過凶殺、自殺案件的住宅），而覺得疾病纏身、諸事不順、霉運連連等。但是，**風水是可以改變的！**除非你懂得這方面的知識，否則，大多僅能透過專業風水師的協助，幫你找到寶貴的陰陽宅地，以求改變命運！不過，風水是否真的能影響一個人的命運，卻還有許多爭議點存在；我們不是也常聽到一些話：「福地福人居」、「福人居福地」等！可見，人影響風水，還是風水影響人，還有待爭議的探究與釐清。

四、讀書

　　係指一個人可以透過對自己的教育訓練、勤能補拙、修身養性，而終致獲得知識增長，改變自己的視野與修為，是一個變數，可以改變！讀書，即是指它可以協助你習得知識，同時也是指培養品德修為、道德涵養的重要性，它能幫助你克服無知與無德，進而改變一切可能！例如：有的人因為自己是「青瞑牛」（臺語，意指文盲、沒有讀過書），而期望子女讀書，最後終於「壞竹出好筍」，教出一位博士教授兒，從此改變家庭社會地位，而感覺於有榮焉。而也有的人因為仗恃祖產的餘蔭，鄙視讀書的愚昧，不知好好用功讀書，因而在祖產用罄之後，餘生只能從事靠勞力為生的工作。但是，**讀書是可以改變的！**這項因素牢牢掌握在你的手中，只有你可以決定要不要讀書、要不要改變令你不滿意的命運。有句話說：「富人因書而貴，窮人因書而富」，無論貧富，都能因為讀書而改變自己的未來的造化！

五、積德

　　係指一個人可以透過做好事、積善行而改變自己的命運，是一個變數，**可以改變！**積德，即是指親近道德的一種物以類聚現象！缺德的人，人見人憎，自然貴人遠離，引來更多小人，遇上更多麻煩與凶險；而積德的人，自然令貴人近之，人人敬仰，多交好友，工作順遂，即使遭逢小人阻撓，也容易大事化小、小事化無！例如：有的人行善積德而改變厄運，《了凡四訓》一書即是在描述此故事；有的人則作奸犯科，鋃鐺入獄，終身囚禁，悔恨一生。但是，**積德是可以改變的！**這項因素就像「讀書」一樣，也是牢牢掌握

在你的手中，只有你可以決定要不要行善積德、要不要改變令你不滿意的命運！

上述這些看法中，以「積德」最為重要，是每個人都能夠做得到的一大因素，也是最關係著能否帶給人們正向情緒感受的一大要項！我就以此議題，再做深入的說明如下。

其次，伴隨這種宿命觀的業力觀則認為，做善事會招來善報，是「好的業」、「善的業」；而做壞事會招來惡報，是「壞的業」、「惡的業」！人的一生，就是受到所累積的善業或惡業互動的影響，而分別承受各種不同等級的福報或惡報！所以，今生今世享受榮華富貴的人，是因為他前世做了許多善事，積了很多善業的緣故；反之，今生今世窮困潦倒的人，是因為他前世做了許多壞事，積了很多惡業的緣故！所以，深受業力觀念影響的東方國家大多數老百姓（包括臺灣、中國大陸、印度、東亞及東南亞信奉佛教的國家和地區的人們），多半是抱持著「恐懼的心在行善」的人生觀；因為，深怕做壞事會招到惡報，且做好事又可以招來善報，於是，出自於恐懼的心理或交易的心理，勉強地做好事，並且也會產生「我在做善事，因此，菩薩或佛祖（神明）會保佑我」的自我安慰心理！

當然，這種結合宗教力量而成的宿命觀與業力觀，對於教化人心，勸阻人心行惡，使之趨於善行的效益，實在是功不可沒！但是，這種基於恐懼的心理或交易的心理而做的好事、善行，會累積多少陰德？帶來多少福報？我倒是很懷疑，很難接受這兩者之間可以畫上等號的看法！由於缺乏實徵的研究報告，我無法在此評論！但依據我對幸福感研究的推理，認為行善若非出自於「無私的奉獻」、「不求任何回報」的初發心的話，這樣的行善多半是出自交易性質的，是無法真正累積陰德、帶來福報的，否則，這些神明豈不太勢利眼了！

此外，什麼是「善行」或「惡行」？尚缺乏一種可以放諸四海皆準的客觀評判標準！各種說法：應該根據「人」的主觀見解而定？根據「法律」而定？根據「習俗」而定？根據「宗教」而定？還是根據「神」而定？都莫衷一是。舉例來說，有的人認為「放生」是一種善行，因此誤把福壽螺往田裡放生、毒蛇與棄貓棄犬往山裡野放，結果反而造成稻田與大自然生態被迫

害、傳染病大流行；有的人則認為「殺生」是一種惡行，因此不敢打死蚊子、蟑螂、老鼠等，放任病媒蚊蟲與傳染病毒四處亂串，結果造成禽流感、登革熱、瘧疾、霍亂、H7N9等疫情橫行一時！所以我說，至高無上的神明們，才不會因為你做一件自認為的「善行」（例如：放生一條毒蛇），就給你好報；也不會因為你無知地做一件「惡行」（例如：拍死一隻蚊子），就給你惡報！行善與行惡，是否會與行為後果的好壞（善惡報）之間，具有任何的直接因果關係？這還需要等待實徵研究的證實之後，才會知道其真實的結果！但在還沒有獲得科學的證據之前，我們還是保持開放的心胸，接受各種可能的假說與質疑，不要先入為主的認定即是如何。

　　之後，我開始接觸到許多正向心理學以及談論靈性成長（詳見本書第18章的說明）的書籍後，我體會到傳統的宿命觀與業力觀，均只是宗教推展活動下的一種宣傳、說服手段而已，並非是人生的真理、必然的法則所在，也不是真正可以導致快樂、幸福的根本泉源！「行善」、「做好事，有好報」、「積善之家，必有餘慶」，這些話語（言行）或看（想）法，若要成真、實現的話，必須是基於「無私的奉獻」、「不求任何回報」的初發心才行！真正出自於「無私的奉獻」、「不求任何回報」的初發心去行善，事後，自然會帶給你正向的情緒感受（例如：快樂、愉悅、滿足、感動、寧靜、祥和與安慰），使你的身體振動頻率提高，自然而然地，會吸引一些與你的振動頻率相仿的人、事、物、運氣、能量，來與你接近，與你產生共鳴（註3）！這些回報，才是你當初做善事「不求任何回報」的真正回報！通常，對你而言，都會是有利的！這才是「做好事，有好報」背後的實質意義所在！千萬不要把它導向功利主義的交易行為，否則，沒做好事的人，神明是否就要對其有所處罰呢？如果是這樣的話，這樣的神明也未免太過情緒化了！他們還值得配做神明嗎？還配值得眾人的尊敬、禮拜嗎？

　　因此，下一次，碰到有機會行善時，你是出於「無私的奉獻」的初發心呢？還是先想到「做好事，會有好報」的有心呢？這會關係著你行事後心裡真正的感受！如果是無私的行善，你會獲得「不求任何回報」的回報；如果是交易的行善，你至少會獲得滿足一時的虛榮心！但無論如何，都是在行善，都是在做好事，至少是值得鼓勵的！

無私的行善

　　與真實的快樂、幸福感比較有關的善行，即是基於「無私的奉獻」、「不求任何回報」的初發心去做的善行！我雖不敢確定「行善」與「好報」之間是否會有直接的因果關係存在，但我可以十分確定的即是：「行善，至少會帶給你一陣子（或一整天）的正向情緒（例如：感覺快樂、愉悦、滿足、感動、寧靜、祥和與安慰），這是構成情緒幸福感的一大內涵，也是促進主觀幸福的重大要項之一」！因此，以下所述，即是我們每個人都可以做得到的小善行，小善行累積多了，就會變成大善行，你不做，也不會怎樣；但是，你做了，卻可以帶給你快樂一陣子！如果持續做下去，快樂一陣子就會變成快樂一輩子！如此一來，你不就是處於幸福的行列了嗎？這是最便宜、有效、又不具任何副作用或反效果的方法，也是維繫永續幸福感的一項具體做法。

1.捐錢

　　看到報章雜誌與電視媒體報導：某一低收入戶家逢不幸，火災燒掉唯一可以棲身的違章建築，妻染癌症、夫又失業，年幼子女嗷嗷待哺！你基於惻隱之心，就你能力所及，小額捐款給他們。你做了一件好事，你做了一件善行！

　　88水災、921大地震、美國911恐怖攻擊事件、日本311地震核災等，這些天災人禍，激起你的同情心、同理心，於是，你決定伸出援手，小額捐款給紅慈善機構，以便進行協助救濟。你在做一件好事！也做了一件善行！

　　上述這樣的小額捐款，是你能力所及可以做得到的小善行為，但做善行的基本原則是：「出於自己的自由意志，且量力而為」！但千萬不要被迫捐款，不樂之捐（例如：同事都捐了，你不捐，不好意思，甚至有罪惡感！）、捐了之後會後悔（例如：如果我沒捐出那一筆錢的話，我現在就可以和你一起去看電影了！）、借貸捐款（例如：那些難民很可憐，我借錢也要去幫助他們，結果，讓自己的財務陷入困境！）、打腫臉充胖子的慷慨捐

獻（例如：明明手邊無幾，卻裝闊硬要捐助！）等，這樣的善行並不會帶給自己正向的情緒感受，那不算是真正的行善！「善行」應該是一件讓雙方皆贏的事件，而不是讓有的人蒙利，而有的人委屈、犧牲、或做勉強的事。

2.捐血

只要你達到法定年齡（滿17歲以上、65歲以下），男性體重50公斤、女性45公斤以上，體溫正常、血壓值正常、且間隔三個月，身心健康，無不良及潛伏疾病者，即可參加挽袖捐血活動！誠如紅十字會的廣告詞所宣稱的「捐血一袋，救人一命」！捐血是一件利人利己的事，為什麼是利人，因為他人真的可能因為你的血而活命；為什麼是利己，因為捐血可以促進自己的血液新陳代謝，間接促進健康，如果又得知自己的血液幫助他人活命，更是一件令人高興的事！所以說，捐血真是一件助人為樂的事！至今，我已有三十幾年的捐血經驗，最能體會到如此的心得。

常聽民間的算命師說，如果算命結果是「你會有血光之災」的話，那麼，捐血大概是可以破除血光之災的最好方法！捐血與破除血光之災之間是否真的有所關聯存在，這還需要實徵研究才能證實，我無法評斷！但以我個人的經驗來說，至少這三十多年來，我都一直很健康，更少因為任何意外事件而流出超過1cc以上的血，是否真的是由於捐血而破除了血光之災呢？我不得而知。但我心裡是很高興的，能夠捐血，即表示我的身體還很健康，這不就是很值得慶幸的嗎！

其次，並不是每個人都符合可以捐血的條件。因此，當你具有捐血的資格時，你是一位幸運的人，請拿出無私奉獻的心去捐血，這應該是一件會令你高興一陣子的事！但是，當血牛（以賣血維生的人）販賣自己的血時，他是不會獲得正向情緒感受的，因為那是在交易，不是在助人！

3.捐時間

當你沒錢捐獻、也不夠格捐血救人時，你至少可以捐時間助人，也就是說，奉獻出你的時間，去義務擔任志工，服務群眾！

每個人從小開始，即可以學習擔任義工，捐獻時間義務助人！但是，學校和家庭教育，直到近年來才開始鼓勵、注重此活動！但可惜的是，教育機構卻做錯了一項決定，那就是：「擔任義工可以採計作為升學的條件之一」；也就是說，把擔任義工採計作為「特殊服務表現」的成績之一，以使個人在推薦甄選入學或免試申請入學時，可以作為採計的成績項目之一。這種本意良善，但動機可議的規定，反而成為破壞善行美意的兇手，把鼓勵擔任義工的德行，變成是一項交易行為。真的很可惜啊！就如前述的「交易行善」一樣，刻意行善的學生是為了背後的升學目的，這種鼓勵措施只會造就一批功利主義的學生，無法落實「公義社會」的良善美意！因此，我強烈建議各級教育機構，應該盡快取消這種規定，讓「擔任義工」純粹是基於無私奉獻的心，基於培養一群快樂、見義勇為、利他助人習慣的國民，據以建立一個公義社會為目的！而不是為了背後的升學目的，這反而會造就出一批勢利眼的國民！

因此，每個人如果能體會「助人最樂」的道理，選一項能力所及的事件，無私奉獻出自己的時間去為群眾服務、為團體擔任義工、為需要協助的人免費工作，而不求任何回報！我想，這樣的人是最快樂、最幸福的了！因為，從義務工作中，他所獲得的滿足感、愉悅的心情、和諧洋溢的臉龐、與祥和安慰的感受，便是最大的回報！而且，這樣的正向情緒感受，會持續很長一段時間，遠超過他所付出時間的價值！

4.捐資源

就是把你身邊多餘、過時、不再使用、但還堪用的物資（例如：衣服、家具、文具、書籍、電器用品甚至電子產品（例如：舊電腦、舊螢幕、舊印表機、舊手機等），樂捐或義賣出去，或送給有需要的機構（例如：偏遠地區的小學或社福單位）或個人（例如：低收入戶或弱勢家庭的小孩）！能夠這樣做，不僅是知福，更是惜福的表現！若能把它當成是一種習慣，善用二手資源的話，更是有福的人！我想，知福，惜福，而又能培福的人，是最有福了！這也是另類助人為樂的例子吧！

5.捐器官

　　你也可以簽署器官捐贈契約書，萬一你發生不幸的意外事故時，你也可以做到最後的「遺愛人間」的善行，讓愛散播出去，繼續造化他人！不過，這項善行與前四項不一樣，你是前四項善行的受益人，只要是出自無私奉獻的初發心所做的行善，你都是受益人；但是，這一項善行，你不再是受益人，你無法從中再感受到滿溢的正向情緒，倒是你的家人以及器官受贈者，會因為你的行為感到驕傲、感恩、與安慰！我想，這是人類最高尚美德的展現了！而你的善良美意的意識與基因，也會繼續永存人間、造福人群！

　　總之，基於「無私的奉獻」、「不求任何回報」的初發心所做的善行，你會自然體會到正向情緒充滿於心，喜悅、快樂、滿意、滿足、充實、驕傲、與真誠的感覺，會成為你現在的感受！這些正向情緒感受，正是「助人最樂」的最佳寫照，也是老天爺給行善者的最大回報！

　　當一個人滿懷正向情緒時，便會時常感覺到喜氣洋洋，所謂「人逢喜事精神爽」，就是此道理！美國的弗雷德力克森教授所提出「擴展建構理論」的主張，也可以用來協助詮釋為何正向情緒能夠促進幸福感提升的道理所在！她認為正向情緒不僅可以擴展個人認知思考與行動傾向，更可以協助個人建構出在身體、智能、社會與心理方面較為持久的支持性資源，除進一步解除負向情緒對心血管疾病所造成長期的不良影響外，還可以進而促進個人心理復原力量與巔峰狀態的展現，轉化個人向上提升的正面力量，達到幸福感狀態。而幸福感又能再度引發正向情緒，一直持續良性循環下去（註4）！

　　根據當代吸引力法則的說法，當你常常處於喜氣洋洋的狀態時，你身體的振動頻率是很高的，自然而然地，會吸引一些與你的振動頻率相仿的人、事、物、運氣、能量、與機會來到你身旁！因此，無形中，你會感覺到最近好像運氣比較好、感覺好事連連、做事常獲得別人的正面肯定與認同、好像無形中都有貴人來協助你完成困難的工作，這些感受可能就是「做好事，有好報」的最佳解釋吧！但由於古人不明瞭吸引力法則的原理，只看到「做好

事」與「有好報」這兩件事，偶爾會併同發生、出現，因此，有個錯誤的直覺，認為「做好事」一定會「有好報」。事實上，卻不一定是如此！你如果是心懷目的地刻意做好事，你是在與神明交易，這是交易性行善，並不一定會帶給你真誠的正向情緒感受，即使有此感受，也只是短暫的一瞬間而已；因此，你身體的振動頻率並不會因此而提高，也就不會吸引好事靠近你，當然也就不必然會「有好報」的事出現！不然，神明豈不太勢利眼了！

　　所以，下一次有機會行善時，記得要先忘掉「目的」與「有好報」等事，你才能夠做到「無私的奉獻」、「不求任何回報」的初發心所真正做到的善行，體會正向情緒長時間在你內心流動的回報感受吧！

練習作業

本項作業的名稱，就叫做「**培植你的福份**（Cultivating your blessings.）」！

現在，請你仿照童子軍「日行一善」守則一樣的做法，每天隨意選擇去做一件你平常不會去做的小善行（例如，幫助老人家或小朋友過馬路、自動撿拾回家路上的垃圾、把路上的小石塊移開、通報交通處有關路燈號誌故障需要維修、撿到遺失物品送交警局待領，或根據本章所建議無私的行善內容等），並且在每天晚上睡覺前，撥出十分鐘來回憶和回顧此善行事件的發生始末，並利用本書表1-1之情緒溫度計測驗，評估一下你做這件善行的情緒溫度，同時寫下並反思這件善行事件後帶給你的感覺，以及同理感受受惠者的可能反應。

繼續每天進行這些小善行的練習和記錄，並且持續三週以上的時間。至少在三週之後，拿出這些紀錄來回顧，並且感恩一下這些練習所帶來的收穫與啟示。請仔細回想一下：「為何好心情總是在產生善行之後發生？試著去解釋隨後所發生的每一件好事為什麼會發生在你身上的原因，同時加以珍視並表達感謝之意」！

這項練習的價值，旨在建立你的善行習慣，培植你的福分！當你懷著「無私的奉獻」、「不求任何回報」的初發心行善時，老天爺回報給你的是一股源源不斷流動的正向情緒，它不僅是獲得永續幸福感的基本方法之一，更是讓你躋身幸福之列的得意助手！

延伸閱讀

王莉莉譯（2012）。**魔法**。臺北市：方智。（Rhonda Byrne 原著。*The magic.*）

何權峰（2005）。**幸福，早知道就好**。臺北市：高寶國際。

林心芸編（2005）。**小滿足，大幸福：幸福其實可以靠得很近**。新北市：倚天文化。

林說俐譯（2007）。**吸引力法則：心想事成的黃金三步驟**。臺北市：方智。（Michael J. Losier原著。*Law of attraction: The science of attracting more of what you want and less of what you don't.*）

吳淡如（2005）。**幸福存款**。臺北市：方智。

吳若權（2007）。**懂得付出，才會幸福：鍛鍊感情的50個方法**。臺北市：時報文化。

星雲大師（2013）。**十種幸福之道**。臺北市：有鹿。

席薇雅編（2005）。**走自己的幸福道路**。臺北市：亞洲圖書。

章成、M・FAN（2012）。**奉獻：打開第五次元意識，看見尊貴、美好的生活**。臺北市：商周。

鄧伯宸譯（2008）。**有求必應：22個吸引力法則**。臺北市：心靈工坊。（Esther and Jerry Hicks原著。*Ask and it is given: Learning to manifest your desires.*）

謝明憲譯（2007）。**秘密**。臺北市：方智。（Rhonda Byrne 原著。*The secret.*）

註解

1. 例如《所得稅法》相關規定（節略）第17條第2項第2款（扣除額）第1目（列舉扣除額）捐贈；對於教育、文化、公益、慈善機構或團體之捐贈總額最高不超過綜合所得總百分比之20%為限。但有關國防、勞軍之捐贈及對政府之捐贈不受金額之限制。

2. 臺灣各地的廟宇裡，都有許多免費供遊客拿取的「善書」或「經書」。這些書籍大多以勸人做好事、行善積德、安守個人本分、孝敬父母師長、秉公仗義、奉公守法等為忠孝節義主題，宣導因果關係與業力輪迴的宗教觀及文化承傳教材，倒有發揮教化民心向善的宣傳作用與效果存在。例如：《了凡四訓》、《不可思議的因果關係》、《因果輪迴的科學證明》、《聖賢》、《佛教及道教的各種經書》等小冊子即是。

3. 參見本章延伸閱讀《魔法》、《秘密》、《吸引力法則：心想事成的黃金三步驟》和《有求必應：22個吸引力法則》等四書，均是在說明這種「同磁相吸」的道理。

4. 參見Barbara Lee Fredrickson教授關於「擴展建構理論」主張的三本主要著作：

   (1)Fredrickson, B. L. (2009a). *Positivity: Groundbreaking research reveals how to embrace the hidden strength of positive emotions, overcome negativity, and thrive.* New York: Crown.

   (2)Fredrickson, B. L. (2009b). *Positivity: Top-notch research reveals the 3 to 1 ratio that will change your life.* New York: Three Rivers Press.

   (3)Fredrickson, B. L. (2013). *Love 2.0: How our supreme emotion affects everything we feel, think, do, and become.* New York: Hudson Street Press.

第 13 章
感恩祈禱

> 培養感恩的心與學習感恩的行為，可以讓一個人當下擁有正向情緒；如果這項行為能夠逐漸養成習慣，那麼便能夠時時擁有正向情緒，天天處於幸福行列之中！
>
> ——余民寧

你對過去曾發生過的事情的感覺（不論是滿足或驕傲、痛苦或羞愧）完全取決你的記憶，沒有別的！但是，人們卻常常做出愚蠢的行為——亦即，對我們有益的好事（例如：師長的諄諄教誨、好友的苦苦相勸、高僧大德的開示、別人的好意協助等），我們卻不知感恩、不滿意、當耳邊風、認為是理所當然的；而對我們有害的壞事或不光彩的事（例如：昨天違規停車被開一張罰單、出門不小心踩到狗屎、抱怨搭捷運太擁擠、抱怨馬路沒有一條是平坦的、抱怨學校的營養午餐不好吃等），我們卻誇大其詞、逢人必說、滔滔不絕、唯恐天下人不知道你有多倒楣、老是碰到這種鳥事！就是因為這兩種愚蠢行為，讓我們的生活開始變得不平靜、不滿足、不快樂、和不幸福！

現在，有兩種方法可以將過去發生過的事情，帶出你現在的情緒回憶來，以進入滿足和滿意的境界——那就是，感恩祈禱會讓你學會擴展放大正向情緒的好處，而寬恕慈悲會釋放你被壞事件抓住的負面力量和負面情緒！本章先討論感恩祈禱的力量，下一章再談論寬恕慈悲的力量。

我在第4章「主觀的幸福」裡曾經說到：正向情緒具有「擴展建構」的功能，它會擴張我們的認知與行動功能，協助建立身心與社會方面的支持系統資源，進而解除負向情緒對我們心血管疾病所造成的不良影響。因此，正向情緒對提升幸福感而言，是具有相當大貢獻的！我們只要透過練習，即可培養出正向情緒，就一定能夠大幅度提升每個人的幸福感。

而我們該如何培養正向的情緒呢？在環顧文獻的記載之後，我發現除了前一章所談的「利他善行」之外，培養感恩的心與學習感恩的行為，可以讓一個人當下擁有正向情緒；如果這項行為能夠逐漸養成習慣，那麼他便能夠時時擁有正向情緒，天天處於幸福行列之中！

何謂「感恩」？

　　各位讀者，假如你正在閱讀的這本書是朋友送給你的禮物，我想，你的直覺反應一定會對你的朋友表達「謝謝你」！因為，對一般人而言，無功不受祿，你瞭解這份禮物的價值以及贈禮者的善意，所以，你會對贈禮者表達感謝、感激之情，這就是「感恩」（gratitude）的原始意思！

　　「感恩」一詞，源自拉丁文gratia與gratus，前者代表「好處」，後者代表「愉快」，也就是意涵著和善、慷慨、禮物、施與受的美好、不求回報等意思！對施恩善意的意圖有所欣賞，也產生回報善意的意念，它是一種感謝的特質或狀態！自古以來，無論是神學家、哲學家，甚至是文學作家，均一致推崇「感恩」是一種美德，它是高尚人格所不可或缺的要素（註1）！

　　麥可・麥克勞夫（Michael McCullough）與羅伯・伊孟斯教授等人（註2）認為感恩是一種情感特質，稱作「感恩意向」（disposition toward gratitude），意指個體在得到正向經驗及結果的情境下，以感恩情緒體認及回應他人恩惠的一種類化傾向！他們認為感恩意向可以從四個面向來加以測量和討論，並據此發展出一份測量感恩的簡易工具，稱作「感恩量表」（Gratitude Questionnaire, GQ）！這四個面向即為：(1)強度：個人在經歷正面事件之後，具感恩意向者比較能感受到較為強烈的感謝；(2)頻率：具感恩意向者會描述一天當中曾有多次覺得感恩，此感恩可能是由最簡單的善意行為或是禮貌性行為所引發；(3)廣度：在某一段時間內，個體在廣泛的生活事件或生活狀況中覺得感恩的數量；(4)密度：當個體在面對單一正向事件的結果時，會對多少人覺得感恩。

　　據此，他們發展一份可用來測量個人感恩程度的量表。你可以測一測表13-1的感恩量表，看看自己的得分有多高。根據過去的研究文獻顯示，女性

比男性的感恩分數較高，年長者比年紀輕者的感恩分數較高，有宗教信仰者（不論信仰何種宗教）比沒有信仰者的感恩分數較高；並且，比較會感恩的人或感恩意向較高的人，通常會對自己目前的生活滿意度較高，滿足感也較大，快樂指數也較高，幸福感也較高（註3）！

由於表13-1臺灣感恩量表（Taiwan Gratitude Scale, TGS）是我根據文獻記載的內容，加以重新改寫編擬過的題目，且計分方式由原來的七點量表計分，改為四點量表計分，因此，需要大規模樣本的測試資料後，才能重新建立本土化的參照常模（norm），以提供國人在解釋個別測試分數涵義時的對照依據。

表13-1　臺灣感恩量表

填答說明： 請你針對每一道題目的敘述，從右邊選項中，勾選一項與你的實際情況相符合的選項即可；1＝非常不符合，2＝不符合，3＝符合，4＝非常符合。	1.非常不符合	2.不符合	3.符合	4.非常符合
1. 我覺得生命中需要感謝別人的地方有很多。	□	□	□	□
2. 我對曾經幫助過我的人都很感激。	□	□	□	□
3. 我會對生活中的每一個層面都表達我的感激。	□	□	□	□
4. 當我的年紀愈大時，愈懂得需要表達感恩。	□	□	□	□
5. 我不覺得他人的協助有什麼值得感謝的地方。	□	□	□	□
6. 在事情經過一段時間之後，我才知道要對某人或某事表達感激。	□	□	□	□

註：1. 第五、六兩題是「反向計分題」，其餘一至四題為正向計分題。正向計分題的計分規則為：當你勾選「非常不符合」時，該題即算1分；勾選「不符合」時，該題即算2分；依此遞增計分類推。反之，反向計分題的計分規則為：當你勾選「非常不符合」時，該題即算4分；勾選「不符合」時，該題即算3分；依此遞減計分類推。

2. 再將此六題的得分加總，即為你在感恩量表上的得分。你的分數應該會介於6～24分之間。得分低於（含）10分以下者，為「低感恩者」；得分介於11分≦得分≦20分者，為「中等感恩者」；得分高於21分以上者，為「高感恩者」。

感恩的力量

馬汀‧塞利格曼教授在他的著作《真實的快樂》一書中，曾舉一個實例說明感恩的力量有多大。有一年，他在正向心理學課堂上，出一道作業：「做一些有趣的事及做一些利他人的事」，並把這項作業的繳交變成一項感恩之夜的活動，請每位同學邀請一位自己生命中很重要，但卻從來沒有好好感謝過的人來到課堂上，並且每位同學都要輪流上臺說為什麼他要感謝這個人，而這名被邀請的客人事先並不知道這堂課的目的為何。底下即是一位叫做派蒂的學生對她的母親所說的話（註4）：

　　「我們怎麼評估一個人呢？我們可以用測量金子的方法來測量人的美德嗎？我們可以說24K金就比別的純度的金子更閃亮、更耀眼嗎？假如一個人的內在美德是這麼簡單，別人一眼就可以看到，我也不會在這裡做這場演講了。因為不是這樣，所以我要在這裡向大家描述一個我所知道最純潔的心靈：我的母親。我知道她現在正看著我，一道眉毛挑高起來，不以為然的樣子。媽，別擔心，妳並不是被選為擁有最純潔的心靈，而是妳是我所知道最真誠、內心最純潔的人。

　　每當哀傷的陌生人打電話給妳，跟妳談他們死去的寵物時，我都很驚訝，因為妳談著就會哭起來，好像妳自己的寵物過世了一樣，妳給予對方最大的安慰。當我還是孩子的時候，我覺得很困惑，現在我瞭解這是妳真誠的心在別人最需要的時候付出了慰藉。

　　當我談到這個我認為最好的人的時候，心中只有歡樂，沒有任何別的東西。我認為一個人一生不要求別人對你感恩，只希望別人喜歡和你在一起的時光，這是最謙恭的行為。」

當派蒂當著母親的面，唸完這段預先寫好的話時，班上每一位同學的眼

眶都濕了，她的母親更是哽咽。有一位旁觀的同學說：「感謝的人，被感謝的人，以及觀禮的人都在哭，我也在哭，只是不知道為什麼我會哭！」其實，類似的感恩故事很多，每一年都可以上演不同角色的故事，你也可以自己去找一個屬於自己的故事！

其實，你不是當事人，你是沒有理由哭泣的，而當班上每一個人都在哭時，想必是有某件事物「觸動」了隱藏在人性中最根本的存在。這個存在，即是《EQ》一書上所談論「情緒智能」的重要基礎所在，而我們的教育系統是比較欠缺此項情感教育的。如果學校教育能從「感恩」教起，便能啟動隱藏在每位學生心中的那股天生的正向情緒力量，「同理心」的培養就是由此而起，它也是人類大腦進化到「靈性」階段的證據所在（註5）！當每個人都能展現同理心時，離世界和平的時代，其實就不遠了！

我想，這個感恩的力量影響之大，不需要做實驗也可以知道它的威力所在！然而，要像西方人一樣，在被感恩的人面前大聲說出多麼感恩他／她的話，對我們比較含蓄表達感情的東方人（尤其是臺灣人）而言，似乎有一點困難。這需要一點點時間的訓練才能做得到。因此，如果你在表13-1感恩量表上的測試分數偏低，或者對自己的生活不滿意的話，我建議你做做下一節所述的感恩練習。全國的教師，如果都能從學生入學時開始（不論是就讀幼稚園、小學、國中、高中職或大學），也指定學生去做做這些感恩練習的作業，我相信臺灣要變成一個快樂、幸福的國度，應是指日可待的！

感恩的方法

以下所述的練習，雖然起始點是針對在感恩量表上得分偏低的人，或者是對自己生活不滿意的人而設計的，但是所有的讀者還是可以試著練習看看。「感恩」並不是一種天生的人格特質或天賦能力，是需要後天刻意去培養的，並且也是人人都可以培養出來的一項優勢長處或美德！

1.感恩日記

華人在表達感情上，通常是很含蓄的，雖然受到西化的影響，年輕的一

代有比較熱情、敢直接、勇於表達自己的情緒。但相對於西方人而言，我們的表達方式還是相當保守、含蓄、內斂許多。因此，撰寫「感恩日記」的表達感恩方式，就非常適合東方國家的民族，尤其也是華人的臺灣人。

我們很容易太過於習以為常，而欠缺對我們身邊有所助益的人、事、物有所覺察，而表達出我們內心對他／她的感謝、感激之意的習慣！讓我們從最簡單的事件練習起，就以挑選「準備早餐」作為開始的例子吧！

請你（學生、讀者）仔細想一想，今天的早餐，是誰幫你準備的？你有沒有對他／她說聲「謝謝」！尤其若是父母、配偶幫你準備早餐的話，他們必須提早起來準備，然後再叫你起床吃早點，以免你上班、上學遲到。這樣的小事情、每天慣常的行為動作，你有沒有覺察到幫你準備早餐的人（父母、配偶或其他的家人）其實是沒有必要且義務地幫忙你（因為當你住學校宿舍或自己一個人時，不都是自行處理的嗎！），而他們基於「愛、關懷」的心，願意主動幫你準備，你是否覺察到這一點生活細節了呢？！

其次，還有其他日常生活細節中對你有幫助的人，諸如：

——是誰幫你洗衣服、提供餐飲服務的：是父母、兄姊、配偶或其他人！

——是誰教你讀書、寫字、認字的：是父母及師長！

——是誰每天陪你談心、傾聽你的擔心與困擾問題、提供你點子的：是好朋友、兄弟姊妹、父母、其他家人、老師！

——是誰開車載你前往目的地的：是父母、兄姊、公車或計程車司機！

——是誰在指揮交通，幫你順暢抵達目的地的：是導護爸媽、導護老師、交通警察或義交！

——是誰在傾倒垃圾，維護環境的整齊、清潔的：是父母、兄姊、清潔隊員！

——是誰在提供便民服務，快速滿足民眾需求的：是公務員、店員、工讀生！

——是誰在維護治安，提供安全保障的：是警察、保全人員、警衛！

對於這些人的協助，你是否也覺察到了呢？

是的，我們的日常生活需求，時時刻刻都仰賴一群人的協助，才得以順利、平靜、和諧、且舒適地獲得滿足。因此，需要時時刻刻提醒一下自己，我們需要感謝的人很多、很多，常常把「謝謝你」一詞掛在嘴邊，對任何提供給我們協助的人，都需要即刻表達對協助者的謝意！這種習慣的養成，是要從小學起、做起，一旦成為習慣，對於接受任何協助，即會有即刻性的感恩行為出現。這種行為，至少每天會帶給你平安、喜悅、滿足與安慰的情緒一段時間！

如果當你覺察到此事，但已經錯過當面表達謝意的機會時，那麼請準備一本日記本，把當天特別需要表達感謝或感恩的人、事、時、地、物等，統統寫在日記裡。把你尚未說出口的謝意，一一寫出來，就彷彿當時的情景，歷歷浮現在你的眼前一般。在日記中寫出你的感恩之情，是彌補錯過當面致謝的一種撫慰措施，一方面可以培養感恩的習慣，另一方面也在涵養自己的正向情緒，讓自己的心情處於平安、喜悅、滿足與祥和的情緒狀態中；甚至，涵養自己的大腦得以朝高尚情操的方向演化！

2.感恩信函

同樣的，如果你已經錯過當面表達謝意的機會時，除了事後撰寫感恩日記表達外，你也可以撰寫感恩信函。把當天特別需要表達你的感謝或感恩的人、事、時、地、物等，真誠地寫在信函裡，並且把它寄出去。現在的電子信函（e-mail）很方便、很快速，你務必把當天需要表達感激的事，當天寫完，當天寄出去，千萬不要拖延。拖延，不但會折損感恩的效果，如果相隔多天或一段時間後再寄出，收到感恩信函的當事者，也會感覺到莫名其妙，如此一來，感恩的力量就發揮不了效果了。不過，有寄出感恩信函，總比沒有寄出或只是撰寫感恩日記來得強而有力。這對感恩的人及被感恩的人都有利！感恩的情緒，自然會在人群中流動、震盪、傳播，終究會化成一股祥和的力量，推動人世間朝著世界和平方向在運轉！

3.感恩電話

　　儘管你已經錯過當面表達謝意的機會,如果你是比較喜歡與人直接說話溝通的人,你也可於事後直接撥打一通電話,當面表達對協助過你的人的感謝。把他/她對你的協助所產生的莫大效益,給你多大的支持與鼓勵等感激之情,滿溢於言表的說出來,這對被感恩的人而言,是莫大的喜悅與榮幸!

　　當然,感恩電話會有立即的效果,但不比感恩信函來得持久!如果感恩電話能夠搭配感恩信函一起使用的話,感恩的效果會更卓著。你可於錯過當面表達謝意時,事後及時致電表達你的感激之情,接著,再事後致函表達你的感恩之意!中國人常說「禮多人不怪」,即使表達感恩的方式很多種,被感恩的人也許會覺得不必那麼客氣、客套,但卻不會怪罪你是多此一舉的!

4.感恩留言

　　如果,對方沒有直接接到你的感恩電話,請你務必一定要留言。把你對他/她的協助給你多大的支持與鼓勵等感激之情,一五一十地留言在答錄機裡,並於事後的適當時間裡,再一次打電話確認對方是否有接到,並且再表達一次你對他/她的感激。切記,禮多人不怪,被感恩的人是不會怪罪你的叨擾的!

5.感恩拜訪

　　如果可以的話,先把你要表達感恩的話寫下來(在紙上或卡片上均可),然後打電話約你需要感恩的人(通常都是生命中影響你最大的人)到你家或你去他家,不要說明原因,只要說「我想來看你」就好了。你不一定要帶伴手禮或任何禮物,但一定要帶你預先寫好的感恩的話。當你們見面寒暄之後,慢慢地、大聲地將你寫的感恩的話唸出來,眼睛要看著對方,唸時要有表情,給對方足夠反應的時間,讓兩人一起回憶使你覺得這個人對你如此重要的那件事,這就是「感恩拜訪」!

　　感恩拜訪的做法,對一般的華人(尤其是臺灣人)而言,可能會有些不

太習慣，甚至讓人感覺到不自在、彆扭、或難為情！不過，你如果能夠克服這一點小小障礙，能夠於公開的場合（例如：慶生會、惜別會、慶功宴、或一般的茶會），說出你對某某人的感恩的話，我相信，這會帶給你心情激動一整晚。滿足、愉快、平安、安詳的情緒，會伴你迅速進入夢鄉！

6.感恩作業——建立感恩的習慣

除了上述做法外，如果你真心想要建立感恩的習慣，以下的感恩作業，已經被證實有效能帶給實際去練習的人歡樂、愉悅、和對生活的滿意度都有急遽提升的作用（註6）。

在未來的三週裡，每天晚上準備上床睡覺之前，撥五分鐘的時間回想今天一天內所發生的事，並將它們一一寫下來。然後，在另外一頁裡，寫下在今天的生活中，你覺得很值得感謝或感恩的五件事，例如：媽媽幫我準備午餐便當；公車駕駛安全到站，讓我準時到校上課；同學幫忙占第一排的上課座位給我；義交幫忙指揮交通，讓我順利通過馬路；及一起打工的伙伴幫我代班，讓我晚10分鐘才到班上工。如果你在第一天時，先填寫一次感恩量表和生活滿意度量表的調查（當作前測），而在第21天後，再填寫一次感恩量表和生活滿意度量表的調查（當作後測），並且拿後測分數減去前測分數，這個差值若是正數，即代表你進行此項練習作業的結果是有進步的，也就是練習的效果所在；反之，這個差值若是負數，則表示練習此作業是無效的。如果你覺得這個練習對你是有效的，我建議你把它列為你每晚的功課之一，至少持續進行練習21天以上，通常，它就會變成是你的一種生活習慣。

何謂「祈禱」？

小時候，偶爾隨著阿嬤到廟裡燒香拜拜，阿嬤總是會說：「有拜，有保庇」、「要莊嚴一點，不可嘻笑」、「拜拜時，心裡要虔誠，才有效」等！小時候的我，總是帶著懷疑的心、好奇的看著大人們（香客們）的舉動，有樣學樣地照做：捻香、口中唸唸有詞、甚至搖鈴、打鑼、敲鐘、擲筊、叩頭、結手印、或持咒等。但是，心中不禁升起一個大問號：「就照著這些動

作做，向神明祈求的事，就會應驗嗎」？真的這麼簡單嗎？這麼有效嗎？我心中不禁一直納悶著，不知道誰可以給我滿意的解答？我幾乎就是這樣「**心中帶著問號**」長大的！

直到我接觸到心理學（早期接觸的是諮商與輔導心理學，近期接觸的是正向心理學）、腦神經科學、意識科學、量子物理學、新時代的思想，及靈性成長課程後，開始對心中的疑惑，有了澄清與瞭解的機會，心中的疑惑也慢慢解開來！

原來，小時候阿嬤帶我去廟裡拜拜的行為，其實，可以算是一種諮商輔導、心理治療或精神醫學常用的「安慰劑」（placebo）療法。安慰劑的效果，會帶給當事人的內心創造出一種具有自我應驗效果（self-fulfilling effect）〔教育學上稱為「比馬龍效應」（Pygmalion Effect）〕的信心與希望感；就是這股力量，撫慰過去千百年來太多心理受創的苦難同胞，讓他們有繼續活下去的勇氣與支持的力量！我讀小學一年級時，父親即因為操勞過度而得腎臟病，後來併發尿毒症去世，去世時才35歲。這事對阿嬤的打擊是很大的，她常去廟裡拜拜的行為，我完全可以理解，她所祈求的是否應驗，我不曉得。但是，拜拜的行為確實提供她不少安慰的效果，這一點我倒是非常肯定的。至少，她沒有因為「白髮人送黑髮人的傷痛」而得憂鬱症或其他嚴重疾病，她老人家活到66歲才過世，在當時，至少是活到國人平均壽命的歲數了。

到廟裡拜拜、到教堂裡禱告、到法會中祈願，甚至是對家族中的祖先牌位膜拜等，都是一種祈禱行為（pray）！也就是，祈禱者為了某些所關心的事物而向某種未知的神明（或宇宙無形的主宰力量）表達自己的期望、心願、祈求、祝福或感恩之意的一種行為！祈禱，可以使用語言的方式來表達，把心中所期望的話說出來，也可以是在心中默唸或觀想的方式進行，並沒有一個固定、拘泥的祈禱形式或方式才是所謂的標準做法！如果有人說必須要怎樣的拜拜、怎樣的進行儀式、說怎樣的話、擺出怎樣的動作或姿勢，祈禱才會有效的話，那顯然是「人為」附加上去的個人見解，是一種用來約束、制約與控制人類行為的做法，其實都是安慰自己用的，並無法定的效用！現代研究祈禱的學者，將人類所有的祈禱方式分成四類，這四類不具特

定的順序關係，並且建議可以單獨使用其中一種方式，也可以混合多種方式一起運用。它們分別為（註7）：

1.口語式或非正式祈禱

即是以日常用語說出祈禱語的非正式祈禱！例如：「慈悲的菩薩啊！只要這一次讓我的肚子不再疼、不再拉肚子，我發誓下次絕對不敢在路邊攤隨便買冰冷飲料來喝」！

2.請願式祈禱

即是對眾神明表達的正式請求！例如：「萬能的上帝啊！此刻我請求您的協助，讓好友的心臟開刀手術能夠成功，以順利完成整個療程」！

3.例行性祈禱

即是在某一天或一年中的某些特定時間，以說出特定禱詞的一種常見祈禱方式！例如歲末或年初時，總統或地方首長固定到某個廟、宮、或教堂祈求來年的國運是「國泰民安、風調雨順」，祈求百姓的福祉是「身心安康、百業興隆」等！

4.靜心冥想式祈禱

即有些人會將靜心冥想與祈禱分開來看待，認為祈禱是人在對神「說話」，而靜心冥想則是人在「聆聽」神說的話！在靜心冥想時，我們通常會覺察到某種神聖的存在蔓延於周遭或充滿於自身之內，並且運用各種宗教方式來體驗這股存在對生命的意義，以及如何駕馭這股存在的體驗！

祈禱，既然沒有固定、拘泥的方式，也沒有所謂的標準做法，那麼，我不禁想問：「為什麼要祈禱」？「祈禱有什麼作用」？「哪一種祈禱才是有效的」？「我們該怎樣祈禱」？這些問題，都是我從小到大，腦袋中常在發問的疑惑？因為，我觀察到周遭，有太多人都在進行各種不同形式的祈禱，祈禱的內容想必是五花八門，但祈禱的結果想必也是如人飲水，冷暖自知！

所以，我帶著問題去探究、去觀察環境、去評閱文獻記載、去訪談當事人的感受。最後，將我的心得歸納如下：

1.交易性祈禱最多可獲得安慰劑效果

交易性祈禱，就如前一章所說的「交易性行善」一樣，人們是懷著一股交易的心態在祈禱。例如：「某某神明啊！請您幫我中大獎（例如：樂透彩、一般性抽獎、其他摸彩活動等），我一定幫您蓋廟、辦法會、捐款，把做好事的功德都歸屬於您」。最常見的即是每年元宵節在放天燈的活動中，大家最常在天燈上的祈禱語句便是：「祈求讓我中大獎！」由此可見一般！

上述多種祈禱方式，多半是屬於「交易性祈禱」，而交易性祈禱的效果，最多就是帶給當事人具有安慰劑的效果！我常在想，幾千（或幾萬）年來的人類演化過程，多半都是處於受苦受難的百姓居多，而百姓心中那股不平、委屈、無助、匱乏、不幸、卑微、低下、貧賤、恐懼，乃至不安的不確定感，一直深植民心，烙印在人類的集體潛意識裡，且無地可以申訴、無處可以伸張正義、無人可以協助平反。因此，宗教推出祈禱活動的做法，即發揮了無比的安慰劑效果，療癒廣大群眾的心靈，讓人類有繼續綿延下去的勇氣與決心！這未嘗不是一件好事！因此，世界各國也都沒有排斥「祈禱」的文化或文明出現，直到近代科學昌盛，科學家們會把某些祈禱視為是「迷信」為止！

所以，結合宗教的宣傳效果後，「有拜，有保庇」的交易性祈禱，還是一直深植人心，綿延下去！至於，祈禱者所祈求的事物是否應驗？這可就如人飲水，冷暖自知了！但無論如何，祈禱至少可以發揮安慰劑效果，這卻是肯定的！這對安撫廣大群眾受創的心靈而言，它是一種具有引發人類正向情緒行為的活動，提供安慰人心的作用，仍然是值得鼓勵的！

2.為利他行為而無私地祈禱較有效

祈禱的出發點，若是為了自己，這種祈禱很容易淪為「交易」行為，因為你是有目的的為自己的某件事情在請求、在禱告。至於，這樣的祈禱有沒

有效果？祈禱的當事人是最清楚的。但我的觀察認為，它通常都是無效的，只有安慰劑效果而已！因為，出於利己的動機在祈禱，利益是否會與人衝突，連神明都無法判讀。神明若答應你的祈求，萬一結果是犧牲了他人的權益福祉，這叫神明如何安身立命是好！因此，神明多半會採取中立的立場，不會介入人類所祈禱的內容，不然，大家豈不都是有樣學樣了，怎麼還會有人質疑祈禱的效果呢！怎麼還會有人老是抱怨老天爺都不幫忙他呢！

　　祈禱，若是為了別人，而不是自己，尤其是陌生的第三人，則這種祈禱的效果，往往很容易應驗或實現！為了與自己無關的人、事、物的福祉而祈禱，為了增進公義社會行為而祈禱，為了利益眾生而祈禱，這些無私的祈禱與出自無私奉獻的心所做的善行一樣，勢必是出自同理心的感同身受，而願意主動付出心力為人服務。這些無私的行為，不僅可以提高自己的振動頻率，散發出一種祥和、平靜與和平的能量波，去穩定、鎮靜與調和周遭急躁、不安、與焦慮的負面情緒氣氛，更可以帶給自己一種平安、喜悅、滿足與安慰的正向情緒感受！這才是不求任何回報的無私祈禱行為所獲得的真正回報所在，而這種回報往往已經超越計量可以算數的物質價值！

3.眾人祈禱比個人祈禱來得力量大

　　俗語說：「獨樂樂，不如眾樂樂」！為什麼會如此？我原本體會不出這句話背後的道理，直到我接觸到相關的量子物理學書籍，才突然醒悟其道理，那就是「共振原理」。獨自一人唱歌（跳舞、作樂），只能自己欣賞，自愛、自憐、自我滿足；而一群人一起唱歌（跳舞、作樂），不僅能互相欣賞，更能共振出彼此的情緒感受等連漪效果，由剛開始的興趣偏好獲得滿足、愉悅的感受，而逐漸擴散到沉醉於體驗忘我、狂喜、同理心等情緒狀態，這就是「眾人力量大」的見證道理。

　　同理，個人獨自祈禱不如眾人祈禱的力量來得大！如果能夠結合一群人，共同為他人利益而無私地祈禱，則所祈求的事物，其應驗或實現的速度總會比單獨一人的祈禱力量大許多，甚至可到達「眾志成城」的地步！

　　眾人祈禱所具備的共振力量是相當大的，你如果有機會去參加一場大型的宗教聚會，不論是西方宗教的祈禱大會，或是東方宗教的齋戒法會，你可

以從中感受到一股祥和、沉靜、穩定的聖靈力量，在人我之間流動著。活動結束時，讓人頓時感覺到滿身法喜充滿，佛光普照於心，上帝離我不遠！

4.帶著感覺的情緒與意識的覺知去祈禱比較容易應驗

俚語說：「阿婆唸經——有口無心」，的確如此！何止是阿婆而已，一般大眾莫不都是懷著這種心態在祈禱，還以為自己是真心的在為他人利益而無私的祈禱——口中唸唸有詞，心想其他事情，急急忙忙把臺詞（祈禱詞）說完，即打包走人。這樣的祈禱方式與態度行為會有效嗎？所祈求的事會應驗嗎？

真正為他人利益而做的祈禱，必須是出自自己的「誠心」——自己有主動的意願之心，而不是因為外在環境或條件的威脅利誘，或是考量利害關係後勉強自己而做的行為！因為，當你出自主動意願的誠心時，你的至善意願是真誠的、平和的、喜悅的與帶著感恩的一種正向情緒狀態。這種「誠心誠意」，是有可能感動天的，歷史書上對此，多有近乎奇蹟式故事的記載。此時，若你的意識狀態，同時也覺知到此刻的祈禱行為是針對利益眾生而來，是無私的奉獻與祝福，而不是一種例行公事的行為，這種真誠的祈禱行為，往往會產生出乎人意料之外的驚奇效果，讓祈求的心願反而如願實現！我們可以這麼說：「*祈禱就是意識，是一種我們置身其中的存在狀態，而不是每天固定時間要做的事情。我們必須在祈禱成為真實狀態之前，先在心中感覺到祈禱已經得到了回應*（註8）」，這樣才是真正的祈禱，才會誠如聖經福音上所說的：「你有求，必定給你」！

祈禱的力量

關於祈禱的力量，聖經上的故事、民間的傳奇軼事，都有令人景仰的說明記載。但在我看過的文獻記載中，最令我佩服又具科學說服力報導的研究，恐怕是非1988年刊載於美國《衝突解決期刊》（*The Journal of Conflict Resolution*）的「中東國際和平計畫」研究報導莫屬（註9）！

其實，這個計畫就是「為世界和平而祈禱」的實用研究！簡單的說，透

過祈禱與冥想的練習，讓一群受過訓練的志工，先讓他們在體內「感受」到和平，而非僅是口頭及腦海想著世界和平的到來而已；然後，在每個月的特定日子、每天的特定時段，再將他們安置於飽受戰爭蹂躪的中東地區，為當地的和平進行祈禱與祝福！研究發現：在他們感受到和平的那段時間裡，當地的恐怖事件、犯罪、急診、交通意外的發生頻率都下降了；然而，當參與者停止該活動時，上述統計數字則逆轉上升！這些研究確認一件事，那就是：當小部分人口能夠在內在達到和平時，和平現象也會反應在其周遭世界！科學研究也支持這些原理，而且發現當一群人透過靜心冥想及祈禱抒解緊張時，其效果在這群人之外的他人也能感覺得到。類似這項研究的報導，也受近年來量子物理學通俗書籍的大量引用與介紹（註10）。

我想，這才是真正祈禱的力量！其實，佛學上也流傳一則有關六字大明咒「嗡嘛呢唄咪吽」的小故事，相信很多人都曾聽聞過。這則故事的大意為：

　　有一位老太婆很誠心的在家唸誦六字大明咒：「嗡嘛呢唄咪『吽』」！她日復一日的唸，很誠心誠意地唸，不知唸了多少年，也不知道唸了多少遍！

　　有一天，一位高僧路過此地，在山頭遠處即看見老婦所居住的房子發光發亮，心想此地必有高人或得道的高僧在此，於是即前往察看。到了老婦的屋外，才聽見她唸的是：「嗡嘛呢唄咪『牛』」！於是，一時興起，即進屋糾正老婦的唸法，應該是：「嗡嘛呢唄咪『吽』」才對！

　　老婦頓時覺得幾十年來唸的咒「全錯」了，心裡非常懊悔、沮喪、挫折，覺得對觀世音菩薩相當不敬，唸經唸了幾十年的功德全沒了！於是趕緊糾正過來，重新唸出正確的發音。此時高僧已經離開老婦的家，繼續前往預定的目的地。當他走到另一座山頭再回頭察看時，發現老婦的屋子不再發光發亮了！心裡馬上知道這是怎麼一回事，於是又趕緊折返回去老婦的家，再度跟她說，我剛才跟您說的唸法，其實是在測試您的誠心的，是不正確的，

您原本唸的發音才是正確的！

　　老婦聽了很開心，心裡終於釋懷了，於是又繼續唸她的：「唵嘛呢唄咪『牛』！」這位高僧也繼續往前走，再回頭察看時，老婦的屋子又再度發光發亮起來！

　　上述這則小故事透露出一件事：唸經在於心，不在於字，只要一門深入，一心不亂，至心誠意！這才是重點。能為某件關心的人事物（並非自己的）誠心誠意的祈禱，所產生的力量是可以感召天地的！因此，即使是發音不正確的誠心唸誦：「唵嘛呢唄咪『牛』」，誠心的意念，即會讓所唸的字詞（即咒語）產生力量，發揮功效，這與文字所表徵的外貌無關。但是，若是刻意的、有所求的、為自己的私利行為目的而祈禱，即使外顯行為舉止模仿得再怎樣的認真、真誠、維妙維肖，祈禱的效力還是會打折扣的！頂多只能獲得安慰劑的效果而已！因為，這屬於「與神交易」的性質居多，多半是不會靈驗的！俚語有句話說得好：「阿婆唸經——有口無心」，的確如此！

　　因此，下次，你就別到廟裡、宮裡、或教會裡，祈求「神啊！讓我這次期末考試all pass！以後，我真的會認真讀書了！」我看，還是建議你腳踏實地的良心做人、做事、認真讀書，才比較會心誠則靈吧！

　　羅馬哲學家西賽羅（Cicero）說：「感恩不僅是最偉大的美德，更是所有美德的根源」（註11）！研究感恩的專家，羅伯‧伊孟斯教授也認為，練習感恩是培養正向情緒、提升幸福感的一項有效工具！這項論點，也在其許多相關論著中，被許多所引述的實徵性研究支持與證實（註12）。由此可見，一位具有感恩心與感恩習慣特質的人，他會時時對周遭的人、事、物表達感謝，感激之情常溢於言表，他便很容易經常處於正向情緒激發的狀態裡，要他不獲得幸福，也難！

　　在華人文化裡，「恩重如山、投桃報李、飲水思源、知福惜福、知足常樂」等文化教導的重點，不外乎都在強調個人需要學會對周遭的人、事、物抱持感恩心的重要性，這原本即是我國的傳統美德之一！但由於受到西方資本主義、外在豐裕物質環境影響所致，即使是現代的華人，也很容易將它們

視為理所當然，而不思感恩、不會特別珍惜所擁有的福分、且無法體會知足常樂的道理，一直要到失去幸福時，才會習得教訓，誠屬十分可惜！

　　因此，如果我們能從學前教育階段起，學校老師就開始教導小朋友要對周遭的人、事、物表達感恩，也許就從每天感恩父母的照顧與養育之恩練習做起，至少持續12年的國民基本教育下來之後，我國的未來公民一定可以從小即養成具有感恩的心，常常處於正向情緒中，要他們將來長大後都能過著幸福日子的機會，應該會比他們父執輩的人來得高！如此一來，臺灣即將成為一個幸福的國度，延續華人優良傳統美德的聖地之一！

練習作業

本項作業的名稱，就叫做「**培養你的感恩心**」（Cultivating your grati-tude.）！

請你在每天晚上睡覺前撥出十分鐘，將當天的思緒沉靜下來，並且仔細回想一下：「在今天所接觸到的事件裡，有哪些人、事、物讓我覺得需要特別表達感謝或感恩的地方」？請至少列舉出一件（多多益善），並試著表達出你的感激之意，並將這些想表達感激的話，寫在日記本上，每天瀏覽一次。

持續練習這項作業至少三週以上，之後，把這些值得表達感恩的事件及日記裡記錄所有感激的話，定期（例如，每週一次或每月一次）拿出來回憶和反思，看看它對你的正向情緒發展有無幫助。如果你是每天很認真的在練習這項作業的話，三週之後，你應該會覺得日常生活中有一些細節已發生變化，例如，你會細心關注生活周遭的事務，不再會將發生在你身上的每一件好事視為是理所當然，你會去表達你的感謝之意，珍惜並感恩目前所擁有的一切。

如果你還未發現有任何幫助的話，則請你繼續練習下去，並把這項撰寫感恩日記的反省作業，當成是每天睡覺前的一項功課！多給予一段時間的練習，遲早你會培養出感恩心的！祝福你！

延伸閱讀

不言譯（2009）。**口袋裡的鑽石：發現你的真實光芒**。臺北市：書泉。
（Gangaji原著。*The diamond in your pocket: Discovering your true radiance.*）

王宇（2010）。**感謝，讓幸福更寬廣**。臺北市：大智文化。

王原賢譯（2011）。**念力的秘密2：發揮念力的蝴蝶效應**。臺北市：心靈工坊。（Lynne McTaggart原著。*The bond: Connecting through the space between us.*）

林冠儀譯（2010）。**改變生命的10種祈禱**。臺北市：啟示。（Anthony DeStefano原著。*Ten prayers God always says yes to: Divine answers to life's most difficult problems.*）

施郁芬譯（2007）。**祈禱的力量**。臺北市：橡樹林。（一行禪師原著。*The energy of prayer.*）

梁永安譯（2008）。**念力的秘密：叫喚自己的內在力量**。臺北市：橡實文化。（Lynne McTaggart原著。*The intention experiment: Using your thoughts to change your life and the world.*）

張美惠譯（2008）。**愈感恩，愈富足**。臺北市：張老師。（Robert Emmons原著。*Thanks!: How the new science of gratitude can make you happier.*）

達娃譯（2010）。**無量之網：一個讓你看見奇蹟，超越極限，心想事成的神秘境地**。臺北市：橡實文化。（Gregg Braden原著。*The divine matrix: Bridging time, space, miracles, and belief.*）

達娃譯（2011）。**找回祈禱的力量：讓全宇宙一起為你祝福！**臺北市：橡實文化。（Gregg Braden原著。*Secrets of the lost mode of prayer: The hidden power of beauty, blessing, wisdom, and hurt.*）

齊樂一、張志華譯（2010）。**量子物理與宇宙法則：量子成功的科學**。臺北市：宇宙花園。（Sandra Anne Taylor原著。*Quantum success: The astounding science of wealth and happiness.*）

譚聖宏、譚亞菁譯（2010）。**感恩的力量**。臺北市：道聲。（Deborah Norville原著。*Thank you power.*）

註解

1. 參見 Emmons, R. A. (2004). The psychology of gratitude: An introduction. In R. A. Emmons, & M. E. McCullough (Eds.), *The psychology of gratitude* (pp. 3-16). New York: Oxford University Press. 一文，以及 Emmons, R. A. (2007). *Thanks! How the new science of gratitude can make you happier*. Boston: Houghton Mifflin Co. 一書，或其中譯本《愈感恩，愈富足》。

2. 參見 McCullough, M. E., Emmons, R. A., & Tsang, J. (2002). The grateful disposition: A conceptual and empirical topography. *Journal of Personality and Social Psychology, 82*(1), 112-127. 一文。

3. 參見 Emmons, R. A. (2007). *Thanks! How the new science of gratitude can make you happier*. Boston: Houghton Mifflin Co.，或其中譯本《愈感恩，愈富足》一書。

4. 參見本書〈楔子〉一章的延伸閱讀《真實的快樂》（第二版）一書的第121-125頁。

5. 參見 Vaillant, G. E. (2008). *Spiritual evolution: A scientific defense of faith*. New York: Broadway. 一書。

6. 同註解3。

7. 參見本章的延伸閱讀《找回祈禱的力量：讓全宇宙一起為你祝福！》一書中的第33頁。

8. 同註解7，第159頁。

9. 參見 Orme-Johnson, D. W., Alexander, C. N., Davies, J. L., Chandler, H. M., & Larimore, W. E. (1988). International peace project in the Middle East. *The Journal of Conflict Resolution, 32*(4), 778.一文。

10. 參見本章的延伸閱讀《無量之網：一個讓你看見奇蹟，超越極限，心想事成的神秘境地》和《量子物理與宇宙法則：量子成功的科學》二書。

11. 同註解3。

12. 參見伊孟斯教授的重要相關著作：

(1)Emmons, R. A. (2013). *Gratitude works!: A twenty-one-day program for creating emotional prosperity*. San Francisco: Jossey-Bass.

(2)Emmons, R. A. (2007). *THANKS! How the new science of gratitude can make you happier*. Boston, MA: Houghton-Mifflin. (Reprinted in paperback titled *THANKS! How practicing gratitude can make you happier*. New York: Mariner Books).

(3)Emmons, R. A., & Hill, J. (2001). *Words of gratitude for mind, body, and soul*. Radnor, PA: Templeton Foundation Press.

(4)Emmons, R. A. (1999). *The psychology of ultimate concerns: Motivation and spirituality in personality*. New York: The Guilford Press.

(5)Emmons, R. A., & McCullough, M. E. (Eds.) (2004). *The psychology of gratitude*. New York: Oxford University Press.

(6)Rabin, A. I., Zucker, R. A., Emmons, R. A., & Frank, S. (Eds.) (1990). *Studying persons and lives*. New York: Springer Publishing Company.

第 14 章

寬恕慈悲

學習寬恕不是為了別人而做，而是完全為了自己的幸福著想！

——余民寧

　　我在第 2 章裡曾說過，要正視情緒的力量。我們針對過去已發生的事件，若是好事，我們不感恩、不滿足；若是壞事，我們誇大其詞，逢人必說。這兩種行為會使得我們的內心不平靜、不滿足、不滿意，是造成我們感覺不幸福的原因所在！

　　但，幸好有兩種策略可以將我們過去的負面情緒引發出來，並帶入滿足和滿意的境界，重新與幸福接軌。這兩種策略就是：

　　——學習感恩（gratitude），它會放大好事的影響力。這部分已在第 13
　　　　章裡說明過了！

　　——學習寬恕（forgiveness），它會釋放你被壞事束縛的力量，甚至，
　　　　進一步將壞的記憶轉變成好的記憶。關於這部分，即是本章所要說
　　　　明的重點。

對事件的詮釋方式會影響情緒的反應方式

　　針對過去所發生過的事件，無論是好事或壞事，遲早都會成為一種回憶。而我們對此回憶的感覺，無論是感覺滿足或驕傲、痛苦或慚愧，都完全取決於對此回憶的詮釋方式，以及被它所引發的情緒反應行為所決定，沒有別的。

　　感恩，能使我們增加生活的滿意度，因為它將過去對好事的記憶放大了。而我們若是一直往壞處聯想或思考，就會讓仇恨的痛苦阻擋滿足和滿意

的情緒表達，使得心裡的平靜和安寧，變成永不可能的事！

　　一個組織（例如：公司、社團、族群、政黨、國家）的領導人針對事件發生的詮釋方式，就如同個人一般，不僅會影響他本身對該事件回憶的情緒反應方式，甚至也會帶領整個組織步向繁榮或毀滅的道路，影響之大，不能不慎！

　　如果國家領導人（例如：希特勒、史達林）一直向其國民提倡歷史仇恨（不論是真的或想像的），則這個國家（例如：德國及俄國）終會變成復仇、暴力、好戰的軍國主義國家，最後，導致國家的分裂或滅亡。如果投機的政黨政客，也一直在倡導歷史仇恨、挑撥分化族群的和諧，短期間，這種倡導也許能幫他贏得選舉，但長期來看，則是在分裂國家，引導國家及政黨走向滅亡之路！

　　如果國家領導人（例如：甘地、曼德拉）一直倡導以德報怨（寬恕敵人），也許短期間會遭受旁人的誤解，但長期而言，不僅是為國家發展帶來和平曙光，甚至促使國家逐漸繁榮興盛起來。

　　我比較喜歡引用《心靈能量——藏在身體裡的大智慧》（*Power vs. force*）這本書（註1）的概念來比喻與形容「情緒的力量」：我們針對回憶的詮釋方式，如果是導向負向情緒（例如：生氣、憤怒、仇恨、挑釁、暴力）引發作用的，這是破壞性「力量」（force）的展現，是情緒的「黑暗面」（dark-side of emotion），其結果都是傷己傷人的；而如果是導向正向情緒（例如：愉悅、平靜、祥和、寧靜、和平）引發作用的，這是建設性「能量」（power）的展現，是情緒的「光明面」（bright-side of emotion），其結果都是利人利己的！而「能量」的威力，終究會使「力量」低頭的！正如，「光明一露臉，黑暗就不見了」的道理一樣！不言可喻！

　　因此，針對過去的回憶（無論是由好事或壞事所影響造成的），練習如何朝向引發正向情緒反應的面向去詮釋，是值得我們關注與必須學會的一項技巧。這項技巧可以大大提升個人的幸福感，我將在第15章再來深入探討。

人們為什麼不容易選擇寬恕？

就個人而言，人們針對過去所發生的不幸事件或壞事情，尤其是碰到不公不義、被攻擊、被虐待的事件，常常會使人在心裡不停的複誦、不斷地反芻、回溯思考、憤恨不平，於是激起自己更大、更多的仇恨、冤屈、憤怒、不平、不滿、痛苦、傷痛、悔恨等負面情緒的感覺。然而，人們會緊抓著這些傷痛、痛苦、仇恨和要求公平正義的情緒不放，是有道理的。以下即是一些常見的理由（註2）：

1. 寬恕不是正義，它使你失去動機去抓到兇手並且嚴懲他，並使你幫助別的受害人伸張正義的憤怒消失！
2. 寬恕是對兇手的仁慈，對受害者的不仁！
3. 寬恕阻擋了復仇，而復仇乃是天經地義的正當行為！

其實，復仇只是在彰顯你的人性（或甚至是獸性），只是用到大腦預設的反射反應動作而已，「以牙還牙」即是一例。但是，仇恨只會帶來更多的仇恨，你無法從中習得重要的靈性成長課題，未來還是會在因果循環中繼續輪迴下去；但學會寬恕的話，則是在彰顯你的神性（或靈性），使自己的靈性獲得成長，可以自因果循環的輪迴中畢業，不再重蹈輪迴的覆轍！這就是本章想要討論的重點觀念所在！

為什麼要寬恕？

人類大腦的演化，乃在確定我們的負面情緒得以戰勝正面情緒，以確保在惡劣環境中，人類仍能生存、繁衍下去。雖然我們無法從祖先流傳下來的基因中直接忘卻、壓抑或排除這些負面記憶，但我們卻可以透過學習，選擇使用寬恕和遺忘方式來壓抑這些不好的負面記憶，避免受其不當的影響！

在寬恕之下，我們可以在不改變記憶的情況下，學習如何去除甚至轉換傷痛與仇恨，至少可以將痛苦與仇恨轉換成中性甚至正向的情緒，而使得生活的滿意度提升，我們得以繼續生活下去！

你不原諒（或寬恕）造成你痛苦的加害者、敵人、仇人或外在環境，其實並不會傷害到他們。你可以有充分的理由不去寬恕他們，並且，其他人也必須尊重你的理由！不去寬恕，伴隨而來的會是持續的反芻、沉浸在報仇的念頭中、心懷成見、敵意和憤恨，甚至，被此類負面情緒終身綑綁而不得動彈。但是，選擇寬恕卻可以釋放「你被監禁在過去」的束縛，讓你更加自由，讓你可以繼續向前邁進！所以，學習寬恕不是為了別人而做，而是完全為了自己的幸福著想！過去的研究顯示，寬恕者比較不會心懷怨恨、憂鬱、懷有敵意、焦慮、憤怒和神經質，他們比較可能更加快樂、健康、和藹可親和平靜，他們對別人更加有同理心、更有靈性或更虔誠信仰宗教。對親密關係中的傷害進行寬恕，如果能帶來和解的話，會大幅增進你和被原諒（寬恕）者間的關係，比較能夠重建親密關係（註3）！

不原諒（曾經傷害過你的人）和生活滿意度之間，是呈現負相關的！一個人能否習得寬恕行為，能否原諒一個侵犯行為到多少程度？端看這個人對此寬恕的缺點和優點之間的理性平衡思考，以及個人的人格特質而定。

試想有一位曾經傷害過你或造成你很大痛苦的人，就站在你面前。你會對他／她懷有什麼樣的感覺、採取什麼樣的行動呢？一般人常見的作為，不外就是：

1.逃避

你可能會採取比較消極的作為：盡量和他／她保持距離、當作他／她不存在、不信任他／她、發現很難對他／她和善、盡量避免看到他／她、會與他／她斷絕關係、以及他／她出現的場合你都不去等。如果此傷害愈大，你會對他／她懷有愈強烈的逃避行為動機，真的避免與其相遇，以眼不見為淨，以免增加心頭的怨恨。

2.復仇

另一則可能作為，也許你會採取比較積極的做法：要讓他／她付出代價、希望他／她遭受到天譴、要他／她得到應得的報應、要報仇，以及要看

到他／她受苦受難等。隨著此傷害的增大，你會對他／她懷有愈強烈的報復動機，甚至真的採行復仇行動、執行復仇計畫，以消此心頭大恨。

如果你的作為真如上述兩項說明所言，那麼你真的很迫切需要進行寬恕的練習。

寬恕的練習

以下的寬恕練習，即是艾佛力特・瓦辛頓（Everrett Worthington）教授所提出的REACH步驟（註4）：

R是回憶（recall）：盡量以客觀方式去回憶這個傷痛，但不要把對方惡魔化，且也不要自怨自艾！

E是同理心（empathize）：從加害者的觀點來看，為什麼他／她要傷害你。假如在事件發生的當下情境，角色換做是你，是否也會同他／她一樣，對你做出加害的行為呢！

A是利他（altruistic）：展現出利他行為，這是寬恕的禮物！

C是允諾（commit）：讓自己在大庭廣眾之下，公開表達原諒對方的舉動！

H是保持（hold）：維持住這個寬恕的心不變！

聽起來很肉麻、很假道學吧！乍看之下確實是如此。學習寬恕，就是學習「放下」（let go），它不是一件很容易的事！

當歷經傷痛的事件發生時（例如：親人受害亡故、重大車禍造成傷殘、罹患重症不治等），大多數的人，往往都需要時間來經歷整個悲傷的完整歷程，亦即是需要經歷否認、憤怒、討價還價、沮喪、接受等五個階段，才能逐漸走出心裡頭的陰霾！但是，練習上述的REACH步驟，卻可以加速你體會寬恕的價值與意義，助你及早度過心裡頭的陰霾！一旦你學會了寬恕，你就能超越痛苦與復仇的束縛，也就是釋放自己自由的救贖時刻到來之時！能夠寬恕造成你不幸遭遇的敵人、仇人、或陌生人，就能夠愈少引發憤怒，愈少感受緊張與壓力，愈少被負向情緒所掌控與綁架；而愈能夠及早獲得愈多樂觀與快樂的感受，自然就愈能夠盡快恢復往日平靜、安詳與健康的生活狀

況！

所以，我才說「學習寬恕不是為了別人而做，而是完全為了自己的幸福著想！」萬一不幸，你的未來如果遭受嚴重負面生活事件（例如：至親被殺身亡、離婚、破產、被陷害入獄等）打擊時，最快擺脫此負面事件影響的方法，就是盡早學會寬恕，並且把寬恕用在此情境中，使自己能夠盡早擺脫惡夢牽繫，重返昔日幸福快樂的榮景！

實踐寬恕的具體練習

如果你覺得REACH步驟，有一點抽象、不實際或太過理想化，而你覺得做不到的話。那麼，你也可以透過日記、信件、談話或運用你的想像力等方式，趁早來進行練習，以奠定未來若遭遇需要寬恕的事件時，你能夠順利的把練習成果應用到實際的情境上。如果下列有關寬恕練習的具體策略適合你的個性、目標或需求的話，你也可以暫時從中挑選一個來練習，熟悉了，再換成另一個來練習，並都全力以赴，直到你已體會到寬恕的力量為止！

1.感謝他人的寬恕

就先找一個別人寬恕你的事件，作為練習的開始，也許會比較容易學會什麼才是寬恕！假設你曾做錯一件事，惹得父母不高興、很生氣、或暴跳如雷，但他們最後選擇寬恕你的行為。

請你再回溯一下這一件事，並問自己：他們是如何傳達寬恕訊息給你的，你又如何反應？你為什麼相信他們已經寬恕你了？你認為他們有從寬恕你的當中獲益嗎？你們之間的關係也同樣受益嗎？這個經驗讓你有從中學到任何東西，或在任何方面有所改變嗎？

另外一件練習方式，即是試著寫一封請求寬恕的信函。請你針對過去或現在曾經犯過的過錯，寫一封誠摯的道歉函，請求對方寬恕你。你可以在信上承認自己的過錯，已給對方造成至大無比的傷害，並為此項行為表示誠摯的道歉（或說聲「對不起」），並承諾爾後會改變自己的錯誤行為，希望能夠提供補償對方的損失，或詢問該做什麼才能彌補此傷害，以重建兩人之間

的關係。

這兩個練習，均可以幫助你看到寬恕的好處，或許還能夠提供你一個未來進行寬恕時的參考典範！

2.寬恕想像

其次，找一個你願意寬恕他對你冒犯的特定人士，並試圖從他的角度來重新評估當時的冒犯情境。你同意寬恕他，並不表示為他脫罪，或容忍其侵犯的行為，而是以較仁慈、較善意看待事物的觀點，來體會他所採取的行為反應。在想像時，努力地將你的想法、感覺和行為具體化。例如：當你想像寬恕拋棄你的父親時，想像你會對他說什麼？你會感受到什麼情緒？情緒有多強烈？情緒出現的順序為何？你的臉部表情看起來如何？你的身體有因此而產生什麼感覺嗎？

上述這種同理心和寬恕想像的練習，會讓你覺得對自己的想法有較大的掌握感、比較不悲傷和憤怒，在生理壓力反應方面的感覺也會比較緩和；換句話說，進行這種同理心和寬恕想像的練習，你身體所感受到的壓力，會比真實的情況來得小，你比較容易適應。

3.寫一封寬恕信

寬恕，並不是一件很容易就學會的高尚行為，它需要多次的練習、努力、意志力和動機的配合。因此，選擇從這則「容易」的寬恕練習下手，比較不會直接遭受挫折而打退堂鼓，漸次再往較「困難」的寬恕練習時，也比較容易上手。

這個練習，即是要你寫一封寬恕的信給曾經傷害過你的人（但不必寄出），以拋開你的憤怒、痛苦和指責，這些負面情緒已經抓住你很久了，讓你無法往前進，因此，你想藉此寬恕的行為，來擺脫此項束縛。在信上，你要詳細描述發生在你身上的傷害或侵犯，並舉例說明你如何被它影響，它怎樣持續的傷害你；最後，你明瞭對方已經盡力了，你陳述希望當時對方該怎麼做才對（例如：當面表示道歉）。在信末，清楚地聲明，因為你的瞭解與

體會對方的處境，最後你選擇了寬恕和同情，希望此事件到此了結。

當然，另一個簡便做法也有益於練習，那即是去打聽一些成功寬恕有名的人（像：甘地、曼德拉、金恩博士等人），有關他們進行寬恕的經驗，他們是怎麼做到的。或者，去閱讀其傳記，把他們當作學習的榜樣也可以。

4. 練習同理心

研究發現，同理心與寬恕行為之間具有高度相關；也就是說，你越能成功地對另一個人的觀點有所瞭解、關心和體諒，你就越可能寬恕他（註5）！因此，你可以於平時即開始練習同理心。針對別人做出讓你不瞭解的事時，你要發揮覺察力，設法去弄清楚對方的想法、感覺和意圖，為什麼他會有如此的舉動？有什麼因素可以解釋他的行為？如果可行的，甚至當面詢問他，以確定你的理解是否正確，也許你可能從中學到一些東西。此種練習，即是針對他人的情緒和想法，練習感同身受及瞭解的能力，以培養同理心，增進寬恕的練習效果。

5. 採取寬容歸因

道歉會產生同理心，讓人變得比較仁慈（註6）！因此，當造成你痛苦、苦難或傷害的人，當面向你表達道歉時，他即是在展現自身脆弱和不完美的那一面給你看，解釋他傷害你的原因或理由，並祈求你的原諒與寬恕。而此時，你若能採取較為正向或寬容的歸因，接受他解釋的合理性與適當性的話，從新角度去考量他的觀點，運用同理心，也會讓寬恕變得較為容易一些。

6. 避免反芻思維

有一種人格特質，會將個人因負面生活事件所引發的負向情緒反應、感受、認知及思維，不斷地在腦海裡重播那段造成傷害的事件畫面及負面感受，即為「反芻者」（ruminators）人格特質。這種反芻思維，是寬恕的最大障礙，愈常去反芻這件造成痛苦的事件及其感受，愈會擴大渲染此不幸事

件的氛圍，造成個人愈不可能進行寬恕（註7）！因此，進行寬恕的第一步，至少要避免或停止這種反芻思維的繼續。所以，練習轉移注意力、全神貫注在非常有趣的活動上，或一覺察到反芻時即喊「停」等諮商心理學的訓練方式，都可以減緩對寬恕的干擾與障礙。或者，練習第十五章的作業，讓理性思維取代不理性思維，也能有效遏止反芻的習慣。

7.時時提醒自己

引用一句曼德拉總統的話（註8），記者問他是怎麼做才能讓自己寬恕獄卒的。他說：「當我走出監獄時，我知道，如果我還繼續恨這些人的話，我就還被關在監獄裡」。多麼讓人醍醐灌頂的一句話啊！

選擇寬恕，是一項獲致快樂的解放行動，亦是選擇一條難走但卻很有意義的路，而最終，你也將獲得一項甜美的回報。當你覺得自己快發狂、或感覺十分痛苦時，時時提醒自己要進行寬恕，並把它養成是一種習慣，就像是飯前禱告或睡前祈禱一樣，你就可以做到真正免除被負面情緒抓住你的束縛！

寬恕的意識能量等級

參照大衛·霍金斯教授的意識能量等級分類表（註9）來看，「寬容原諒」的能量等級約在350以上，比「希望樂觀」的能量等級310還高。這是一件更具有促進幸福感作用的重大人生學習課題，可以幫助個人擺脫負向情緒束縛的一大解方，非常值得每個人列入學習的重點，如果你遇到的話！

慈悲

對治仇恨的最好工具，便是發揮慈悲心（compassion）！

近代腦神經科學的重大發現之一，即是證實人類及靈長類動物的大腦裡具有內建的「鏡像神經元」（mirror neuron），以及大腦具有「神經可塑性」（neuroplasticity）兩件事（註10）！前者，讓人們看到當自己的同胞

正處於受苦受難時，大腦及心理也會出現感同身受的痛苦煎熬，這就是構成教育學中所稱「同理心」（empathy）的神經學基礎；而後者，則是促使「終身教育」（life-time education）理念也具有腦神經科學的理論基礎，也就是說，即使是老狗（或年紀很大的老年人），也可以再學習玩新把戲（或學習新知識與新技能）！

鏡像神經元的作用，就是讓大腦會對他人的痛苦有所反應，這顯示出同理心早已存在於神經層次，提供我們關於人類大腦具有社交天性的有趣看法！在掃瞄大腦的神經活動記錄中顯示，當你接收到痛苦的刺激，大腦中掌管「疼痛基質」的神經部位就會亮起來。假如你不是自己接受到痛苦的刺激，而是看到心愛的人（例如：父母、子女、夫妻、好友、同胞）受苦，你大腦中的疼痛基質神經部位也會一樣跟著亮起來。這顯示你的大腦確實也在經歷他人的痛苦，即使不是經歷同樣的感覺輸入，但是你確實會擁有相類似的情感經驗！這就是「慈悲」的神經學基礎！慈悲的英文字compassion，起源於拉丁文，原意即是「一起受苦」的意思！換句話說，即使未經過後天的教育訓練，我們的大腦早已內建好同理心和慈悲心的神經基礎，至少對我們心愛的人（或同類、同群的同胞）是如此！

由此可見，訓練同理心，即可提升一個人的慈悲心！因此，要變得更有同理心，我們需要進一步培養心理習慣（即心性），使其本能地以善意來回應每天所接觸到的每一個人，並能自動覺察他人就像我一樣，可以如實地感同身受！

佛陀曾經這樣描述說：「如果你經常去想、去思考一些事物的話，你的內心會傾向那些事物」（註11）。換句話說，我們的心裡常在想些什麼，就會成為那個模樣！因此，只要我們常邀請某種「善的念頭」在心中升起，久而久之，即可養成一種心理習慣（心性）。例如，假如你每次遇到別人時，你心裡頭即由衷地祝他快樂，那麼你終究會養成習慣，只要遇到別人，你心裡就直覺地祝他快樂。過了一陣子，你就培養出善意的本能，變成一位善良的人。每一次當你遇到他人，你的善意就顯現在你的面容、姿勢、態度、言語上，大家自然容易受到你個性的吸引，而非只是你的美貌吸引，而與你接近或親近而已！

　　所以，傳統佛教的「*慈心禪*」修習方法，即是在心裡先建立起某種程度的心靈平靜之後，邀請「*慈心善念*」前來，並對自己重述下列句子：

　　　　願我平安！
　　　　願我快樂！
　　　　願我幸福！
　　　　願我脫離痛苦！

　　幾分鐘之後，邀請**慈心善念**朝向你原本就喜歡或仰慕的人身上，並套用上述這幾句話：

　　　　願他／她平安！
　　　　願他／她快樂！
　　　　願他／她幸福！
　　　　願他／她脫離痛苦！

　　再幾分鐘後，針對你不特別喜歡或不喜歡的人，甚至是你不認識的人，也都這麼做：

　　　　願他／她平安！
　　　　願他／她快樂！
　　　　願他／她幸福！
　　　　願他／她脫離痛苦！

　　再幾分鐘後，針對難以相處、對你有偏見，甚至是敵人或仇人也這麼做，並重述這幾句話：

願他／她平安！
願他／她快樂！
願他／她幸福！
願他／她脫離痛苦！

這樣做，練習久了之後，便可成為一種習慣！當你連不喜歡的人、對你有偏見的人、敵人或仇人，都能在自己心裡帶著沉靜的慈心善念地看待時，這種慈心善念即可擴展到生活中所遇到的每一個人、每一件事、每一遭遇到的情境上：

願眾生都能平安！
願眾生都能快樂！
願眾生都能幸福！
願眾生都能脫離痛苦！

這種慈悲心的培養，即成為學習寬恕的基礎力量！更加強化你去寬恕敵人與仇人的意願，學習放下一切負面的想法與詮釋，釋放被負向情緒抓住的束縛！

因此，慈悲可以定義為一種心性特質，一種可以訓練養成的心理習慣，即是「掛念著他人的受苦，並渴望見到受苦眾生遠離痛苦」之意！所以，它包含下列三種成分：

1. 認知成分：「我瞭解你」！
2. 情意成分：「我感同身受」！
3. 動機成分：「我想幫助你」！

在Google內部成立Google學院（內部員工教育集團，目前名為Google-EDU），設計開授「搜尋內在自我」課程的陳一鳴工程師，即針對大眾提出「增加善心來訓練慈悲」的做法，建議使用「形象化」的策略，在禪修過程中培養慈悲心性（註12）。做法很簡單：吸氣時，想像我們正吸入自己

的善心,想像在心中把善心增加十倍,接著吐氣時,我們想像把所有的善心送到世間;之後,我們吸入他人的善心,其餘皆同。你願意的話,也可以把善心想成是一道白光。

這種練習,可以培養三種實用的心理習慣:

1. 看見自己與他人的善心!這一點(看見善心)可以加強慈悲的情意與認知成分。當你本能習慣地覺察每個人的善心,你即可本能地想要瞭解並同理他人,你不會以貌取人、不會本能地反射反應他人的行為,因為你瞭解即使是最難纏的人,其身上也可以被察覺到一絲善良的本意。假以時日,這將贏得他人對你的信任!

2. 將善心施予眾生!這一點(施予善心)可以加強慈悲的動機成分。當你本能習慣地將善心送給全世界時,很快地,你會成為總是想幫助別人的人,這將贏得他人的對你的尊敬,甚至是欽佩!

3. 對自我的轉變力量深具信心(知道自己可以增加善心)!這一點(對自我深具信心)可以加強自信。當你越來越習慣你的善心可以增加十倍時,你的情緒腦很快就會習慣地認為「是啊!我能帶給別人好處」的想法,這會為你贏得信心倍增,使你成為一位慈悲的領導者。而慈悲領導,即是最有效率的領導!

針對好事,學習表達感恩;針對壞事,學習寬恕慈悲。這是獲得永續幸福的一項基本方法!

針對發生在我們生活周遭的負面事件、逆境、壞運、挫折等,我們若不去表達原諒,不去學習寬恕,其實並不會傷害到這些肇事者。但是,我們若學會寬恕,表達願意原諒肇事者的心意,我們確實可以從被負面情緒的擄獲、桎梏與束縛中,徹底解放出來,重獲自由。所以,學習寬恕不是為了別人而做,而是完全為了自己的幸福著想!

除了寬恕,如果還能進一步為被寬恕者祈福,願他/她平安!願他/她快樂!願他/她幸福!願他/她脫離痛苦!那麼,你已建立起非常雄厚的同理心與慈悲心,你一定是身處平安、喜悅、快樂、幸福狀態的人!

練習作業

　　本項作業的名稱，就叫做「**培養你的慈悲心**」（Cultivating your compassion.）！

　　要培養慈悲心，需要漸進的功夫，不容易立即達到成效。但由小處著眼，慢慢累積成習慣後，就可以醞釀寬恕的包容心，助你擺脫被負向情緒羈絆的枷鎖！

　　每天晚上睡覺前，抽空整理一下忙碌一天下來後的紊亂思緒。請你在心中回顧一下，挑選一位今天無意中傷害你，或在生活上造成你不便或憤怒的人，但不是很嚴重，你有意願原諒他或寬恕這件事。想像他就在你眼前，看著他，寫一封信讓他瞭解自己曾受傷過、這個傷害的深度、及這個傷害帶來的憤怒有多大（或者，把你認為受到傷害的感受也寫在日記裡），但你發揮同理心，同理他因為某種情境關係或考量，而犯下對你造成的傷害，他知道錯了，有悔悟之心，而你也願意原諒他，不是在為他找理由，而是為了表達寬恕之意，希望你能原諒他，而他也原諒你！接著，在你心中默唸著那幾句話：「願他／她平安！願他／她快樂！願他／她幸福！願他／她脫離痛苦！」想像一下，並認真去感受一下你與他化解心結後的感覺。

　　從每天挑選一件比較微小的負面事件，作為練習寬恕行為的開始。慢慢地，萬一某一天有遭逢較為重大的負面事件時，更需要把它當作當日練習寬恕的對象。同時，每次練習時，附帶地要為他（被寬恕的對象或事件）獻上祝福：「願他／她平安！願他／她快樂！願他／她幸福！願他／她脫離痛苦！」並想像地感受一下你們雙方化解敵意後，你贏得對方的尊敬與信任的那種感覺！

　　只要你持之以恆的練習，慢慢地，你就可以習得寬恕與慈悲的心！要記住，「慈悲，沒有敵人」！「心生慈悲，處處都是快樂」！「放下，是對自己的一種慈悲」！（註13）

　　祝福你！慈悲喜捨！慧智雙全！

延伸閱讀

白山（2009）。慈悲沒有敵人，智慧沒有煩惱。臺北市：大拓文化。

朱恩伶譯（1997）。別為小事抓狂：得意人生100招。臺北市：時報文化。
（Richard Carlson原著。*Don't sweat the small stuff and it's all small stuff: Simple ways to keep the little things from taking over your life.*）

朱衣譯（2005）。寬恕：達賴喇嘛的人生智慧。臺北市：時報文化。（Dalai Lama & Victor Chan原著。*The wisdom of forgiveness: Intimate conservations and journeys.*）

林佩怡、原文嘉譯（2009）。慈悲的資本主義：開創自由人生的16信條。臺北市：世潮。（Rich DeVos原著。*Compassionate capitalism: People helping people help themselves.*）

林高樂（2011）。心生慈悲，處處都是快樂。臺北市：大拓文化。

林高樂（2011）。放下，是對自己的一種慈悲。臺北市：大拓文化。

林慶昭（2010）。別再為小事生氣：別給自己找氣受的30個生活態度。臺北市：哈林。

周玲瑩譯（2001）。寬恕十二招。臺北市：奇蹟資訊中心。（Paul Ferrini原著。*The twelve steps of forgiveness.*）

施郁芬、廖本聖譯（2009）。慈悲與智見。臺北市：橡樹林。（Dalai Lama原著。*Kindness, clarity, and insight.*）

翁仕杰譯（2013）。逆境中更易尋快樂：達賴喇嘛的生活智慧。臺北市：天下文化。（Dalai Lama原著。*How to be compassionate: A handbook for creating inner peace and a happier world.*）

陳志興編（2006）。忍耐一下子，幸福一輩子。新北市：雅典文化。

游欣慈譯（2003）。你可以不生氣。臺北市：橡樹林。〔Thich Nhat Hanh（一行禪師）原著。*Anger.*〕

錢掌珠譯（2005）。誰惹你生氣？——66招消氣秘方。臺北市：法鼓文化。(Thubten Chodron原著。*Working with anger.*）

謝儀霏譯（2013）。**搜尋你內心的關鍵字**。臺北市：平安文化。（Chade-Meng Tan原著。*Search inside yourself: The unexpected path to achieving success, happiness (and world peace).*）

謝明憲譯（2012）。**活出奇蹟**。臺北市：啟示。（Jon Mundy原著。*Living a course in miracles: An essential guide to the classic text.*）

繆妙坊譯（1999）。**寬恕是唯一的路：如何讓往事成煙，喜樂重現**。臺北市：遠流。（Michael E. McCullough、Steven J. Sandage、Everett L. Worthington原著。*To forgive is human: How to put your past in the past.*）

蘇達多（2006）。**放手鬆心超幸福**。臺北市：驛站文化。

註解

1. 參見第2章的延伸閱讀《心靈能量——藏在身體裡的大智慧》一書。

2. 參見〈楔子〉一章的延伸閱讀《真實的快樂》（第二版）一書。

3. 參見McCullough, M. E. (2001). Forgiveness: Who does it and how do they do it? *Current Directions in Psychological Science, 10*, 194-197. 及McCullough, M. E., & Witvliet, C. V. (2002). The psychology of forgiveness. In Snyder, C. R., & Lopez, S. J. (Eds.), *Handbook of positive psychology* (pp. 446-458). Oxford, Oxford University Press. 等二文，以及本章的延伸閱讀書目中《寬恕十二招》一書。

4. 同註2，以及參見本章的延伸閱讀《寬恕是唯一的路：如何讓往事成煙，喜樂重現》一書。

5. 參見McCullough, M. E., Worthington, E. L., & Rachal, K. C. (1997). Interpersonal forgiving in close relationships. *Journal of Personality and Social Psychology, 73*, 321-336. 及 McCullough, M. E., Rachal, K. C., Sandage, S. J., Worthington, E. L., Jr., Brown, S. W., & Hight, T. L. (1998). Interpersonal forgiving in close relationships. II. Theoretical elaboration and measurement. *Journal of Personality and Social Psychology, 75*, 1586-1603. 二文。

6. 同註5。

7. 參見McCullough, M. E., Bellah, C. G., Kilpatrick, S. D., & Johnson, J. L. (2001). Vengefulness: Relationships with forgiveness, rumination, well-being, and the Big Five. *Personality and Social Psychology Bulletin, 27*, 601-610. 一文。

8. 參見〈楔子〉一章的延伸閱讀書《這一生的幸福計畫》一書的194-195頁。

9. 同註1。

10. 參見第一章的延伸閱讀《情緒大腦的秘密檔案：情意神經科學泰斗從探索情緒形態到實踐正念冥想改變生命的旅程》一書。

11. 《雙想經》（《中阿含經》，102經）：高明思考帶你走向長期快樂，低段思考導致你惹上麻煩。

12. 參見本章的延伸閱讀《搜尋你內心的關鍵字》一書。

13. 參見本章的延伸閱讀《慈悲沒有敵人，智慧沒有煩惱》、《心生慈悲，處處都是快樂》、《放下，是對自己的一種慈悲》、《慈悲與智見》。

第 15 章
樂觀希望

> 樂觀的思維，是人類文明得以繼續存活下去的唯一希望！
>
> ——余民寧

我在本書第2章說過，引發我們快樂或不快樂的感受，有兩種情況：「先有情緒反應，再引發認知思考」，或者，「先有認知思考，再引發情緒反應」；其實，這兩種情況都有可能存在，這也是心理學理論中，行為學派（持前者的觀點）與認知學派（持後者的觀點）之爭的所在。第2章已經偏向說明清楚前者的觀點，本章則著重在後者的觀點說明。

未來的快樂——樂觀

我們人類所具有的正向情緒感受，若以其發生時間先後的觀點來分割的話，可以分成：之前、當下和之後三種，並且分別可以「過去的快樂：滿足—忘我」、「現在的快樂：愉悅—正念」、及「未來的快樂：希望—樂觀」來稱呼它們！「滿足—忘我」是本書第16章的討論重點，「愉悅—正念」是本書第17章的介紹重點，而「希望—樂觀」則是本章所欲說明的重點。

談到人們對於未來的快樂所持的觀點，當然是指具有信心、信任、自信、希望與樂觀等因素；其中，我們可以樂觀和希望作為代表名詞！換句話說，樂觀與希望，即是決定未來是否快樂的代名詞！

樂觀與希望，在人生處於順境時，使你工作（尤其是具挑戰性的工作）表現傑出、卓越與優良的主導因素之一；它也是在人生處於逆境，遭逢打擊時，可以用來對抗沮喪、挫折，還你健康、自主能力，並且可以東山再起的決定因素之一。而構築樂觀與希望的成分或元素，即涉及到「先有認知思

考,再引發情緒反應」的認知觀點,亦即是我們對事情的詮釋方式,是決定我們最終會變成是一位樂觀還是悲觀的人!

測測你對好壞事件(順境或逆境)的看法

假如下列事件發生在你身上,你會如何詮釋它?

請你思考一下,再從每一問題下的兩種可能解釋理由中選擇一項,此即代表你的習慣性解釋風格,可以反映出你看待事物的個性是樂觀還是悲觀!(下列問題中的解釋,如果括號中得1分者,即表示悲觀者的解釋行為)

事件1:你欠圖書館10元罰款,因為你借的書逾期了?(壞事、逆境、永久性)

    A. 當我看得入神時,我常忘記什麼時候該還!(1)

    B. 我忙著寫報告,忘記去還書!(0)

事件2:你贏得一項運動比賽的獎盃?(好事、順境、暫時性)

    A. 我覺得所向無敵!(0)

    B. 我努力訓練自己!(1)

事件3:某個重要的考試未能通過?(壞事、逆境、普遍性)

    A. 我不夠聰明,不及其他同學!(1)

    B. 我沒有好好準備!(0)

事件4:有人不具名的送你花束?(好事、順境、特定性)

    A. 我很有吸引力!(0)

    B. 我的人緣很好!(1)

事件5:有人打破花瓶?(壞事、逆境、內在性)

    A. 是他幹的,不是我!(0)

    B. 是我幹的,不是他!(1)

事件6:這次我的班隊比賽贏了?(好事、順境、外在性)

    A. 完全是運氣!(1)

    B. 我能善加利用好運!(0)

我們怎麼看待（解釋）事情會決定我們成為怎樣的人

基本上來說，一件事情的發生（中立性質），不同的人來看它，會因為個人的認知觀點、所扮演的角色立場、所持的意識型態、所具的精神狀況、當下的態度等不同，而有不同的解釋方式與看法。結果，此不同看待（即解釋）事情的方式，會反過來引發自己的情緒反應，讓自己感受到正向（例如：喜歡、高興）或負向（例如：憤怒、生氣）的情緒感受。一旦這種看待（解釋）事情的方式，從小經過學習與教育而養成某種固定、刻板的反應方式，久了，即成為一種習慣，更久之後即變成自己的人格特質，因而塑造出自己成為一位「樂觀」（optimistic）或「悲觀」（pessimistic）的人，間接影響到未來自己的信念與信心建立、人格的發展，甚至是命運的造化！對人生是否過得幸福與快樂而言，影響之大，頗值得每個人的重視。

在人的一生當中，都會遇到好事（好運、順境）或壞事（壞運、逆境）的發生。若從統計學的觀點來看，應該是好壞參半吧！因為，老天爺是公平的對待每一個人！但是，個人的感受，卻不一定是好壞（正負向情緒）參半，而是看你如何詮釋它，因而讓你產生（感受）不同的正負向情緒感受！雖然，我們無法預知何時好運會來或壞運會到？但我們卻可以透過學習來掌握這個「因」，因而改變那個「果」！讓自己未來的情緒發展掌握在自己的手中，而不是掌握在外在的隨機因素。如此一來，你就是一位個性成熟、穩重、了悟並能掌握自己命運的人了！

所以，若想讓自己的一生中盡量做到「趨吉避凶」的話，那麼，花一點點時間去學習如何正確的詮釋事情的發生，至少可以做到讓自己感受較少的負向情緒，不會因為挫折、沮喪、灰心，而至死心、絕望，讓自己在遭受逆境的打擊、挫敗與挑戰之下，還有機會東山再起，獲得扭轉失敗成為成功的契機！何樂而不為呢？

通常，做事情很容易放棄的人，常常因為將發生在自己身上的壞事（不幸事件、壞運、逆境）解釋成（或認為、看待成）是永久性的（即永遠都這樣、從來即是如此、總是如此），所產生的影響層面是廣泛的、普遍的（即

不僅只有一件事是如此，其他事項也都是如此），並把它責怪（歸咎於）到自己的人格特質上，認為是因為自己很愚蠢所造成的，這種人即是「悲觀型」的人！

而那些能夠抵抗無助者，認為（或看待）不幸事件（壞事、壞運、逆境）的發生，只是暫時性的（即有時候如此、最近才如此），且僅影響到此一件事而已，其他事情不會受影響，並且把它當成是偶發事件來看待，同時也不會歸咎於是自己緣故的人，這種人即是「樂觀型」的人！

反之，樂觀型的人對好事情（喜事、好運、順境）的看法，則會認為它們是永久性的，並且把它們解釋成係由於自己的人格特質或能力之故，所以是永久性的；但悲觀型的人，則會對好事情（喜事、好運、順境）的看法，認為它們只是暫時性的，係由於一時運氣或個人努力的結果，所以是暫時性的！

「永久性」的意思，是指一種「依據時間向度」做解釋的指標，亦即指它會決定一個人到底要放棄多久！針對壞事情（壞運、逆境）而言，當一個人進行永久性的解釋時，它會滋長無助感的長期蔓延；而進行暫時性的解釋者，則可以盡早止跌回升，快速恢復起來！

同樣的道理，當一個人在面對一件挫敗的事件時，若他將自己的失敗進行普遍性的解釋的話，則他會放大災難，進而決定放棄每一件事，哪怕這失敗事件僅是一小角落而已，這就是悲觀型的人對失敗事件的看待方式！而那些把失敗事件當成是特定性的事件來解釋的人，雖然他會面臨生活中的某一區塊變得較為無助，但其他部分（或區塊）還是可以繼續往前進展，這就是樂觀型的人對失敗事件的詮釋方法！

「普遍性」的意思，是指一種「依據空間向度」做解釋的指標，它會決定一個人是將無助感類推到生活的各個層面，還是只是維持在原來的地方而已。因此，樂觀的人認為好事（好運、順境）會強化、類推、延續到他所做的每一件事上，而悲觀的人則認為好事（好運、順境）是由某種特殊因素所引起的，只是特定的現象而已！

此外，面對壞事（壞運、逆境）發生時，悲觀的人會把它歸咎於（肇因於）自己的（內在性）緣故，認為千錯萬錯都是自己的錯；而樂觀的人，則

會把它歸因到外在因素（外在性）上，認為千錯萬錯都是別人的錯！反之，當遇到好事（好運、順境）發生時，樂觀的人會把它看成是由於自己的（內在性）緣故，認為自己就是一位福星高照的人；而悲觀的人，則會把它歸因到外在因素（外在性）上，認為只是一時走「狗屎運」而已！

「個別性」的意思，是指一種「依據內外在向度」做解釋的指標，它會促使一個人把好壞事件的發生原因，究竟是歸因於內在性因素（指自己），抑或是外在性因素（指他人）所造成的結果。通常，把壞事情歸因於內在性因素所造成者，是悲觀的人；而歸因於外在性因素所造成者，則是樂觀的人。反之，將好事情歸因於內在性因素所造成者，是樂觀的人；而歸因於外在性因素所造成者，則是悲觀的人！

解釋風格：樂觀與悲觀的塑造因素

所以，根據所發生的事件對我們而言有好壞之分，而解釋事件的方式有永久性、普遍性與個別性之分。因此，我們可以試圖把它製成表格（表15-1），以協助我們理解及釐清個人對事件的解釋風格（explanatory style）為何，以及它把我們塑造成什麼樣個性的人。

表15-1　個人的解釋風格與性格的分類

解釋向度 事件的解釋	時間向度	空間向度	個別性向度
對壞事的解釋			
悲觀者	永久性的	普遍性的	內在性的
樂觀者	暫時性的	特定性的	外在性的
對好事的解釋			
悲觀者	暫時性的	特定性的	外在性的
樂觀者	永久性的	普遍性的	內在性的

由表15-1所示可知，樂觀與悲觀的人，對發生在自己身上的好壞事件的解釋有所不同。茲舉例分述如下：

1.對於所發生的是壞事件，在時間向度上的解釋

「悲觀者」會把它解釋（看待）成具有「永久性」的特質事件！例如：

——節食永遠不會有效的！

——你一直在嘮叨！

——你從來不跟我說話！

「樂觀者」會把它解釋（看待）成具有「暫時性」的特質事件！例如：

——只要是在外吃飯，節食是無效的！

——我沒清理房間時，你會嘮叨！

——你最近都沒有跟我說話！

2.對於所發生的是好事件，在時間向度上的解釋

「悲觀者」會把它解釋（看待）成具有「暫時性」的特質事件！例如：

——今天是我的幸運日！

——我很努力！

——我的競爭對手累了！

「樂觀者」會把它解釋（看待）成具有「永久性」的特質事件！例如：

——我一向運氣很好！

——我很有才幹！

——我的競爭對手本來就不行！

3.對於所發生的是壞事件，在空間向度上的解釋

「悲觀者」會把它解釋（看待）成具有「普遍性」的特質事件！例如：

——全校教授的評分都不公平！

——我是令人討厭的人！

——受教育一點用也沒有！

「樂觀者」會把它解釋（看待）成具有「特定性」的特質事件！例如：
——只有余教授的評分不公平！
——他很討厭我！
——讀這所學校一點用也沒有！

4.對於所發生的是好事件，在空間向度上的解釋

「悲觀者」會把它解釋（看待）成具有「特定性」的特質事件！例如：
——我的數學很好！
——我買對了一檔股票！
——她覺得我長得很帥！

「樂觀者」會把它解釋（看待）成具有「普遍性」的特質事件！例如：
——我是天才！
——我很瞭解市場！
——我天生即是帥哥（美女）！

5.對於所發生的是壞事件，在個別性向度上的解釋

「悲觀者」會把它解釋（看待）成具有「內在性」的特質事件！例如：
——我很愚蠢！
——我對打橋牌一點天分都沒有！
——我沒有安全感！

「樂觀者」會把它解釋（看待）成具有「外在性」的特質事件！例如：
——你很愚蠢！
——我精通打橋牌！
——我在貧窮環境中長大的！

6.對於所發生的是好事件，在個別化向度上的解釋

「悲觀者」會把它解釋（看待）成具有「外在性」的特質事件！例如：

——這完全是運氣！

——我隊友的技術很好！

——幸虧有他的協助！

「樂觀者」會把它解釋（看待）成具有「內在性」的特質事件！例如：

——我能善加利用好運！

——我的技術很棒！

——由於我的緣故！

悲觀者與樂觀者的優勢與劣處

也許你會質疑說，一個人的個性是悲觀或樂觀，有那麼重要嗎？

為了能夠說明清楚起見，我想引用這方面的研究專家：塞利格曼教授等人的研究成果和見解（註1）。我把他們的研究成果及見解，歸納列表呈現在表15-2裡，並說明如下：

過去的文獻指出，樂觀者容易有過度的正向思考，高估自己的能力與誤判情勢，而有不實際的決策行為（包括：過度擴張信用、過度冒險投資、過度消費）出現。如果這種現象塑造出集體意識，變成是集體性行動行為時，就很可能會誤入歧途、步入衰敗的命運。2008年時，美國因雷曼兄弟公司破產而引發全球性金融危機事件，即是這種過度樂觀者集體正向思考的後果（註2）！

表15-2 悲觀者或樂觀者的利弊得失一覽表

分類	利（得、優勢）	弊（失、劣處）
悲觀者	1.比較悲傷但判斷比較正確 2.思考比較實際 3.激發一種戰鬥性思維，能集中注意力去挑毛病，並宣判出局 4.適合從事具批判性思考作業	1.比較不快樂、沮喪、憂鬱 2.對事情抱持懷疑的態度 3.工作表現績效較低 4.較易罹患各種疾病 5.病後的復原力較差 6.罹患憂鬱症的風險較高
樂觀者	1.激發容忍度和創造力 2.比較能接受新想法和新經驗 3.適合從事具創造力、想像力或廣泛思考的作業 4.比較健康、長壽 5.對工作滿意度較高 6.比較容易找到工作，薪水較高 7.比較能忍受痛苦，對抗不幸，病後的復原力較高 8.較能降低負面情緒的影響 9.社交生活較豐富、充實 10.較富利他行為 11.比較具有同理心 12.願意與陌生人分享	1.容易高估自己的能力 2.對事情容易持過度樂觀的態度 3.容易誇大完成事情的成功面 4.容易輕視情勢的嚴重性程度 5.容易迷失在正向思考的幻象中 6.想法比較天真、不切實際 7.決策較不符合實際情境 8.過度擴張信用 9.過度冒險（投資、刺激性活動） 10.過度消費 11.容易樂極生悲

　　因此，有學者呼籲提出符合「正向比」（positive ratio）的進化版正向心理學（positive psychology 2.0, 即PP 2.0）觀點〔該論點強調生命的美德（virtues）、意義（meaning）、復原力（resilience）和幸福感（well-being）四大核心概念〕，亦即出現正向事件（思考、情緒）與負向事件（思考、情緒）的比值大約是至少呈現出「3：1」以上時，個人才能享有最大的幸福、快樂、與生命的意義（註3）！這個主張，即是強調融合樂觀與悲觀兩者平衡的重要性，不要太過偏頗樂觀那一方，同時也應該善加利用悲觀者的優點。因此，當此比值至少呈現出「3：1」以上時，最能夠對人的生命存

在意義產生最高的貢獻！

由表15-2所示可知，樂觀與悲觀的人各有其利弊得失之處。如果，我們能夠善用此類型的優缺點，充分發揮不同人格特質的優勢長處，應該可以營造共創一個適合大家安居樂業的生存環境，並且在各種競爭環境下，每個人都可以適得其所，搭配互補個人專長與優勢長處。我相信要建置一個共榮共存的組織生存環境，應該是指日可待的事！

悲觀者的最終處境

如果你是一位具有悲觀者解釋風格的人，平常時（即太平無事的順境中），你都不會有任何問題發生。但是，在逆境時，當人生處於危機時刻（例如：錄取或不錄取、面臨親密關係破裂邊緣、期盼與等待）、受到挫折與打擊（例如：生意失敗、某學科成績太差而被死當、遭人誤解或陷害、因裁員而失業），或遭逢人生陷落時（例如：親人突然死亡、發生重大意外傷害、罹患癌症、離婚官司搞得焦頭爛額），你就有可能因此而付出一些常見的代價（註4）。例如：

1. 在校成績下降，工作表現不佳，運動場上競賽失利！
2. 容易因為挫折即陷入沮喪狀態！
3. 無法發揮潛能，但你是可以做得到的！
4. 免疫功能降低，容易罹患慢性病，導致健康受損！
5. 提早老化，容易感染疾病，復原力變差！
6. 覺得生命毫無情趣，生活灰暗，了無生意！
7. 當沮喪到了極點時，即變成憂鬱症！

所以，這關係著你未來是否能過著幸福快樂的日子，怎能還說不重要呢！

誰最容易罹患憂鬱症？

事實上，人一生中所發生的事件，往往是好壞參半。當處於順境時，你

可以「人生得意須盡歡，莫使金樽空對月」！但遭逢逆境時，你更需要避免「今朝有酒今朝醉，莫待無花空折枝」的頹廢才行！不然，你很容易淪為憂鬱症的階下囚！

那麼，誰最容易罹患憂鬱症？第一，悲觀的人遭遇打擊時（尤其是遭逢連續性的挫敗時），很有可能最後會變成罹患憂鬱症。其次，具有**反芻者**（ruminator）性格的人（即具有不斷反覆咀嚼不如意事件個性的人），當遇上足以引發令人「習得性無助感」的無奈事件時，也可能會罹患憂鬱症。最後，即是前兩者的情況相加，當你是悲觀的**反芻者**時，那鐵定最後會得憂鬱症（註5）！

不過，你倒是可以放心，憂鬱症不是絕症（雖然它會導致患者最後選擇自殺行為），它是可以完全療癒的！只要你找到正確的治療方法，憂鬱症就像流行性感冒一樣，是可以完全治癒的！

希望

在「星際大戰」（Star War）系列電影的第四集「曙光乍現」（A New Hope.）裡，莉雅公主預錄了一段求救的全息影像（holography image），她說了一段話：「……歐比王，你是我唯一的希望（You are my only hope.）」！這段話在三十多年前首播時，就深深打動著我。三十多年來，我不知重複看了該影集多少遍，更加深我對「希望」的認知和體會！

我們會不會覺得有希望，明天是否依然活著？完全取決於我們的思維在兩個認知向度裡的共同交互作用結果：

1. **針對不幸的事件**（即苦難、創傷、噩耗、霉運、挫折、打擊），得以找到暫時性和特定性原因的解釋方式！這是人們懷抱一絲絲希望，仍然持續苟延殘喘活下去的理由。暫時性原因的解釋，限制了人們的沮喪無助感，在時間軸上，僅到此為止，不會再永無止境的蔓延下去（苦難終究會過去的！）；而特定性原因的解釋，則是將人們的沮喪無助感，僅限制在原始的情境上，不會再惡化延伸開來（苦難僅限於一隅！）。

2. 針對不幸的事件（即苦難、創傷、噩耗、霉運、挫折、打擊），若是採取永久性和普遍性解釋風格的人，這是構成人們產生絕望的主因！產生絕望的人，很容易在壓力下造成精神崩潰，而且這個崩潰是長期性的，且是全面性的。人們在絕望之下，會選擇自殺的行為，對他而言，死亡反而是一種解脫！

希望？還是絕望？

對幸運的事件抱持永久性和普遍性解釋的人（即樂觀者），如果他把發生在自身的不幸事件解釋成是暫時的、特定的事件，那麼，當他遭遇到挫折時，是可以很快回彈起來；當他成功時，卻可以繼續一帆風順下去。這就是希望！

而對成功事件做出暫時性和特定性解釋的人（即悲觀者），如果他把發生在自身的失敗事件解釋成是永久性的、普遍性的事件，那麼，當他碰到挫敗壓力時，他很快就會垮掉，而且會一敗塗地，很難東山再起。這就是絕望！

因此，絕望者與希望者在面對幸運或不幸事件時，他們會使用慣性的解釋風格來詮釋事件的發生、影響和肇始原因，因而決定出他們的不同命運來。

1. 對不幸事件的解釋

抱持「絕望者」的觀點，會把不幸事件解釋（看待）成是具有「永久性」和「普遍性」的特質事件！例如：

——我很愚蠢！

——男人都是暴君！

——50%的機率，這腫瘤是惡性的！

抱持「希望者」的觀點，則會把不幸事件解釋（看待）成是具有「暫時性」和「特定性」的特質事件！例如：

——我只是沒想到而已！

——我先生的心情不好！

——50%的機率，這腫瘤是良性的！

2.對幸運事件的解釋

抱持「絕望者」的觀點，會把幸運事件解釋（看待）成是具有「暫時性」和「特定性」的特質事件！例如：

——我很幸運！

——我對鄰居很好！

——政府會懲罰詐騙集團分子！

抱持「希望者」的觀點，會把幸運事件解釋（看待）成是具有「永久性」和「普遍性」的特質事件！例如：

——我很有才幹！

——我的人緣很好！

——政府會懲罰所有的詐騙集團分子！

認知方面的療癒方法

據此可知，樂觀與希望都與我們如何去解釋（看待）事件的方式有所關聯！但往往是，我們怎麼想、怎麼思考、持怎樣的態度觀點，就會決定我們成為什麼樣的人、感受到什麼樣的正負向情緒與經歷什麼樣的人生遭遇。最後，我們變成一位具有樂觀或悲觀人格特質的人。因此，我很快觸類旁通地聯想到：凡是與我們的認知思維方式、邏輯理性思維、推理思考能力能否平心靜氣看待事件的執著態度有關的方法，都會包含在能夠有效治療悲觀與憂鬱症的療癒範圍內。這些療癒方法，可以統稱為「認知治療法」（cognitive therapy methods），包括：理性情緒治療法（rational emotion therapy, RET）、意義治療法（meaning therapy, MT）、正念減壓法（mindfulness-based stress reduction, MBSR）等。

甚至，我在閱讀大量文獻後，敢大膽臆測說，任何用來治療悲觀和憂鬱症的方法中，若沒有同時包含認知治療法的運用在內的話，即使病情暫時治癒了，爾後（過一段時間後），它們還是有可能再度復發的！之所以會復發的原因，即是因為「認知思考」的狀況並沒有改變的緣故，而療癒到的部分僅是侷限在其他的外顯症狀而已，並不是真的對症下藥！屆時，我們就會懷疑：到底是舊的悲觀和憂鬱症沒有治癒呢？還是又罹患新的悲觀和憂鬱症呢？

認知療法的執行，大致上是包含下列幾項重要的步驟或觀點。我們不妨先一窺究竟，這都將有利於我們對峙悲觀和憂鬱症時，獲得進一步瞭解的力量：

1. 學會去認（辨）識在你情緒最低潮時，那些自然湧現、流過你腦海的念頭和思緒！
2. 學會與這個自然湧現的念頭和思緒做抗爭！
3. 學會使用不同的解釋方式去對抗原有的念頭和思緒！
4. 學會如何把自己從沮喪的念頭和思緒中抽離！
5. 學會去認（辨）識並且質疑那些種下憂鬱症種子的不理性念頭或思緒！

針對上述這些說明，在本章的延伸閱讀裡，已提供讀者許多寶貴、重要、且合乎認知治療理念的文獻與補充讀物，任何關心自己是否為悲觀且憂鬱的人，應該盡量去大量閱讀它們。閱讀，不僅可以增長知識，更可以訓練自己的思考合乎理性與邏輯，可以算是最便宜的休閒，又兼具療效的療癒行為！

如何培養具樂觀和希望的人格特質

上述對於如何對抗沮喪、悲觀、絕望與憂鬱的療癒方法中，最簡便可行的操作策略之一，我個人認為非塞利格曼教授所提的ABCDE認知模式療法莫屬（註6）。以學術用語來說，即是指認出自己的悲觀想法或念頭，並且利用ABCDE五個步驟模式去反駁它；若以白話來說，就是指在某事件（通

常都是負面、壞的事情、挫敗或遭受打擊的事件）發生後，能夠有效反駁隨之而起的悲觀念頭或想法，並以改變自己對負面事件打擊的反應態度，進而恢復正常生活情境與態度（或變得更有朝氣）的一種做法！

這ABCDE認知模式的五個步驟或歷程，可以舉例說明如下：

A代表（通常是）發生一件不幸或不愉快的事（Adversity）

有時，這事件對旁觀者而言，是屬於中立性質的。例如，好朋友突然間忽略你的存在、看到女（男）朋友與一位男（女）同學在一起有說有笑的、期末考試不理想、因為身體不舒服而沒有來上課等，例子不勝枚舉。生活中的大小正負事件，都有可能構成引發自己不當聯想、揣測、懷疑，甚至是沮喪、悲觀、負面想法或念頭的來源！

B代表隨該事件而自動浮現的念頭、看法、想法（Belief）

當上述A事件發生後，由於自己很在意它，因而隨之自動浮現一連串關於它的反射性念頭、看法、想法或解釋，而在大多數的情況下，這些念頭、想法或解釋都是不合乎邏輯、不理性、很消極負面又悲觀的、或很執著的舊習慣思維與信念的。例如，隨之出現「一定是他／她自認為高尚，所以瞧不起我」、「她／他一定想要和我分手了」、「我可能會被當掉」、「他／她可能生病了」等想法！

C代表因這個念頭或想法而產生的後果（Consequence）

通常，人們一旦有不理性的想法或念頭出現時，都會引發負向的情緒（例如：擔心、生氣、憤怒、猜疑、恐懼、害怕、驚慌、焦慮、沮喪甚至憂鬱）和負面的生理症狀（例如：失眠、沒有胃口、做事無法專心、胃痙攣，甚至焦慮症、恐慌症）等壓力反應。如果當事人同時也具有強烈的反芻者性格的話，他／她更會反覆不斷的思考此不幸事件所引發的想法，放大此不幸事件的負面影響層面與後果的嚴重性，甚至加油添醋過度延伸推論或遷咎到其他無關事件上。這放大的不理性想法或念頭，會引發更大的壓力反應，而

壓力反應反過來又引發更不理性想法或念頭持續下去，惡性循環的結果，沒完沒了。最後，就是把自己限制在自己建構的思考牢籠中！對憂鬱症患者或疑心病重的人來說，就是這種不理性思維惡性循環的最佳寫照。最極端的情況下，當事人甚至會做出超乎常理的行為舉止，例如：暴力相向、搞破壞、復仇、殺人、或自殺！

D代表反駁（Disputation）

反駁的意思，即是指去檢查你隨事件發生而起的反射性念頭或想法是否正確、合理。有四項做法，可以增進此反駁做法的說服力與有效性：

1.廣泛收集證據

要反駁自己一個不理性的念頭，最有效的做法即是提出有力的證據，證明這個不理性想法或念頭是不對的！做法即是：針對所發生的事情，你可以暫時冷眼旁觀，再從旁多加打聽、收集更多的資訊，以釐清此事件的來龍去脈與事實真相。例如，剛才的「好朋友突然間忽略你的存在」（A），引發你的不理性想法「一定是他／她自認為高尚，所以瞧不起我」（B），導致你「很生氣、憤怒、猜疑」等反應（C），於是，你經過多方收集資訊後，終於得知「原來他／她當天出門時未配戴隱形眼鏡，因此沒有注意到你的存在」（D），反駁成功，終於化解C的後果，而使B的不理性想法得以獲得修正，你又恢復平靜的正常生活！

2.找出其他的可能性

其次，盡力找出其他所有可能的原因，尤其是集中注意那些可改變的、特定的、及非關個人的原因，並鎖定那些你認為是不真實的原因，極力去反駁它！例如，經過多方打聽之後，也許是「好朋友因為趕時間外出而沒有注意到你的存在」、「好朋友正在擔心焦慮自己的事，而一時之間沒有注意到你的存在」、「可能是你把一位長得很像的人，誤認為是你的好朋友」、「好朋友正專心與他人談公事，而沒有注意到你向他／她打招呼」等，可資

用來反駁的可能性證據眾多，在瞭解事實真相後，於是你化解C的後果，使B的不理性想法得以獲得修正，你又再度恢復平靜的正常生活！

3. 簡化災難

再其次，使用災難簡化法（decatastrophizing）！即想想最糟糕、最可能引發的後果、最差（最嚴重）的狀況到底是什麼，再搜尋證據去反駁它！例如，評估後，最糟糕的情況是「與好朋友斷交」，即使如此，你也可以再認識許多新朋友啊！也不必為此事件（A），而感覺「生氣、憤怒或猜疑」（B）吧！又不是到了「世界末日」，幹嘛那麼恐慌與憤怒！人各有志，各有自己的路要走，連勞燕遇到災難時都各自紛飛了，更何況是人呢！你能夠這樣想，即是把引發後果C的災難，簡化、縮小到可以容忍的地步，逐漸地淡化、遺忘掉它，不再受它的影響！

4. 轉移注意力

最後，即是轉移注意力到可以改變的未來情境中，化被動為主動，掌握你的發球權、主控權！例如，轉移注意力焦點，不要把此事件（A）看得那麼嚴重，你可以多主動找好朋友出來玩、多製造機會與好朋友接觸、多讚美好朋友、多關心好朋友的近況等主動行為，掌握未來情境的發展契機，即可不落入不理性想法B所引發的後果C行為中！

E代表激勵（Energization），意指你成功反駁時所感受到的心情

激勵的意思，就是臺語所說的「自己褒，才不會腥臭」的意思！也就是說，透過自我鼓勵、自我讚美、自我肯定的作為，才能強化自己認知思考的合理性與正確性。一旦運用上述的D步驟成功地反駁念頭B的不正確性後，自然可以避免飽受後果C的折磨，重回往日快樂、平靜、正常的生活型態。此時，應該趁此機會給自己大大的肯定一番，以增強自己認知推理的信心，以後再遇到類似事件A發生時，便可以提醒自己不要陷入不理性的想法B，自然就不會產生後果C，也就不會飽受自己胡思亂想的煎熬與折磨！人，往

往都是自己嚇自己，胡思亂想的結果，反而想出了一大堆病症來，得不償失！因此，學習「正念」或「理性思維」，真的是有其必要性，這也是本書第17章要討論的內容！

透過ABCDE步驟的瞭解與實作，每個人都可以學會強化自己的認知思考的理性化程序，讓自己時時保持正念，當遇到人生重大負面生活事件發生時，也不至於落入悲觀與沮喪的思維，終可避免掉入罹患憂鬱症的漩渦裡！因此，若想要改變悲觀的想法，培養自己成為一位正向思考的樂觀者的話，還是多多練習這個ABCDE認知模式療法吧！如果能夠搭配本書第17章所討論的「正念」一起練習的話，效果會更好，更容易建立起樂觀希望的人格特質。

如果，學校教師或父母能夠針對年紀較小的孩童，從小即進行此AB-CDE認知思考的解釋風格訓練的話，我相信我們將可塑造一群未來身心健全、樂觀希望、與幸福快樂的新國民（註7）！所謂強國先強種，強種就先從樂觀希望教育起，我相信臺灣將可成為華人世界之光，成為引領人類文明進化的先驅！

如果，政府的國防部門與警政部門能夠針對保家衛國及維護治安的軍警人員，實施此樂觀希望及復原力（resilience）的教育訓練，從認知上的改變先做起，將可建立起一支意志力堅強的「鋼鐵軍隊與保安人員」（註8）！這不僅是為保家衛國而犧牲奉獻著想而已，更是為維護他們不要成為因為值勤受傷而得「創傷後壓力症候群」（post-traumatic stress disorder, PTSD）下的受害者。我相信在這樣堅強的護衛下，臺灣裡裡外外一定是安全的！

如果，政府的衛生部門與教育部門能夠聯手合作，推廣全民具有合理情緒思維的解釋風格訓練，以及關於保健與養生習慣的認知觀念改變作為，我相信健保資源一定可以大幅度節省與適當地運用，且全民都能維持身心健全，永保安康、幸福、快樂（註9）！

如果，聯合國能夠影響恐怖份子及集權政府的領導人，使他們都能有個正確合理的認知思維，他們就不會因為恐懼與猜忌等不理性的思維後果，而做出危害地球安全與世界和平的行為！那麼，我真的要說：「樂觀的思維，是人類文明得以繼續存活下去的唯一希望」！

樂觀與希望，是決定我們未來是否過得快樂與幸福的重要因素！

學習針對好（或幸運）事件進行永久性、普遍性與內在化的解釋，而針對壞（或不幸）事件進行暫時性、特定性、與外在化的解釋，更是決定個人未來是否有「希望」的重要因素！

當壞（或不幸）事件發生時，學習去反駁因此事件所引發負面、悲觀的念頭或想法的不合理性、不正確性，更是提高個人未來幸福感的一大功課，很值得每一位國民都花時間去做練習！

練習作業

本項作業的名稱，就叫做「**培養你的樂觀解釋風格**（Cultivating your optimistically explanatory style.）」！

現在，請你再閱讀一次本章「解釋風格：樂觀與悲觀的塑造因素」這一節所述，以及表15-1的摘要內容。凡欲培養出「樂觀者」的特質，你就必須於平時針對生活中常出現的正負向事件，刻意地練習自己對它的解釋風格：亦即，凡針對好的（好運、順境）生活事件，在時間上即把它解釋成「永久性」的，在空間上把它看待成「普遍性」的，在個別化上即把它歸因於「內在性」因素所造成的；而凡針對壞的（壞運、逆境）生活事件，在時間上即把它解釋成「暫時性」的，在空間上把它看待成「特定性」的，在個別化上即把它歸因於「外在性」因素所造成的。

例如，針對壞事件「與男（女）朋友吵架」，你可以把它解釋成：
——他（她）可能最近心情不好。
——只有在討論「誰請客出錢」一事上，他（她）很堅持自己的態度。
——他（她）因為機車故障，花了一筆不少的維修費，口袋有一點緊。
又如，針對好事件「通過全民英檢中高級初試」，你可以把它解釋成：
——我本來即具有學習外語的天分。
——我在生活上，也都盡量使用英文來思考和表達。
——這是我個人持續努力的結果。

因此，請你於每天晚上睡覺前，把心沉靜下來，並仔細回想當天生活中出現、讓你印象最深刻的幾件生活事件。請你列出好事件與壞事件各一件，再參考表15-1的摘要，想想看，你若想具有「樂觀者」特質，你應該刻意表現出何種解釋理由才符合要求，請把它們寫下來。例如：

1. 針對壞事件（例如：學校期中預警通知，你有某個學科可能會不及格）
   (1)在時間上，你的刻意解釋為：……（寫出你的適當理由）
   (2)在空間上，你的刻意解釋為：……（寫出你的適當理由）

(3)在個別性上，你的刻意解釋為：……（寫出你的適當理由）

2.針對好事件（例如：打工場所的主管，讚美你今天的工作表現不錯）

(1)在時間上，你的刻意解釋為：……（寫出你的適當理由）

(2)在空間上，你的刻意解釋為：……（寫出你的適當理由）

(3)在個別性上，你的刻意解釋為：……（寫出你的適當理由）

也許，你可以先採用「腦力激盪」（brain-storming）方法，先大量想出各種可能的理由，再套用表15-1的摘要，一一比對這些理由，看看何者符合「樂觀者」特質所要求的解釋，把它們記錄起來。至少，每晚睡覺前，把這些適當的理由再複誦一次或瀏覽一次。爾後，若有遇到相類似的事件發生（不論好壞）時，即把這些儲存在腦海中的合理解釋，再拿出來使用。據此，把它養成習慣，你就可以慢慢成為一位具有「樂觀者解釋風格」的人，逐漸變成一位樂觀的人！

延伸閱讀

方雁編著（2007）。一念之間の幸福：幸福轉念之間。新北市：出色文化。

洪莉譯（2008）。一生受用的快樂技巧：幫助孩子建造心中穩固堅定的樂觀金字塔。臺北市：遠流。（Martin E. P. Seligman 原著。*The optimistic child.*）

洪蘭譯（2009）。**學習樂觀・樂觀學習：掌握正向思考的訣竅，提升EQ的ABCDE法則（第二版）**。臺北市：遠流。（Martin E. P. Seligman 原著。*Learned optimism.*）

俞慧霞編（2006）。**換個想法，朝幸福出發：思緒轉個彎，一切就會不一樣**。新北市：今天。

姜雪影譯（2013）。**第3選擇：解決人生所有難題的關鍵思維**。臺北市：天下。（Stephen R. Covey 原著。*The 3rd alternative: Solving life's most difficult problems.*）

梁雲霞、鄭雅丰、許馥惠譯（2013）。**向專家學思考：掌握3個重點，人人都能活用知識、聰明解決問題**。臺北市：遠流。（Art Markman 原著。*Smart thinking.*）

張齡謙譯（2009）。**正向思考利大無窮**。臺北市：世潮。（Roger Fritz 原著。*The power of a positive attitude.*）

蔡淑雯譯（2012）。**這麼想就對了：哲學家教你破除11種負面想法**。臺北市：心靈工坊。（Elliot D. Cohen 原著。*The new rational therapy: Thinking your way to serenity, success, and profound happiness.*）

鄭石岩（1999）。**換個想法更好：把握變動調適，開拓成功人生**。臺北市：遠流。

戴至中譯（2006）。**快樂為什麼不幸福？**臺北市：時報文化。（Daniel Gilbert 原著。*Stumbling on happiness.*）

註解

1. 參見〈楔子〉一章、第2章、與本章的延伸閱讀《真實的快樂》、《失控的正向思考》及《學習樂觀・樂觀學習：掌握正向思考的訣竅，提升EQ的ABCDE法則》等三書。

2. 參見第2章的延伸閱讀《失控的正向思考》一書。

3. 參見本章的延伸閱讀《快樂為什麼不幸福？》一書，以及下列文獻：

   (1)Fredrickson, B. L. (2009a). *Positivity: Groundbreaking research reveals how to embrace the hidden strength of positive emotions, overcome negativity, and thrive*. New York: Crown.

   (2)Fredrickson, B. L. (2009b). *Positivity: Top-notch research reveals the 3 to 1 ratio that will change your life*. New York: Three Rivers Press.

   (3)Wong, P. T. P. (2011). Positive psychology 2.0: Towards a balanced interactive model of the good life. *Canadian Psychology, 52*(2), 69-81.

4. 同註1。

5. 同註1。

6. 同註1。

7. 參見本章的延伸閱讀《一生受用的快樂技巧：幫助孩子建造心中穩固堅定的樂觀金字塔》一書。

8. 參見第2章的延伸閱讀《邁向圓滿：掌握幸福的科學方法&練習計畫》一書。

9. 參見第1章的延伸閱讀《改變：生物醫學與心理治療如何有效協助自我成長》一書。

幸福心理學

第 16 章

體驗忘我

> 什麼才是較為持久的幸福生活方式？那即是「找出你個人的優勢特長，並且努力地發揮它，讓自己體驗忘我，擁有人生的最佳經驗」。
>
> ——余民寧

在這個處處充滿競爭、壓力的時代裡，人人被迫去追逐更高的學歷、更具有競爭力、更多的專業證照，最好連外顯的容貌、長相、行為、穿著、甚至頭銜等，也要順理成章具有被社會認定為「成功」的指標。唉！做人真的很辛苦！

難道，個人的價值一定要建立在「比別人好、比別人優秀」才能獲得肯定嗎？即使獲得如此的肯定，被認為是所謂的「人生勝利組」，是否也就意謂一定比別人過得更為幸福、快樂的日子呢？

顯然的，這問題的答案並不是那麼簡單的可以回答，但也不盡然就是如此！

在這個物質世界上，能帶來真正滿足、持久快樂、永續幸福的東西，往往都不是財富、權勢、身材苗條、容貌漂亮、響亮的頭銜或什麼功成名就等，反而是能肯定自己的人生、活出生命意義與目的、創造意識的擴展與延伸；而肯定的人生，就如同幸福快樂的人生一樣，是一種自己決定生命內涵與掌控心靈意識的自由意志和選擇。

選擇做自己，遠比選擇做他人或做他人期望的人，人生更容易獲得滿足、幸福及更具有意義，但同時，也必須學習面對與解決選擇後所帶來的各種挑戰！

區別享樂和滿足的不同快樂層次

尋找快樂（或學術用語上說的「趨吉避凶」），原本即是人類的天性！不必經過教導，天生就自然學會或擁有的本能之一！

所以，吃美食、喝香檳、做SPA、按摩、洗熱水澡，都會讓你產生舒服、暢快、爽的「原始本能感覺」！這種原始本能感覺是天生的，你我的感受都一樣，這種屬於感官方面的滿足或自然感受，即稱做「享樂」！事實上，它指的是一種立即式的、短暫的原始本能感覺，純粹是感官上的快感與享樂為主，不需要經過大腦的思考！所以，五官（觸、嗅、味、聽、視覺）上的滿足，都會帶給你立即式的快樂和享樂的感覺及感受；但是，它的特色即是暫時性的，一旦外在刺激消失，這些快樂的感覺也會很快地跟著褪去，它通常都不會是構成持久快樂或長期幸福的來源！等到你「習慣」了這種感覺（或說，大腦適應了這整個讓你產生愉悅的刺激），慢慢地，你即會對它失去新鮮感，感覺逐漸變得麻木，之後，大腦便會對刺激產生更強烈的渴求，期待你下一次給予更強烈、更多、更大的刺激，才能滿足此渴求，再度帶給你相同程度的快樂感受；但不幸的，下一次刺激又會帶來更強烈的渴求。而這個結果，惡性循環下去，沒完沒了，這即表示你已經對它產生「上癮」行為了！而「上癮」的行為，通常都會直接或間接造成許多負面的後果！

另一種屬於較高層次的快樂，雖然也是經由五官的感受而來，但卻需要經過大腦心智的思考、判斷與推理之後，才採取的行動，只要我們的能力符合挑戰，做起來又得心應手，都會有這種感覺；並且，這種感覺常常需要動用到個人的優勢長處與美德作為基礎條件，是一種比享樂的效果更為持久的感覺，且較不容易被「習慣」、「適應」或「上癮」的快樂，即稱做「滿足」！例如，像是協助兒童或盲人或老人家過馬路、閱讀一本有趣的書、與一群死黨朋友聊天、打橋牌、跳舞、雕刻、繪畫或攀岩等，都會讓你沒有意識地完全浸淫在這樣東西或這件事情上，它不是感官方面的享樂（有時，甚至還會產生痛苦、心理掙扎的感覺），而且完全沒有情緒作用在裡頭，但事

後，這項行為舉止卻會讓你產生快樂的感覺，這就是所謂的「滿足」！

所以，「享樂」與「滿足」這兩者，是具有程度上的差別的，但在概念及詞語的表達上，卻常會被誤認為是同義詞。

感官享受所帶來的快樂，使物質層次的肉體產生享樂的感覺，這就是正向心理學所說的：過著「愉悅（享樂）的生活」，也是過著幸福快樂的生活方式之一！但是，這種生活方式有個缺點，就是我們（人類）的大腦很容易就適應這種生活方式。一陣子之後，就不再覺得那麼享受或有多愉悅的感覺！因為已經「適應」了，生活不再保有新鮮感、享樂感，日復一日的，生活即趨於平淡、無聊甚至無趣！

舉個親身例子來說：我即遇過一群友人，因為工作壓力之故，選擇提早退休，欲好好享受退休生活、享受清福，打算過著悠閒的日子，於是他們選擇移民到紐西蘭過退休生活。我們都知道，紐西蘭的生活步調比臺灣慢很多，生活比較不緊張，壓力也比較小，深深吸引亞太地區退休人士的青睞！

剛開始時，他們過著每天打高爾夫球、泡溫泉、吃美食、做SPA、到處觀光旅遊的日子，看來十分愜意，真的享受到退休生活的悠閒與清福，令人（尚未退休者）十分羨慕！但是，日復一日，年復一年，剛開始退休生活的愜意，現在已經頓然失去吸引力，反而覺得日子千篇一律，過得十分無聊又無趣，反而向我這位剛到紐西蘭旅遊的遊客打聽：「臺灣哪裡還有工作機會？」他們想要回國工作，改變一下生活方式！

這個例子就是最好的說明：即使是過著我們所期盼的物質生活水平，享受我們所能獲得的最大享樂，我們的大腦還是會很快地適應這種感官刺激與滿足的生活方式。一旦適應了，你就會覺得平淡無奇、無趣、甚至無聊，好想改變一下生活方式，以企圖找回當初那種令人愜意的感覺初衷！

其實，過膩了這種千篇一律無聊生活的人，只要稍微變化一下「慣性」做法，即可打破「習慣化」所造成「快樂遞減」的負面效果，增進一點「快樂記憶保留量」！你可以試著這麼做：

1. 找出真正能帶給你快樂的東西，並且把它分散開來注入生活裡，其間的間隔越長越好！例如，假設「旅遊」和「閱讀」都是能夠真正帶給你快樂的東西；當你天天旅遊或閱讀時，大腦也是很快就會「適應」它的，而開始

感覺無聊、疲勞甚至無趣，希望趕快結束。這時，你可以間隔一段時間之後再去旅遊或閱讀一次，即可讓旅遊或閱讀每次都帶給你快樂的新鮮感。或者，試著讓「旅遊」與「閱讀」錯開來，旅遊疲累了，就換成閱讀；閱讀疲累了，就換成旅遊。如此一來，即可維持生活的變化與樂趣！

2.請找出你的快樂被習慣化的時間間隔，並有意識地學習試著「延後」獲得每次刺激酬賞的間隔！例如，你發現「旅遊」和「閱讀」都是能夠真正帶給你快樂的活動，你也可以將它們當作增強物；每當你的快樂被例行的生活習慣化時，即可試著刻意「延後」被習慣化的時間，再來從事該項活動（即旅遊或閱讀），以維持從事該項活動的新鮮度，增加你的快樂記憶保留量！

3.不定時給自己或他人製造驚喜！例如，出其不意地送配偶或伴侶一束花、一塊蛋糕或一張感恩卡片，以製造驚喜，提高生活的滿足感與新鮮感。由於我個人的空間方位感不是很好，開車常會走錯路，經常造成去的路與回的路都不一樣。因此，每當走錯路時，我就把它當作是「給自己製造驚喜」的禮物，我會對自己說「今天又發現新大陸」了；上班的路與回家的路，竟然不止只有一種走法，而是有許多種不同的走法。天天都生活在驚喜中！

4.偶爾變化一下你的例行性生活型態、作息習慣或做事慣性！例如，不開車改搭公車或捷運上班、故意走不同的路線回家、改變「先喝湯、再吃飯」的順序為「先吃飯、再喝湯」、不寫e-mail通知客戶改成直接以電話聯繫客戶等。這樣做都可以變化例行不變的生活習慣，注入新鮮的刺激與維持快樂的記憶保留量，讓例行性的生活不易被習慣化！

當然，有些人類的行為後果，雖然無法從肉體中產生立即愉悅（或享樂）的感受，但卻會在事後產生良好的自我感覺，讓人覺得很舒服、很快樂，這是因為他們即是處於「滿足」的狀態中，這就是正向心理學所說的：過著「美好的生活」的寫照，它也是過著幸福快樂的生活方式之一！但與前述「愉悅（享樂）」之間的差別在於：對擔任義工的人來說，雖然無法獲得物質上的愉悅，但他們還是可以覺得很快樂，因為他們的行為本身（即擔任義工）即是一種令人很滿足的狀態！

所以，我們可以這麼比較的說：「愉悅（或享樂）」是感官的、情緒

的、和暫時性的快樂；而「滿足」則是來自於施展個人的優勢長處和美德，它是心理的、心智的和較為持久的快樂！

體驗高層次的滿足

你是否發現（或體驗）過一種經驗，那就是你想從事一件你一直想做，而且也希望可以一直做下去，永不停止的事件或活動呢？這件事讓你感覺十分有趣，讓你很希望還有機會再去體驗一次！它可能是畫畫、打球、公開演講、攀岩、雕刻、極速運動，還是傾聽別人的苦惱呢？到底是什麼呢？它們都很值得你去深入發掘。找到它們，設法努力去從事它們，保證你的人生是不會後悔的！

當你全心全意投入這件事或從事這項活動時，你覺得自己十分專注，感覺十分舒服、滿足又有成就感，時間似乎為你而靜止，似乎也感覺不到（忘了）自己的存在，你的感覺就好像是自己處於一種「無我」的狀態！事後，等你回神（意識恢復清醒）之後，自己覺得十分滿足、十分愉快，很想有機會的話再去體驗一次！這種高層次滿足感的體驗境界，即稱作「忘我」，係**指我們全心投入在做事情時的全神貫注的感覺！**

這種感覺的體驗，已經超越生理需求滿足的愉悅程度，甚至於這種經驗在做的當下，不見得是愉快的，但事後回想時，會覺得很有趣，很想還有機會再重複一次這種體驗。這即是「忘我」的體驗，是一種高層次滿足感的表徵！而可以讓人們達到這種「忘我」狀態的活動或事件有很多，從身體運動的、心智工作的到靜坐冥想等事件都有，包羅萬象！

何謂忘我？

「忘我」一詞的涵義，早在2,500年前，東方文化精神傳統的實踐家——如佛教徒及道教徒，即已運用此技法作為其發展精神力量的重要方法。日本禪宗，更是使用它來決定其表現形式。在佛教圈裡，「忘我」早已是一個被廣泛使用的辭語。但是我要說的，並不是指這個宗教界所稱的「忘我」，

而是指由美國學者吉森米亥教授（Professor Mihaly Csikszentmihalyi）所創的正向心理學概念「flow」一詞（註1）！

「flow」一詞，源自吉森米亥教授早年對人類內在動機的探索研究，他認為許多活動似乎不需要經由外在酬賞，也能引發人們一再想重複經歷這項活動的動機；而隨著「忘我」經驗所帶來的歡樂體驗與內在動機酬賞感，則提高了人類的主觀經驗品質，也就是說，改善了吾人的生活品質！吉森米亥教授是第一個提出這種「忘我」概念，並以科學方法加以嚴謹探討的西方科學家，不過，他並非是歷史上第一個注意到「忘我」現象或發展出達到「忘我」技巧的人。

吉森米亥教授問：「我們為何而活？」記住，金錢並不能讓我們快樂！他研究了一些人，這些人在他們所從事的活動中找到了樂趣與持續性的滿足，這些活動帶給他們進入一種他稱之為「忘我」的狀態！吉森米亥教授針對這種忘我狀態下的主觀經驗的研究指出，經常處於忘我狀態者，是一種自得其樂的人格特質，因為他們有自成目標的動機，不倚賴外界所給予的報酬，所以擁有主觀經驗品質，也就能體會到真正的快樂與幸福！因此，「忘我」讓你感覺快樂又幸福，這是最完美的人生經驗，能提高人的生命品質！

吉森米亥教授認為，「忘我，其實就是幸福的代名詞！意指一個人完全沉浸於某種活動中，無視於其他事物存在的狀態！這種經驗本身會帶來莫大的喜悅，使人願意付出龐大的代價想去獲得它！」此外，吉森米亥教授的研究揭示了「忘我」具有跨種族、跨洲際、跨國界的相同結果，「當人們從事某些自己覺得有趣的活動，並且深度投入時，便會引發一種快樂、幸福、滿足感洋溢的感覺，使得人們一再只是為了自我的愉悅目標，而想重複體驗那些經驗，這其實就是內在酬賞的本質」（註2）！

「忘我」的特徵

根據「維基百科」的定義說法，「忘我」是指一種將個人精神力完全投注在某種活動上的感覺；忘我產生時，個人同時會有高度的興奮及充實感（註3）！而翻閱一下吉森米亥教授的著作（註4），即可得知「忘我」的

關鍵定義，即是指挑戰（challenge）與技巧（skill）之間處於旗鼓相當的搭配程度；亦即是指個人以最佳的優勢長處及天賦去面對剛好可以應付得了的（just-doable）挑戰時的經驗；此時，個人的思考和感覺會暫時消失，而把全部的心理資源都分配專注在手邊正在進行的工作或參與的活動！吉森米亥教授稱這種經驗為「最佳經驗（optimal experience）」，而那些經常能讓人體驗到忘我的活動，即被稱為「忘我活動（flow activities）」！

這種最佳經驗，可以圖16-1來表示。在吉森米亥教授的演講中曾表示，唯有「高技能與高挑戰」處於平衡時，人們才會體驗到「忘我」！而當人們所面臨的情境是其他條件情況時，則無法體驗到「忘我」；但有兩種情況除外，那就是當個人處於「技能高於挑戰」的「控制」時，以及「挑戰高於技能」的「興奮」時。對於前者，個人可以選擇具有較高難度挑戰的任務來從事；而對於後者，個人則可以選擇教育訓練來提升自己的技能來應付！如此一來，這兩種條件情況，均可以透過個人有意識的選擇，而讓自己有機會體驗到「忘我」！

至於其他條件情況，則因為無論是提高挑戰難度或增強技能，都不是短期間可以輕易達成的狀況，因此，會比較無法體驗到「忘我」！

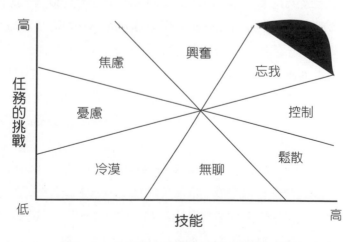

圖16-1 「忘我」即是指人生的最佳經驗

根據吉森米亥教授的研究，「忘我」狀態的產生，往往出現在下列條件組合而成的情境中（註5）：

1. 任務挑戰與技術能力的平衡（challenge-skill balance）：即個人會知覺到所從事的任務（工作、活動）挑戰難度與自身擁有的技術能力（技巧）之間，兩者剛好趨於平衡；也就是說，個人的技巧會逐漸提升，並且投入更具挑戰性的任務情境中使其剛好能夠配合，兩者旗鼓相當！

2. 知行合一（action-awareness merging）：即個人一切動作的發生，彷彿都是不假思索地自動做出行為反應，知覺甚至會消失，而呈現人（思考）與行動合一的狀態！

3. 清晰的目標（clear goals）：即當個人的行動有清晰的目標，對活動目標有清楚的想法，且知道下一個步驟該如何進行時，便容易進入忘我狀態！

4. 立即的回饋（unambiguous feedback）：即個人可感受來自活動的內在或外在的回饋，讓自己可以隨時判斷自己的表現好壞，進而在意識中創造秩序，並強化自我結構！

5. 專注於手邊的作業（concentration on the task at hand）：即個人不需要特別費力，即能對手邊的作業產生強烈的專注力，且因為專心於該項作業，而忘卻其他事物的存在！

6. 掌控感（sense of control）：即個人擁有全然掌控一切的賦能感覺；在行動時有控制力，知道如何去對即將發生之事做出回應，使個人免於擔心失敗；在作業中，感覺自己就像神一樣，是最高的主宰，可以掌控、改變一切！

7. 自我意識消失（loss of self-consciousness）：即個人渾然忘我地失去自我意識的覺察，自己彷彿不存在似的；感覺不到別人對自己的眼光，此經驗能帶來自我超越及自我疆界向外推展的感覺！

8. 時間感的扭曲（transformation of time）：即個人對時間的感覺發生扭曲，時間儼然如靜止般的不動；多半的人都會覺得時間過得比較快，五個小時感覺起來好像只有五分鐘而已；然而，對舞蹈家或運動選手

而言，則感覺似乎是把所有時間拿來執行一個反覆的動作，反而會覺得時間過得比較慢！

9. 自發性的經驗（autotelic experience）：即行為本身就是最大的回饋，當完成這項活動後，個人內心的愉悅感及成就感經驗，會讓人感到很享受、很滿足、很想要反覆投入和再次體驗這種感覺。自發性的經驗也是其他八個忘我面向的最終結果！

吉森米亥教授曾以「自發性的人格」一詞來說明個體經驗到忘我的特質傾向！有此特質傾向的人，從事活動是出於自身的目的，而非為了達到一些後來的目標，因此，他們不太需要物質的報酬！擁有此特質傾向的人，對生活具有好奇心、興趣與堅持，導致他們所為之事是因為受到內在酬賞所激發，而使其能進入忘我狀態，並停留在其中。

忘我的重要性

忘我的中心點，就是不存在情緒，也沒有任何的意識！因此，在前述的忘我條件中，並沒有出現正向情緒，正向情緒是在事後回憶時才出現的，但在當時並沒有感覺到。當我們沉溺在忘我狀態時，我們即是在建構未來的「心理資本」（psychological capital）！心理資本是構成個人「全面心理健康狀態」的決定性因素之一！忘我、失去意識與時間感的停止，都是自己正在儲備未來的心理資源！

過去無論國內外，均有大批文獻在探索這種忘我的狀態。例如，在美國的研究即發現，具有較少忘我經驗的青少年，會比較常想逗留在大賣場、每天看較多的電視；而具有較多忘我經驗的孩子，則會有較多的不同嗜好，他們不僅會打球、也會花時間做功課，雖然覺得前者生活較有趣，但他們目前的行為（即花時間做功課）不是在「享受」，而是為了將來能享受到現在辛苦的代價。擁有較多忘我經驗的青少年，日後上大學的比率也較高，有較深層的社會連結（朋友、人脈），踏入社會工作後的生活也比較成功。這些研究成果均符合「忘我是建構未來心理資本」之理論！

此外，忘我的概念，也在許多領域中被詳細研究過，包含：運動、休

閒、藝術、工作、教育及電腦網路使用（註6）。舉例來說，工作中的忘我與幸福感有正相關，人們在工作時會比在休閒時更常體驗到忘我狀態；個人的自我效能及知覺到的學校效能，乃是學校教師經驗到忘我的前導因素；打坐（靜坐、冥想）的練習，有助於企業員工經驗到忘我；線上遊戲的玩家體驗，對忘我經驗有正向影響；音樂感知也對忘我體驗具有正向影響等等，例子多得不勝枚舉。

時至今日，忘我概念的應用，也已在學術研究之外漸漸發揮其影響力。只要是以改善生活品質為目標的活動，也都因為運用了忘我概念而有了創新的產出！例如，探討消費者閱讀時產生的忘我經驗，可以提供出版行銷的建議；探討數位學習教材與忘我經驗的關係，可以提出對於教材設計的建議；運動參賽者的忘我經驗，會引發正面情感與正向事件態度，進而影響其對贊助品牌的態度，也為運動與商業的結合提供參考價值；在心理治療方面，也可利用個案生活中既已存在的行為模式，從中找到對病情有幫助的忘我活動！

相關的研究，還包括吉森米亥教授回顧過去採用「經驗抽樣法」（experience sampling method, ESM）所進行的研究結果，發現對青少年來說，從事有結構性的休閒、課業及工作，都比較會讓人進入忘我狀態（註7）！其餘的研究則發現，諸如：大學生在知覺到高挑戰與高技巧的情形下，專注、控制、興趣，及投入的程度皆會高於平均數，而且挑戰與技巧間的交互作用，也會對經驗品質具有正向的影響效果；休閒時的忘我經驗、休閒體驗與身心健康彼此之間，都具有正相關存在；大學生參與社團的忘我經驗與社團中的技能學習、人際關係、領導能力及自我實現之間，也都有正向關聯；參與園藝活動者，普遍都能感受到忘我經驗的九個特徵；而在工作情境中，男性較容易在較為個人性與競爭性的情境下經驗到忘我，而女性則是在面臨與社會互動相關的工作時，才較容易經驗到忘我。

容易產生忘我的活動

一般來說，比較能夠產生忘我的活動，通常都會具有下列的特徵：

1. 我們傾向去從事喜歡的活動。
2. 我們會專心一致的活動。
3. 具有清楚目標的活動。
4. 具有立即回饋的活動。
5. 我們對這項活動具有主控感。
6. 在從事活動時，我們的憂慮感會消失。
7. 主觀的時間感受改變，例如：可以持續從事很長的時間，而沒有感覺到時間的流逝。

以上所說的這些特徵，不必同時全部存在，才能使忘我產生！

簡單的說，忘我經驗通常都發生在挑戰與技巧處於相對平衡的結構清楚之活動中；而所謂結構清楚的活動，即是指能提供我們運用智力（思考）或體力的活動，諸如：作曲、舞蹈、攀岩、下棋、打橋牌、雕刻、繪畫、打籃球……，許許多多的休閒活動都具備這個結構。甚至在正式的工作領域中，像是擬定一件企畫案、撰寫一個電腦程式、管理一項專案、寫一本書……等，也都符合這樣的架構。反倒是，看電視、做SPA、瘋狂地瞎拼、聊八卦等活動，雖然可以獲取短暫的享樂感受，但卻比較無法提供這種體驗忘我的機會！

體驗忘我的選擇權在你的手上

因此，從現在開始，請留意一下日常生活中，有哪些活動能帶來「忘我」的感受？如果找不到的話，即表示你有必要拓展（或找到）自己所從事的活動種類與領域，如此才能帶給自己體驗到人生最佳經驗（即忘我）的機會，建構未來的心理資本，並讓自己的優勢特長發揮作用，引導自己未來的生活方向！

我敢保證，當體驗過忘我之後，你一定會想辦法再去經驗這種感受的。因為，它是人生的最佳經驗！很值得每個人都擁有，都很認真地去追尋！

假設現在的時刻是週五晚上八點鐘，你會選擇看一本好書呢？還是會選擇看一齣無聊的八點檔電視連續劇呢？無論如何，你都擁有充分的自由選擇

權,而且在選擇之後,會決定你的體驗與感受為何?

　　一般人通常都會傾向選擇看電視連續劇——因為較輕鬆、較容易做到,且不用傷腦筋,不需要用心思考!可是,根據美國過去的研究顯示,看連續劇的平均心情卻是「輕微的沮喪(mild depression)」!塞利格曼教授即認為,美國之所以會有很多人罹患憂鬱症的原因之一,即是過度仰賴暫時性快樂的緣故!有關這一點,是每個富裕國家共有的通病,即「不斷創造通往快樂的捷徑」——例如:生產更多的電視節目、毒品、血拼、一夜情、商業化的體育運動、巧克力等。所以,愈富裕的國家,其得憂鬱症的國民就愈多!當一個人越容易依賴捷徑獲取感官的快樂和滿足,他便永遠不知道自己的優勢長處及潛能的所在、永遠不知道該如何去面對生活的挑戰、永遠不知道該如何去探索與提升滿足的經驗水準,而這種生活方式終究會注定帶來沮喪的!在一切都是捷徑的生活裡,個人的優勢長處和美德是會逐漸凋零、枯萎的,因為人們沒有機會去追求較為深層的滿足感,更遑論去擁有忘我的體驗了(註8)!

　　所以,一個簡單且強而有力對治憂鬱症的方法,即是「想辦法增加人們的滿足感,同時,也減少他們對享樂的追求」!因此,當一個人(尤其是青少年)愈能全心投入這種不包含情緒且沒有自我意識存在的忘我活動時,便愈能擁有較多的忘我經驗,他愈不會覺得沮喪,愈不會自我浸淫或自我沉溺在自己的感覺(這是憂鬱症者的一個特徵)裡,日後,便愈不容易罹患憂鬱症。因此說來,享樂是很容易就能得到的,但缺點是:來得快、去得也快;相反的,滿足感則需要動用到個人的優勢長處,是得來較不易的事!所以,找出每個人的優勢長處,努力地發展它,即能成為對抗憂鬱症的一個有效方法!

　　反之,如果你選擇看一本好書——你需要很專注地閱讀它,需要動腦筋思考書裡在寫什麼,可能需要你在書上畫記或做眉批,甚至抄筆記或做成摘要卡、更可能需要你聯想到與其他書本或某個學理之間的關係,如果閱讀時心有戚戚焉,你還會為此而感動、流淚、動容或心酸,你需要偶爾停頓思考、感受情節,或與它對話,你還可能閱讀後想急於與人分享。這些行為舉止都需要動用到你的心智能力、動用手眼協調、手腦並用,甚至四肢配合操

作才行，或純粹只是專注即可，但都不是一蹴可幾的舉動！很顯然的，它與追求快樂捷徑的做法很不一樣，因此它帶給你較為持久的滿足與體驗。我想，這種感受也是合理的，它較不會產生後遺症！

所以，明瞭選擇立即式的享樂或選擇較為持久的滿足感背後的道理時，你會做出改變，審慎、理性地選擇一個幸福快樂的生活方式！

享樂和滿足是兩種不同程度的快樂，享樂是很容易獲得的，而滿足則比較費力才能追求得到，它需要技能與努力，同時也要面對挑戰和忍受挫敗，但它卻會帶給你「忘我」般的滿足感覺！

因此，「什麼才是較為持久的幸福生活方式」？我想，答案已經呼之欲出，那即是「找出你個人的優勢特長，並且努力地發揮它，讓自己體驗忘我，擁有人生的最佳經驗」！追求這種生活方式，幸福才比較會長長久久！

練習作業

　　本項作業的名稱，就叫做「**發現你的忘我體驗**」（Finding your flow.）！

　　請你利用第3章的作業「**尋找你的快樂活動**」和第11章的作業「**平衡你的工作與休閒**」。你能從平時的生活事件或休閒活動中，找出最令你流連忘返、心中嚮往、且又希望重複經驗到它的存在的事件或活動嗎？請至少找出一項，並把它們列舉出來。

　　接下來，你詢問自己：

　　1. 你花足夠的時間在上面嗎？

　　2. 你願意不計代價再經驗到它嗎？

　　3. 你把它發展成為一項可賴以維生的工作嗎？

　　4. 或者，你只是把它當作一項休閒活動而已？

　　5. 它讓你體驗到忘我的境界嗎？

　　以上的問題如果都回答「是」，那鐵定是你想要尋找的忘我活動，請你仔細留意它，並且好好珍惜它，有空就去體驗到它的存在。不僅是作為生活的調劑，更是可據以發展成為一項工作，享受天天樂在其中的忘我經驗！

延伸閱讀

千江月編著（2007）。**知足就是幸福：用心享受眼前的生活**。新北市：普天。

杜明城譯（1999）。**創造力**。臺北市：時報。（Mihaly Csikszentmihalyi 原著。*Creativity: Flow and the psychology of discovery and invention.*）

張定綺譯（1993）。**快樂，從心開始**。臺北市：天下。（Mihaly Csikszentmihalyi 原著。*Flow: The psychology of optimal experience.*）

陳秀娟譯（1998）。**生命的心流：追求忘我專注的圓融生活**。臺北市：天下。（Mihaly Csikszentmihalyi 原著。*Finding flow: The psychology of engagement with everyday life.*）

詹慕如譯（2006）（栗原英彰、栗原弘美原著）。**幸福，從心開始：活出夢想的十個指南**。臺北市：心靈工坊。

註解

1. 「flow」一詞的中文譯名有許多種。除了本書將它譯為「忘我」外，常見的譯名尚有「心流」、「福樂」、「神馳」、「馳騁」、「湧流」等。但我認為這些譯名都無法讓人「望文生義」，沒有比譯成「忘我」來得貼切。因此，本書採用「忘我」這個譯名。

2. 關於吉森米亥教授之所以進行「忘我」概念的研究，以及其四十多年來的研究發現與心得，有興趣的讀者可以連線到下列的網址，瀏覽TED公司對Professor Mihaly Csikszentmihalyi 的專訪：http://www.ted.com/talks/mihaly_csikszentmihalyi_on_flow?language=zh-tw。

3. 請參考「心流理論」一詞的維基百科定義，其網址為：http://zh.wikipedia.org/wiki/%E5%BF%83%E6%B5%81%E7%90%86%E8%AB%96。

4. 參考本章的延伸閱讀《快樂，從心開始》一書。

5. 參考本章的延伸閱讀《生命的心流：追求忘我專注的圓融生活》一書。

6. 同註5。

7. 參考 Nakamura J., & Csikszentmihalyi M. (2009). Flow theory and research. In S. J. Lopez & C. R. Snyder (Eds.), *Oxford handbook of positive psychology* (pp. 195-206). New York, NY: Oxford University Press. 一文。

8. 參考本書〈楔子〉一章的延伸閱讀《真實的快樂》（第二版）一書。

第 17 章

正念冥想

> 靜坐，幫助我們創造出沒有壓力的社會、沒有疾病的身體、沒
> 有困惑的心智、沒有被抑制的理智、沒有創傷的記憶，以及沒有傷
> 痛的靈魂！
>
> ──印度古儒吉大師（Sri Sri Ravi Shankar）

現代人的生活壓力大、日子過得緊張、精神非常緊繃，大腦時時刻刻處於警戒狀態，不時對外界的各種刺激、資訊與行為做立即性反應。為了能夠適應這樣的生活型態，每個人從小即習得不斷針對過去的行為舉止做批判、反省與修正，並積極針對未來的舉動與措施預先做規劃，以便能夠針對「此時此刻」（here and now）所發生的各種事件隨時做出立即性反應。久而久之，每個人便養成一種習性或具有一種特質，那就是注意力與意識狀態是渙散的、不集中的，不是停留在「過去」，就是處於「未來」，偏偏就與「現在」脫節！這種失去與「現在」接觸的心智作用，是造成現代人身心靈失衡的根本來源，也是生活產生壓力、不滿意、不知足、不幸福、不快樂的根本原因之一！

可以這麼試著描述，基本上，現代人都是「心不在焉的」（absentminded）！「一心多用」（multitasking）是現代人的一種普遍生活方式與現象，尤其是數位原生代（digital natives）的國民更是如此！大家深怕事情做不完、遺漏掉什麼生活細節、擔心跟不上潮流、競爭不過對手，因此，拼命用盡各種心力（右手記錄事情、左手接電話、口中談生意、耳朵還要仔細聆聽老闆的交代事項、眼睛還要盯著電腦螢幕看、同時也要注意同事的呼喚）來應付每日的生活，長久下來，累積的身心壓力便會逐漸超過負荷，文明病於是上身。所以，在這種情境下生活，每個人處理日常生活事件所需的注意力

與意識狀態是不夠分配的，難怪「注意力不集中」已成為現代人的一種通病！

於是，提高專注力的呼籲四起！一種結合佛教界的禪修與認知療癒方法——「正念認知療法」（Mindfulness Based Cognitive Therapy, MBCT）（註1），乃因運而起！甚至，經過多年的實徵研究與成效評估之後，它已經被證實可以落實成為人人可學習的一種生活藝術，不僅可以用來抗壓減憂，更可以用來提振直覺力、創造力、工作效能與幸福感，頗值得現代人學習參考！

何謂「正念冥想」？

正念（mindfulness），簡單的說，就是指全心全意專注於自己當下所在之處！它原是一種古來佛教徒修習的方式，卻逐漸與現代人的生活方式息息相關。這種關聯性，卻與佛教本身或想成為佛教徒之間並沒有必然的關係，反倒是與覺醒、與自己、以及與世界和諧相處之間大有關係！

正念，被稱做佛教禪修的心要，基本上，它是一個簡單的概念，其力量來自修習與應用！正念意指以特殊方式專注：刻意、當下、不加判斷，這種專注可滋養出更多正知、清明智慧，並更能接受當下的實相（註2）！禪修使我們覺醒，知道生命只在剎那之間展現。若無法全心與這些剎那同在，我們將錯失生命中最寶貴的事物，且領略不到蘊涵於成長與轉化中豐富而深刻的可能性。

正念，提供一種簡單有力的路徑，讓我們從問題中脫身，聯繫上自己的智慧和生命力，重新掌握生命的方向和品質，包括家庭中的人我關係，跟工作、世界和這個星球的關係；最主要的，還是我們跟自己的關係！正念，不會與任何信仰或傳統（無論是宗教的或科學的）發生衝突，雖然，它起源於佛教，但卻不是一種新興的信仰系統或意識型態，它僅僅是一種實際的修習方式，經由系統化自我觀察、自我探詢及正念行動的過程，與生命的豐盛搭上線。正念的創始人——喬‧卡巴金博士（Jon Kabat-Zinn, Ph. D.）認為，它是一種自覺的生活藝術（註3）！

　　冥想（meditation），係指靜下心來端坐或盤坐，放空心思或有系統地觀想某個神聖人物、聲音、影像或呼吸等，以達身心和諧狀態的一種行為！冥想，還有其他別稱或譯名，諸如：靜坐、靜心、打坐、禪坐、禪修、靜坐冥想、靜心冥想、超覺靜坐等。在佛教傳播盛行的東方國家（像中國、印度、日本、韓國、臺灣、東南亞國家等）裡，冥想指的是「打坐」、「禪坐」、「禪修」、「內觀」、「止觀」、「超覺靜坐」等帶有宗教舉止意涵的行為。若以白話來說，即是指「靜坐」、「靜心」、「靜坐冥想」、「靜心冥想」此一安靜修習的行為；而正念，則是西方的產物，它原本即來自佛教的禪修行為，但為了融入西方社會與文化，在卡巴金博士創立此一名詞後，經過多年的推廣與宣傳，現在已在西方歐美國家蔚為白領階級之間風行的時尚行為，與瑜伽、針灸、另類（順勢）療法等並駕齊驅，成為西方國家接受外來文化洗禮的明證。正念還有其他的譯名，如：用心、內觀、止觀等，但基本上，正念與冥想都是指同一件事，但兩者可以合併一起使用，也可以分開使用，指的都是一種安靜、自覺的專注修習行為！

如何練習正念冥想？──一分鐘禪修

　　本書的目的不是在介紹宗教的修習行為，也無意去宣揚一種新的信仰與信念，只是想透過科學研究證實的修習方法，來改善個人的身體健康、抵抗壓力、提高正向情緒與增進幸福感而已！因此，正念冥想是一種現代人可以學習的生活藝術，修習方式很簡單，但卻不容易做得到，需要努力與紀律的配合，假以時日的練習，才稍有可能持續以正知觀照當下，並維繫專注、自覺與如如不動的正念！

　　現代人想要學習正念冥想，可以先試著參考下列「一分鐘禪修」的建議步驟，先撥出一分鐘時間做練習，熟悉後，再慢慢把練習的時間拉長。在卡巴金博士的「正念認知療法」裡，他會建議來到診所看診的患者，每天練習45分鐘，並且至少持續八週；其理由是，在45分鐘內，時間已經足夠長到讓一個人進入寂靜中，並在一段時間內維持每一剎那的注意力，也許至少體驗到深度的放鬆，感覺到安詳，同時，也足夠我們培養更高深的內心狀態

——保持冷靜和正念的能力。但是，「登高必自卑，行遠必自邇」，初學者還是必須從一分鐘練習起。否則，一開始即抱定要練習45分鐘的目標，在過程中，你一定會經歷多數時間是無聊、不耐煩、挫折、害怕、焦慮、幻想、回憶、憤慨、痛苦、疲勞和悲傷的感受，而讓你打退堂鼓！因此，只要先專心的練習一分鐘，在一分鐘內你能夠練習到完全的專注，熟悉後，再慢慢加長練習時間，一分鐘變三分鐘、三分鐘變五分鐘、五分鐘變十分鐘、變15分鐘、變30分鐘，你便可以逐漸做到45分鐘的練習目標；之後如果還能夠持續八週以上的練習，你一定可以體驗到練習的成效。如果你將練習正念冥想當作是每日生活的一部分，那麼，長久練習下來，你會時時刻刻常處於正念中，慢慢地走向覺醒、解脫、開悟的境界，而成為「佛」——覺醒的人！這一分鐘禪修的步驟如下：

1. 先選擇一個安靜的地點，坐在直背椅上（或坐在蒲團上），挺直腰身，可能的話，不要緊靠著椅背，以保持脊椎垂直，讓它自行支撐你的上半身。讓你的雙腳平貼在地板上（若坐在蒲團上，則讓雙腿交叉盤坐，無論是單腿盤坐或雙腿盤坐均可，主要讓自己的坐姿感覺舒服即可），然後閉上眼睛或讓視線下垂。

2. 接著，把注意力放在自己的呼吸上，專注地感受空氣進出身體（從鼻腔、咽喉、呼吸道、胸腔、到肺部裡）的感覺，仔細地覺察每一口吸氣和每一口呼氣的不同感覺，去感覺空氣的溫度、濕度、厚重、清晰、新鮮度有何不同。為了提升專注力，你也可以在心裡默數，完成一次吸氣與呼氣動作則數一，完成第二次呼吸動作則數二，依序數下去，一直數到十為止；再回頭從一數起，數到十，再回頭從一數起，週而復始數下去。只要專注地觀照呼吸，不要期待或尋求會發生什麼特別的事情。只要維持平常心練習就好，不需要想辦法企圖改變呼吸。

3. 一會兒過後，你可能會注意到（覺察）心思已經跑到別的地方了，忘記已經數到多少了。你一旦注意到（覺察）這個現象，就溫柔地把注意力帶回到呼吸上，再度專注地觀照自己的呼吸，再從頭從一數起即可，但千萬別責怪自己不專心、批評自己笨及感覺挫折，因為正念冥

想的練習重點，即是在練習察覺自己的心思散亂，以及不帶批評地把注意力帶回來的能力（此即刻意、專注當下、不加判斷的精髓所在）。

4. 能專注、順利完成一次數數（從一數到十）之後，你的心思可能會逐漸像一池清水般的沉靜，但也可能不會；就算你體驗到絕對止靜的感覺，也可能稍縱即逝；如果你感到憤怒或氣急敗壞，也請注意這種現象可能也只是短暫的。不管發生什麼，讓它呈現本來的面貌就好，只要關照它的出現、消逝就好，但不加任何批判。

5. 只要維持上述步驟一分鐘即可，之後，即可張開眼睛，再次意識到身邊周遭的現實存在。

如果在這一分鐘禪修的練習裡，可以讓你維持高度專注於「當下」（now），那麼，你就有能力慢慢地將練習時間延長為二分鐘、再來三分鐘、……、最後達到45分鐘的要求。看起來很簡單，不是嗎！但卻不容易做得到，你可以試試看！

你也可以分時訓練，先上午和下午各撥出一分鐘時間練習。再來，你也可以一天分成四個時段（子、卯、午、酉時，即每天的23：00～01：00、05：00～07：00、11：00～13：00、17：00～19：00四個時段），各撥出一分鐘時間做練習。隨著練習次數增加，在各時段裡（至少是上、下午各一次）的練習時間也可以漸次加長，直到每次練習時間可以長達45分鐘為止。以後，即每天最少撥出45分鐘做正念冥想的練習，上午或下午的時段都可以，你可以視個人情況彈性調整練習的時段和時間，以一次持續練習45分鐘不間斷為原則。只要練習得夠久，使它成為每天生活的一部分，你一定可以體驗到練習正念冥想的好處！

現代人為什麼都需要練習正念冥想？

練習正念冥想所獲得的情緒能量等級，約在「寧靜喜悅」的層次（即振動頻率約在540以上，詳見本書表2-1的意識地圖所示）。據霍金斯教授的說法，能處於這個能量等級的情緒，已具有療癒的功效。我個人的體驗認

為，常常練習正念冥想，不僅讓你的情緒長期處於「寧靜喜悅」的狀態，更讓你能夠持續擴大正向情緒的效果，進而建立你的個人資源（即增加積極的社會連結、降低壓力、改善心血管疾病等健康狀況），以及增加生活滿意度、幸福感、和抵抗憂鬱情緒的侵襲。就連提出正向情緒具有「擴展建構理論」主張的弗雷德力克森教授，也在2008年後開始進行「慈心禪」（loving-kindness meditation, LKM）的研究，並認為它是一種培養正向情緒的有效心智訓練技巧，公開對正念冥想的練習效果給予高度的肯定與支持（註4）。

　　因此，現代人為什麼都需要練習正念冥想？理由很簡單，容我說明如下：

一、大師的說法

　　2012年時，印度古儒吉大師應「生活的藝術」（The art of living）基金會之邀，來臺演講並帶領大家練習做「靜心」的活動。演講中有談到現代人為什麼需要靜坐，至於詳細的演講資訊，讀者可參考下列YouTube及其旁相關的網路連結：http://www.youtube.com/watch?v=_69FoAw3OQU。

　　扼要的說，他認為靜坐與現代人的生活息息相關。在古代，靜坐原本被用來作為追求成道、解脫痛苦、克服苦難、解決問題與提升個人能力的一種方法；而在現代，靜坐則是被用來化解壓力與緊張，以消除社會發展所衍生的各種病態！假如你無所事事，你可能不那麼需要靜坐，因為你沒什麼事要做！但是，當你愈忙碌的時候，你就愈沒有時間可以靜坐；而當你的生活中負有愈多責任、愈多的工作壓力、具有愈多慾望與野心時，你就愈需要靜坐！因為，靜坐不僅讓你從壓力、緊繃中釋放出來，它還增進你面對挑戰的能力。靜坐讓人們更健康！靜坐是靈魂的糧食，讓心智變得有活力！靜坐是身體的救命鎖，讓身體保持健康，對你的神經系統、心智、靈敏度都很有幫助！靜坐能改善你的洞察力，增強你的表達能力！因此，靜坐有很多好處。簡單的說，如果你想要健康和快樂，你就需要靜坐！

　　靜坐的藝術，具有很多潛在的價值！靜坐能改善你看待事物的方式，增強你的洞察力，讓頭腦變得更清晰；靜坐能改善你與周遭人們的關係，改變你和別人互動的方式、你的言談、如何回應不同的狀況等！基本上，靜坐能

幫助我們創造出沒有壓力的社會、沒有疾病的身體、沒有困惑的心智、沒有被抑制的理智、沒有創傷的記憶，以及沒有傷痛的靈魂！

二、腦波方面的研究

近代，由於腦神經科學的研究蓬勃興起，科學家們已大致獲知人類大腦活動的一些基本資訊。例如，根據大腦不同的活動程度，人類的腦波至少可以分成下列四種狀態：

1. 第一種稱作「β波」（震動頻率在14HZ／秒以上）。這是人們在清醒時刻所呈現的腦波，人們在白天裡的大部分時間均是呈現這種狀態。在這種腦波狀態下，人體會處於警覺狀態（戰或逃的警戒作用），會大量消耗身心能量、加速疲勞，會削減免疫系統能力；若沒有獲得充分休息，人體非常容易因為累積壓力而感覺疲勞，甚至導致生病。科學家們發現，β波對積極的注意力提升及認知行為發展具有關鍵性的助益，對日常生活能否應付自如非常重要！

2. 第二種稱作「α波」（震動頻率約為8～14HZ／秒）。通常，這是人們在靜坐冥想、做白日夢或發呆時所呈現的腦波。在這種腦波狀態下，人的意識是清醒的，但身體是呈現放鬆的狀態。此時，身心能量的消耗減少，是意識到潛意識之間的橋樑，能促進靈感與直覺力的發展。科學家們發現，α波是人們進行學習與創意思考的最佳腦波狀態！

3. 第三種稱作「θ波」（震動頻率約為4～8HZ／秒）。通常，這是人們在深度靜坐冥想時才會呈現的腦波。在這種腦波狀態下，人的意識中斷，但身體仍處於放鬆狀態。此時，身心能量消耗最少，屬於佛教所稱的「入定狀態」，對外界訊息呈現高度接受暗示性狀態。科學家們發現，θ波對促發深層記憶，強化長期記憶的幫助最大，有「通往記憶與學習的匣門」之稱！

4. 第四種稱作「δ波」（震動頻率約為0.4～4HZ／秒）。在這種腦波狀態下，人會處於深度的熟睡，無意識的狀態。δ波睡眠是一種無夢且很深沉的睡眠狀態，時間雖短，但卻能迅速恢復疲勞，20分鐘的熟

睡即相當於8小時的淺眠。科學家們發現，δ波亦是開發人類直覺雷達系統，以及超能神秘力量（註5）的關鍵！

也就是說，在人的一天活動（從早到晚、從起床到睡覺）裡，會不斷地經歷各種腦波變化。但在絕大多數的時間裡，多半都是處於清醒的意識狀態，都處於警覺狀態（即大腦邊緣系統所發揮的「戰或逃」警戒狀態）；換句話說，人的大腦若持續忙碌一整天而都不休息的話，是會不斷累積生理壓力（即大腦會分泌壓力荷爾蒙——可體松），削減自身的免疫系統能力與專注力，而使人們容易生病並且做事容易出錯。因此，如何讓人們的大腦意識常保持清醒、且身體呈現放鬆狀態的方法，不僅有益於一天的作息、工作效率的提升與潛能的開發，又可避免累積太多的壓力荷爾蒙而讓身體受損，對現代人來說，便是一種很有價值的生活策略。

儘管腦神經科學對大腦的研究如此地詳細和透徹，但對如何快速幫助人們達到這種深層、放鬆的腦波狀態，讓人們均能獲益良多的方法，則還有待研究與開發。過去，科學家針對大腦所進行的研究，均是拿「專業的修行人」（例如：和尚、喇嘛、已多年練習靜坐的佛教徒，和其他強調探詢內在自我的宗教教徒等人）當受試者，所研究而得的成果。但是，畢竟這些受試者都已具有長時間的練習經驗與心得，絕非一般的平常人所能輕易做到。因此，基於科學實徵研究的基礎，若要開發讓普羅大眾亦能受惠之精確、有效的練習方法，仍有待教育訓練單位的努力與推展，但至少看來，前景是可期的。

三、生物醫學方面的研究

其實，當你開始練習正念冥想時，大腦便會逐漸進入α波以下的震動頻率（如果練習的時間夠久、夠專注的話，甚至還可以到達δ波），此時，你的意識狀態保持清醒，但身體放鬆，且知覺敏銳，靈感、直覺力與創造力均會開始大幅提升。此時，身心能量消耗最少，因此能夠減緩新陳代謝、耗氧量與老化的速度，更能做到「收攝心念，專注於一」的「心靜」或「心定」功效！所以，會有益於學習、創意思考與記憶力的加強。隨著練習時間的加長，長期進行正念冥想者，不僅能減少睡眠，做事專注，更能提高工作效

率，增進生活的滿意度，抵抗憂鬱情緒的襲擊，以及提高對抗壓力的抗壓性，是達成長期擁有快樂與幸福的最佳途徑！

過去40年來，有關靜坐冥想方面的研究報告指出，以靜坐作為抗壓或降壓的解方十分有效。新的研究更令人振奮：靜坐可以訓練我們的心靈，改變我們的腦部結構（即心智與大腦神經網路連結的方式）！靜坐的「實用性」既然受到科學的佐證，再加上名人（例如：希拉蕊、柯林頓等）的推波助瀾，難怪《時代》（Time）雜誌都說，美國現有超過2,000萬以上的成年人「經常」靜坐（此數據比十年前多了一倍）。靜坐，已儼然成為美國主流社會的時尚（註6）！

長期靜坐，身體會健康，思想會寧靜，頭腦會清醒，還能開發人的智慧，激發人的潛能。茲歸納多方的研究報告而論，靜坐有下列幾項好處（註7）：

1.平衡自律神經系統，提高治癒力

靜坐，基本上是一種自我引導、非藥物性、非侵入性的意識改變狀態。靜坐放鬆，可造成各種生理變化，包括：氧氣消耗量、二氧化碳排除量、呼吸速率、心率、肌肉張力和交感神經活性的降低，以及皮膚電阻和副交感神經活性的升高。靜坐能影響腦部活動，尤其是大腦邊緣神經系統，而新陳代謝、血壓、呼吸和心跳速率也隨之放慢。愈來愈多的科學研究證明，靜坐的確可以緩解疼痛、改善專注力和免疫功能、降低血壓、抑制焦慮和失眠，甚至可能有助於防止憂鬱症。近年來，人們練習靜坐的動機，已經從早期追求紓壓放鬆，逐漸轉為預防、延緩或控制高血壓、心臟病、偏頭痛、慢性疼痛，甚至癌症等疾病！

2.改變大腦結構

長期靜坐的人，其大腦中主宰專注力、身體內部感覺敏銳度的區域增厚了。大腦中負責注意力與調節情緒的部分，其容積變大，而且大腦灰白質較多，可以提高智力功能。科學家發現：一般的上班族只要每天靜坐40分鐘，就可以增加大腦灰白質。靜坐讓人思維更敏捷！

3. 保護心血管，提升免疫力

壓力與免疫力的關聯已普為人知。壓力大時，免疫系統降低，人容易生病；若心情保持愉悅，則能啟動免疫反應，增強抵抗力，連帶影響疾病的復原力。靜坐，最直接帶動的就是放鬆，壓力減低，同時連結腦部活動與免疫反應。

4. 調解人體的五臟六腑

透過靜坐，可以讓身體的各種臟器充分獲得休息，恢復正常，調整成最佳狀態，另外還可以排除有毒及有害的東西。

5. 身心合一的養身法

靜坐最重要的部分，就是達到放鬆身心。長久的靜坐練習，能幫助我們培養出穩定的心靈力量，能夠開啟內在的智慧，引導人們反省自我，覺知生命的存在，達到開悟解脫。

6. 帶來快樂

靜坐可以改變腦波、分泌大量的多巴胺及腦內啡，進而直接引發真正的快樂感覺。經過測量，專業修行人大腦中與快樂相關的神經元活動指數，是平常人的七倍以上。

7. 比睡眠更能使人精力充沛

靜坐使人精力充沛，甚至只需要短暫的睡眠即可。閱讀或聊天對恢復精力沒有任何幫助，但在靜坐冥想後，卻能獲得改善。醫學研究專家說，80～90%的疾病源自壓力與焦慮，壓力也會加速老化的過程；而靜坐卻是唯一科學證實能提供比睡眠更深度的休息和放鬆，可以溶解根深柢固的壓力和緊張，促進健康，並逆轉老化。

四、其他專家的見解

下列YouTube的網路連結，是一位法國的生化學家轉做佛教修行僧的馬修・理查博士（Dr. Matthieu Ricard），他不僅著有《快樂學：修練幸福的24堂課》（賴聲川、丁乃竺譯，2007年，天下文化出版）一書，更在TED Talks受訪演講中，侃侃而談訓練心靈、培養「幸福」的習慣，從而體驗真正的平靜與圓滿。讀者可以試著連線上網觀賞此演講：http://www.youtube.com/watch?v=T-vPH4BZaPo。

除此之外，你還可以瀏覽美國一家私人的非營利機構TED（Technology, Entertainment, Design）的網站：http://www.ted.com。上面可搜尋有關「meditation」或「mindfulness」字眼，即可找到大量有關正念冥想的座談會、專題演講、觀念分享等影音資訊，讓你從中受益無窮、獲益良多！

回到正念冥想的源頭？——內觀禪修

不管你是否為佛教徒，每個人都可以接受「正念冥想」的正式訓練——內觀禪修！雖然，卡巴金博士把「內觀禪修」修改成可融入西方社會的方法——並稱之為「正念」，以吸引廣大西方人士的青睞並親近練習；但畢竟這方法不夠「純」，僅適合作為吸引廣大社會大眾目光，進而接觸練習之用而已。讀者若想接受純佛教的「內觀禪修」方法，除了臺灣各大佛教寺院會定期舉辦供大眾練習的「禪七」活動外，還有一個機構——「財團法人臺灣內觀禪修基金會」，也會每年定期開授「內觀十日禪修」課程，供社會大眾練習。

這所機構是印度的一位修行大師——葛印卡（S. N. Goenka）老師，所創「內觀研究所」（Vipassana Research Institute）的在臺機構，是一所致力於推廣內觀禪修的公益團體。據聞，這種內觀禪修的練習方法，不僅是源自兩千多年前的釋迦摩尼佛的口授真傳，也是保留最原始佛教徒練習冥想的傳統方法。1969年，葛印卡老師離開緬甸回到祖國印度，開始指導內觀禪修，並致力於推廣與宣揚內觀課程到世界各國。我想，西方社會大眾能夠接觸到

佛教的內觀禪修，有很大的部分是受到葛印卡老師宣揚與教化的影響，當然也包括影響到卡巴金博士所創的「正念認知療法」。因此，溯本追源，有興趣的讀者可以直接搜尋「財團法人臺灣內觀禪修基金會」的網址（http://www.udaya.dhamma.org），並找機會就近接受其開授的「內觀十日禪修」課程（該課程是免費的，但課程結束後，大多數的受益者都會自由樂捐善款給該基金會，以表達護持該項課程活動給下一位受益者的慈悲心）。花十天的時間，全天禁語，天天長時間練習靜坐，好好與自己的內在相處，並練習時時刻刻專注於當下，即可習得或體驗真正「正念冥想」的精髓！

祝福你有此機緣！有此福份！

落實在生活的每一時刻──用心

我想，無論是練習「內觀禪修」、「正念冥想」、「靜心」或「靜坐冥想」等，不是只有在每天的某個特定時間才練習，而其餘時間裡均閒閒沒事幹。練習「正念冥想」的真正目的，是要在生活中的每一時刻裡落實它，也就是「用心」於每一分、每一秒的生活裡！

因此，吃飯時，用心吃飯，與人交談時，用心交談，與人會議時，用心開會，工作時，用心工作，遊戲時，用心遊戲，睡覺時，用心睡覺。

認真、用心、專注、覺察地做每一件事，不僅能夠輕易地成就每一件事，讓你重拾青春活力，並與生命實質地接觸；同時，也因為做事不容易分心、出錯、迷惘、徬徨及缺乏責任感，而能使你提高生活的品質，並活出生命的價值。這就是「mindfulness」這句話的原始用意（註8）！

但是，現代人幾乎人人都是「一心多用」，原以為能夠更節省時間、做事更具備效率，然而，實質上卻是相反的，不僅更費時、更沒有效率、更不具生產性、也更與生命脫節，甚至與大我失去聯繫，而成為一具麻木冷漠的軀殼而已，絲毫體會不到生活的樂趣、生命的品質與用心的績效！因此，練習「正念冥想」，對現代人而言，更是具有時代性的意義與價值。對於想積極獲取永續幸福快樂的人來說，非常值得花時間去留意並認真的練習它！

祝你好運！

　　總之，正念冥想可以敏銳你的覺知，提高對抗壓力的耐受力，增進快樂與幸福的程度，甚至讓你開智慧，達到開悟的境界！

　　正念冥想的好處，已獲得近代科學的研究證實，更是自古以來，靈修界人士一致推崇的修行方法，也是現代人不可或缺的自我療癒法寶！

　　因此，為了能夠長期提升快樂與幸福的程度，忙碌的現代人更需要去學習正念冥想，甚至天天都要撥時間練習正念冥想，並且把它當作每日生活的一部分，即可體驗「寧靜喜悅」的正向情緒！

　　附帶說明，有些初學者在練習正念冥想一段時間後，會迷戀上這種讓身心愉悅、鬆弛、寧靜與處於幸福快樂的狀態，而開始排斥、厭惡甚至拋棄日常的俗世生活，覺得俗世的生活是一種累贅、是一種負擔、是一種痛苦的來源。當出現這種迷戀行為時，會讓旁觀者（家人、朋友甚至是精神科醫師）誤以為「正念冥想是靈修者的春藥」，認為一種自我逃避的行為。確實是如此！

　　因此，再次提醒讀者，練習正念冥想與出家修行（當一位專業的修行人）是兩回事！前者是一般普羅大眾可以天天做的事，但後者是少數根器佛緣具足的人才可以做的事！若是認為逃避日常俗世瑣事的束縛，即可專心地練習正念冥想，這是完全錯誤的認知。畢竟，你是一位學生、一位上班族、一位企業家或是一位政治家，尚有許多俗世未了的責任需要完成，能在滾滾紅塵裡修練，更能看出修練的功力所在！

　　所以，你必須深刻地認知到：持續練習正念冥想可以成為日常生活的一部分，但在練習之後，你還是得面對日常的俗世生活：該讀書的時候，還是需要讀書；該準備考試的時候，還是得準備考試；該工作的時候，還是得專心工作；該遊戲的時候，還是得盡情的遊戲！持續練習正念冥想會讓你更專注、更有勇氣、更喜悅地去處理這些日常的俗事，而不是讓你逃避它們，千萬不要扭曲練習正念冥想的原意！

　　至於會出現這些想逃避的行為與想法，其實只是一種過程而已，全然是因為你「批判」練習的緣故！但這卻不是練習「正念冥想」的本意。「正念冥想」的精髓所在，是「刻意、專注當下、不加判斷」的作為。因此，只要

持續地練習，且不帶批判的心，久而久之，自然可以安全地走過這段心理迷惑的考驗！在後續的練習裡，也許還有其他更具挑戰性的考驗會出現，但不管是什麼，切記持續練習，不要批判，不要有所期待！自然會一路「正念」地走在開悟的大道上！祝福你！

練習作業

本項作業的名稱，就叫做「**練習你的正念冥想**」（Practicing your mind-fulness meditation.）！只要持續練習這項作業，慢慢地把它變成是每天生活的一部分，即可讓你獲益匪淺！

請你重新閱讀本章「如何練習正念冥想？—— 一分鐘禪修」一節裡的敘述。每天晚上睡覺前，至少先撥出一分鐘時間照著說明練習，並且把每天練習的感受、感想、體會與變化記錄起來；若可以的話，你也可以利用本書表1-1情緒溫度計測驗，測試並記錄自己每天練習前和練習後的情緒溫度變化。

至少，請先持續練習三週後，再回頭反思這期間所感受到的變化。

如果你覺得有進步、生活有改變的話，即表示你已走在正確的道路上，你可以把練習時間逐次加長，直到卡巴金博士所建議的「每天45分鐘」的時間數。

如果你沒有什麼感覺的話，也許是每天至少一分鐘的練習時間是不夠的，你可以試著一開始即調整為至少五到十分鐘之間的練習時間，再慢慢加長，並且至少持續練習三週，再回頭來檢討與反思這段期間所感受到的變化。

或許，你也可以參加團體的練習。搜尋一下住家或學校附近有無免費教授或指導靜坐或正念冥想活動的社團或機構，請報名參加，接受團體的練習。也許在專人的指導下，會比較有信心練習，但是我勸你，不要太過仰（依）賴別人的指導、太執著於坐姿、或太墨守於教授的儀軌，重點即是：*放輕鬆地親自練習就對了！*

總之，練習「坐」就是了！記住練習「正念冥想」的精髓：刻意、專注當下、不加判斷！

祝你好運！

延伸閱讀

江翰雯譯（2006）。**全然接受這樣的我：18個放下憂慮的禪修練習**。臺北市：橡樹林。（Tara Brach原著。*Radical acceptance: Embracing your life with the heart of a Buddha.*）

何定照譯（2012）。**正念的奇蹟**。臺北市：橡樹林。〔Thich Nhat Hanh（一行禪師）原著。*The miracle of mindfulness.*〕

吳茵茵譯（2012）。**正念：八週靜心計畫，找回心的喜悅**。臺北市：天下文化。（Mark Williams & Danny Penman原著。*Mindfulness: An eight-week plan for finding peace in a frantic world.*）

吳夢峰譯（2003）。**大忙人的靜心寶典**。臺北市：布波。（Bill Anderton原著。*Meditation for every day: Includes over 100 inspiring meditations for busy people.*）

周曉琪譯（2014）。**專注的力量：不再分心的自我鍛鍊，讓你掌握APP世代的卓越關鍵**。臺北市：時報文化。（Daniel Goleman原著。*Focus: The hidden drive of excellence.*）

胡君梅譯（2013）。**正念療癒力：八週找回平靜、自信與智慧的自己**。臺北市：野人文化。（Jon Kabat-Zinn原著。*Full catastrophe living (revised edition): Using the wisdom of your body and mind to face stress, pain, and illness.*）

莎薇塔譯（2010）。**當靜心與諮商相遇**。臺北市：生命潛能。（Svagito R. Liebermeister原著。*The Zen way of counseling.*）

唐子俊、唐慧芳、唐慧娟、黃詩殷、戴谷霖、孫肇玢、李怡珊、陳聿潔譯（2007）。**憂鬱症的內觀認知治療**。臺北市：五南。（Zindel V. Segal, J. Mark G. Williams, & John D. Teasdale原著。*Mindfulness-based cognitive therapy for depression: A new approach for preventing relapse.*）

陳德中、溫宗堃譯（2013）。**正念減壓初學者手冊**。臺北市：張老師。（Jon Kabat-Zinn原著。*Mindfulness for beginners: Reclaiming the present* *moment and your life.*）

陳雅雲譯（2010）。逆時針：哈佛教授教你重返最佳狀態。臺北市：方智。
（Ellen J. Langer原著。*Counterclockwise: Mindful health and the power of possibility.*）

張振林譯（2004）。靜心，讓我與覺知相遇。臺北市：自然風。（Stephanie Clement原著。*Meditation for beginners: Techniques for awareness, mindfulness, and relaxation.*）

雷叔雲譯（2008）。當下，繁花盛開。臺北市：心靈工坊。（Jon Kabat-Zinn原著。*Wherever you go, there you are: Mindfulness meditation in everyday life.*）

楊定一（2012）。真原醫：21世紀最完整的預防醫學。臺北市：天下文化。

楊定一、楊元寧（2014）。靜坐的科學、醫學與心靈之旅。臺北市：天下文化。

謝伯讓、高薏涵譯（2007）。用心法則。新北市：木馬文化。（Ellen J. Langer原著。*Mindfulness.*）

謝儀霏譯（2013）。搜尋你內心的關鍵字。臺北市：平安文化。（Chade-Meng Tan原著。*Search inside yourself: The unexpected path to achieving success, happiness (and world peace).*）

賴隆彥譯（2003）。觀呼吸：平靜的第一堂課。臺北市：橡樹林。（Bhante Henepola Gunaratana原著。*Mindfulness in plain English.*）

劉乃誌等譯（2010）。是情緒糟，不是你很糟：穿透憂鬱的內觀力量。臺北市：心靈工坊。（Mark Williams, John Teasdale, Zindel Segal, & Jon Kabat-Zinn原著。*The mindful way through depression: Freeing yourself from chronic unhappiness.*）

註解

1. 「正念認知療法」（Mindfulness Based Cognitive Therapy, MBCT）為喬·卡巴金博士（Jon Kabat-Zinn, Ph. D.）所創，是以西方主流心理治療為基礎的禪修療癒法，其實踐理念是「唯有全心全意在這裡，你才到得了那裡」！1979年，卡巴金博士在美國麻州大學醫學院開設診所，並設計了「正念減壓」課程（Mindfulness-Based Stress Reduction, MBSR），協助病人以「正念禪修」處理壓力、疼痛和疾病，獲得多方肯定。1995年，麻州大學醫學院再邀請卡巴金博士設立「正念醫療健康中心」，開始針對身心互動醫療效能與相關臨床應用進行研究，希望能夠藉此有效減緩慢性疼痛與壓力引起的種種失調症狀。經三十多年的臨床應用結果，卡巴金博士所創的「正念減壓療法」，已被身心靈療癒、教育、醫護、企業人資與監獄等機構廣為應用，成效卓越。目前，光是在美、加等地，即約有三百多家醫療院所和相關機構都在積極運用正念減壓療法幫助病人。此外，臨床結果也證實，「正念認知療法」與一般抗憂鬱藥物具有同樣的療效，它已成為融合西方主流心理治療與東方禪修的身心療癒法新典範。

2. 實相（reality），梵文原意為「佛之所悟」，係指一切萬法真實不虛的體與相。

3. 參考本章的延伸閱讀《當下，繁花盛開》一書的第32頁。

4. 參見弗雷德力克森教授的最近幾篇研究報告：

(1)Fredrickson, B. L., Cohn, M. A., Coffey, K. A., Pek, J., & Finkel, S. M. (2008). Open hearts build lives: Positive emotions, induced through loving-kindness meditation, build consequential personal resources. *Journal of Personality and Social Psychology, 95*, 1045-1062.

(2)Fredrickson, B. L., Grewen, K. M., Coffey, K. A., Algoe, S. B., Firestine, A. M., Arevalo, J. M. G., Ma, J., & Cole, S. W. (2013). A functional genomic perspective on human well-being. *Proceedings of the National Acad-*

emy of Sciences. Early edition publication. doi: 10.1073/pnas.1305419110.

(3)Kok, B. E., Coffey, K. A., Cohn, M. A., Catalino, L. I., Vacharkulksemsuk, T., Algoe, S. B., Brantley, M., & Fredrickson, B. L. (2013). How positive emotions build physical health: Perceived positive social connections account for the upward spiral between positive emotions and vagal tone. *Psychological Science*, *24*, 1123-1132.

5. 根據宗教與靈修人士所言，靜坐冥想可以獲得更多來自宇宙的能量，開啟我們的第三眼（即松果體）。人類經由長期的靜坐冥想訓練，除了原有的五官功能外，還可以開發出幾種超越感官能力的特異潛能，例如：靈視力（天眼通）、心電感應力（他心通）、預知力、遠距移動力（神足通）、靈聽力（天耳通）、通靈力（靈媒）等。但是，我要提醒讀者一點，千萬不要抱著「練就特異功能」作為學習正念冥想的初發心與目標，這不僅不容易做到，更容易有反效果產生。一般人還是以喜悅、純淨的心，去練習正念冥想，心無雜念，專注於當下，練習靜坐的好處自然會湧現在你的體驗中，別無他求。

6. 美國的《時代》（*Time*）雜誌於2003年8月4日，第162卷（5期）刊載一個妙齡女子靜坐冥想的封面，並以「The Science of Meditation」作為專題報導。2014年2月，更是以「The Mindful Revolution（正念革命運動）」為題，針對卡巴金博士發明的「正念減壓」法及其在歐美社會風行的現況進行專題報導。

7. 關於靜坐冥想好處的科學研究文獻相當多，不勝枚舉。我茲舉長庚生物科技公司董事長楊定一博士所著《真原醫：21世紀最完整的預防醫學》一書為例，書裡頭即載有相當多的醫學研究報導與文獻。此外，楊博士與其女兒的最新著作《靜坐的科學、醫學與心靈之旅》，更是值得參考。這兩本書均列為本章的延伸閱讀書目中。

此外，法國學者修行僧馬修・理查博士的著作《快樂學：修練幸福的24堂課》（參見〈楔子〉一章的延伸閱讀書目），也有相當多的參考文獻，值得讀者參考。

同時，印度古儒吉大師於2012年4月10日在臺北小巨蛋演講，之前，相

關單位製作有關靜坐好處的生物醫學相關報導的網路連結,都可提供讀者寶貴的參考訊息:http://www.youtube.com/watch?v=vRVuWLMchzg&feature=email。

8. 參考本章的延伸閱讀書目中《專注的力量:不再分心的自我鍛鍊,讓你掌握APP世代的卓越關鍵》、《用心法則》及《逆時針:哈佛教授教你重返最佳狀態》三書。

第18章
靈性成長

> 靈魂轉世的目的是為了「學習」，為了使靈性能夠成長！
>
> ——余民寧

　　我從小即很好奇的想問：「人類，是打從哪裡來的？」當然，我問的意思不是指生物學上的生殖、出生、生命與生存的問題，而是指「人類的起源，是來自哪裡」？學校老師的說法、宗教上的說法，甚至是生物學上達爾文演化論的說法，都不足以說服我相信。我一直還在尋找答案，至少希望找到我可以接受的詮釋。

　　那麼，「人死了，又往哪裡去」？死亡，讓肉體經過分解後，又回歸到大自然，回歸到地球。因此，人類沒有比其他生物高明多少，最後，還是回歸於「一致」——**回歸到大自然，回歸到地球！**

　　「人活在這個世界上的意義和目的是什麼」？難道只為了好好讀書、找到一份好工作、找到一位好對象結婚、幸福快樂且安穩地過完一生而已嗎？這與爭名奪利之間，又有何不同呢？工作，難道只是為了吃、喝、拉、撒、睡的基本維生而已嗎？還是只為了爭奪物質享受、享樂而已嗎？我納悶著認為，不管人生境遇的好壞，應該都不只是如此而已，應該還有其他更高層次的目的和意義存在才對？但，它又是什麼呢？

　　「人類演化的目的何在」？從有文字記載的文明開始算起，人類的演化是朝向何種未來發展呢？是趨向於毀滅呢？還是趨向於繁榮興盛呢？近代數位科技的進步，是加速人類朝向污染環境、破壞大自然生態與毀滅地球的方向前進呢？還是朝向更文明、更和平及更與地球和諧相處呢？誰來決定此發展趨勢？誰來主導這一切？人類的演化，是否存在著一個依循的方向或軌跡？或者，有其何種目的引導呢？還是純粹只是隨機性的呢？

「冥冥中，是否有個造物主（或主宰的力量）存在，是祂在背後主導一切」？當我們環顧一下身旁的大自然表現，不禁讚嘆大自然的美麗、奧妙、偉大、神聖性與秩序性。感覺起來，似乎有一股看不見的力量，在冥冥之中主導各物種（包括人類）的演化。它又是什麼呢？我們可以探詢祂嗎？研究祂嗎？

凡此種種疑惑，一直在我內心裡發酵著。直到年齡稍長，閱讀量漸多，閱讀範圍逐漸增廣之後，這些疑惑慢慢凝聚成為一道頗值得探索的「靈性學」（spiritual theology）研究議題！

人，到底有沒有靈魂？

靈魂（soul）？人，到底有沒有靈魂？

關於此一問題，宗教上雖然承認，民間信仰也確實接受，但就是唯獨「科學」不承認、不接受！因為它看不見、摸不到，很容易就被科學界認定為「不存在的東西，就不是科學研究的對象」。因此，科學家們（尤其是專攻物理或化學的科學家們）會認為探究任何關於「靈魂」、「看不見」、「不存在」、「超自然」現象議題的相關學問，都是「偽科學」！堅持必須要能看得見、摸得到、測量其存在及重複驗證的，才經得起考驗與檢定的事實真相，才是真科學，才值得相信！我想，這種科學態度或信念，好是好，但會不會太過於「執著」了！「執著」，反而會成為妨害我們獲得永續幸福的障礙，我們必須超越它，才有機會獲得靈性幸福感。本書第6章裡已經說過了！

雖然，我在第6章裡有定義「靈性」是指「一種對生命意義與目的的追尋，表現出愛、熱情、正義與關懷的信念與價值，並能展現來自內心超越的力量，與自己、他人、大自然、宇宙之間締結良好關係，並使個人得以獲得自我實現成就感的一種和諧狀態」！但，此定義還是屬於很抽象的學術性定義，一般人不容易懂。因此，我想把它更簡單的說成：「靈性」即是指「靈魂的本性或本質」！也許會更簡便一些。那麼，什麼是「靈魂」？人，到底有沒有靈魂這一回事？到現在還是眾說紛紜！科學與宗教（哲學）對此的見

解，還在爭辯之中，尚無定論。

　　我想先暫時擱下此一議題的爭論，先從一些文獻的閱讀探索說起。

　　近代，最早迫使科學界去面對此一議題「人，到底有沒有靈魂？」一事的人，非美國的心理學家魏斯博士（Brian L. Weiss, M. D.）莫屬（註1）。魏斯博士在他的心理治療領域裡，發現「生命輪迴」這一回事，揭露許多身心方面的痼疾，都可以透過他研發的「前世療法」（一種結合催眠、夢境回想、冥想等治療方法），而獲得療癒。自從他的著作發表後，激起一大堆漣漪回響。「前世今生」的議題，瞬間成為人人茶餘飯後的聊天話題。眾多打著「前世今生」口號的療癒方法、電視與廣播節目、卜卦、算命、風水、命理等學說與著作，風起雲湧，響徹雲霄，蔚為一時風潮。就連國內精神科醫師陳勝英醫師（註2），在他的「前世回溯催眠療法」看診病例中，也歸納發現有此異曲同工之效的現象與療癒方法的存在。東西方均有此雷同的發現，這不會是巧合吧！

　　接著，西方的靈媒，像Jane Roberts、Sanaya Roman、Pamela Kribbe、Sylvia Browne與Edgar Cayce等人（註3），也將其接受到高靈的傳導訊息，相繼彙整出版成專書（東方雖然也有不少靈媒，但鮮少把通靈的事跡轉變成有系統的專書記載下來）。瞬時之間，「新時代思想」（New Age Thought）也成為一股風潮，不僅喚醒許多人的意識狀態，也間接促成科學界開始針對靈修的相關議題進行嚴謹的學術研究（註4）！

　　我認為這是一個好的開始！科學的研究與靈修（或靈性學）的見解，開始走向融合！看不見的東西，未必即是不存在；不存在的東西，未必即是不科學！這兩者可以是相輔相成，並以一體兩面的現象呈現，端看人類能否打開心胸，接納不同觀點的「異」見！當人類開始打開心胸，針對未知的宇宙實相（unknown universal reality）進行研究和瞭解，其成果才是真正有益於全人類的真知灼見！我非常期待此方面的相關研究，能有豐碩的成果早日出版，以協助人類朝向「靈性（神性）」的方向演化，而非停留在「人性」，甚至還停留在「獸性」的演化階段！地球文明才有永續發展下去的機會！

　　事實上，根據上面所引述出版品的記載，如果我們願意接受「人有靈魂」、「靈魂永生」、「生命不死」看法的話，則發生在「人這一生」當中

的所有事情（無論好壞），都可以在靈性上找到合理的詮釋。因為真正「理解」（understand）該事情發展的因果始末或前因後果之後，我們就容易接受它本然的樣子──對我們而言，這都是值得學習的一件樂事！發生的若是「好事」，則我們很容易欣然接受、獲得欣慰、熱情洋溢、喜上眉梢、再接再厲，我們的靈性也可以順其自然地發展；發生的若是「壞事」，則我們一開始很容易會懷疑、憤怒、憎恨、拒絕、排斥，但後來因為理解了，便會轉變為欣然接受、臣服、放下、甘之如飴、處之泰然，我們的靈性也就可以藉此獲得寬恕、自由與成長的機會！

但是，如果我們不願意接受此看法，則生命中所發生的一切事情，人人都必須找出自己賦予它的合理解釋是什麼，然後接受它；若不願意接受它的話，這便是「痛苦」的開始，也是落入「幽谷」的濫觴！痛苦的人生故事，就如此展開！

心靈的疾病或不健康

撇開「靈性」的學術性定義不看，改採較為通俗的定義，我把它定義為：「靈性即是指靈魂的本性或本質」！或許會較方便於以下的說明與討論。

靈性的疾病或不健康，往往發生在當我們面對「人生課題」（life issue）時，沒有從中獲得成長，沒有習得教誨、教訓、智慧、獲得啟示或頓悟，所產生的一種機能運作不良的狀態（即不健康時）！嚴重時，還會造成一種長期的痼疾、不知名的病痛、障礙、困擾、小毛病不斷或功能失調的狀態（即疾病時）！由於每個人所面對和所選擇的人生課題各有不同，既無法透過基因遺傳，也無法花錢請別人代勞，更沒有辦法省略、逃避或不去面對，最終還是必須自己親自去面對、接觸、接受考驗和學習成長。所以，別人可以做得很好的典範模型，未必就能夠適合自己的學習參考！每個人還是必須勇敢地去面對自己所選擇的人生課題，學習當一位「靈性成熟的成人」才行！

如果我們能夠從人生課題中去學習、體驗、經歷、汲取教訓、獲得領悟

之後，往往就會使我們的靈性又往上成長一級。你會變得更有耐心、愛心、智慧、平和、理性、慈悲心、同理心與祥和感，相信萬物與我皆同為一體的，和平、平等、且感恩地看待人世間的一切，尋求過一個有意義的生活，並且試圖活出自己所選擇的生命價值之所在！

若我們沒有從人生課題的學習中獲得領悟的話，甚至逃避你所選擇的課題的話，那麼，你的靈性成長便會停滯，你會不斷重複面對該人生課題的挑戰與學習，直到你通過該課題的考驗為止！這就好比像是學校的學習一樣，當你沒有通過某一課程的考試，被當掉了，你就必須重複去學習與練習該課程的知識，直到你通過該課程的考試為止，若你過關了，便可以接觸下一個新課程或更高一層次課程的學習；若沒有過關，那你只能重新來過一次！

就如在大學裡的學習情境一樣，除了有些課程是必修外，大部分的課程都是選修的，都是你根據自由意志所選擇的結果，既然選擇了，你就必須負起責任來完成它！當你選修的課程有被當掉或成績不及格的經驗時，你大概就能體會出那種挫折、不快樂、失敗、灰心、懊惱、悔恨、沮喪、生氣、焦慮、沒有價值感、生命了無生趣，甚至覺得憂鬱等負向情緒的心情。但在人生不斷輪迴轉世的歷程中，這種負向的情緒感受，是會在你所選擇的人生課題修業結果不及格時，再次被經驗到！你會不斷地經歷到同樣的或類似的負向情緒感受，直到你的人生課題修業通過為止，屆時，那種負向情緒感受才會轉為正向，此時，即表示你的靈性已經獲得成長了！

靈魂不朽

所以，如果靈魂真的是不朽的話，那麼，人生的歷程即是一連串人生課題的學習歷程！誠如「變形金剛」（Transformers）系列電影中，博派變形金剛柯博文所說的：「生命不死，只是轉型而已」！的確！

人類的靈魂是永生的，但肉體在短暫的每一世裡，是會死亡的！死亡，只是生命轉換或生命延續的暫停點而已，更是生命累世進化的階梯；換句話說，靈魂會不斷的轉世投胎輪迴，是永生不滅的！

那麼，我不禁想問：靈魂為什麼要繼續不斷地轉世投胎呢？其實，我在

閱讀上述的文獻後，慢慢才豁然開朗地認知到：靈魂是為了學習新知，解決前世的無知，以及償還或領受因果業報而來！靈魂進化的最後目的，則是期盼再次回到「造物主」（或冥冥中的「宇宙主宰」、或你也可以稱之為「神」或「聖靈」或「大我」或「老天爺」或「各宗教所稱呼其教主的名字」，叫做什麼名稱並不重要）的身邊，重享與神同在的榮耀與喜悅！在靈魂還未進化到最後目的之前，都會不斷的投胎轉生成人，繼續今生今世的學習，直到你的學習境界達到「開悟」（enlightenment）的程度為止！因此，透過生生世世的轉世投胎，讓每一個靈魂從累世的學習中，體會到與造物主分離的那種孤單、無助、內疚、恐懼、悔恨等負面情緒，進而累進習得愛、寬恕、慈悲、感恩、希望、喜悅、與平靜等正面情緒，直到重新回歸造物主身旁時的那種榮耀與喜悅！所以說，願意選擇投胎成為人，來接受累世學習磨練的靈魂，確實都是勇敢的靈魂！我們每一個人，都是具有靈魂的勇士！

因此，每一次的轉生投胎，靈魂都獲得一次「重新」的學習機會，從頭學起。但累世所習得的智能（即智慧與潛能），卻會逐世地累積，加深且加廣地聚積起來！接著，我不禁想續問：那麼，每一次的轉生投胎，都是要我們重新學習什麼呢？

靈魂轉世的課題

如果靈魂真的是不斷地轉世投胎，那麼，每一個人的每一生，都是重新獲得學習的機會，並且重新開始學習！每一個人都是從母親受孕懷胎那一時刻開始學習的，都是從牙牙學語中開始學習成長的，都是從每一天的生活裡學習各種反應的，都是從逆境和順境中學習各種體驗的，都是在各種學習中經驗到正向與負向情緒的，都是在人生中跌跌撞撞中長大成人的，也都是在各種榮耀與失落中逐漸回歸平靜的，在失望懊悔或安慰無憾的回顧中畫上人生句點的！

一旦學習到某種階段或某種程度時，若接起上一世學習過的記憶或經驗（即智慧與潛能）（註5）時，便會有突然「開竅」的頓悟感覺，那不是嶄新的東西，而只是想起被你遺忘的東西而已。你瞬間會感覺到學習已經上

手，學習可以駕輕就熟了！甚至於，只要假以時日的練習，你一定可以成為一位技藝精湛的高手或專家！如果你在年紀很輕時，即已接起上一世的學習經驗，回憶起你上一世已經很熟練的工作經驗，你便能很快地找到你的「天命」所在，只要把它變成你這一世可以賴以維生的工作，你便是找到我所謂的「幸福的工作」了！我想，能夠找到幸福的工作，這一世，你要過著幸福快樂的日子，應該是沒有問題的！但是，這個往往不是你這一世所要去面對學習的人生課題所在！它只是在安定你的作息，讓你更有餘裕的時間和心力、更有機會去接觸與學習更高層次的人生課題而已！若你已不太需要再學習新的人生課題時，或許是你需要自創新任務或發掘新使命的時機到了，你會負有帶領人群走過幽暗的幽谷，邁向光明燦爛巔峰的責任！

一旦學習遇到挫折，或者嚴重的挫敗，甚至是一而再、再而三的失敗，那可能就是你上一輩子「被當掉過的人生課題」，是你在這一世裡，必須要用盡一生歲月去面對、去學習通過的主要課題及考驗、挑戰的所在！在每一個人的每一世裡，靈魂都會選擇至少一個以上的主要課題和多個次要或附帶課題，作為該世需要去學習面對和接受挑戰的人生課題。如果，你再一次選擇逃避它或再一次沒有通過考驗，老天爺還是會在你這一世人生中的某個適當時機裡，又將該課題再一次拋給你接觸，讓你有再一次面對的機會，有再一次讓靈性成長的學習機會！萬一，你這一世來不及把「被當掉的人生課題」補修重考通過的話，此課題便會移轉到你的下一世再繼續重修，直到你通過，靈性獲得成長為止！

但問題是，通常我們都看不出來這一次又一次的失敗、被當掉的挫折學習經驗，其實背後是隱藏著讓靈性成長一次又一次的學習機會的！說真的，我們的眼睛是既瞎又盲目，完全看不出其背後的靈性成長議題！因此，才會一世又一世的輪迴，不斷地重蹈覆轍，不斷地又要重新面對我們需要學習的人生課題！

根據《22個今生靈魂課題》一書（註6）的記載，靈魂轉世所需要學習的課題可以分成兩大共通類型，細分成共計22個細項。它們即是（在此不詳談內容，請讀者自行閱讀該書）：

一、學會運用你的創造力量

　　屬於這一類的課題，包含體認到：(1)你是神聖不朽的存有；(2)你是存在的共同創造者；(3)創造由思想開始；(4)投入感情；(5)用畫面創造；(6)活在當下；(7)神聖能量流過你，而不是來自你；(8)淬練理性；(9)聽從內在的聲音；(10)敞開心胸；(11)不執著等。

二、運用神聖法則

　　屬於這一類的課題，則包含學習到：(12)萬事萬物皆處於神聖秩序之中；(13)反轉觀點；(14)接受死亡；(15)擁抱人生的挑戰；(16)讓我執變得溫和；(17)面對錯誤；(18)積極冥想；(19)愛你的身體；(20)讓靈魂回春；(21)粉碎負面模式；(22)別再蹉跎等。

　　另一本書《關於靈魂的21個秘密》（註7），則認為靈魂轉世需要學習的課題，計有21項（在此也不詳談其內容，請讀者自行閱讀該書）：

　　1. 我們追求內心平靜，都是為了自性的昇華，讓愛照亮靈魂。

　　2. 你愛的任何事物，都會感應到並回過頭來愛你。

　　3. 別把人類的報復、憤怒或憎恨，拿到上帝面前。

　　4. 你要創造自己的天堂，而不是地獄。

　　5. 把你的力量向外，而不是向內，光芒才能照見你的生命之路。

　　6. 保持信念，就像風一樣，它可以讓你動起來，感到喜悅。

　　7. 生命的真正考驗是在一步一步的過程，而非整個旅程。

　　8. 別讓任何人來評斷你，包括你自己，因為你就是上帝。

　　9. 在黑暗孤寂的沙漠中，你是一盞照亮許多人的明燈。

　　10. 別讓任何人否定你是上帝，別讓恐懼壓制你的靈性成長。

　　11. 不要接受魔鬼虛幻的信仰，破壞你和上帝的關係。

　　12. 身體是上帝的活動廟宇，我們在裡頭崇拜神性的光輝。

　　13. 生命中的災難，都是你自己的選擇，如此你才能成長。

　　14. 業力不是報應，而只是一種經驗的平衡。

15. 上帝賜給每個人成長的機會，而且不僅限於今生。

16. 將你的生命，你的靈魂，你的存在，全部奉獻給上帝。

17. 戰爭是褻瀆神明的舉動，防禦是義無反顧的行為。

18. 死亡只是回到故鄉，可以拒絕人工維生系統，讓上帝決定生死。

19. 我們相信有一位母神，她與慈愛父神同樣都是造物主。

20. 我們的主耶穌沒有死在十字架上，他和母親及妻子遠走他方。

21. 我們會守住耶穌後裔仍存活的秘密。

　　上述這兩本書的內涵，都比較偏向西方基督教的靈性觀點，對我們東方人士而言，可能比較陌生。因此，我舉國內陳勝英醫師的著作為例說明。根據陳醫師多年臨床的前世催眠回溯案例（魏斯博士的診斷案例，亦呈現大同小異的結果）的歸納，他提出四項輪迴因果的法則，這些都是靈魂轉生時的學習課題（註8）。它們分別為：

1. **每個人的人生都有一個主要課題。**所有的困苦與災難，都是針對人生的課題而來。困苦與災難必須以慈悲、忍辱、與寬恕來終結！凡今世沒有體會了悟者，來世得再重頭來過一次；若世世都不及格，就必須有好幾世都在同一課題上打轉、學習。有的人使用「自殺」方式來解決今世的痛苦，但其實這舉動可能為來世帶來更大的痛苦，使得課題更嚴重地惡化、變得更龐大且又複雜，而讓生命更加麻煩。

2. **人與人之間的一切恩恩怨怨，必須以慈悲、仁愛、寬恕來終結。**慈悲、仁愛、寬恕是人們消除業障的第一個處方，忍受冤屈則是消除業障的第二個處方。如果你今世得到的愛情是苦的，心有所不甘，硬要報仇，就會造成更大的業障，不但今後更痛苦，來世也會更悽慘。

3. **施捨有方，終會有報。**失去的財物，若是屬於你的，終究還是會再回來；施捨出去的，若是算在你頭上的，必定會回報給你。巧取豪奪、偷盜搶騙於一時，終難免除困苦貧賤好幾世。隨時喜歡施捨給需要的人，是世世亨通的唯一法門。

4. **好壞皆有報，相助不相抵。**不管做了什麼好事或壞事，未來一定會得到相對應的果報。也就是說，做壞事所種下的因，不會因為你後來做了更大更多的善事而消失，不要以為功過可以相抵。反之，做好事所

種下的因，也不會因為你後來偶爾做壞事，就會前功盡失。宇宙運行的法則是：「凡走過的，必留下痕跡」，亦即是：「重什麼因，得什麼果」。所以，我們的命運，有絕大部分是掌握在自己的手中，端看你做了些什麼而定。

陳醫師從案例中所獲得的啟示說法，與上述我的文獻評閱心得是一致的。當我們離開這一世時，靈魂都會來到一個屬靈的區間或世界，在那裡，我們可與其他的指導老師（高級靈或神）共同研究，看看哪一種課程是我們在進化過程中需要學習的。就像在大學裡修課一樣，我們與指導老師商討一下課程內容，看看有哪些課題的選擇是對我們的進化有利的，如慈悲、寬容、忍辱等課題等。當我們選定課程之後，就會根據累世所種下的因緣，選擇我們的父母、長相及環境，勇敢地〔極大多數是出自於被逼迫的，因為要繼續地學習，及償還與領受因果業報；極少數是出自於自願的，他們是負有使命，前來執行某項神聖任務的（正面性人物代表，像耶穌基督、釋迦牟尼佛、孔子、德蕾莎修女、甘地等人；負面性人物代表，像羅馬的尼祿大帝、秦始皇、史達林、希特勒等人）。但不論何種原因，都是很勇敢的行為〕投胎成人，選擇了這一世我們所謂的「命運」！

每一個靈魂都是根據自己所種下的因緣而選擇，至於選擇的結果是好是壞都不重要，重要的是「學習」，因為整個生命的學習目的就是為了讓靈魂進化！因此在這一世中，無論你遭遇到什麼事件都是好的、都是對的、都是你所需要的。沒有幸與不幸之分，也沒有人是受害者，全都是你選擇自己的肉體、你的家庭、你的遭遇（問題挑戰）、你的一切，這些都是你需要的，都是用來成就你的進化的。因此，你學習得愈多、愈豐富，成長愈多，你的靈魂將進化得愈快，愈早到達彼岸！

當靈魂進入肉身之前，你對自己這一世的學習課題是很清楚的（因為是自己選擇的），也有信心加以完成。但是，在進入生命之後，因靈魂演化的緣故，你必須障蔽起前世已知的學習成果重新開始學習。所以，在後天的生命學習裡，當你對自己的學習成果與表現深具信心時，你就能夠充分發揮潛能。若你接上前一世的學習成果，在這一世裡更加繼續發揚光大，則這一輩子你將更有機會表現卓越、突出、傑出成就。若當你因為後天的種種因素而

表現不良、遊手好閒、浪費潛能時，你的靈魂是會不安、難過的，因為你是有意識的靈魂，你必須為自己選擇的生命負責。

佛經上常提到「人身難得」一詞。為何難得？這是因為老天爺的厚愛（誠如基督教創世篇所說的，人是造物主仿祂的形象所創造的，所以，祂關愛我們，神愛世人），屢次給我們靈性成長的學習機會。透過生生世世的不斷學習，你一世比一世進化的層次更高。當然，如果你選擇不去進化，只停留在追求物質享受與肉體的歡愉經驗，這其實是與動物的習性沒有兩樣的，你的靈魂會墜入生物層次，在轉世投胎的過程中，轉世藍圖即會讓你下一世成為「動物」，以體會你的選擇，並再持續往進化的途徑中邁進。

在靈魂的輪迴當中，時間是不重要的，開始於這一世的，常常結果於下一世！當人們遭遇挫折時常會質問上天為什麼？其實搞錯方向了。如果能明瞭生命的因果奧秘、宇宙運行的法則，就會知道自己才是需要被質疑、質問的對象，而不是老天爺！雖然，在人的一生中，會遭逢許多痛苦與打擊的挫折，但這個痛苦與打擊會給你的人生帶來多大的影響，這個決定權，終究還是落在你的手上。透過靈性的成長，我們的意識會打開、更開放、更成長、更有智慧，進而更能有意識地學會選擇適當的行動、言語、與思想，做出更好的表現，據以消除痛苦和病因，以幫助我們的潛能發展，達到最高的進化！

人生課題——待學習的靈性議題

既然如此，靈魂轉世的目的是為了「學習」，為了使靈性能夠成長！那麼，我又不禁想問：人生有無哪些課題，是普遍的、共通的、常見的或常需要去面對的，是學校教育可以教導的？又有哪些課題，是我們的自由意志可以主動選擇的？是我們亟欲去完成的人生志業？這正是我的好奇，接下來想要去瞭解和探索回答的問題所在。

我從諮商案例、精神科治療病例、靈媒們的著作，以及科學家們的研究結果中發現，進而歸納出下列幾項課題是普遍存在的人生課題，也是我在第六章〈超越的幸福——靈性幸福感〉所企圖回答的實務性問題。這些亟待我

們學習超越的人生課題，並不是每個人都會碰到，即使碰到了，有的人可以輕易解決，那就不會是課題，那是再一次的成長！凡是解決不了的，或一而再、再而三出現的，會成為你的困擾或遺憾的，這才會是構成你的課題！因為每個人的選擇是不同的，別人的課題未必會成為你的課題，別人可以行得通的方法，未必能適用到你的身上；如同對別人而言是解藥的，對你而言可能是毒藥，而對別人而言是毒藥的，對你來說可能是解藥的道理一樣！因此，每個人都需要勇敢地面對自己所選擇的課題，這是補修上一世「被當掉的人生課題」的難得機會，也是獲取靈性成長的契機所在！但是，很不容易做到，這就是為什麼我們需要不斷地轉世投胎，回來學習的原因所在！

1. 生存的課題

有的靈魂選擇今生來學習體驗「生存的課題」，他的前世多半是不尊重生命，選擇以「自殺」方式來逃避的緣故，所以這一生，他的生命會不斷的面臨各種危險威脅、瀕死邊緣、生死一線間、生活極度貧困匱乏、好死不如歹活等求生意志考驗等問題的挑戰。這個課題的重點，即是在學習體驗出生命的可貴、生存的價值、努力求生等靈性議題和意義。

2. 關係的課題──婚姻關係

有的靈魂選擇今生來學習體驗「關係的課題」，這一點又可以分成三種不同的「關係」來論。

最常見的「關係」課題，即是「婚姻關係」。他的前世多半是不信任婚姻關係的存在，選擇以「破壞」或「逃避」方式來面對的緣故，所以這一生，他的生命會不斷面對婚姻關係要不要建立？──他一再地結婚、離婚。會不會介入別人的婚姻關係中？──他／她成為別人的小王或小三，成為破壞別人婚姻的殺手等問題的挑戰。這個課題的重點，即是在學習如何與異性相處，從婚姻關係中學習愛、被愛、關懷、忠誠、信任等靈性議題和意義。

3. 關係的課題──親子關係

其次，是「親子關係」。他的前世多半是拋家棄子、不顧家庭、不願意

負責養育子女，選擇以「拋棄」或「逃避」方式來面對此問題的緣故。所以這一生，他的生命會面臨很糾葛的親子關係，可能是親子關係緊張、衝突、或暴力相向，也可能是親子關係良好，但突然一方驟逝，留下另一方無限的傷痛或悔恨等問題的挑戰。這個課題的重點，即是在學習如何與子女（孫）相處，從親子關係中學習接納、信任、認同、責任、愛、放下等靈性議題和意義。

4. 關係的課題——朋友關係

再其次，則是「朋友關係」。他的前世，多半是背叛、壓迫、利用、或踐躪朋友，選擇以「背叛」或「利用」方式來面對的緣故，所以這一生，他的生命可能常常會碰到不講理的上司或陌生人、不好相處的同事、難纏的客戶或奧客等問題的挑戰。這個課題的重點，即是在學習如何與人（朋友）相處，從朋友關係中學習信任、同理心、忠誠、互信、互助等靈性議題和意義。

5. 財務的課題

有的靈魂選擇今生來學習體驗「財務的課題」。他的前世，可能是大財主，但是揮金如土、鄙視金錢，也可能是個吝嗇鬼，愛錢成癮；他也可能是一貧如洗，在借貸度日之餘，卻仍不改貪圖享受之習，或者，因為極度的匱乏，而養成非常節儉的習性，甚至到了吝嗇成癖的地步，所以這一生，他的生命即可能會面對該如何理財的困擾、培養對金錢應有的態度和行為、學習該如何正當賺錢等困難問題的挑戰。這個課題的重點，即是在學習如何與錢財相處，並從中學習施捨、悲憫、關懷、慷慨等靈性議題和意義。

6. 健康的課題

有的靈魂選擇今生來學習體驗「健康的課題」。他的前世，可能即是處處把他人的優先擺在第一順位，而嚴重地忽略自己的權益和福祉，甚至是犧牲自己的健康和生命也在所不惜，所以這一生，他的生命即可能遭遇積勞成疾、過勞死的威脅、痼疾、慢性病的折磨等困難問題的挑戰。這個課題的重

點，即是在學習要與自己好好相處，多珍愛自己一點，並從中學習愛自己、自重、自尊等靈性議題和意義。

7. 工作的課題

有的靈魂選擇今生來學習體驗「工作的課題」。他的前世，可能即是虛擲歲月、沒有工作、遊手好閒，嚴重浪費老天爺給的天賦潛能，所以這一生，他的生命即可能面臨就業困難、做一行怨一行、經常轉業、懷才不遇等失落感問題的挑戰。這個課題的重點，即是在學習體驗工作的價值與意義，並從中學習尋找希望、人生方向、價值定位、潛能發揮等靈性議題和意義。

8. 靈性的課題

有的靈魂選擇今生來學習體驗「靈性的課題」。他的前世，可能即是很順利平坦、不知天高地厚、生活富裕而不知民間疾苦，生活浪費而不知節儉等，所以這一生，他的生命即可能面臨落魄潦倒、憂鬱苦悶、困厄險境、屢挫屢敗等問題的挑戰。這個課題的重點，即是在學習如何從挫折中再站起來的精神與力量，並從中學習寬恕、感恩、負責、勇氣、心理成熟、超越等靈性議題和意義。

9. 綜合性的課題

即上述八類課題的綜合，這是絕大多數靈魂會選擇今生來學習體驗的課題類型。他的前世，可能即是上述各種情境都經歷過，有順境有逆境、有衝突有平和、有富裕有匱乏、有遺憾有成就、有學習通過的有尚未通過的，總之，人生境遇好壞參半都經驗過，但都沒有習得到滿意的程度，有必要再學習一次的價值。所以這一生，他的生命即可能面臨多向度綜合性問題的考驗，但每個問題的挑戰，可能都只是需要他從中學習上述其中一項靈性美德的議題和意義而已。當他經歷的考驗愈多，他的靈性成長也就愈豐碩，成長進化得愈快！

10. 自由意志選擇的課題

　　人之所以為「靈性的動物」，是因為具有「自由意志」、「自由意識狀態」或「靈性」的特質，這是其他動物所欠缺的，至少在程度上是不如人類的。因此，有的靈魂會選擇今生來學習體驗「自由意志的課題」。通常，他的前世償還與領受因果，已經功過兩平了，因此，這一世是毫無人生課題需要再學習的。但是，基於人類自由意志的緣故，也許他會選擇於這一世裡負有「新使命」來執行完成，或來實現某個預言，或成為某位救世主。但畢竟，會選擇這麼做的靈魂是極其少數中的少數，並且，通常也是在人類世界處於極其困厄、混亂、與黑暗籠罩的時代裡，才會有這樣的靈魂願意選擇化身為人，來成就他的使命或任務。

　　總之，我把上述的問題綜合歸納，純粹只是為了方便說明與討論起見而已。事實上，靈性成長的議題與相關論述，遠超過我們人世間所有的知識經驗、科學、哲學等學說可以盡述。但是，我從許多文獻的閱讀中，似乎可以瞭解一件事，那就是老天爺真的很關愛我們（人類），處處給予我們學習的機會，希望我們的靈性早一點成長，早一點達到「開悟」的境界（彼岸）！但是，在這個過程中，就是因為我們經常遭遇失敗、挫折、與灰心的打擊，因而常會採行逃避、退縮、排斥、拒絕、不願意接受等策略行徑來面對，而讓問題變得愈加惡化與難解。萬一在此過程中，又無辜地多製造出一些新的因果業障的話，則會把問題更加複雜化與嚴重化。所以，有許多靈性成長的議題，一直無法修習過關，而需要屢次的輪迴，一而再地回來重修！

所隱含的靈性教導義涵

　　既然如此，那麼，回到我們現實生活裡來反思。

　　凡是人生不順遂的事件，可能即是老天爺在考驗你的課題之一！我們到校接受教育，學習許多知識、技能、經驗、問題解決方法、待人處事方式、該有的應對進退禮節，以及基本的生存法則。學校教的內容都相同，但是學習的結果卻人人不同，當遇到生活中的大小事件時，每個人運用學校教的那

一套方法來應對，結果也各異其趣。有的人可以順利解決，所以那一件生活事件不會是人生課題；而有的人總是解決不了，屢受挫敗，或者解決了這件事，又產生另一件事，一直疲於奔命。此時，即要停下腳步來仔細思考與反省：它會不會是構成人生課題的事件之一？在這一事件中，老天爺到底想要教導你學習什麼？你要從中學習到什麼靈性議題、獲得什麼啟示，或記取什麼教訓，才能使你增長智慧、靈性獲得啟發與成長，以及徹底解決此一課題事件的挑戰，讓你一勞永逸！

我就舉「生病」為例來說明此一事件背後的靈性議題（註9）。每一個人應該都有生病過的經驗，至少常見的小病，如「感冒」或「著涼」或「一時的身體不適」等，可能都是每個人常見的生活事件之一，尤其是在傳染病大流行的季節裡，「感冒」更是家常便飯，每個人普遍都有過的共同經驗。

但是有沒有想過，從小學到大學，為什麼「感冒」會重複地發生在你身上好幾次？少說也有十來次吧！如果你繼續觀察下去，從現在到未來你往生之前，此「感冒」事件鐵定還會在你的生命歷程中重複發生幾次（你只要觀察年紀比你長的人，如父母、祖父母等長輩，你問他們這一生大約總共感冒幾次，即可粗估得知此次數值），為什麼？

「感冒」是一件很小的負面生活事件，但是，你有沒有反思它的背後，要底要教導你學習什麼「靈性課題」？你學習到了沒？

根據前面的論述，你可能沒有學會此「感冒」事件所要啟發你學習的靈性課題，因為，你從小即被父母的養育方式給「定型化」了：遇到「感冒」事件，即採取快速就醫的應對策略！我不能說此做法不對，畢竟，看完醫生、拿了藥，甚至打了一針之後，確實是，感冒退了、好轉了，你康復了！因此，你習得了一件處理「感冒」事件的標準作業程序，並且把它養成習慣，成為一種固定的「習性」。看來，好像是OK、完美的處置方式！就連學校、醫院、國民健康署的教育和廣告宣傳都是這麼說的，因此，你更不會去質疑此應對「感冒」事件的做法是對還是錯！更不會去反思其背後的靈性議題為何！

結果，你確實也會在後續的人生中，一次又一次的再經驗「感冒」事件。我想要問的是：到底，前一次的感冒，你是真的治療好了（痊癒了）？

還是遇到新的「感冒」事件？這一而再、再而三出現的不順遂事件，可能即是你的人生必須學習的「小」課題之一：它背後所隱含的靈性議題，即是要提醒你學會注意平時的保健，設法提高免疫力，避免過渡勞累，累積過高的壓力，而降低你的抵抗力，以及要注意自己的衛生習慣等教育涵義！但是，你學習到了嗎？可能沒有！因此，一次又一次的，老天爺會把「感冒」事件丟給你，提醒你要學會「珍愛自己、尊重生命的價值、努力求生」等靈性議題，直到你學會為止！否則，你一生中，一直會遭遇到此件「感冒」事件的挑戰、困擾與挫折的煎熬，直到你習得啟示、啟發、教訓為止！

　　如果你還真的冥頑不靈，最後，老天爺會加重此事件的挑戰，讓你變成「罹患癌症」、「腫瘤」、「重大惡疾」等，再一次給你學習的機會。許多大企業的老闆都過勞成疾，甚至英年早逝，就是說明這個道理的最好例子！例如，就以美國蘋果公司的董事長賈伯斯（Steven Paul Jobs）為例，因為過於忙碌而積勞成疾（胰臟癌），他曾經休息好一陣子，以為疾病好轉了、痊癒了，就馬上再投入工作。結果，再次發病後，就不久於人世了（享年56歲）！但是，蘋果公司會因為他不在人世，就垮了、倒閉了嗎？我想，不會，至少暫時不會！至於蘋果公司以後的表現，會不會愈趨於走下坡，這是無法得知的。但我相信，賈伯斯若能從其重病（胰臟癌）中，習得老天爺要他學會的靈性議題的話，我想，未來全球的數位科技發展，可能又是另一番新風貌了！

　　其實，學校裡的正規教育，殊少針對讓個人產生「挫折」的事件，進行嚴肅的看待，並教導有效可行的因應策略或應對方法。更不用說這「挫折」事件的背後，所隱含具有啟發我們靈性成長的靈性教導義涵了！所以，我才在第6章裡提到說，有五種生活事項，是我們必須練習超越它們的所在，這些事項即是：創傷、慣性、名望、小我及享樂等。唯有我們學會超越物質世界的客觀幸福與主觀幸福層次，進而提升到追求靈性幸福感的層次，追求心靈上的「內在平靜」，以獲致「生命圓滿」的境界時，我們的靈性才能夠獲得巨幅的成長，也才能在輪迴轉世的過程中，加速進化的腳步！

還有其他的問題重點

　　除了上述有關靈性成長議題的說明外，有關「靈性」的相關議題，還有許多地方值得再書特書的地方。誠如近代許多科學研究發現，量子物理學在探究物質的組成過程中，慢慢發現其與佛經中所謂的「空性」概念，可能是指同一件相似、且不謀而合的事。甚至於，人類的「意識」（consciousness）都可能會影響或決定某事件生成的可能性（註10）！

　　換一句這方面探討靈性議題書籍上的說法：

　　　　意識會創造實相（Consciousness will create reality.）！
　　　　你的意識會創造你自己的實相（Your consciousness will create your self's reality.）
　　　　集體的意識會創造集體的實相（Collective consciousness will create collective realities.）

那麼，換句話來問：「什麼是真的？」

　　　　你相信什麼是真的！什麼就是真的！因為這是你的意識所創造出你自己認為是「真」的實相！

那麼，你到底相信什麼是真的？

　　　　你相信人生是快樂、幸福和充滿愛嗎？
　　　　你相信人生是豐盛、富足和和諧嗎？
　　　　你相信光憑意念就可以殺死癌細胞嗎（註11）？
　　　　你相信…………（由你來填入，這是你創造出的實相！）
　　　　我相信上述我所說的一切！因為這是我的意識所創造出的實相！

人類在宇宙的演化過程中，是相當的渺小，又相當的偉大！

人類數百萬年來的演化，其實都朝向一個方向，即是回歸靈性的道途，找到回家的路！因此，你必須相信你自己就是一道「光」──靈魂，它是永生不滅的。直到你的學習達到「開悟」之前，靈魂都會不斷的來投胎轉生成人，繼續今生今世的學習！當你找到回家的路時，自然會活在當下，享受富足、喜悅、充滿光與愛的幸福人生！

因此，不論你這一世多麼富有，多麼有權勢，或者是多麼貧窮，多麼的平民老百姓！當這一世的生命結束之時，你所有的一切都只能留在世界上，唯有「靈魂」會跟著你走下一世的旅程！

所以，人生不是一場物質的盛宴，而是一次靈魂的修煉，希望它在謝幕之時，能比開幕之初，更為高尚、更具智慧、更有靈性！那你這一輩子，就不虛此行了！

練習作業

　　本項作業的名稱，就叫做「**找出你的靈性成長議題**」（Finding out your spiritual growth issues.）！這是一項會讓你「痛苦」的練習作業，希望你能夠穿越它，則你的人生課題就少了一項，同時也往圓滿人生多邁進一步！

　　請再回顧一次本章及第17章的內容，並從現在開始練習本項作業！

　　請在每天晚上睡覺之前，撥出十分鐘反思一下當天的生活事件中，有哪些事件讓你耿耿於懷的、讓你覺得挫折、生氣、後悔的？或者是你覺得可以做得更好的，把它們記錄下來，並持續這項記錄作業至少一個月以上。在這一個月中，每天在記錄的同時，也回顧之前已記錄的事件，並且仔細分析和留意，其中的哪些事件或類似事件是重複出現的，而讓你覺得做得不好、有遺憾、有懊悔、很生氣、很挫折的。它們是哪些？把它們標示出來！

　　或者，請你靜思一下，從小到現在，發生在你周遭的生活事件中，有無哪些事件所產生的傷害、挫折、打擊，是讓你刻骨銘心地記憶難忘的，這些事件有無重複出現過，它們是什麼？把它們標示出來！

　　要找出這些讓你產生痛苦、挫折、悔恨、創傷記憶的事件，並不容易。身為人類的我們，大腦為了保護我們的生存及繼續演化的目的，會選擇性的遺忘掉這些令人痛苦的回憶！因此，在你回溯往事時，並不容易發現它們的存在。這些讓你產生痛苦回憶的事件，你會有意無意地把它們「遺忘」掉！若是如此，只有靠寫日記、做記錄，才能慢慢追溯出「有無哪些是重複出現過的挫敗事件」，並且把它們標示出來。

　　標示出這些挫折事件後，接著問自己以下的問題：

　　「它（此挫折事件）的背後，老天爺到底要教導我學習什麼議題」？

　　「要我學會什麼道理」？

　　「要我領悟什麼體驗」？

　　「要啟示我學會什麼原理原則」？

　　「要我記取什麼教訓」？

　　「要我學會還有哪些我還沒有學會的」？

「我該怎麼做才合宜」？等。

　　請針對上述對自己的提問，靜坐冥想一下，看看心中有無出現「答案」！在內心平靜下，仔細聆聽出現在心理的各種內在對話，即是老天爺給你的參考答案，即是你未來生活的重心之一，亟需你花時間去注意、去傾聽、去學習、去面對、去解決的問題所在！千萬不要逃避它們，逃避得了一時，也逃不過一世，更逃不過千千萬萬轉世輪迴的每一世！不如鼓起勇氣去面對它、接受它、處理它、解決它，然後放下它！這一世的課題，這一世裡解決！你的靈性就往前成長一步！

　　所以，我才說：「老天爺真的很關愛我們，因為，神愛世人」！不論我們一生裡所遭遇到的各種事件（不論是順境或逆境），對我們而言，都是好的，都是促進我們靈性成長所需要的。只不過，創傷事件比較能夠產生「當頭棒喝」的效果，引起你的注意，但能不能有效，端看你能否從中看出其背後靈性成長的契機。若能抓住此契機，你的靈性成長便往前躍升一步！

　　這就是「靈性成長」的真義所在！

延伸閱讀

王季慶譯（2003）。**喜悅之道：個人力量與靈性成長之鑰**。臺北市：生命潛能文化。（Sanaya Roman原著。*Living with joy: Key to personal power and spiritual transformation.*）

王季慶譯（2010）。**靈魂永生**。臺北市：賽斯文化。（Jane Roberts原著。*Seth speaks: The eternal validity of the soul.*）

艾琦、林荊、李平譯（2011）。**靈性覺醒：使生命發光的約書亞與馬利亞靈訊**。臺北市：方智。（Pamela Kribbe原著。*Bezield Leven: Boodschappen Voor Een Nieuwe Tijd.*）

呂捷譯（1999）。**靈魂與物理：一位物理學家的新靈魂觀**。臺北市：臺灣商務。（Fred Alen Wolf原著。*The spiritual universe: How quantum physics proves the existence of the soul.*）

李怡萍譯（2007）。**關於靈魂的21個秘密**。臺北市：人本自然。（Sylvia Browne原著。*If you could see what I see.*）

李淑珺譯（2011）。**喜悅的腦：大腦神經學與冥想的整合運用**。臺北市：心靈工坊。（Daniel J. Siegel原著。*The mindful brain: Reflection and attunement in the cultivation of well-being.*）

林育青譯（2012）。**當薩滿巫士遇上腦神經科學**。臺北市：生命潛能。（Alberto Villoldo & David Perlmutter原著。*Power up your brain: The neuroscience of enlightenment.*）

林群華譯（2010）。**22個今生靈魂課題**。臺北市：生命潛能。（Sonia Choquette原著。*Soul lessons and soul purpose: A channeled guide to why you are here.*）

卓惠娟譯（2010）。**相信靈魂轉生，改變人生：一位日本高級官員的覺醒之路**。臺北市：世潮。（Koya Yamakawa原著。*Rinnetensho O Shinjiruto Jinsei Ga Kawaru.*）

郭宇、林荊、李平譯（2010）。**靈性煉金術：激勵人心的約書亞靈訊**。臺北

市：方智。（Pamela Kribbe原著。*The Jeshua channelings.*）

許晉福譯（2014）。**心靈創傷的療癒力量：TRP釋放壓力創傷運動法**。臺北市：世茂。（David Berceli原著。*The revolutionary trauma release process: Transcend your toughest times.*）

陳家猷譯（1998）。**靈魂轉生的秘密**。臺北市：世茂。（Gina Cerminara原著。*Many mansions: The Edgar Cayce story on reincarnation.*）

陳勝英（1995）。**生命不死：精神科醫師的前世治療報告**。臺北市：張老師文化。

陳雅馨譯（2012）。**意識究竟從何而來？從身經科學看人類心智與自我的演化**。臺北市：商周。（Antonio Damasio原著。*Self comes to mind: Constructing the conscious brain.*）

梁永安譯（2008）。**當下的力量：找回每時每刻的自己**。臺北市：橡實文化。（Eckhart Tolle原著。*The power of now: A guide to spiritual enlightenment.*）

曾怡菱譯（2003）。**靈魂的旅程**。新北市：十方書。（Michael Newton原著。*Journey of souls: Case studies of life between lives.*）

傅馨芳譯（2009）。**信念的力量：新生物學給我們的啟示**。臺北市：張老師文化。（Bruce Lipton原著。*The biology of belief: Unleashing the power of consciousness, matter, and miracles.*）

張法蘭西斯譯（2011）。**鹿智者的心靈法則**。臺北市：心靈工坊。（Dan Millman原著。*The laws of spirit: A tale of transformation.*）

張法蘭西斯譯（2006）。**靈性之旅：蘇菲亞布朗談人生課題**。臺北市：宇宙花園。（Sylvia Browne原著。*Sylvia Browne's lessons for life.*）

張法蘭西斯譯（2002）。**靈性之旅：一位靈媒眼中的靈界與塵世**。臺北市：人本自然。（Sylvia Browne & Lindsay Harrison原著。*The other side and back.*）

張德芬譯（2008）。**一個新世界：喚醒內在的力量**。臺北市：方智。（Eckhart Tolle原著。*A new earth: Awakening to your life's purpose.*）

張德芬譯（2009）。**米爾頓的秘密：學會活在當下的第一堂課**。臺北市：方

智。（Eckhart Tolle & Robert S. Friedman原著。*Milton's secret: An adventure of discovery through then, when, and the power of now.*）

黃漢耀譯（1994）。**生命輪迴：超越時空的前世療法**。臺北市：張老師。（Brian L. Weiss原著。*Through time into healing.*）

黃漢耀譯（2004）。**細胞記憶**。臺北市：人本自然。（Sylvia Browne & Lindsay Harrison原著。*Past lives, future healing: A psychic reveals the secrets of good health and great relationships.*）

黃漢耀譯（2005）。**來自靈界的答案**。臺北市：人本自然。（Sylvia Browne & Lindsay Harrison原著。*Blessings from the other side: Wisdom and comfort from the afterlife for this life.*）

黃漢耀譯（2007）。**你也可以用意念殺死癌細胞**。臺北市：人本自然。（Adam原著。*A guide to healing and self-empowerment.*）

黃漢耀譯（2009）。**人人都可以透過「資訊下載」療癒自己**。臺北市：人本自然。（Adam原著。*The path of the dreamhealer.*）

雷叔雲譯（2011）。**像佛陀一樣的快樂：愛和智慧的大腦奧秘**。臺北市：心靈工坊。（Rick Hanson & Richard Mendius原著。*Buddha's brain: The practical neuroscience of happiness, love, and wisdom.*）

達娃譯（2010）。**無量之網：一個讓你看見奇蹟、超越極限、心想事成的神秘境地**。臺北市：橡實文化。（Gregg Braden原著。*The divine matrix: Bridging time, space, miracles, and belief.*）

齊樂一、張志華譯（2010）。**量子物理與宇宙法則：量子成功的科學**。臺北市：宇宙花園。（Sandra Anne Taylor原著。*Quantum success: The astounding science of wealth and happiness.*）

楊語芸譯（2012）。**回歸真我：心理與靈性的整合指南**。（David Richo原著。*How to be an adult: A handbook on psychological and spiritual integration.*）

魯宓譯（2013）。**靈性開悟不是你想的那樣**。臺北市：方智。（Jed McKenna原著。*Spiritual enlightenment: The damnedest thing.*）

魯宓、齊菲譯（2013）。**靈性的自我開戰**。臺北市：方智。（Jed McKenna

原著。*Spiritual warfare.*）

蔡宏明譯（2009）。**逆勢翻升《從谷底翻轉的挫折復原力》**。臺北市：梅霖文化。（Al Siebert原著。*The resiliency advantage: Master change, thrive under pressure, and bounce back from setbacks.*）

鄧伯宸譯（2010）。**改變大腦的靈性力量**。臺北市：心靈工坊。（Andrew Newberg & Mark Robert Waldman原著。*How God changes your brain: Breakthrough findings from a leading neuroscientist.*）

劉禹陽（2011）。**靈性的成長：靈修大師克里希那穆提的心靈語錄**。新北市：悅讀名品。

劉勃俊（2010）。**每一次打擊都有它的意義：用積極樂觀的心態逆轉人生**。臺北市：曼尼文化。

羅孝英譯（2008）。**靈性成長：與大我合一的學習之路**。臺北市：生命潛能。（Sanaya Roman原著。*Spiritual growth: Being your higher self.*）

鄭羽庭譯（2008）。**回到當下的旅程**。臺北市：生命潛能。（Leonard Jacobson原著。*Journey into now: Clear guidance on the path of spiritual awakening.*）

鄭羽庭譯（2010）。**來自寂靜的信息**。臺北市：生命潛能。（Leonard Jacobson原著。*Words from silence.*）

註解

1. 參見本章的延伸閱讀《生命輪迴：超越時空的前世療法》一書。

2. 參見本章的延伸閱讀《生命不死：精神科醫師的前世治療報告》一書。

3. 參見許多翻譯自國外靈媒的出版著作，以下即是本章的延伸閱讀書目中所列舉者，尚有許多未列舉的書籍，也都頗值得參考閱讀：《喜悅之道：個人力量與靈性成長之鑰》、《靈魂永生》、《靈性覺醒：使生命發光的約書亞與馬利亞靈訊》、《關於靈魂的21個秘密》、《22個今生靈魂課題》、《相信靈魂轉生，改變人生：一位日本高級官員的覺醒之路》、《靈性煉金術：激勵人心的約書亞靈訊》、《靈魂轉生的秘密》、《靈魂的旅程》、《靈性之旅：蘇菲亞布朗談人生課題》、《靈性之旅：一位靈媒眼中的靈界與塵世》、《細胞記憶》、《來自靈界的答案》、《靈性成長：與大我合一的學習之路》等書。

4. 參見本章的延伸閱讀：《當薩滿巫士遇上腦神經科學》、《意識究竟從何而來？從身經科學看人類心智與自我的演化》、《改變大腦的靈性力量》、《像佛陀一樣的快樂：愛和智慧的大腦奧秘》、《喜悅的腦：大腦神經學與冥想的整合運用》、《靈魂與物理：一位物理學家的新靈魂觀》、《無量之網：一個讓你看見奇蹟、超越極限、心想事成的神秘境地》、《量子物理與宇宙法則：量子成功的科學》等膾炙人口的通俗科學著作。

5. 佛教教義認為，這是由於人類具有第八意識「阿賴耶識」（ālaya-vijñāna）的緣故，西方的靈修教義則是稱之為「阿卡沙記錄」（Akashi record），近代西方醫學則認為是我們大腦中的「松果體」（pineal gland）。

6. 參見本章的延伸閱讀《22個今生靈魂課題》一書。

7. 參見本章的延伸閱讀《關於靈魂的21個秘密》一書。

8. 同註2。

9. 參見本書第1章的延伸閱讀《疾病的希望：身心整合的療癒力量》一書。

10. 同註4，參見其中的《意識究竟從何而來？從身經科學看人類心智與自我的演化》、《改變大腦的靈性力量》、《靈魂與物理：一位物理學家的新靈魂觀》、《無量之網：一個讓你看見奇蹟、超越極限、心想事成的神秘境地》、《量子物理與宇宙法則—量子成功的科學》等書。

11. 參見本章的延伸閱讀《信念的力量：新生物學給我們的啟示》、《你也可以用意念殺死癌細胞》、《人人都可以透過「資訊下載」療癒自己》等書。

幸福心理學

第19章
成功老化

> 年輕時吃苦，不算苦；老年時吃苦，才是苦！
> 年輕時幸福，不算福；老年時幸福，才是福！
>
> ——余民寧

　　生、老、病、死，是人類的完整生命歷程！有人說，人從出生開始，即步向死亡。說得一點也沒錯！

　　雖然，人人不一定都會經歷「老」的過程才會步向死亡，例如：每年全球都有很多年輕人死於戰亂、天災（例如：颱風、地震、水災、閃電雷擊）、人禍（例如：火災、溺水、交通事故、醫療意外）、重大疾病（例如：癌症、法定傳染病、心血管疾病）、藥物（例如：各種毒品成癮致死、藥物中毒致死）及蓄意的行為（例如：自殺）；但是「老」確實是比較接近死亡的一個階段，至少比起年輕人而言，老年人確實是比較接近死亡的！

　　本書所談論的幸福感問題，並不僅侷限於「年輕人」而已，幸福並非是年輕人的專利，而是所有年齡層人們都享有的權利和自由意志所選擇的結果！即使是對年齡稍長或年邁的國人而言，只要他願意，仍然都具有追求幸福、享受幸福、與過著永續幸福日子的能力與選擇的自由，並且能在安詳、和諧與圓滿的氣氛中辭世！

　　因此，本章的重點，即是放在為長遠的目標做準備，以協助人們在面對未來年華不再時，仍有能力去追求自己的幸福，享受自己的幸福，為生命的終極目標畫下最圓滿的句點！所以，趁你還是年輕人或中年人時，即可盡早未雨綢繆，只要建立一個方向正確的好習慣，數十年之後，即可大步邁開，積極迎向成功老化的幸福生活！

成功老化的定義

　　老化，不一定是從年紀大的人才開始！衡量年紀多大才算「老」的觀點？出現很多爭議。有人認為「屆齡退休」的人士（即65歲以上）即算老，但4、50歲即提早退休的人士呢？他們算嗎？至於，那些一輩子都未曾外出工作過的王公貴族、富二代或富三代、家庭主婦或主夫呢？他們何時才算老呢？

　　我認為，人是否「老化」的問題，應該是從生命機能的觀點來評判！一個人無論年紀多大，如果他在身、心、靈三方面開始出現不和諧時，即已開始步入「老化」的階段。就此觀點而言，幾乎每個人在脫離童稚時期之後（即「童心未泯」開始不適用於自己時），即已開始步向老化的過程！當然，人的身體（生理）機能一定會隨著時間的消逝，年紀愈大，即愈衰退，愈趨老化狀態，這是一定的！但是，心和靈方面的發展，卻不一定會隨著時間的消逝即呈現同步老化的狀態！只要我們能夠好好鍛鍊這兩方面的機能，即使隨著時間歲月的增長，經歷酸甜苦辣的人生歷練，個人失去身、心、靈平衡與和諧的狀況也會跟著延緩，進而延遲個人老化的速度，這也是時有所聞的事！

　　有的人，雖然年紀已達雞皮鶴髮的年齡，卻仍然保有一顆未泯的童心，身、心、靈常處於平衡與和諧的狀態，也就是處於幸福的狀態，這就是常聽到的一句話「人老，心不老」的最佳寫照。而有的人，雖然年紀還在紅顏秀髮的階段，卻早已是身、心、靈俱疲，處於分崩離析的狀態，將生活中的大小事早就視若無睹，認為是理所當然，一層不變的例行公事，生活中都絲毫無任何新鮮感，只差還有苟延殘喘活著的軀體而已；這就算是開始「老化」了，無關年齡的大小！

　　為何會有如此的差異呢？如何拉近其間的差異？這些問題均在在刺激著科學家、學者、民眾們的思考，紛紛將「老化」的相關議題，當作是現代人關注的焦點，甚至是國家政府必須面對的施政問題！

　　近代的科學家，莫不竭盡所能地研發各種生技產品──化妝品、染髮

劑、減肥藥以及抗老化食品、藥品等，試圖防止人體外表有無出現「老態」的樣子，但卻幾乎完全忽略人體的內在——例如：心理、情緒、甚至是靈性方面有無出現老化的問題！如果是如此，我認為科學研究確實是走偏了路！雖然，注重身體外表修飾的科學研究，具有很大的商機，但往往只能做到遮蓋、掩飾與偽裝而已。畢竟，身體外表最終還是敵不過「地心引力」的影響，各種掩飾終歸還是會趨於無效的！如果科學家們也能撥出些時間、精神與注意力，也去一起研究和重視身體內在層面的修飾，進而找出具體有效延緩老化的方案，讓人們的身、心、靈處於平衡與和諧的狀態能夠維持長久一點的時間，如此一來，我們就可以享受更長久一點的幸福，為圓滿的人生畫下更美麗的句點！

談到「老化」的問題，研究老人學或高齡學的學者，通常都會認為老化泛指有機體一生中的所有變化！若按年齡來分，老人可以分為以下三類：年齡介於60～74歲的「初老人」（young-old），75～84歲的「中老人」（old-old），及85歲以上的「老老人」（oldest-old）。但是，老化並不等於疾病，而是由基因、飲食、運動和環境所共同決定的！因此，若按身體（生理）健康狀況來分，亦可分成三類老化後的健康狀況：(1)即一般隨著年齡增長而自然正常速度老化的「正常老化」（usual aging or normal aging）；(2)比正常情況下老化較為惡劣的「病態老化」（pathological aging）；以及(3)比正常情況下老化較為優質的「成功老化」（successful aging）三者。而成功老化與正常老化之間的差別，僅在於某些特定疾病的危險因子是否在老化的過程中得以受到控制或預防而已（註1）！

「成功老化」一詞，早在1960年代學術界提出針對士氣、生活滿意度等概念進行研究時即已出現。2002年世界衛生組織更提出「活躍老化」（active ageing）的觀念——著重在身體、心理、社會三面向的幸福狀態為核心概念。因此，「成功老化」可以被定義為：同時符合日常生活功能正常、認知功能正常、無憂鬱症狀、且具有良好社會支持等四項指標者的老化狀態！研究老人學的學者專家們認為，只要做到避免疾病與失能、維持高度心智與身體功能及對老年生活的積極承諾，當這三個面向能夠同時兼具達成時，即可達到成功老化的狀態；換句話說，透過疾病預防（例如飲食與運動）、生

物醫學途徑、教育、社會支持、增進自我效能等策略的實施,即可幫助所有老年人達到成功老化的狀態(註2)!

俗話說:「年輕時吃苦,不算苦;老年時吃苦,才是苦」,以勉勵人們須於年輕時即養成吃苦耐勞的習慣,以籌備老年時的資糧。我則要補充「年輕時幸福,不算福;老年時幸福,才是福」!本章的目的,即是在強調老年時還能夠維持幸福、享受幸福的重要性,能夠做到這一點,你才算是真正過著幸福、圓滿、富足的一生!

而要如何做到這一點?也就是趁年輕時就要做好準備,打好基礎,並做好退休規劃,才能有能力享受富足、圓滿成功老化的人生!

準備成功老化的四本存摺

每個人都會「變老」,這是人生無法逆轉的事實!

雖然,這議題對年輕的大學生而言,還言之過早!但是,當你大學畢業開始進入職場後,你會發現歲月變化的速度很快,很快即體會到「歲月不饒人」這句話的含意!這時,你要選擇未來的老年生活是「病態老化」、「正常老化」,還是「成功老化」呢?我相信任何想追求永續幸福的人,想延續年輕時代的幸福日子到年老時代的人,你一定會選擇「成功老化」!但是,要做到「成功老化」並不是沒有條件的,你必須從年輕時代起就開始累積邁向成功老化的資本,以因應變老時的消費之需。

就像儲蓄以備不時之需一樣,存老本以備成功老化之需!可惜,存老本無法像金錢投資一樣,可以有投資槓桿、複利率、期貨避險等操作工具或策略可用,它必須要一步一腳印地儲備,假以時日,才能累積出雄厚的資本!

從本章延伸閱讀書單中的資訊可知,我認為每個人都有四本存摺的存款一定要及早準備,不管你要等到「初老人」、「中老人」或「老老人」時才提取,都一定要趁年輕時即開始儲備,才能在年華不再時(最晚在退休前),儲備好一定數量的財富,以滿足成功老化之需。這四本存摺的內容,如下所述:

一、健康存摺

係指維持個人身、心、靈三方面的平衡與和諧狀態，即是擁有雄厚存款的「健康存摺」！在這裡，幸福的概念即等於「健康」的概念！這項存摺裡的存款愈多，你愈有本錢提取去享受另三項存摺裡的財富！因此，你需要趁年輕時盡早培養下列的認知與習慣：

1.健康的基本之道在於「命好，不如習慣好」

在身體（生理）方面，能根據下列原則盡早建立起好習慣，即能避免老來罹患慢性疾病與老年失能的情況，這遠比出生在非富即貴家庭的「好命」來得重要！

養成早睡早起、每天都有優質睡眠、能均衡飲食與注重養生，多吃（有機）食物，少吃（人工）食品，避免肥胖，不吸菸、不酗酒，維持適度運動或養成勞動（勤勞四體）習慣，重視健康及養生的相關資訊，生病即就醫，並有定期健康檢查的習慣。

2.滿意自己的生活

在心理方面，能懷著感恩的心，認真過著每一天！無論晴天雨天、無論順境逆境、無論成敗得失、無論是非善惡，都抱持著一顆感恩的心去看待、詮釋與回應每一天的生活，即能天天都過著天堂般的快樂日子！

能覺察、品味、並用心過著每一天、能調節每天的生活壓力、讓每日的生活都有目標及有重心、能發揮自己的長處並樂觀看待未來、具有積極正向的生活態度、能照顧自己的生活起居、能獨立從事日常活動並處理生活中的大小事件、能滿意於自己的每天生活現況，並培養有獨處的能力和習慣。

3.養成樂天知命的認知

在靈性方面，能坦然接受天意的安排，學習體會逆境背後所具有的靈性課題，臣服於宇宙更高能量主宰的啟迪與示現，能為志業天命的召喚奉獻一

生！

　　能逐漸體認世事無常的道理，瞭解人世間的一切資源都只是暫時借給你使用而已，你只具有使用權而沒有所有權，死時全部都要歸還，任何資源也都帶不走的事實、能坦然接受外界人事時地物的瞬息變化、能投入自己覺得有意義的志業或志工服務、能參與宗教性或信仰性活動、能讓靈性獲得成長、能覺察自己正在經歷有意義的人生、能盡早實現夢想，讓這輩子覺得沒有遺憾。

二、社交存摺

　　係指建立與維持個人與他人（社群）間良好互動關係，即是擁有雄厚存款的「社交存摺」！在這裡，幸福的概念即等於「擁有正向情緒與維持正向人際關係」的概念！這項存摺裡的存款愈多，你就愈有活力去享受另兩項存摺裡的財富。因此，你也需要趁年輕時盡早培養下列的良好行為習慣：

1. 與家人培養親密關係

　　如果你有結婚，則需要用心去經營、維持與父母、配偶、及子女間的親密關係、能維持與其他親友相處融洽的關係、不要過度擔心與介入子女的事業、婚姻與交友、及其親子教養問題，要能滿意與接受子女及親友的生活狀況。

　　如果你是單身，則至少要維持與僅有的親戚間最基本的互動關係（例如：持續性的定期拜訪或保持聯絡）。

2. 建立自己專屬的社會支持團隊

　　無論你是否有婚姻關係，都一定要用心培養並努力經營個人專屬的社會支持團隊。這支團隊的建立，包括要有志同道合的朋友（興趣相投的人，無論年紀大小）作伴、要有可以訴說心事的對象（人或寵物都可以）、要能主動參與志工服務、要能融入社區的生活、要能受到別人的尊敬。

　　特別是，如果你一直是單身，則養寵物（無論是貓、狗、金魚、或其他

動物)、培養對園藝(例如:花卉盆栽、農作物耕種)或藝術(例如:攝影、繪畫、雕刻、工藝品製作、舞蹈、唱歌、玩弄樂器、音樂創作)的嗜好,以及熱衷從事可獨自一人進行的休閒活動(例如:電影或歌劇欣賞、閱讀、寫作等),也不失為一支好團隊!

3.保持社交活躍性

友誼是要靠多聯絡來建立和維繫的!許多研究都指出,來自團體和情感方面的支援,是左右退休生活是否快樂的重要因素,其影響程度更勝於金錢。因此,即使已經建立起良好的社會支持團隊,也要盡量撥空多參加一些讓自己覺得有趣的活動、常與朋友聚會往來、常從事讓自己的心智與生理保持活躍的學習活動、能保有對環境改變的參與感與自主權,才能確保這支團隊能夠正常的運作!

如果你是單身,更要保持常與親近的朋友、家人、鄰居聯絡,多參加有意義的組織和活動,多與人群接觸,以維持社交的活躍性,建構起讓你擁有正向情緒的支持團隊!

三、學習存摺

係指培養個人賴以演化成長的學習活力,即是擁有雄厚存款的「學習存摺」!在這裡,幸福的概念即是「維持心智功能正常運作」的概念!這項存摺裡的存款愈多,你就愈有能力提取去享受最後一項存摺裡的財富。因此,你需要趁年輕時盡早培養下列的認知,並建立起良好的行為習慣:

1.體認活到老學到老的真諦

終身學習是成功老化的不二法門,只要用心,老狗還是可以學會新把戲!

由於新近的腦神經科學研究指出大腦具有「神經可塑性」的論點(註3),使得我們可以推理得知:老年人只要不畫地自限,能培養對感興趣的事物具有好奇心、常用腦思考、多多使用腦力,即能持續不斷地學習具有認

知性的知識與技巧（例如：熟練一種新語言與學會玩弄一種新樂器），使得心智（mind）與大腦（brain）神經網路之間的關係，自動開啟一條新的連結路徑，讓大腦持續維持年輕、活化的狀態。

如此一來，就不易罹患常見於高齡者的長壽病（例如：阿茲海默症）。因此，從年輕時開始，即要培養多元興趣、開放心胸、對新事物保持好奇心、持續不斷的閱讀新知，與激勵學習各種新知的熱忱和習慣，即能讓大腦神經持續不斷地長出新的連結網路，達到活化大腦、延緩老化的功效，讓人持續擁有學習的活力。

2.適應社會變遷，彈性調整自我

未來的數位科技仍然會不斷地創新，社會也會不斷地變遷，拒絕改變、拒絕學習，與拒絕適應，是人們病態老化的開始！由於我們從小教育養成的習慣使然，當我們的年齡愈大時，我們會愈熟悉於多年養成的習性或慣性，愈會拒絕做出任何的生活改變、拒絕學習新知識與新技巧、拒絕採行足以適應新環境的任何舉動。也因此，我們便會開始步向「病態老化」，自外於人群、社會，與科技環境，而讓自己跟不上時代，無法適應新環境的變遷。

因此，當我們覺得外在環境的變動已超出自己的掌控時，要能夠學習去適應它、融入它。因此，在退休之前，就必須先廣泛蒐集學習活動之相關訊息，並依自己的興趣，規劃與安排學習活動。同時，千萬不要拒絕任何學習新把戲的機會、要樂於參加學習活動且認知到參加學習活動是很重要的、並且要能夠將所學運用到老化以後的生活適應上。

3.培養品味生活的能力

不是要等到退休後，才能開始享受生活，而是在退休前，即要學會如何品味及享受生活的能力與習慣！

很多人都想，等退休後即可開始盡情遊山玩水，過著閒雲野鶴的生活！孰不知，這種以享樂為主的退休生活，過了幾年之後，你適應了，習慣了，便再也無法從中感覺到有任何樂趣可言，此時，你會開始覺得人生乏味，對人生產生空洞、空虛、無聊、煩悶的感覺，這就是「不幸福」的開始！所

以，這正是我主張「年輕時幸福，不算福；老年時幸福，才是福」的理念，所極力想去避免的事！

因此，趁年輕時，即要培養如何品味及享受生活的能力與習慣，才能在老年時派得上用場。

要能與一群人建立共同的生活經驗（例如：參加一項旅遊、一場研討會、一場義賣活動、一項冒險的行為等），並能針對過去令自己滿意、懷念、感覺溫暖的生活片刻記憶（例如：照片、共同經驗、紀念品、話題），要時時拿出來瀏覽、回味，以重溫舊夢，品味當時的溫馨片刻！如果能與這群相關人士共同分享此刻記憶與進行情感交流的話，那更能建立起人際間永恆不渝的正向情緒感受與正向的人際關係，獲得社會支持團隊的最佳資源。

要能養成有「偷得浮生半日閒」的雅興！即使在繁忙的工作生涯中，也要能撥空、找機會、給自己放個短假，無論是抽空去看一場電影、與情人約會用餐、去探訪一位親戚或故友、參觀展覽會、出席一項有意義的活動，甚至是到一個幽靜的地方發呆、看一本好書、享受片刻的寧靜等，都是一種培養「品味」及「享受」的行為，這也是在擴建及培養品味生活的能力之一。

4.持續練習正念冥想

由於老化是無可避免的歷程，我們需以平常心面對，無須過度反應或擔憂！因此，能夠每天都有固定時間持續練習正念冥想，將有助於維持情緒的穩定與平靜，以及具有心平氣和的修養功夫。練習正念冥想，不僅使你腦袋清楚，更能促進體驗人生的真實意義所在；或許，透過宗教信仰之協助與參與，更能讓你體認到人生目標之實踐與意義。這些做法，都有助於針對老化的適應問題培養出正向的看法與態度。

四、財富存摺

係指儲備個人老化時日常生活所需之物質條件與精神食糧，即是擁有雄厚存款的「財富存摺」！在這裡，幸福的概念即是「心靈財富資本」的概念！這項存摺裡的存款愈多，你就愈有能力提取去享受此項存摺的真實財富。因此，你也需要趁年輕時，及早做好下列的準備：

1.具有退而不休的理念

能夠一輩子熱愛工作，永不退休，一直工作到死的人（工作到人生的最後一刻，但不是因為過勞而死），是最幸福的了！然而，這卻不是每個人都有機會或都有能力做此選擇！離開職場，是每位上班族遲早要面對的事，因此，盡早做好退休後生活的安排與規劃，要有計畫之後，才可以退休；千萬不要因為一時興起、或臨時起意，或意氣用事地退休，否則你會懊悔當初的決定。

退休後，你每天可以自由支配的時間將會變多，多到你覺得不知如何是好！因此，如何打發這些多出來時間的問題，便成為決定你是否可以「成功老化」、「正常老化」，還是「病態老化」的一大因素。沒有計畫的退休，就是沒有準備好如何打發這些多出來時間的做法，這是引發「病態老化」的導火線，也是減少你獲得永續幸福的潛在殺手！因此，我說：「要有計畫之後，才可以退休」。

有計畫的退休，是要讓自己處於「退而不休」的狀態，能夠持續對社會及人群有所貢獻，而不是扮演「無用的廢人」的角色！在退休生活中，可以選擇繼續無薪的工作，或者選擇終身學習活動的參與，都具有活化大腦、延緩老化的作用，除了可以開拓退休人士參與社會的管道，進而邁向成功老化之外，還可以活用退休人士的人力資源（例如：發揮「家有一老，如有一寶」的美德作用），減少社會問題的產生，讓退休人士都能有尊嚴地安享晚年。

2.獲得財務自由的保障

不論你想幾歲退休都可以，但一定要及早做好理財規劃，讓自己擁有安享晚年的老本，退休後不需要為錢再工作、不需要為錢煩惱、不用向子女伸手要錢、能負擔自己的生活費用、能負擔緊急的醫療費用、不用擔心額外的生活開支、可以負擔自己的休閒旅遊費用，以及有錢負擔參與終身學習活動的學費。能做到這些要求，即是獲得「財務自由」的保障！總之，獲得「財務自由」的保障之後，才能安心、放心、真心的退休！

因此，退休前的理財規劃，只要能夠做到在無後顧之憂下，能夠享受晚年生活為保障目標即可。規劃太多或太少的錢財，都會造成困擾！

世間上最令人惋惜的一件事，莫過於是「人在天堂，錢在銀行」，這就是因為退休前規劃太多錢財所造成的遺憾。若欲將龐大的錢財留給子孫，萬一子孫不孝時，這錢財還可能會變成「兄弟鬩牆」的導火線，也不是一件讓人樂見的事！

而另一件令人覺得可憐、鼻酸的事，即是「退休後還需要為錢而再度工作賣命」，這就是因為退休前規劃太少錢財所造成的後悔。若是為了某種意義或使命而重出江湖繼續工作，那是好事，很有意義，不會令人覺得苦！若是真的為錢所逼而需要再度工作的話，年紀都已經是一大把了，還需要接受工作勞務的折磨、折騰與壓迫，那才真的是旁人眼中所覺得的苦。所以，「老年吃苦，才是真的苦」，不是嗎？

3.過著有意義的靈性生活

廸納教授曾說：「心靈財富（psychological wealth）才是真實的財富，當你擁有它時，才算是真正的好野人（富有的人）！」（註4）而真實的財富，需要物質、情緒、心理、社會和靈性方面等資源的充實，包括擁有：生活滿意和快樂、靈性與有意義的人生、正向態度和情緒、良好的社群關係、積極投入有趣的活動和工作、追求生命中的重要目標和價值、身體和心理健康，與能滿足需求的充裕物質生活等。

在這些條件中，趁年輕時努力去追求生命中的重要目標和價值，並試著去過有意義的靈性生活，是培養心靈財富的核心要素！那些舉凡能夠促進社會和諧、幫助個人潛能開發、貢獻民生樂利、維護個人生命成長與發展、無私助人的救濟行為、與護持宗教教化人心的活動等舉止，都是屬於有意義的靈性生活，都值得每個人去追尋的！當然，很多屬於這類的行為，都是歸屬於志工行列的事務，參與者比較無法從中獲得工作的合理薪資或晉升加級等報酬。因此，未來若有一種社會企業能夠結合商業的營利行為與靈性的有意義生活，一定能成為下一世紀的工作潮流，為個人搭建起構築成功老化的雄厚基礎。個人只需要找到此類的志業，無須特別去規劃準備獲得財務自由的

保障，便能過著真實富有的生活（註5）！

　　當上述這四項存摺（健康、社交、學習、財富），在年輕時即已開始準備，並且在退休前，都已經儲備豐富的資產後，你即可選擇在邁入老年時（無論你是選擇從「初老人」、「中老人」或「老老人」階段起），開始享受這些財富所帶給你的豐盛生活，過一個健康、幸福、富足、又圓滿的成功老化人生！

建構一個成功老化的圖像

　　在年輕時即開始準備上述四項存摺之後，在此，我即可預先建構一個成功老化之後的生活圖像，以作為人人未來成功老化的生活指引。

1. 擁有一個身心靈平衡又和諧的健康身體

　　俗語說：「家財萬貫，不如一技在身」！而「一技在身，又不如平安喜樂」！能擁有一個身心靈平衡又和諧的健康身體，你才有至高的能力去享受晚年生活的一切，這才是人生極致幸福生活的寫照！

2. 保持終身學習的熱忱

　　能不斷地學習，即象徵著你還年輕、還有活力！因此，能保有終身學習的熱忱，活到老、學到老，即代表著你能夠維持終身的年輕、終身的活力！這若不是代表幸福的表徵，那它又是代表什麼！

3. 維持熱絡的社交生活

　　離群索居，是造成憂鬱情緒的一大要素！年輕時，做一位獨行俠、獨來獨往、有獨處生活的自理能力，那是OK的，但是，也要趁年輕時，即建立好一支龐大雄厚的社會支持團隊，以便能在成功老化時，拉你一把，遠離憂鬱情緒的束縛！

4. 擁有富裕的心靈財富資本

真正的好野人（即指有錢人！），不是指擁有多少錢財，那終究是身外之物，死時是帶不走的！真正的富裕，是指擁有多少的心靈財富資本，這才是可以帶往下一生的真實財富！

成功老化的忠告

最後，我引用一篇我從網路上看到的短文（已不知其資料出處，故無法引註）作為結尾。趁你現在還年輕，後悔還來得及時，即時做出改變，還有機會換取一個可能的成功老化的人生！故事如下：

「比利時有一家雜誌社，曾針對全國60歲以上的老人做了一次問卷調查，調查的題目是：『你這一生最後悔的是什麼？』調查結果顯示，這些老人家最後悔的事情，依序排列是：

第一名（75%的人）：後悔『沒有為自己而活，總是把別人的問題當成是自己的問題』！

第二名（70%的人）：後悔『年輕時，沒有跟隨著自己的熱情選擇職業』！

第三名（62%的人）：後悔『自私的父母，對子女的教育方法不當，沒有跟著孩子一起長大，把他們當作是自己的財產，不允許他們擁有自己的人生』！

第四名（57%的人）：後悔『自己是一位自私無知的人，沒有好好珍惜自己的伴侶』！

第五名（49%的人）：後悔『鍛鍊身體不足』！

最後，僅有11%的人後悔：『沒有賺到更多的錢，但卻花太多的錢』！」

由這些老人家的畢生智慧所提出的建言可知，培養自己賺錢能力的教育訓練，可能是人生中最不可能會後悔的項目之一；反而是有無為自己而活、有無依據自己的熱情選擇職業、有無教育子女的方法不當、有無好好珍惜伴侶、以及有無好好鍛鍊身體等，才是比較容易造成後悔的項目之一。

　　總之，要獲得幸福、圓滿的老年生活，其實並沒有你想像的那麼難！只要永遠感激並珍惜你所擁有的、維持簡單的生活和健康的身心、跟隨你的熱情選擇職業、做你的天命歸屬所在的工作，即可順利達到。

　　你還年輕，趁現在後悔，還來得及做改變！你還在等什麼？

　　年老，是每一個人都會經歷的人生過程。無須逃避，也無須恐慌，只要提早做好準備，人人都可以享受一個成功老化的晚年生活！

　　為了持續過一個快樂、幸福的老年生活，你必須要有計畫地提早準備（即健康、社交、學習及財富四項存摺），以確保你可以成功的老化。俗話說的好：「有理財就不窮、有計畫就不亂、有準備就不忙」！趁年輕，你是否已開始做準備了呢？只要事先做好準備，日後就無須憂心老後的生活！

練習作業

本項作業的名稱，就叫做「準備你的成功老化」（Preparing for your successful aging.）！

請你再重新閱讀本章「準備成功老化的四本存摺」一節的敘述，明瞭各項存摺的存款內涵。

俗話說：「有理財就不窮、有計畫就不亂、有準備就不忙」！因此，趁年輕時，即為將來的成功老化預先做準備。從現在起，愈及早準備，就愈輕鬆，愈輕易達成目標！所以，請你就健康、社交、學習及財富四項存摺，分別規劃存入一些存款（資源），並做成下列的記錄：

1. 健康存摺：……（把你想存入的東西寫下來）
2. 社交存摺：……（把你想存入的東西寫下來）
3. 學習存摺：……（把你想存入的東西寫下來）
4. 財富存摺：……（把你想存入的東西寫下來）

你有充裕的時間去做好準備。想一想，你期望未來老化時，過著什麼樣的老年生活？是有尊嚴、有品味、有意義的巔峰人生？還是自慚形穢、沒品質、很無趣的悲慘人生？

這些生活型態是從年輕時延伸過去的，而你現在的生活型態能建構出一個符合未來期望的生活嗎？是否要預先做些改變或準備？是否要趁年輕時即養成一些正確的認知與建立好習慣？學習一些帶得走、可適應環境變化、且能提升幸福的知識與技能？選擇可賴以維生且兼顧興趣的幸福工作或休閒活動？學習如何與人和平且和諧相處的能力？學習一個人獨處與融入社會支持團隊的智能？學習節制慾望並存夠一定量的退休金？這些目標是什麼？都把它們具體地記錄下來。這些都不會是很困難達到的目標，尤其是趁年輕時即開始準備，你即可優游自在的建構一幅成功老化的生活圖像，作為未來生活型態的指引。如果能夠如此做的話，相信「成功老化」將不會構成你未來生活的壓力源！你即有機會過著一個永續幸福的日子！

「老年時幸福，才是福，人生才是圓滿」！祝福你！

延伸閱讀

王怡棻譯（2009）。**心靈資本學：創造企業終極財富**。臺北市：天下文化。
（Danah Zohar & Ian Marshall原著。*Spiritual capital: Wealth we can live by.*）

李淑珺譯（2007）。**熟年大腦的無限潛能**。臺北市：張老師文化。（Gene D. Cohen原著。*The mature mind: The positive power of the aging brain.*）

李道道譯（2012）（米山公啟原著）。**讓大腦變年輕的53個妙招（改版）**。
臺北市：商周。

陳亮恭（2011）。**成功老化**。臺北市：大塊文化。

陳亮恭（2013）。**寫給怕老族：從現在開始儲存健康資本**。臺北市：凱特文化。

許晉福譯（2010）。**50歲前要有的老後力：健康‧營養‧理財‧照護**。臺北市：世潮。（Philip Selby原著。*Live better, live longer: A practical guide to successful aging.*）

郭哲誠（2011）。**銀向成功：銀髮族的健康銀行**。臺北市：德威國際。

黃富順（2012）。**高齡心理學**。臺北市：師大書苑。

隋芃譯（2013）。**超腦零極限**。臺北市：橡實文化。（Deepak Chopra & Rudolph E. Tanzi原著。*Super brain: Unleashing the explosive power of your mind to maximize health, happiness, and spiritual well-being.*）

張嘉倩（1999）。**活力久久**。臺北市：天下文化。（John W. Rowe & Robert. L. Kahn原著。*Successful aging.*）

楊明綺譯（2009）（上野千鶴子原著）。**一個人的老後：隨心所欲，享受單身熟齡生活**。臺北市：時報文化。

楊明綺、王俞惠譯（2010）（上野千鶴子原著）。**一個人的老後【男人版】：自在快活，做個老後新鮮人**。臺北市：時報文化。

詹鼎正（2007）。**你應該知道的老年醫學**。臺北市：臺灣商務。

詹麗茹譯（1994）。**成熟亮麗的人生**。臺北市：龍齡。（Dorothy Carnegie

原著。*Don't grow old, grow up.*）

蔡忠昌、周峻忠、柳家琪譯（2013）。**邁向成功老化：高齡者運動指導**。臺
　　北市：華騰文化。（Joseph F. Signorile原著。*Bending the aging curve: The complete exercise guide for older adults.*）

衛生署國民健康局（2007）。**成功老化：銀髮族保健手冊（附光碟）**。臺北
　　市：行政院衛生署國民健康局。

註解

1. 參見Rowe, J. W., & Kahn, R. L. (1987). Human aging: Usual and successful. *Science, 237*, 143-149. 一文。

2. 參見老人學專家的見解,如:Rowe, J. W., & Kahn, R. L. (1997). Successful aging. *Gerontologist, 37*, 433-440. 一文,以及Rowe, J. W., & Kahn, R. L. (1998). *Successful aging*. New York: Pantheon. 一書,或其中譯本《活力久久》。

3. 參見本章的延伸閱讀《超腦零極限》及《熟年大腦的無限潛能》二書。

4. 參見Diener, E., & Biswas-Diener, R. (2008). *Happiness: Unlocking the mysteries of psychological wealth*. Malden, MA: Blackwell Publishing.一書。

5. 參見本章的延伸閱讀《心靈資本學:創造企業終極財富》一書。

第四篇

從幽谷邁向巔峰

經過前三篇的論述，以及各章作業的練習，我相信你已經瞭解幸福的學術理論，也體會到基本幸福的追求方法，同時也明瞭如何才能達到永續的幸福。最後，即是回歸內心的平靜，找尋真實的幸福，過著有意義的人生，完成「巔峰的生活」！

因此，回想一下從前到現在，理想的人生進程應該是：從基本幸福（或小確幸）開始，再到永續幸福，最後才到圓滿人生的境界！這是人生中值得自我期許、做得到、且有價值去追求的一條幸福大道，一條從幽谷邁向巔峰之路！你只要一步一步地從滿足最基本的物質生活所需開始，漸進地邁向兼顧身、心、靈的平衡與和諧，讓自己的靈性成長，找到人生中有意義的工作，早日擁有至高的心靈財富，即可過著真實的幸福人生！

祝福你！

幸福心理學

第 20 章

真實的幸福──有意義的人生

> 真實幸福的泉源,來自於提升自己的精神層次與靈性層面的成
> 長能力,而不是停留在物質層次與別人互相比較的競爭力!
>
> ──余民寧

　　人活著,其一生到底在追求什麼?財富?名聲?還是幸福?前兩者很具體,也很吸引人,但卻是一時的;唯有後者,雖很抽象,但卻很實在,它才是人生價值的唯一判準所在!因此,本書的重點,即在闡述這一項學術研究的重要發現!

幸福的學術理論

　　我在〈楔子〉一章裡,即提出圖1的「幸福金字塔模型」概念,作為本書立論的核心基礎,並且,從一首小詩「幸福的深度」中,也可以看出一件事,那就是「幸福是有層次差別的、多向度層面的、和有時間長短之分的」!換句話說,幸福可深可淺、可長可短、可只考量單一層面或兼顧多個層面,端看你對「幸福」的定義、需求與追求的程度而定!

　　從學理上來說,我把「幸福」分成三種不同層次來說明,即「客觀的幸福、主觀的幸福與超越的幸福」;它可以分別對應到正向心理學所指稱的物質生活境界,即為追求「愉悅(享樂)的生活、美好的生活與有意義的生活」;然而,對應到東方人所強調精神文明重要性的說法,即為兼顧「身(基本幸福)、心(永續幸福)、靈(圓滿人生)平衡與和諧的一種狀態」;而要落實在學術研究領域裡的話,則可分別以「生理幸福感、情緒幸福感、心理幸福感、社會幸福感與靈性幸福感」等指標作為測量的代表!

因此，歸結前面各章節的討論與敘述，我再次提出六項對立的概念，來澄清論述「幸福力」的狀態及其培養方法如下（註1）。

何謂「幸福力」？

1.自我覺察 vs. 無意識生活

幸福是一種基於「自我覺察」的生活狀態，而不是過著「無意識的生活」！

幸福是從自我的覺察（self-awareness）開始的！有覺察，即能隨時得知自己的心情狀態，便有機會順勢調節不愉快的情緒，使之恢復到愉悅、快樂、或滿意的「基本幸福」生活！甚至，尋求參與可增進永續幸福的活動。

若能覺察自己的處境，即使賺的錢不多，也能夠與孔子的弟子顏回一樣，過著「一簞食、一瓢飲」的簡單生活，也不改其樂！像貧窮的國家不丹，其人民遠比富裕的美國國民感覺快樂、幸福很多，理由無他，「簡單生活」就是一種幸福！

若是覺察自己的處境已是衣食無缺，甚至到了錦衣玉食的地步的話，則可集中心力去追求較高層次的幸福，例如：可以帶來忘我體驗的休閒活動、增進生命意義的志工或志業、提升生活品味的藝術與美的欣賞、參加提升靈性修為的學習課程，甚至是參與國際救援與志工活動等，這些參與行為均可以維持自己處於較高震動頻率層次的意識狀態，讓幸福感得以永續發展下去！

2.活在當下 vs. 活在過去或未來

幸福是一種「活在當下」的自覺，而不是「活在過去或未來」的幻覺！

人生有遺憾、不滿足、有期待、有失落，就容易把生活焦點放在緬懷過去，或前瞻未來的計畫上。但因為失去「與現在接觸」，所以更體會不到「幸福」的真諦！幸福只存在於「活在當下」的感受中！第16章所述的「忘

我經驗」，也唯有在當下你才體會得到，而過去與未來均無法做到。第17章所述的「正念冥想」，更是強調「活在當下」的重要性，唯有活在當下，你才有機會做到「人在那裡、心就在那裡，幸福也會跟著在那裡」！

3. 心平氣和 vs. 煩擾不安

幸福是一種「心平氣和」的狀態，而不是「煩擾不安」的狀態！

古書上說「定、靜、安、律、得」，是傳統中國人修身養性的五個階段，也都是講求先把「心」安靜下來，你才能夠做好其他事情的道理。而追求「內心平靜」的作為，隨時保持心平氣和的狀態，不僅容易感受周遭大自然的美，體會到宇宙萬事萬物的和諧一致，更自然能夠達到「圓滿人生」的境界！而當心有所煩擾不安時，不僅無法感受到正向情緒，更無法靜下心來完成任何重要事情。因此，本書第17章「正念冥想」的練習作業就變得很重要，它是當前被認為最有效的「修心」方法之一，備受學者專家、醫師、武術師、瑜伽師、及修行人的青睞與一致的推崇！

4. 需要 vs. 想要

幸福是學會辨識與節制「需要的不多，但想要的很多」的一種能力！

「人心不足，蛇吞象」！生活在富裕國家（包括臺灣在內）的國民，其認知思維都受到媒體廣告宣傳的綁架與制約。絕大多數的廣告，都在告訴民眾一件事：「你缺這個、缺那個，所以，你要買這個、買那個，才能過一個健康、活力、青春、美麗、快樂、幸福的生活」！如果你接受這則廣告的訊息，你就會被刺激引發「缺這、缺那」的匱乏感，所以，你決定拼命地工作賺錢，才能「買這、買那」，才能使自己過著快樂又幸福的日子！

但是，事實上剛好相反。在實際的生活中，人類真的是「需要的不多，但想要的很多」！人類的慾望是無窮止境的，是無法被完全滿足的！許多煩惱、不愉快甚至痛苦感受的產生，就是在「賺錢力小於慾望力」的情況下，被製造、刺激、引發出來的結果！所以，若不能節制物質慾望，就會汲汲營營於工作賺錢的忙碌環境裡，讓大腦處於一種「自動化反射性反應」的慣性

狀態,使自己陷入無限繁忙及毫無品味的生活深淵中而不自覺,更不用說體會到什麼才真正叫做「幸福」日子!因此,若想要過著快樂、幸福的日子,你只要想辦法節制自己的物質慾望,同時提高自己的購買能力,就可以輕鬆辦到!

5.能力 vs. 挑戰

幸福是一種需要刻意培養的「能力」,專用來克服各種對幸福的「挑戰」!

生活中充滿各種困難的挑戰,而當你的能力與之旗鼓相當或相匹配時,此時,你最容易體會到「忘我」的感覺,這是一種最佳的人生經驗,如同馬斯洛所指稱的「高峰經驗」(peak experience)一般。無論是忘我經驗或高峰經驗,都是「永續幸福」的一種表徵,頗值得每個人去追求!

但是,一旦你的能力低於挑戰的困難度很多,你便會開始產生緊張、焦慮的反應,讓你感覺不舒服、不安、有壓力;而反之,若你的能力高出挑戰的困難度很多,你也會開始出現有無聊的感覺、鬆散的反應,這也會使你感覺不具挑戰性、勝之不武、煩悶、無趣。所以,花時間尋找可以讓你適才適所地展現優勢長處的工作機會,對建構幸福而言,是一件很重要的事!能找到「幸福的工作」,一定可以確保你至少有三分之一以上的人生都處於幸福的狀態裡!如果同時還能學會本書第10章所述的各種抗壓減憂方法,培養各種可以克服壓力的因應能力,那麼,我敢斷定你至少有超過二分之一以上的人生,都是過著幸福日子的!

6.愛 vs. 恐懼

幸福是一種「愛」的展現,而不是「恐懼」的回應!

按本書第2章霍金斯教授研究的「意識地圖」來看,「愛」是一種震動頻率頗高的意識狀態,它不僅能夠化解仇恨、化解恐懼,甚至還能讓處於這個情緒能量等級的專業人士,其言行舉止皆具有「療癒」的效力!一些修行到此境界以上的修行人士,例如:修女、牧師、神父、比丘、比丘尼、法

師、道士或靈媒，或者深懷「愛」的能量等級的專業助人工作者，例如：醫師、護士、教師、諮商師、生命線義工或禮儀師等人，其言談舉止，對生命正處迷惘、困惑、無助、無知及憂鬱的民眾而言，都具有「療癒」的功效，或至少可發揮「安慰劑」的療效！

當「幸福」的正向情緒感受攀升到如此境界以上時，不僅是個人可感受到永續幸福而已，更具有化解出於「恐懼」所產生的一切負面情緒及負面行為的療效，讓人的意識恢復清明，漸次提升到「勇氣」的等級以上；也就是，開始有機會去感受正向情緒所帶來的幸福感！所以，本書即期望透過「利他行善」、「感恩祈禱」、「寬恕慈悲」、「樂觀希望」等章節作業的練習，逐次經歷「體驗忘我」、「正念冥想」等體會，再提升到「靈性成長」等人生課題的解決，以達永續幸福的維繫，即可促使此生逐漸步向「圓滿人生」的真實幸福境界！

所以，**要落實幸福力**，其具體做法即是要遵守下列簡單的基本原則過生活，不僅可以掌握幸福的基本理念，更可確保一生的幸福得以落實於日常生活中，從簡單的幸福，步向深邃、永續的幸福！

追求幸福的基本原則

愈簡單的東西，原本即是每一個人都可以做得到的，每一個人都懂得的，但卻是愈難以做到的地步！如果你能體會「簡單就是幸福」的靈性道理的話，那麼，下列的基本原則都是很簡單的。做到了，你就一定會幸福，並且能從經歷到短暫的幸福，持續到幸福久久！

1.均衡飲食正常作息

這是再簡單不過的原則了！從小受教育開始算起，學校即已三申五令地宣揚此維持「身體健康」的基本原則，做得到的人，都能免除疾病的干擾，身體一直保持健康。而具有健康的身體，就容易體驗到幸福的滋味！因為，「身體是靈魂藉以去感受幸福的殿堂」！缺了健康的身體，能感受到幸福的能力與層次，便會大打折扣！所以，堅持要每日正常作息，並且建立均衡飲

食的習慣，是與幸福很有關係的重要事情！這是追求幸福者，所應該列為第一優先遵守的基本原則。

2.發揚光大天賦能力

「天生我才必有用」，這也是一句老掉牙的道理了！但是，你選擇賴以維生的工作，真的能讓你的天賦潛力、優勢長處充分發揮嗎？先天的優勢長處若長期無法發揮出來，你會有懷才不遇、大材小用、學非所用之感，臨終前甚至還會有抑鬱而終的遺憾！所以，花一些時間先確認自己有哪些天賦潛力或優勢長處，再用心去尋找能讓這些長處發揮作用的工作機會，也就是找到我所謂的「幸福的工作」（指從事自己既喜歡又擅長的工作、又有薪水可拿，何樂而不為）之正確做法。如果能夠從事「幸福的工作」，你便能確保已經擁有三分之一以上的幸福人生。

3.工作與休閒的平衡

如果你選擇屈就於現實考量（例如：可能是為了高薪、為了離家近或為了福利好），而不是從事「幸福工作」的話，那你就更需要去找到得以讓自己的天賦潛力或優勢長處充分發揮的休閒活動、副業或志工任務來從事，以平衡專職工作所產生的壓力與疲累，減少「週一症候群」或「假日症候群」的職業倦怠感，並提高自己的主觀幸福感！如果能夠選擇讓「生活、工作、休閒」三者，都是在做自己最喜歡、最有意願、且最擅長做的事的話（即時時刻刻都會動用到自己的優勢長處與美德，最能產生忘我狀態的經驗），那麼，你就是世界上最快樂、最幸福的人了！能過著這種「山羊式」的生活，便是快樂、滿足與幸福的最佳寫照。

4.壓力與挫折的調適

「人生不如意事，常遇十之八九」，這也是一句耳熟能詳的格言了！當你碰到了，該怎麼辦？最好於平時，即學習如何抗壓減憂的應對策略與方法，運用各種方法技巧去調適壓力，面對挫折的打擊，並培養樂觀的解釋風

格，把壓力與挫折視為是激勵自己成長的動力！換個角度想，便海闊天空；退一步想，也能柳暗花明又一村；壓力與挫折，可能是我們的朋友，而不一定是敵人！所以，幸福的人，並不是他不會遭遇到壓力與挫折事件的打擊，而是他知道如何化解的方法，並且把它們導向成為能夠促進自己朝正向發展的動力來源。

5.建立良好社群關係

「獨樂樂，不如眾樂樂」，這也是一句已經聽膩了的名言！道理即是說，與一群人（朋友）分享，會比一人獨享，更容易建立起具有社會支持力量的良好社群關係。有良好的社群關係，不僅當你處於人生陷落時，得以有相互扶持的力量，更有東山再起的動力與資源支援，是邁向幸福人生的不二法門！但人生終究還是需要一個人獨自度過最後的臨終點，因此，預先培養「獨處」的能力也是很重要的。換句話說，能與一群人互動、分享、建立深厚的友誼，是建立社會支持力量，獲得社會幸福感的重要來源，這一點固然重要；但也不要排除培養「獨處」能力的重要性，學會享受「孤獨」的平靜、平和與安詳的感覺，學會「放下」一切的自知之明能力，是活到「圓滿人生」境界的最佳終點行為，這一點更重要。

6.終身學習成功老化

「活到老，學到老」，這早已是一句幾近呼口號的廣告詞了，而事實上，它卻是一項建立在科學研究發現上的真理。當前是數位時代、知識經濟時代與雲端時代，學校教育早已無法成為供應社會所需人才的地方，每個人充其量只能在學校學到「如何學習」的方法就夠了，離校後必須繼續不斷的自我終身學習，利用「如何學習」的方法去學習新知，以適應未來社會與未來時代的要求！因此，「活到老，學到老」，不僅只是一句口號而已，它更隱含著追求永續幸福的終極方法！若能從年輕時代起，即養成不斷的自我終身學習習慣的話，這不僅可以協助自己奠定未來成功老化的基礎，更是符應社會變動、時代變遷的趨勢，加速自己適應未來時代的積極做法！不被時代

淘汰，追求永續幸福才會變得更有意義。

7.感恩與無條件的愛

　　培養感恩的心，需要從小做起！凡事，能愈感恩者，就能愈富足！感恩是指對他人的善意行為，表達由衷的感謝之意！這種習慣的養成，要從接受小學教育時，即開始教導起！對發生在自己身上的所有好事，表達感恩，即是在傳達感謝、尊崇、敬意等意念，讓自己處於受感動、感召、滿足、和諧、與平和的正向情緒中，你自然就會感覺到幸福；對發生在自己身上的所有壞事，表達感恩，即是在學習靈性成長的課題，讓自己欣然接受問題的挑戰、不抱怨、不遷怒、不諉過、勇於承擔責任與後果，你的靈性自然就會有所成長！因此，學習對生活周遭的事物（尤其是人），表達「無條件的愛」——即接受任何事物的原始模樣，對它表達無私的關愛與接納照顧的精神，就是在培養感恩心的具體做法。這兩者都具有助長長期穩定的正向情緒發展效果，讓幸福得以永續發展下去。

8.靈性成長無私奉獻

　　生活中常讓自己感覺挫折、造成障礙、形成失敗的所有問題挑戰，即是在指出你的靈性成長的學習課題所在！你若能欣然接受該問題的挑戰，不畏困難、不逃避、勇於面對，並且勇於承擔責任與後果，你自然能習得該問題挑戰背後的靈性議題，讓自己的靈性與智慧均有所成長！若你選擇逃避、不去面對，只是把問題延後而已，在未來歲月裡或在來生，你依然還會遭遇該問題的挑戰，直到你學會該問題背後的靈性成長議題為止！此外，當你懷抱無私奉獻、不求回報的心，去利他行善、投入義工或從事志業，最能夠體會到那股事後的愉悅、歡喜、滿足、欣慰、充實與感恩的心，這是一種震動頻率很高的正向情緒，屬於一種高層次的幸福感。它不僅是永續幸福的象徵，更是一種有意義人生的圓滿表徵。

追尋意義：下一波商業潮流

因此，基於我對幸福的研究，我在第8章與第11章裡說過，工作所帶來的幸福感受，遠比沒有工作或失業的人來得大很多。固然，找到一份幸福的工作，可以讓你三分之一以上的人生都處於正向情緒的幸福狀態裡，讓你幸福久久；但是，除了尋找幸福的工作外，對於還在尋找工作的年輕朋友們來說，也許明瞭一下未來有哪些產業是與幸福有關，有哪些能夠幫助人們過著生活幸福的工作，也是一項值得考量的職業趨勢所在。在這些工作裡，因為你的付出、努力、與認真的緣故，你幫助很多人體會幸福、擁有快樂與追求意義，你看到人們臉上洋溢著幸福的笑容、真誠快樂的笑聲、甜美溫馨的親情畫面、感恩動容的行為舉止等，你也會因此而感同深受，自己也徜徉在幸福的懷抱裡！無形中，你也是找到一份幸福的工作，讓你可以持續保有幸福感受地繼續工作下去！

誠如蕭富元（註2）在《天下雜誌》的一篇專題報導〈主宰創意時代的六大就業力〉，其中第六項「追尋意義：下一波商業潮流」說：

「從物質需求轉到意義需求的時代已經來臨，誠如哥倫比亞大學人文學院教授戴爾班科（Andrew Delbanco）觀察，當代文化最顯著的特徵，是對玄奧事物的高度飢渴。在這個渴望意義的年代，靈性的不平等，比物質的不平等更嚴重。美國有五十所醫學院在課程裡加入了靈性教育，企圖將靈性融入生理的醫療過程。日本文部省也推行『心靈教育』，鼓勵學生思考生命的意義和目標。

在一份『美國企業靈性調查』研究報告中顯示，七成以上的上班族，希望自己的工作能更有意義。將靈性引入工作環境，不但不會降低營運績效，反而還有加分效果。多數的企業主管也同意，靈性是『人類對尋找生命意義的基本慾望』！為此，美國心理學會會長塞利格曼教授預測，享受工作帶來的心流（即忘我）

體驗，將會取代物質報酬，成為投身職場的主要動力。在全球各地，冥想、宗教與靈性大行其道，美國有一千萬成年人固定練習冥想，討論靈性意義的『心靈電視』也大行其道。

當數百萬嬰兒潮世代走過富裕，邁入人生的後中年歲月，追求人生意義與關懷的價值，取代了盲目累積金錢。全球兩大巨賈比爾蓋茲與巴菲特，近年不約而同捐出上兆臺幣資產投身慈善工作，恰好成為創意時代追尋意義熱潮中最『昂貴』的證明。

熟悉產業脈動的《富比士》（Forbes）雜誌發行人卡加德（R. Karlgaard）認為，下一波商業潮流的走向，將是『意義、人生目的、和深層的生命體驗』！綠色商品的興起，也是產品靈性風潮下的產物。從豐田環保車『先驅』（Prius）的熱賣，到美體小舖綠色產品的風行，在在證明，懂得為產品找出意義的企業與個人，才能立於不敗之地。」

真正能帶來永續快樂、幸福的工作是……

所以，歸結來說，未來值得去從事的幸福職業趨勢，真正能帶來永續快樂、幸福的工作，不僅只是選擇從事「既喜歡又擅長且有意願」的幸福工作而已，而是能夠將「意義、人生目的和深層的生命體驗」三者結合起來的工作或產業！這些工作或產業，不僅可以提供滿足「人類對尋找生命意義的基本慾望」的靈性需求，更可以促進人們對生命的關懷與深度體驗，讓人與人之間覺得是相互連結起來的，不是孤獨的、被隔離的或被拋棄的。如此一來，這樣的工作賦予個人生命的成長意義，增進個人對生命目的的瞭解，與提升個人對生命意義的深度體驗，讓工作的意義更富含真實的幸福與靈性的光輝！

當然，符合這樣趨勢的幸福工作或產業是什麼？我認為它將會是結合藝術（art）、休閒（recreation）、娛樂（entertainment）、設計（design）、玩樂（play）、同理心（empathy）、故事（story）、生命意義（life meaning）等元素的創意產業，這樣的產業或工作職缺，是當前的高等教育或職業教育還難以培養出可適任的人才。但是，只要我們的教育改革願意朝向此方向做改變，將來還是會很有機會的！我們不僅可以培養出一批這樣的人才，他們也能夠生產出一群（一組、一系列）創造幸福感受的體驗活動、工作內涵或創意事業，不僅造福人群，也利人利己！

真實的幸福——過著有意義的人生

所以說，一個人可以運用追求過去、現在、未來的正向情緒，獲得各種生理與心理的滿足，便可過著「愉悅（享樂）的生活」；也可以在生活的每一天（含工作、愛情、與休閒）中，盡力去應用與發揮個人的優勢長處與美德，即可獲得真實的快樂及達到忘我經驗的深度滿足感，以獲得「美好的生活」；更可以將這些優勢長處與美德，應用到增進全人類的知識與智慧、為人群服務、提升人類福祉和促進人類生命成長的意義上，即是過著「有意義的生活」；若還能進一步讓自己的靈性成長，進一步追求內心的平靜與和諧，則更是達到身心靈兼顧的圓滿人生之「巔峰的生活」！

誠如哈佛大學的賓·夏哈爾教授（註3）所認為的：「幸福感是衡量人生的唯一標準，是所有人生目標的最終目標」！「所以，幸福應該是快樂與意義的結合！一個幸福的人，必須有一個明確的、可以帶來快樂和意義的目標，然後努力地去追求。真正快樂的人，會在自己覺得有意義的生活方式裡，享受它的點點滴滴。」的確，說得一點也沒錯！

有「快樂博士」之稱的迪納教授（註4）也認為，「心理財富才是真實的財富，當你擁有它時，才算是真正的好野人（富有的人）！」而想要擁有真實的財富，你必須要同時兼顧擁有物質、靈性、社會和心理等面向的資源，包括：(1)靈性與有意義的人生；(2)追求生命中的重要目標和價值；(3)生活滿意和快樂；(4)正向態度和情緒；(5)良好的社群關係；(6)積極投入有趣的活動和工作；(7)身體和心理健康；以及(8)能滿足需要的基本物質生活等。確實，說得很正確！也與我的看法大同小異！

幸福，不是一種商品（因為買不到），不必競爭（因為強奪不來），它是一種選擇（需要自由意志與堅持的毅力）、一種平衡的生活方式（兼顧身心靈），只要用心去追求和經營，人人都有機會獲得，人人都可以過著幸福快樂的生活！

真實幸福的泉源，來自於提升自己的精神層次與靈性層面的成長能力，而不是停留在物質層次與別人互相比較的競爭力！如果，你相信宇宙中存在著某種主宰的力量，祂代表的是生命回歸的終點站的話，那麼，尋求有意義的人生，即是一種過著神聖的生活方式！

祝福你，能夠過著這種神聖的生活方式！

練習作業

本項作業的名稱，就叫做「設定你的幸福人生」（Setting up your well-being life.）！讓這一項作業成果，成為引導你往後生活的指南針！在未來的任何時間點上，如果你發現自己走偏了，都可以隨時回頭過來修正它，使它確實朝向你預設的幸福人生目標邁進！祝福你！

既然，迪納教授認為，擁有心理財富才算是真正富有的人！那麼，每一個人都可以為「成為一位真正富有的人」提早做準備。本作業即是針對此目標做設計，期望你能夠為自己設定出符合自己需求的目標，那麼，我膽敢確定你已步向「真實幸福」的路上，只要你堅持下去，老天爺一定會給你豐碩回報的！

請你針對下列各項方針，設定自己可以做得到的具體目標，希望這目標能夠與你目前的能力相匹配。未來，隨著你的能力增加或提升，你所設定的目標也要隨之做調整與改變，以符合你已日益增長的能力。這些方針，係從高層次到低層次逐次遞降方式排列，愈高層次的方針，愈難清楚設定其目標，但卻可以作為低層次方針與目標的指引。因此，你可以先行把自己想到的各層次目標暫時訂列出來，並積極從具體的低層次目標開始做起，再逐次升高其層次等級。請記得，隨著你的能力的提升，一定要去修改可以符合較高層次需求的目標！

1. 靈性與有意義的人生：你覺得自己的靈性有所成長嗎？你有找到如何過著有意義人生的方法嗎？答案如果為「是」，則你可以維持現狀，繼續生活下去；答案如果為「否」，則你要怎麼做才好呢？請你針對此問題先靜坐冥想一下，再設定你當前想要改變的具體做法，並把它們列舉出來。

2. 追求生命中的重要目標和價值：你覺得自己有正在追求生命中的重要目標和價值嗎？答案如果為「否」，你要怎麼做才好呢？請你針對此問題先靜坐冥想一下，再設定你當前想要改變的具體做法，並把它們列舉出來。

3. 生活滿意和快樂：你對自己目前的生活滿意嗎？快樂嗎？答案如果為「否」，你就要想辦法做改變。你要怎麼做才好呢？請你針對此問題先靜坐冥想一下，再設定你當前想要改變的具體做法，並把它們列舉出來。

4. 正向態度和情緒：你覺得自己都有一直維持著正向態度和情緒嗎？答案如果為「否」，則你要怎麼做才好呢？請你針對此問題先靜坐冥想一下，再設定你當前想要改變的具體做法，並把它們列舉出來。

5. 良好的社群關係：你覺得自己有建立良好的社群關係嗎？答案如果為「否」，則你要怎麼做才好呢？請你針對此問題先靜坐冥想一下，再設定你當前想要改變的具體做法，並把它們列舉出來。

6. 積極投入有趣的活動和工作：你覺得自己有選擇到幸福的工作，積極投入有趣的活動和工作嗎？答案如果為「否」，則你要怎麼做才好呢？請你針對此問題先靜坐冥想一下，再設定你當前想要改變的具體做法，並把它們列舉出來。

7. 身體和心理健康：你覺得自己擁有健康的身體和心理嗎？答案如果為「否」，你要怎麼做才好呢？請你針對此問題先靜坐冥想一下，再設定你當前想要改變的具體做法，並把它們列舉出來。

8. 能滿足需要的基本物質生活：你覺得自己擁有能滿足需要的基本物質生活能力了嗎？答案如果為「否」，你要怎麼做才好呢？請你針對此問題先靜坐冥想一下，再設定你當前想要改變的具體做法，並把它們列舉出來。

你該怎麼做呢？當然是從第八項方針做起，如果第八項方針你已達成了，則改由第七項方針做起；同理，低層次的方針若已達成，則改由下一個較高層次的方針做起。從這些練習作業中，你會慢慢發現，「幸福」真的是有層次等級分別的！由近而遠，由低而高，你才能夠體會到什麼才是「真實的幸福」！

只要堅持練習下去，假以時日，你一定可以做得到！我在幸福的彼岸，等你一起來共享幸福的時光！

延伸閱讀

王芳郁（2009）。給生命中的49個體驗：圓滿人生的積極心態。臺北市：德威國際。

吳靜吉（2004）。青年的四個大夢。臺北市：遠流。

林知美譯（2012）。從心覺醒：開啟心的聖域，邁向揚升。臺北市：方智。（Drunvalo Melchizedek原著。*Living in the heart: How to enter into the sacred space within the heart.*）

林佩怡、原文嘉譯（2009）。慈悲的資本主義：開創自由人生的16信條。新北市：世朝。（Rich DeVos原著。*Compassionate capitalism: People helping people help themselves.*）

陳素惠譯（2010）。正向心理學教練服務：助人實務的快樂學。新北市：心理。（Robert Biswas-Diener & Ben Dean原著。*Positive psychology coaching: Putting the science of happiness to work for your clients.*）

陳筱宛譯（2009）。活出工作的意義。臺北市：啟示。（Alex Pattakos原著。*Prisoners of our thoughts.*）

李春江、佘卓桓譯（2012）。快樂心理學：每天懂一點，快樂在身邊。新北市：冠橙。（Orison Swett Marden原著。*Joys of psychology No.1.*）

曾坤章（2006）。你開悟了嗎？遠離豬頭，擁抱佛陀。臺北市：小海豚意識科技。

湯勇權（2014）。讓自己活的更好：活出幸福人生的心靈密碼。臺北市：華夏。

賴又其譯（2008）。呼叫幸福的晨間習慣。臺北市：商周。（佐藤傳原著。幸運を呼びよせる朝の習慣.）

盧娜譯（2014）。你的生命意義由你決定。臺北市：人本自然。（Alfred Adler原著。*What life could mean to you: The psychology of personal development.*）

Bhakti譯（2012）。自由：生命的意義是什麼？臺北市：麥田。（OSHO原著。*DESTINY, FREEDOM, and the SOUL:What is the meaning of life?*）

註解

1. 參見我的著作〈幸福感哪裡來？〉一文，登載在2014年，**張老師月刊**，444期，52-56頁。

2. 參見2006年7月18日出版的《天下雜誌》第351期封面故事：「主宰創意時代的六大就業力」的專題報導。

3. 參見本書〈楔子〉一章的延伸閱讀《更快樂：哈佛最受歡迎的一堂課》一書。

4. 參見Diener, E., & Biswas-Diener, R. (2008). *Happiness: Unlocking the mysteries of psychological wealth*. Malden, MA: Blackwell. 一書。

後記

　　終於寫完這一本《幸福心理學：從幽谷邁向巔峰之路》了！

　　我想，收穫最大的人，應該是我！為什麼呢？因為，我要感謝老天爺在冥冥中的引導，雖然我是利用課餘及休閒時間斷斷續續的進行寫作，為時大約兩年的時間，一邊寫、一邊改、還一邊不斷地閱讀新資料、一邊釐清自己的觀念和想法、一邊修正自己所提出的理論，直到完成為止。所以，這個寫作過程與成品，即是我的學習成長歷程，也是我的研究心得與感想，更是我所提出的理論架構和立論基礎所在。雖然還未臻完美，但已經達到可以拿出來與人分享的地步了。

　　其次，收穫第二大的人，應該就是你——有緣的讀者！為什麼呢？因為，你只要花幾（十）個小時的時間，就可以有系統的讀畢「專業讀書人」幫你導讀的書籍，獲知關於如何獲得幸福的系統性知識，只要你再選擇付之實踐，即可獲得幸福的知識、行為與實質素養。誠如我所說的：「閱讀是最便宜的休閒、最具珍貴的高尚舉止，是幸福的人一項不可或缺的行為」。因為，我從小即受益於「窮人因書而富，富人因書而貴」這句話的啟發，心有戚戚焉，與你分享！

　　簡單一句話，我對幸福研究的初步看法，即是認為「幸福是有層次等級之分的，它是跨時間、跨生活各層面、跨層次深度的一種兼顧身心靈平衡與和諧的狀態」、「它是一項值得追求的人生終極目標」！而追求幸福的過程，即是靈性學習成長的過程，其過程未必是順遂的、如意的、平坦的，但卻不需要害怕、逃避、與拒絕，它的用意即是在激起你要勇於面對、接受、與處理的力量，幾經挫折與成長，終究會達到苦盡甘來、倒吃甘蔗、漸入佳境的地步，從幽谷邁向巔峰，體會出幸福人生的真義！

　　因為，還未臻完美，所以，還會有後續！我知道，這只是開始。從我訂定目標，想為學生撰寫一本可供其閱讀的指引書籍開始，我閱讀三百多本有

關幸福的專書，這些專書中還有許多主題尚未在本書中深入涉及。誠如我對幸福的看法，它是有層次等級之分的！本書只算是談論如何獲致幸福、有學術研究理論基礎的初級讀本而已，大部分還是建立在物質世界裡的觀點，只稍微點到一些靈性成長議題，但還十分不完整、不詳細，值得以另一本著作來深入談論此進階幸福感的相關議題。

　　期許未來，有機會再次發揮我自己的優勢長處（愛好閱讀及寫作），與有緣的讀者分享我對幸福的進階研究心得！在此先預告書名：《從幽谷邁向巔峰之路：靈性力量的崛起》，以作為我繼續創作的目標指引與追求生命意義之所在！

國家圖書館出版品預行編目（CIP）資料

幸福心理學：從幽谷邁向巔峰之路／
余民寧作.--初版.-- 新北市：心理, 2015.02
面；　公分.--（心理學系列；11047）

ISBN 978-986-191-642-2（平裝）

1.心理學 2.幸福

170　　　　　　　　　　　104000343

心理學系列 11047

幸福心理學：從幽谷邁向巔峰之路

作　　者：余民寧
執行編輯：高碧嶸
總 編 輯：林敬堯
發 行 人：洪有義
出 版 者：心理出版社股份有限公司
地　　址：231 新北市新店區光明街 288 號 7 樓
電　　話：(02) 29150566
傳　　真：(02) 29152928
郵撥帳號：19293172　心理出版社股份有限公司
網　　址：http://www.psy.com.tw
電子信箱：psychoco@ms15.hinet.net
駐美代表：Lisa Wu（lisawu99@optonline.net）
排 版 者：辰皓國際出版製作有限公司
印 刷 者：辰皓國際出版製作有限公司
初版一刷：2015 年 2 月
I S B N：978-986-191-642-2
定　　價：新台幣 500 元